中国住房保障法律制度

路径依赖与创新

楼建波 著

北京大学出版社

图书在版编目(CIP)数据

中国住房保障法律制度:路径依赖与创新/楼建波著.—北京:北京大学出版社,2022.10
(北大法学文库)
ISBN 978-7-301-33365-5

Ⅰ.①中⋯ Ⅱ.①楼⋯ Ⅲ.①住宅—社会保障—法律—研究—中国 Ⅳ.①D922.384

中国版本图书馆 CIP 数据核字(2022)第 169662 号

书　　　名	中国住房保障法律制度:路径依赖与创新 ZHONGGUO ZHUFANG BAOZHANG FALÜ ZHIDU: LUJING YILAI YU CHUANGXIN
著作责任者	楼建波　著
责 任 编 辑	王　晶
标 准 书 号	ISBN 978-7-301-33365-5
出 版 发 行	北京大学出版社
地　　　址	北京市海淀区成府路 205 号　100871
网　　　址	http://www.pup.cn
新 浪 微 博	@北京大学出版社　@北大出版社法律图书
电 子 信 箱	law@pup.pku.edu.cn
电　　　话	邮购部 010-62752015　发行部 010-62750672 编辑部 010-62752027
印 刷 者	三河市博文印刷有限公司
经 销 者	新华书店
	965 毫米×1300 毫米　16 开本　27 印张　429 千字 2022 年 10 月第 1 版　2022 年 10 月第 1 次印刷
定　　　价	76.00 元

未经许可,不得以任何方式复制或抄袭本书之部分或全部内容。
版权所有,侵权必究
举报电话: 010-62752024　电子信箱: fd@pup.pku.edu.cn
图书如有印装质量问题,请与出版部联系,电话: 010-62756370

摘　　要

住房保障和住房市场都是我国住房体系的重要组成部分。

本书回顾了我国住房保障的实践，梳理了我国住房保障的主要形式及我国在住房保障和住房保障制度建设中取得的成就。作者发现，在立法缺位的背景下，住房保障在我国虽然成就斐然，但也暴露出以问题为导向的实用主义路径的短板。目前住房保障依托的主要是国务院发布的文件、住建部和相关部委制定的部门规章或其他规范性文件，以及各地制定的住房保障方面的地方性法规和规章。相关文件对住房保障的内涵和外延的表述并不一致，在具体制度构建上由于立法位阶的局限也较难有所突破。在法治化建设和改革深化的今天，如何使已具备一定体量和规模的住房保障工作，从"摸着石头过河"的单一路径平稳过渡到"摸着石头过河"与"加强顶层设计"并重，是值得研究的问题。

本书依托经济学上的路径依赖理论，采用系统的研究方法、历史考察与比较法研究的方法、问题导向与制度研究有机结合的方法，对我国住房保障中的路径依赖和路径创新问题作了分析。我国住房保障和住房保障制度建设的成就，得益于住房（保障）主管部门和各级政府对各项制度的贯彻落实。但对这些制度的路径依赖，也导致我国住房保障在某些方面陷入了负效应乃至"锁定"状态。尽管在"摸着石头过河"的过程中，我国住房保障领域路径依赖的负效应在很大程度上已通过路径创新得到纾解，但在缺乏住房（保障）领域法律或行政法规的背景下，仅凭现行政策、规章和规范性文件，尚不能完全解决我国住房保障制度在顶层设计和具体制度层面存在的许多问题，甚至可能出现新的路径依赖。如何通过立法打破这种路径依赖，正是本书研究的一个主要方向。作者提出了两步走的立法战略——短期内可以制定《住房保障条例》，对住房保障中一些亟待规范的问题进行规定，待条件成熟时制定《住房法》，对包括住房保障和住房市场在内的整个住房供应体系中成熟的做法进行立法固化，保护公民的住房权。

全书除引言和结论与建议外，共分五章。

第一章从理论问题入手，分析了住房保障的概念与基本属性，划定了本书的研究范畴。实践中，我国住房保障制度存在泛化倾向，这与该领域理论研究不足、住房保障制度目标多元化以及住房保障实施过程中中央与地方政府的博弈密切相关。作者认为，住房权是住房保障的理论基础，但住房保障仅为实现住房权的一种手段，正如2021年中央经济工作会议所指出的，实现人民住有所居，既要"推进保障性住房建设"，也要"支持商品房市场更好满足购房者的合理住房需求"。因此，没有必要把所有保障和促进公民住房权的制度和手段都归入住房保障。正是在这个意义上，作者主张住房保障应当在狭义上被理解，即住房保障应当是一种国家或政府采取实物保障或货币补贴等直接保障方式，以全面实现中低收入住房困难群体住房权的社会救助制度。以这一定义对我国现行的住房保障制度重新分类，可以得出如下结论：（1）狭义上的住房保障，包括经济适用住房、廉租住房、公廉并轨后供应原廉租住户的公共租赁住房、集体土地上建设的供应原廉租住户的集体土地租赁住房，给予中低收入住房困难群体的购房补贴和租房补贴，以及农村危房改造；（2）广义上的住房保障，是指国家采取直接保障和间接保障方式，以提高居民住房水平、改善居民居住条件的一系列住房政策措施的总和。我国现阶段广义上的住房保障，包括具有保障功能的各种产权和租赁住房，购房补贴和租房补贴，税收、金融等间接保障制度，以及老旧小区改造、棚户区改造。

在划定研究范畴的基础上，第二章和第三章分别从历史和现实两个角度对我国住房保障的具体形式进行考察。总体上看，我国住房保障形式有两种：直接保障和间接保障。前者包括实物保障和货币补贴，后者是指住房保障领域的财税、金融和土地配套政策。纵观我国住房保障的发展历史，可以发现直接保障形式经历了"合—分—合"的演变轨迹：从最初的经济适用住房和廉租住房，发展为囊括经济适用住房、廉租住房、限价商品房、公共租赁住房、共有产权住房、集体土地租赁住房、棚户区改造和农村危房改造等多种保障形式的保障性安居工程,再到现在整合形成的"三房(公共租赁住房、共有产权住房和保障性租赁住房)两改(棚户区改造和老旧小区改造)"住房保障体系。与此同时,我国间接保障形式不断丰富,逐步发展出包括住房公积金、置业担保在内的政策性住房金融制度,首套房购买者在首付比例和贷款利率上的优惠制度,保障性住房开发建设贷款优惠制度,以及保障性住房建设、经营环节各种税收优惠政策。

除了直接保障和间接保障外,第三章还研究了近年来地方为吸引和留住人才而出台的人才住房政策,以及国家为解决人口净流入的大中城市租赁住房供需不匹配的矛盾而推出的集体土地租赁住房政策。对于这两个制度,作者认为:首先,人才住房并不必然属于狭义的保障性住房。各地的人才住房政策,应该严格坚持人才分类的原则,明确人才分类的具体标准,重视人才住房的后续管理,避免人才住房保障福利化。其次,集体土地租赁住房是指以市场化方式在集体土地上建设的政策性租赁住房,包括公寓、职工集体宿舍和成套租赁住房等。虽然集体土地租赁住房可以大大拓宽公共租赁住房和保障性租赁住房的房源,但目前该制度刚刚起步,如何做好集体土地租赁住房与住房保障的精准衔接,防范小产权和以租代售问题,需要加强研究。

第四章和第五章聚焦住房保障的制度结构。其中,第四章从计划制订、管理体制、开发建设、准入和分配、后续管理与法律责任等六个方面考察我国现行住房保障的具体制度;第五章则从保障形式、管理机制、资金来源、保障范围、分配和退出机制、责任机制和住房租赁制度等七个方面介绍了美国、德国、法国、英国、荷兰、新加坡、日本等国家和我国香港特别行政区的住房保障制度。作者发现,我国已形成了一套较为完善的住房保障体系,其中部分制度是对域外制度的本土化改造。我国现行住房保障制度存在的一些不足和问题,可以通过借鉴域外经验加以解决,但必须立足我国实践。

目 录
CONTENTS

引 言 /001

第一章 我国住房保障制度的概念与基本属性 /016
第一节 我国住房保障制度的概念与基本属性 /018
第二节 我国住房保障制度的历史沿革 /039
第三节 我国住房保障制度发展中的央地互动 /060
第四节 本章小结 /074

第二章 我国住房保障制度的历史沿革 /077
第一节 经济适用住房制度的历史考察 /078
第二节 廉租住房制度的历史考察 /094
第三节 公共租赁住房制度的历史考察 /112
第四节 限价商品住房制度的历史考察 /119
第五节 棚户区改造制度的历史考察 /129
第六节 农村危房改造制度的历史考察 /145
第七节 本章小结 /153

第三章 我国现行住房保障的主要形式 /156
第一节 产权型保障性住房法律制度 /157
第二节 租赁型保障性住房法律制度 /187
第三节 住房间接保障形式法律制度 /209
第四节 棚户区改造、老旧小区改造和农村危房改造 /237
第五节 人才住房政策 /255
第六节 我国有关集体租赁住房的法律规定 /266

    第七节　本章小结　/274

第四章　我国现行住房保障的制度考察　/277
    第一节　住房保障计划的制订　/278
    第二节　住房保障管理体制　/284
    第三节　保障性住房开发建设　/290
    第四节　准入和分配　/316
    第五节　保障性住房后期管理与法律责任　/332
    第六节　本章小结　/349

第五章　域外住房保障法律制度　/356
    第一节　住房保障形式　/356
    第二节　管理机制　/368
    第三节　资金来源　/370
    第四节　保障范围　/374
    第五节　分配和退出机制　/376
    第六节　责任机制　/381
    第七节　住房租赁制度　/383
    第八节　域外住房保障法律制度对我国的启示　/387

结论与建议　/401

图表索引　/406

参考文献　/409

后　记　/425

引　言

"家给人足,四海之内,无一夫不获其所。"①

——《孙中山全集》

一、选题的背景和意义

住房保障在我国是一个实践先行,政策和立法不断调整,理论亦步亦趋的领域。虽然住房保障方面的研究仍待开展,立法尚处于进行时,但近年来保障性住房建设的"高歌猛进"已经成为一个不争的事实。

2007年国务院《关于解决城市低收入家庭住房困难的若干意见》(国发〔2007〕24号)颁布后,我国的保障性住房建设就进入了快车道。国务院办公厅2011年9月28日下发的《关于保障性安居工程建设和管理的指导意见》(国办发〔2011〕45号)明确提出了"到'十二五'期末,全国保障性住房覆盖率达到20%左右,力争使城镇中等偏下和低收入家庭住房困难问题得到基本解决,新就业职工住房困难问题得到有效缓解,外来务工人员居住条件得到明显改善"的目标。根据2016年3月18日公布的《"十三五"推进基本公共服务均等化规划》(国发〔2017〕9号),截至2015年,全国累计开工城镇保障性安居工程住房4013万套、其中改造棚户区住房2191万套,改造农村危房1794万户。"十三五"继续把住房保障作为政府的主要工作任务之一,明确要求到2020年,属于基本住房保障的城镇棚户区住房改造要累计达到2000万套,建档立卡贫困户、低保户、农村分散供养特困人员、贫困残疾人家庭等四类重点对象农村危房改造要

---

① 孙中山:《孙中山全集》(第1卷),中华书局1981年版,第287页。

累计达到585万户。2021年8月,住房和城乡建设部(以下简称"住建部")宣布我国已建成"世界上最大的住房保障体系",住房发展取得历史性成就:"截至2019年城镇居民人均住房建筑面积达到了39.8平方米,农村居民人均住房建筑面积达到48.9平方米";"累计建设各类保障性住房和棚改安置住房8000多万套,帮助2亿多困难群众改善住房条件,低保、低收入住房困难家庭基本实现应保尽保,中等偏下收入家庭住房条件有效改善";"全面实施脱贫攻坚农村危房改造以来,790万户、2568万贫困群众的危房得到改造,同步支持1075万户农村低保户、分散供养特困人员、贫困残疾人家庭等贫困群体改造危房,全国2341.6万户建档立卡贫困户实现住房安全有保障"。①

相对于发达的实践,住房保障的立法是滞后的。从立法进程上看,十一届全国人大常委会立法规划把"住房保障法"列为第二类立法项目,即研究起草,条件成熟时安排审议的法律草案。在2010年3月的十一届全国人大三次会议期间,有193名人大代表在6个议案中建议加快住房保障法立法进程,建立完善的住房保障体系和法律制度。针对这些议案,住建部表示,住房保障法的起草已列入十一届全国人大常委会立法规划和国务院2010年立法计划,并已形成基本住房保障法征求意见稿,涵盖了城镇基本住房保障标准、范围、方式,保障性住房的规划、建设与管理,住房租赁补贴,土地、财政、税收与金融支持,基本住房保障的组织落实,农村住房保障制度。② 但是,之后的立法重心就从基本住房保障法转向了住房保障条例。2014年3月28日,国务院法制办发布通知,就《城镇住房保障条例(征求意见稿)》公开征求意见。③ 2017年,国务院办公厅《关于印发国务院2017年立法工作计划的通知》(国办发〔2017〕23号)将《城镇住房保障条例》列为"力争年内完成的项目",但该条例并未按期出台。2018年和2019年,国务院再次将《城镇住房保障条例》列为"提高保障和

---

① 参见《国新办举行"努力实现全体人民住有所居"新闻发布会》,http://www.scio.gov.cn/m/xwfbh/xwbfbh/wqfbh/44687/46680/index.htm,最后访问日期:2021年10月7日。
② 参见《我国将制定基本住房保障法 目前正征求各方意见》,http://www.gov.cn/jrzg/2010-11/08/content_1740694.htm,最后访问日期:2021年12月25日。
③ 参见《〈城镇住房保障条例(征求意见稿)〉公开征求意见》,http://www.gov.cn/xinwen/2014-03/28/content_2648811.htm,最后访问日期:2022年7月4日。

改善民生水平"的立法项目之一,但时至今日,该条例仍未出台。

这样,我们的住房保障工作实际上长期处于没有直接的法律和行政法规调整的状态。住建部和其他相关部委制定的部门规章或其他规范性文件,以及各地制定的住房保障方面的地方性法规和规章,其依托的也只能是政策和其他相关的法律。但我国住房保障工作取得的斐然成就是有目共睹的,虽然存在这样或那样的问题。

本书在上述背景下开展对住房保障的研究,试图回答以下几个问题:第一,在没有住房(保障)领域专门立法(法律或行政条例)的情况下,我国住房保障开展的依据是什么?第二,在没有专门立法下开展的住房保障,在保障范围、保障形式等方面呈现什么样的特点,在我国住房供应体系中又处于何种地位?第三,从应然的角度,我国应该构建什么样的住房保障制度?

二、研究思路和方法

(一) 研究思路

本书拟参考经济学研究上的路径依赖理论,研究我国住房保障中的路径依赖和路径创新问题。诺贝尔经济学奖得主道格拉斯·诺斯通过对产权、国家和意识形态的互动关系的研究,发现一个社会制度的形成和变迁受历史的影响,有路径依赖的特征。① 简单地说:第一,初始制度的选择是多种的而不是单一的,相应的制度变迁也并非一定按照初始设计演进,往往可能一个偶然事件就改变了制度变迁的方向;一种制度或制度系统被偶然性地初始选择,就会影响制度变迁的过程,而制度变迁的过程反过来又会影响制度的选择和进一步变迁,因为制度具有自我实施或强化的机制。第二,制度变迁可能进入良性循环轨道并得到优化,产生路径依赖的正效益;也可能沿着原来的错误路径直至被"锁定"在某种无效率的状态而导致停滞,产生路径依赖的负效应。第三,制度变迁的路径依赖并不意味着制度变迁是一个"命中注定"且不可避免的过程,也不意味着制度变迁在陷入路径闭锁后就无法改变,只不过摆脱路径闭锁往往要借助

---

① 参见马耀鹏:《诺斯路径依赖理论的基本要义探析》,载《科学·经济·社会》2009年第2期,第98页。

外部效应,引入外生变量。①

我国住房保障制度的演变已经呈现出一定程度的路径依赖。"居者有其屋""有恒产者有恒心""平均主义"等社会文化,中国社会自上而下的制度建构,以及1949年以后我国住房制度的演进,尤其是1998年的房改及其后房地产业的发展是形成住房保障制度路径依赖的主要缘由。② 我国住房保障实施过程中出现的许多问题,从某种程度上说,就是这种路径依赖的结果。如何通过立法打破这种路径依赖,正是本书研究的一个主要方向。

(二)研究方法

1. 系统的研究方法:有所为有所不为

自20世纪80年代初控制论、系统论被初次介绍给国人时,中国法学界就试图将系统论应用于法学研究③;一些学者甚至把法律的系统解释方法认定为系统论在法律解释中的具体体现,即"运用系统的方法把某一法律、条文或规范置于整个法律体系、法律文件中进行比较分析,从其在整个法律体系、法律文件及所属法律部门中的地位、作用、相互联系等来说明该法律、法律条文或法律规范的内容或含义,以求得更全面、准确的理解"④,因为任何一个法律规范总是处在一个法律系统(可能是法律部门,也可能是法律体系)之中。⑤ 作者在这里采取系统的研究方法,主要是想对研究的范围作必要的限缩。

萨维尼曾经说过:"法学家必当具备两种不可或缺之素养,此即历史素养,以确凿把握每一时代与每一法律形式的特征;系统眼光,在与事物整体的紧密联系与合作中,即是说,仅在其真实而自然的关系中,省察每一概念和规则。"⑥"法的体系不仅可以提高立法之'可综览性',从而提高

---

① See S. J. Liebowiz and Stephen E. Margolis, "Path Dependence, Lock-in, and History", *Journal of Law, Economics, & Organization*, Vol. 11, No. 1, 1995, pp. 205-226.

② 参见楼建波:《中国大陆住房保障制度的路径依赖与路径创新——兼论住房保障立法的急迫性》,载《月旦财经法杂志》2011年第26期,第26—30页。

③ 关于这方面的尝试及对这种尝试的评价,参见季卫东、齐海滨:《系统论方法在法学研究中的应用及其局限——兼论法学方法论问题》,载《中国社会科学》1987年第1期,第167—180页。

④ 李龙主编:《法理学》,武汉大学出版社1996年版,第366页。

⑤ 参见王宏哲:《法律的系统解释及其司法适用——从法官就同一案由作出的三种裁判结果谈起》,载《法律适用》2005年第11期,第86页。

⑥ 〔德〕萨维尼:《论立法与法学的当代使命》,许章润译,中国法制出版社2001年版,第37页。

其适用上之'实用性';而且可以提高裁判上之'可预见性',从而提高'法之安定性',只要由之所构成的体系'圆满无缺',则光凭逻辑的运作便能圆满解答每个法律问题。"①

"从哲学的角度来看,体系至少含有如下两个层面的含义:第一,依据特定目的编排各个具体部分形成具有内在逻辑的整体,体现具有目的导向的逻辑性;第二,在内在原则导引下事物各部分之间相互关联地构成内在的一体,从而每个具体部分的意义取决于上位的、超越具体的整体价值取向,体现具有内在价值的一致性。对知识素材进行体系化划分的优点至少有二:其一,效率,便利了对整个素材的高效把握;其二,精确,有利于从全局出发掌握局部,并避免局部之间的矛盾冲突。"②

住房保障制度是我国住房供应体系乃至整个房地产制度的重要组成部分,又与社会保障(救助)密不可分。把住房保障放在整个住房供应体系中进行研究,有助于我们认清住房保障制度的本位,避免把一些本应由其他制度承担的功能也加诸住房保障制度。我们都是在给定条件下展开研究的③,法律角度的研究尤其如此。目前舆论中对高企的房价的讨论与批判和对"二次房改"的呼吁,让许多人忘记了我们当年为什么要进行住房制度改革以及市场供应房屋在解决我国住房问题上的贡献。住房保障只是我国住房供应体系的一部分,不应该也不可能成为住房供应的全部。毋庸讳言,我国的住房制度走到今天,其条件与情况已经与我们启动住房制度改革的当年有了很大的不同,这也正是我们加强住房保障制度建设的背景和原因,但这些条件和情况的变化是否应该成为我们放弃双轨制中的住房市场供应的原因,可能还需要更慎重的考量。

住房保障制度是一国(地区)社会制度和经济制度相互交叉所形成的

---

① 黄茂荣:《法学方法与现代民法》,中国政法大学出版社2001年版,第471页。
② 朱岩:《社会基础变迁与民法双重体系建构》,载《中国社会科学》2010年第6期,第152页。
③ 如,德国学者称"物权合同对于德国法学者而言是理所当然的,并不是因为该制度具有德国特色或者是对罗马—德国法的继承,也不是因为德国法学者确信物权合同具有很高的法学价值。物权合同对于他们来说是给定的,因为建立了物权合同的学说被制定法所采纳,因为制定法规定了物权合同。因此,只要制定法不改变,物权合同就是给定的。德国法学者与物权合同的关系(在这里我可以不假思索、略加夸张地说)就是他们与规定了这一原则的法典的关系。人们遵循法典,由此遵循法典中规定的物权合同——此外没有任何其他原因。"参见〔德〕霍尔斯特·海因里希·雅科布斯:《十九世纪德国民法科学与立法》,王娜译,法律出版社2003年版,第166页。

一个子系统。因此,研究住房保障一定会涉及其他相关的制度,但作者会很小心地控制这种讨论的边界。

2. 历史考察与比较法研究的方法

历史素养作为萨维尼推崇的法学家的两大素养之一[①],要求法学家能够用历史的眼光来看待制度的沿革。任何事物的产生、变化和发展都不是偶然的,而是有一定的历史必然性。"鉴于往事、有资于治道",所有法律制度的生成必须透过历史才能正确地寻找根源。学者贝克谈到英格兰法时说:"英格兰法只有通过其历史才能理解。关于英格兰法的学识无法通过对法律文本的解释而获得,只能通过对其发展的历史性理解才能领会。"[②]要真正理解我国的住房保障制度,对其在1978年后的发展的历史考察,是必不可缺的。

当然,比较法研究也是不可或缺的。世界上种种法律体系能提供更多在各自发展过程中形成的丰富多彩的解决方法,不是那种处于本国法律体系内的法学家在其短促一生中能想到的。[③]"仅仅研究本国的实在法,很容易受制于狭窄的本国法律素材,坐井观天,看不见几乎每一个法律问题都会有大量的可能存在的解决办法。比较法学正好可以弥补仅以本国法为研究对象的法学缺陷。"[④]"外国立法例(判例学说),有助于提供解决特定问题之各种可能类型,故各国修订法律之际,常引以为参考,此为周知之事实无待详论。"[⑤]

考虑到中外基础制度的不同,作者在进行比较法研究时将进行功能主义的限缩。茨威格特和克茨在《比较法总论》中对功能主义作为比较法研究的基础研究方法的意义做了详细的论述。[⑥] 简而言之,"每个社会的

[①] 萨维尼认为法学家应该"确凿把握每一时代与每一法律形式的特征"。参见〔德〕萨维尼:《论立法与法学的当代使命》,许章润译,中国法制出版社2001年版,第37页。

[②] 〔英〕贝克:《英格兰法制史概说》,1982年,转引自〔日〕大木雅夫:《比较法》,范愉译,法律出版社1999年版,第22页。

[③] 参见〔德〕K. 茨威格特、H. 克茨:《比较法总论》,潘汉典等译,法律出版社2003年版,第22页。

[④] 舒国滢、王夏昊、梁迎修等:《法学方法论问题研究》,中国政法大学出版社2007年版,第175—176页。

[⑤] 王泽鉴:《比较法与法律之解释适用》,载王泽鉴:《民法学说与判例研究》(第2册),中国政法大学出版社2003年版,第2页。

[⑥] 参见〔德〕K. 茨威格特、H. 克茨:《比较法总论》,潘汉典等译,法律出版社2003年版,第44—73页。

法律在实质上都面临同样的问题,但是各种不同的法律制度以其极不相同的方法解决这些问题,虽然最终结果是相同的"①。因此,"各种不同的法律秩序的法律形式,只要具有类似的功能并执行类似的任务,大概就可以进行有意义的比较。功能是一切比较法的出发点和基础"②。"任何比较法研究作为出发点的问题必须从纯粹的功能的角度提出,应探讨的问题是在表述时必须不受本国法律制度体系上各种概念所拘束。"③作者在本书中的比较法研究也将是以问题为核心的、功能主义的,域外的资料将在分析具体制度、具体问题时进行介绍。因此,在本书中,作者将不会对域外国家和地区的住房保障制度做系统的介绍(这事实上也是不可能的)。

3. 问题导向与制度研究的有机结合

国家图书馆原馆长詹福瑞先生介绍其所著《论经典》一书时,曾指出:"人文学科研究的方法、路径千差万别,但其起点和终点都应该是问题。通过一定的途径解决问题,这是所有学科研究的出发点和终结点。因此,无论个人著书立说,还是辅导学生论文,学者们都特别强调问题意识。而问题的产生和提出,有的来自某一学科发展的进程,有的则直接来自现实。"④胡适先生1919年7月20日在《每周评论》第31号上发表的《多研究些问题,少谈些"主义"》一文中对问题导向的研究的现实意义也做了深刻的阐述。⑤胡适先生在论及人们对"主义"(作者理解为制度、原理)的偏好时,曾经这样说"为什么谈主义的人那么多?为什么研究问题的人那么少呢?这都由于一个懒字。懒的定义是避难就易。研究问题是极困难的事……"⑥作者不敢断言人们对制度研究的偏好是由于懒,但确实注意

---

① 〔德〕K. 茨威格特、H. 克茨:《比较法总论》,潘汉典等译,法律出版社2003年版,第47页。
② 同上书,第63页。
③ 同上书,第47页。
④ 詹福瑞:《这本书会和经典一起"淹没"吗》,载《博览群书》2016年第2期,第4页。
⑤ 参见胡适:《悲观声浪里的乐观》,海南出版社2016年版,第28—32页。胡适在《多研究些问题,少谈些"主义"》一文中写道:"凡是有价值的思想,都是从这个那个具体的问题下手的。先研究了问题的种种方面的种种事实,看看究竟病在何处,这是思想的第一步工夫。然后根据于一生的经验学问,提出种种解决的方法,提出种种医病的丹方,这是思想的第二步工夫。然后用一生的经验学问,加上想象的能力,推想每一种假定的解决法,该有什么样的效果,推想这种效果是否真能解决跟前这个困难问题。推想的结果,拣定一种假定的解决,认为我的主张,这是思想的第三步工夫。凡是有价值的主张,都是先经过这三步工夫来的。"
⑥ 胡适:《悲观声浪里的乐观》,海南出版社2016年版,第31页。

到住房保障领域的许多问题更多的不是制度设计的问题,而是制度实施中的问题。更准确地说,是由于不能保障和监督制度的贯彻和落实而产生的问题。①

当然,研究问题并不意味着我们要孤立地研究一个一个的问题。所谓的问题主义导向与制度研究结合,就是要把问题归类到制度的各个分支中进行研究。在本书中,具体地说,就是从住房保障的定义、形式,以及住房保障计划的制订,保障性住房的开发建设、准入和分配、后期管理等方面对实践中的问题进行分析。换言之,就是分门别类地把问题放到相应的住房保障制度下进行讨论,并对具体制度的完善提出建议。苏力教授在《送法下乡》一书的导论中深刻地指出:"法治的理想必须落实到具体的制度和技术层面。没有具体的制度和技术保障,任何伟大的理想都不仅不可能实现,而且可能出现重大的失误。"②

三、本书的结构

本书除引言、结论与建议外,共分五章。

第一章通过对我国住房保障制度的概念和基本属性的研究,厘定全书的研究范畴。这一章主要对住房保障的基础理论问题进行讨论,包括:(1)住房保障的概念和特征,区分了广义和狭义的住房保障概念。(2)住房保障的理论基础和性质,通过辨析住房权、基本住房权和居住权三个概念,提出住房权是我国住房保障的理论基础;通过分析住房保障在社会保障体系中的定位,提出狭义住房保障应定位为社会救助而非社会福利。(3)我国住房保障制度的特征与泛化的原因,主要从住房保障在整个住房供应体系中的历史沿革以及住房保障制度中央地关系的演变进行分析。(4)我国住房保障的层次与类型,根据广、狭义的住房保障概念划分,对实践中多样的住房保障形式做了再分类。

经过研究,作者认为,住房保障应当在狭义上加以理解,即住房保障应当是一种国家或政府采取实物保障或货币补贴等直接保障方式,以全

---

① 例如,我国住房保障实施过程中产生的诸如"骗租骗购"问题,有些就是实施方面的问题。
② 苏力:《为什么研究中国基层司法制度——〈送法下乡〉导论》,载《法商研究》2000年第3期,第82页。

面实现中低收入住房困难群体的住房权的社会救助制度。因此,判断某一制度是否属于住房保障制度,需要同时满足保障范围为中低收入住房困难群体和保障方式为直接保障两个条件。住房权是住房保障的理论基础,但住房保障仅为实现住房权的一种手段。以这一定义对我国现行住房保障形式重新分类,可以得出如下结论:(1)狭义上的住房保障,包括经济适用住房、廉租住房、公廉并轨后供应原廉租住户的公共租赁住房、集体土地租赁住房中供应原廉租住户的部分,给予中低收入住房困难群体的购房补贴和租房补贴,以及农村危房改造;(2)广义上的住房保障,包括具有保障功能的各种产权和租赁住房,购房补贴和租房补贴,税收、金融等间接保障制度,以及老旧小区改造和棚户区改造。

实践中,我国住房保障制度泛化的原因与该制度肩负多样化政策目的,以及制度发展过程中中央和地方的互动密切有关。一方面,正是因为政府对住房保障制度寄予厚望,希望其在解决中低收入群体住房困难问题之外,还能起到宏观调控、平抑房价、吸引人才、振兴地方等作用,才使得该制度越来越庞杂。另一方面,中央和地方在住房保障领域的关系经历了中央搭建住房保障制度框架、地方大规模建设保障性住房以及中央指导下的住房保障制度深化改革三个时期,在中央的鼓励和压力机制下,以及地方自身希望在提高居民住房水平的同时实现其他政策目标的意愿和动力下,地方不断创新住房保障形式,使我国住房保障制度进一步地多元化和丰富化。

第二章和第三章分别从历史和现状的角度对我国住房保障的形式进行考察。第二章分不同的保障形式梳理了我国住房保障的发展历史,介绍了经济适用住房、廉租住房、公共租赁住房、限价商品房、棚户区改造和农村危房改造的历史沿革。第三章介绍我国现行住房保障的形式,包括直接保障(经济适用住房、限价商品房和共有产权住房等产权型保障性住房,廉租住房、公共租赁住房和保障性租赁住房等租赁型保障性住房)、间接保障(住房公积金、置业担保在内的住房金融制度,首套自用住房购买者在首付比例和贷款利率上的优惠制度以及保障性住房建设、经营环节的各种税收优惠政策),以及棚户区改造、农村危房改造、老旧小区改造、人才住房制度和集体土地租赁住房制度等住房保障形式。

纵观我国住房保障发展历史,可以发现住房保障形式存在"合—分—

合"的演变轨迹。我国住房保障制度始于1994年的安居工程和经济适用住房制度。1998年住房保障制度从经济适用住房拓展为经济适用住房和廉租住房。2005年到2009年,棚户区改造、限价商品房、农村危房改造、公共租赁住房等先后被纳入住房保障制度。2010年1月国务院办公厅《关于促进房地产市场平稳健康发展的通知》(国办发〔2010〕4号)将限价商品住房、公共租赁住房、经济适用住房、廉租住房归纳为保障性住房,将各类棚户区改造、廉租住房、经济适用住房、限价商品住房、公共租赁住房以及农村危房改造归纳为保障性安居工程。2014年以后,随着公廉并轨的实施以及对共有产权住房、保障性租赁住房的探索,我国开始整合各种住房保障形式,2021年6月国务院办公厅《关于加快发展保障性租赁住房的意见》(国办发〔2021〕22号)首次从顶层设计上宣布我国住房保障体系以公共租赁住房、保障性租赁住房和共有产权住房为主。

产权型保障性住房始于经济适用住房,其后部分地方政府创新性地提出了限价商品房和共有产权住房等其他具有保障功能的政策性住房。经济适用住房的发展经历了概念提出(1985—1998)、初步建设(1998—2006)和反思与调整(2006年至今)三个阶段。虽然经济适用住房目前已非住房保障体系的重点,甚至许多城市已停止建设经济适用住房,但不能否认其对解决城镇居民住房困难问题的历史贡献,以及经济适用住房法律制度对其他产权型保障性住房的重要借鉴意义。事实上,现行具有保障功能的产权型政策性住房都是对经济适用住房的继承、发展与替代:(1)限价商品住房继承了经济适用住房在管理机构、规划计划编制、申请与审核制度等方面的制度,但在土地供应、销售价格、供应对象、套型面积和产权限制等方面与其相区别;(2)棚户区改造安置住房继承了经济适用住房在管理机构、土地供应等方面的制度,但在供应对象和资金筹措两方面与其相区别;(3)共有产权住房继承了经济适用住房在管理机构、规划计划编制、申请与审核制度等方面的制度,但在住房性质、土地供应、供应对象、配售价格、产权划分和上市交易等方面与其相区别。

租赁型保障性住房始于廉租住房,其后发展出了公共租赁住房和保障性租赁住房。租赁型保障性住房的发展历史体现了梯度保障的特点:最早提出的廉租住房面向城镇低收入住房困难家庭;随着廉租住房保障对象"应保尽保"的逐步实现,"夹心层"住房问题日益突出,2009年公共租赁住房被正式提出,以解决城镇中低收入家庭住房困难问题;近年来,伴随城镇化进程,大城市新市民、青年人的住房问题凸显,公共租赁住房难以完全覆盖这部分人群,因此2021年国家提出发展保障性租赁住房,专门解决新市民、青年人的住房困难问题。租赁型保障性住房的发展历史还体现了保障形式的整合:自2014年起绝大多数城市实现了公廉并轨运行,并轨后统称为"公共租赁住房"。在公廉并轨的背景下,"廉租住房"逐渐成为一个历史概念。不过,"公廉并轨"不等于"公廉同一",要把握二者的"并"和"分"。一方面,公廉并轨后,廉租住房和公共租赁住房在规划与计划编制、土地供应、资金渠道、房屋来源、开发建设、管理档案制度、申请和审核制度、复核与退出机制、法律责任等方面实现统一管理。另一方面,公廉并轨后,廉租住房和公共租赁住房在保障力度、保障范围、轮候与配租制度上有所不同。目前,我国租赁型保障性住房法律制度存在两个亟待解决的问题:第一,我国原有的公租房和廉租房"两房分离"的法律体系难以支持公廉并轨的实践,需要系统性整理;第二,新提出的租赁型保障性住房的立法及其与现行住房保障法律制度的衔接问题。

棚户区改造、城镇老旧小区改造和农村危房改造旨在提高城乡居民住房水平。棚户区改造的发展经历了地方试点(2005—2008)、初步发展(2008—2012)、全面发展(2012—2014)和进一步发展(2014—2017)等阶段,并从2018年开始从货币化安置为主转向实物安置为主。棚户区改造并不属于狭义的住房保障制度,在实践中具有城市更新的功能,并深受我国住房市场整体环境的影响。城镇老旧小区改造是重大的民生工程、发展工程和基层治理工程,自2015年在中央城市工作会议被首次提出后,近年来得到全面推进,并于2020年被列入保障性安居工程。城镇老旧小区改造也具有推动城市更新的功能。农村危房改造的发展经历了地方试点(2008—2013)、全面建立(2013—2016)和制度成熟(2016年至今)三个阶段。农村危房改造属于狭义的住房保障制度,旨在解决农村低保、低收入家庭,分散供养的特困人员和享受定期抚恤补助的优抚对象等的住房困难问题。但是,随着全面脱贫攻坚战的胜利和农村整体居住环境的改善,未来危房改造的保障范围可能根据中央和各地有关情况变化适时调整,或与新农村建设等相结合,彼时其将不再属于狭义的住房保障范畴。

我国现行间接保障形式包括住房公积金、置业担保在内的住房金融制度，首套房购买者在首付比例和贷款利率上的优惠制度、保障性住房开发建设贷款优惠制度以及保障性住房建设、经营环节的各种税收优惠政策。

除了直接保障和间接保障外，第三章还研究了地方为吸引和留住人才而出台的人才住房政策，以及国家为解决人口净流入的大中城市租赁住房供需不匹配的矛盾而推出的集体土地租赁住房政策。

2016年以来，我国以杭州、西安、武汉、南京为代表的15个"新一线"城市陆续出台了新的人才吸引政策，其中，针对人才的住房优惠和补助政策是各地"抢人大战"的制胜法宝之一。从各地实施情况来看，部分城市（如深圳）将人才住房独立于商品住房和保障性住房构建，部分城市（如北京）将人才住房政策并入住房保障政策，也有一些城市通过发放人才住房补贴将人才住房置于市场住房体系中进行建设。作者认为，人才住房不属于狭义的保障性住房，但属于广义的住房保障。各地在制定人才住房政策时，要严格坚持人才分类的原则，针对不同层次的人才提供不同程度的住房保障。要明确人才分类的具体标准，严格按照已经确定的标准提供住房保障，避免人才住房保障福利化。在具体运行上，人才住房应与市场进行一定隔离，重视人才住房的后续管理，优化人才住房资源配置，使人才住房制度更好地发挥其吸引和留住人才的作用。

2017年以来，为解决人口净流入的大中城市住房租赁市场需求旺盛、发展潜力大，但租赁房源总量不足、市场秩序不规范、政策支持体系不完善的问题，全国分两批共计18个城市启动了集体土地上建设租赁住房试点。集租房是指以市场化方式在集体土地上建设的政策性租赁住房，包括公寓、职工集体宿舍和成套租赁住房等。在18个试点城市中，北京市的集租房试点规模最大，推进最快，政策体系相对完善。北京市明确未来集租房将大部分用作公共租赁住房或保障性租赁住房，但如何做好集租房与住房保障的精准衔接，防范小产权房和以租代售问题，需要进一步研究。

第四章和第五章分析了国内外住房保障的制度结构。其中，第四章从计划制订、管理体制、开发建设、准入与分配、后续管理与法律责任等六个方面考察我国现行住房保障的具体制度，第五章则从保障形式、管理机制、资金来源、保障范围、分配与退出机制、责任机制和住房租赁制度等七个方面介绍了美国、德国、法国、英国、荷兰、新加坡、日本等国家以及我国香港地区的住房保障制度。作者发现,我国已形成了一套较为完善的住房保障体系,其中部分制度是对域外制度的本土化改造。我国现行住房保障制度存在的一些不足和问题,可以通过借鉴域外经验加以解决,但必须立足我们的实践。具体而言:

第一,科学制订住房保障计划是一国住房保障事业成功的关键。不仅我国内地存在住房保障计划和规划,域外公共住房领域也在制订计划和规划。例如,我国香港地区在历史上曾先后推出"廉租屋计划""十年建屋计划""居者有其屋计划""夹心层居住计划"等住房保障计划。我国内地住房保障计划包括涉及住房保障的综合计划和住房保障专项计划,住房保障长期规划和住房保障年度计划,以及中央政府对住房保障的规划和地方政府对住房保障的规划等不同类别不同层次的计划。从国际经验看,一个好的住房保障计划,不仅应当能满足中低收入家庭的住房需求,而且应当能够起到稳定房价的作用。例如,房价比较稳定的德国和新加坡,都是住房保障计划制订和实施得比较好的国家。目前我国住房保障计划制订过程中存在住房保障目标不明确、住房保障计划制订缺乏足够信息支持、自上而下的制订模式不利于计划执行与落实等问题。本书结合域外经验,对中央和地方住房保障计划的制订提出了制度完善的建议。

第二,明确住房保障的责任主体与责任分担,尤其是各级政府承担的住房保障职能,以及政府与社会的责任分担问题,对推动住房保障事业发展至关重要。我国住房保障管理实行多部门协同工作机制,遵循"国家统筹定计划,省级负总责,市、县抓落实"的原则。域外大多数国家和地区设立专门机构,负责住房保障政策、计划的制订和实施,这些机构既包括政府部门,也包括非营利组织等社会机构。目前,我国住房保障管理体制存在中央和地方住房保障权责划分不合理、部门协调机制不健全以及社会力量参与不足等问题。本书结合域外经验,研究了中央政府和地方政府机构设置的优化路径,以及如何发挥社会组织在住房保障中的作用等问题。

第三,我国正在整合庞杂的住房保障形式,基本形成了以"三房两改"为主的住房保障体系。第四、五两章比较分析了我国和域外住房保障形式的异同,研究了产权型住房保障和租赁型住房保障之间的关系,直接保障和间接保障的关系,以及间接保障的主要形式,从而为我国构建更完善的住房保障体系提供建议。

第四,土地供应、资金筹措和建设实施是保障性住房供应的三个关键因素。就土地供应而言,我国用于建设保障性住房的土地类型越来越多样化,从行政划拨用地扩大到出让用地,从国有建设用地扩大到集体建设用地,但不同类型的保障性住房可利用的土地类型不同。除行政划拨和传统的"招拍挂"出让外,住房保障领域发展出"限房价、竞地价""集体土地协议出让""企业自持租赁用地"等诸多创新的土地供应方式。本书着重研究了近年来我国保障性住房供地方面的创新举措,以及创新背后的原因和实操中的难题,并比较分析域外的土地供应制度。就资金筹措而言,住房保障的传统资金来源主要有三:一是政府财政,二是住房公积金贷款,三是政府金融机构或者私人金融机构提供的贷款。本书侧重研究了住房保障投融资中的金融创新,特别是地方融资平台债务资金收紧的背景下,住房保障投融资的前途问题,提出要借鉴域外经验,构建多元化的资金筹措渠道。就建设实施而言,我国保障性住房采用配建和集中建设相结合的方式,本书侧重研究了保障性住房不同建设模式的利弊,并针对我国住房保障建设过程中出现的居住隔离问题,提出改进建议。

第五,我国住房保障对象大致可以分为三类:一是具有本地城镇户籍的中等偏下和低收入住房困难家庭;二是新就业住房困难职工和在城镇稳定就业的外来务工人员(公租房保障对象),新市民、青年人(保障性租赁住房保障对象);三是其他保障对象,如人才、棚户区改造安置户。不同类型的保障性住房对保障对象的户籍、收入和家庭资产、住房困难程度、是否稳定就业等要求不同,并且不同城市的具体标准也有差异。总体而言,我国住房保障准入条件呈现户籍和收入资产条件逐渐放宽,保障范围逐渐扩大的趋势。从域外实践来看,各国(地区)大都将低收入人群(家庭)和某些特殊群体纳入保障范围。特殊人群保障是各国(地区)住房保障的一个重要内容。考虑到特殊人群的特殊需要,许多国家或地区往往不是简单地把他们纳入一般的保障体系,而是针对不同的特殊人群制订专门的保障计划。

第六,住房保障后期管理包括资产管理、行政管理、合同管理、物业管理和退出管理等五个方面。随着保障性住房规模的扩大,后期管理的重要性越来越凸显,与此同时问题也愈发突出。本书分析了我国住房保障后期管理的现状及不足,并借鉴其他国家和地区的经验,提出了相应的立法建议。

第七,建设住房租赁市场是我国现阶段解决居民住房需求和构建完善的住房市场的重要内容。借鉴学习域外成熟的住房租赁制度对于构建我国的住房租赁市场具有重要意义。作者主要从租金调整、租约保护以及租房弱势群体的保护等角度介绍了德国和美国的住房租赁制度,以供借鉴。

第一章　我国住房保障制度的概念与基本属性

我国于 1978 年开始探索住房制度市场化改革，1988 年国务院住房制度改革领导小组印发的《关于在全国城镇分期分批推行住房制度改革的实施方案》（国发〔1988〕11 号）吹响了我国住房制度市场化改革的进军号。[①] 住房制度改革在促进房地产市场快速发展的同时，也带来了房价的上涨，导致城镇中低收入人群仅靠自身力量难以满足其住房需求。为解决中低收入群体的住房问题，国务院及有关部门陆续颁布了一系列部门规章和其他规范性文件。这些部门规章、规范性文件和地方政府为贯彻落实中央政策而出台的地方性政策、法律文件一起，共同构成了我国住房保障制度的规范体系。

然而，我国至今未在法律层面定义"住房保障制度"，实践中该概念的使用也不统一。在历史的不同时期，出于不同的政策目的，不同文件对住房保障制度有过诸多不同表述。20 世纪 90 年代中期，为促进住房制度改革，经济适用住房制度和国家安居工程制度开始发展。1998 年以后，为应对亚洲金融危机引发的国内外经济下行，经济适用住房制度逐渐替代国家安居工程，并和廉租住房制度一起成为保障住房困难家庭的重要制度。随着住房制度改革的完成，居民住房水平大幅提升，平抑房价、宏观调控的需求愈加迫切，棚户区改造、农村危房改造、公共租赁住房制度、共有产权住房、集体土地上建设的租赁住房等实物保障形式不断加入住房保障制度阵营。2010 年国务院办公厅发布的《关于促进房地产市场平稳健康发展的通知》（国办发〔2010〕4 号）将限价商品住房、公共租赁住房、经济适用住房、廉租住房归纳为保障性住房，将各类棚户区改造、廉租

---

① 参见孟庆瑜等：《保障性住房政策法律问题研究》，法律出版社 2016 年版，第 2 页。

住房、经济适用住房、限价商品住房、公共租赁住房以及农村危房改造归纳为保障性安居工程。但是该文件列举的保障性住房和保障性安居工程和通常意义上住房保障的概念不同,既没有涵盖住房公积金等能够起到间接保障作用的制度,也没有囊括限价商品住房、棚户区改造、集体土地租赁住房等超越保障属性的制度。

为缓解大城市住房租赁市场结构性供给不足的状况,2021年6月国务院办公厅《关于加快发展保障性租赁住房的意见》(国办发〔2021〕22号)出台,明确提出"需加快完善以公租房、保障性租赁住房和共有产权住房为主体的住房保障体系",将保障性租赁住房纳入住房保障体系,以纾解新市民、青年人等群体的住房困难问题。结合2020年7月20日国务院办公厅《关于全面推进城镇老旧小区改造工作的指导意见》(国办发〔2020〕23号)关于将城镇老旧小区改造纳入保障性安居工程的规定,加上原来的棚户区改造,"三房两改"的城镇住房保障体系由此形成。

尽管我国住房保障制度已有二十余年的发展历史,但是我国迄今走的仍是摸着石头过河的老路,对住房保障制度的理论基础少有系统研究。这些基本理论问题包括:第一,对于住房保障的理论基础,学界和实务界存在居住权、住房权、基本住房权之争,涉及居住权和住房权的区别,住房权在我国权利体系中的地位,住房保障与住房权的关系以及政府应当承担何种住房保障责任等问题。第二,对于住房保障的性质,学界和实务界有社会福利和社会救助之争,涉及保障范围、保障形式等方面。上述基本理论问题在我国尚待形成共识。

本章将分四节对我国住房保障制度的性质和基本属性做必要的考察,以厘定本书的研究范围。作者在第一节提出了对住房保障制度的理解,提炼了界定住房保障的两个元素,即特定保障范围和直接保障形式。在此基础上,作者深入分析了住房保障的理论问题,明确住房保障制度的社会救助性质,以及住房保障与住房权的关系——其仅为实现住房权的手段,而非住房权的全部。最后,作者将以上述标准对我国现行政策法规中的住房保障形式逐一检验。第二节和第三节将重点剖析住房保障制度在我国泛化的原因,其中第二节梳理了我国住房保障制度的历史沿革,第三节介绍了中央政府和地方政府在住房保障制度发展过程中的互动("央地互动")。

作者认为,我国住房保障制度之所以成为一个内涵和外延模糊不清、并且不断蔓延的"大杂烩",与该制度肩负多样化政策目的,以及制度发展过程中的央地互动有关。一方面,正是因为政府对住房保障制度寄予厚望,希望其在解决中低收入住房困难群体住房困难问题之外,还能起到宏观调控、平抑房价,吸引人才、振兴地方等作用,该制度才越来越庞杂。另一方面,住房保障领域的央地互动也进一步使住房保障制度多元化和丰富化。最后一节是本章小结。

第一节 我国住房保障制度的概念与基本属性

"如果法律规则和法律原则具有构筑'围墙'的功能,那么,法律概念具有奠定'柱石'的作用。"[①]因此,只有明确界定我国住房保障制度的概念,才能树立"柱石",为进一步的研究打下基础。

一、住房保障的概念和特征

学界对住房保障的内涵和外延进行过一些有益的探索。有学者认为,住房保障是在住房领域实行的社会保障制度,是指由政府作为责任主体,以实现中低收入阶层居民的基本居住权为目的,具有经济福利性的国民居住保障系统。[②] 有学者认为,住房保障是由国家或政府负担起给所有社会成员提供最基本的居住条件的责任而举办的社会保障项目,是由政府作为责任主体,以解决国民住房困难和改善住房条件为目的,具有经济福利性的国民居住保障系统。[③] 有学者认为,住房保障是政府依据法律的规定,在住房领域内实现的社会保障制度,即通过国民收入再分配保障居民基本居住水平。[④] 有学者认为,住房保障是指国家通过提供各种资助的方式,扶助特定国民取得住房的所有权或使用权,以使得国民获得基本住房条件。[⑤]

---

① 刘星:《法理学导论:时间的思维演绎》,中国法制出版社2016年版,第97页。
② 参见符启林等:《住房保障法律制度研究》,知识产权出版社2012年版,第11页。
③ 参见杜文:《我国城镇住房保障制度研究》,四川大学2006年博士学位论文,第20页。
④ 参见陶丽琴:《住房金融民事法律新问题研究》,知识产权出版社2007年版,第296页。
⑤ 参见胡川宁:《住房保障法律制度研究》,法律出版社2016年版,第2页。

更有学者把住房保障区分为广义和狭义,认为广义的住房保障是指在市场经济体制下,为保障每个人都有房子住,政府利用市场配置和政府宏观调控等措施,引导房地产市场健康发展,实现"居者有其屋"的政府目标;而狭义的住房保障是指一个国家、地区或者社会为满足中低收入家庭的基本居住需要而采取特殊的政策,包括供应、分配、补贴协调机制等一系列的保障制度的总称。[①]

以上概念的表述存在较大差异,为明确本书的研究对象,作者认为,狭义的住房保障是指国家或政府采取实物保障或货币补贴等直接保障方式,以全面实现中低收入住房困难群体的住房权为目的的社会救助。根据上述定义,判断某一制度是否属于住房保障制度,需要同时满足两个条件:

其一,保障范围须为中低收入住房困难群体,即保障对象需满足收入标准和住房困难双重标准。住房保障的责任主体是国家和政府,只有严格限定保障范围才能防止政府基本义务无限扩大。这不仅是为了节省财政开支、减轻政府压力,更是为了防止政府反向侵蚀公民基本权利。从社会经济发展的角度,居民收入水平和住房困难程度是实现保障对象动态化的两个要素。一方面,随着经济社会的发展,当居民的收入水平超出一定水平,不再属于住房保障对象时,必须退出住房保障领域,进入商品住房市场;另一方面,从保障对象的角度看,住房保障是政府向其提供住房或住房补贴。如果某人已有住房,即便其入不敷出,也不应当通过住房保障制度解决生活困难。

其二,保障方式须为直接保障,包括实物保障和货币补贴。根据国家和政府是否直接救助保障对象,可将住房保障方式分为直接保障和间接保障两种形式。前者是在供给端发力,通过提供保障性住房和住房补贴,解决被保障对象住房困难问题;后者是在需求端发力,通过实施住房金融优惠制度和税收优惠政策,支持被保障对象通过市场实现住房权。作者认为,基于住房保障的社会救助性质,其本身不应包含间接保障手段。因

---

① 参见邓小鹏、李启明、袁竞峰等:《保障性住房的社会化供给》,东南大学出版社2014年版,第19页。

为间接保障不是直接解决住房问题的方式,虽然其确实能够在两个方面缓解住房困难:(1)减轻政府提供住房保障的负担,使更多的家庭能够通过市场实现住房权,如首套房购房优惠和住房公积金制度能减轻政府直接提供住房或货币补贴的压力;(2)增加房屋供给,如土地税收优惠政策和金融支持政策能够鼓励社会力量参与提供住房。

值得注意的是,住房保障制度这一概念还在广义上被使用。[①] 作者认同对住房保障概念进行广、狭两义的划分,但认为二者的区分标准应是保障范围和保障方式,即广义上的住房保障制度,是指国家或政府采取直接保障和间接保障方式,以提高居民住房水平、改善居民居住条件为目的的一系列住房政策措施的总和。广义上的住房保障或者不满足保障范围要求(例如人才公共租赁住房、向新市民和青年群体供应的保障性租赁住房),或者不满足保障方式要求(例如住房公积金制度、首套房贷款优惠制度)。作者区分广、狭两义的住房保障制度的依据,源自对住房保障理论基础和性质的剖析。

二、住房保障制度的理论基础

我国法学理论界和实务界对住房保障理论基础存在不同看法,主要表现在三个方面:

其一,关于住房保障的权源,仍存在"居住权""基本住房权"和"住房权"之争。从概念使用上来看,理论界和实务界存在着将住房权和居住权,住房权和基本住房权混淆的普遍现象,如有学者认为"居住权一般情况下是作为人权的一种被使用的,其基本含义是获得住所的权利"[②];又如民革中央曾于 2010 年向全国政协提交提案,建议修改《中华人民共和国宪法》,增加"国家保障公民的基本住房权"条款[③],国务院也曾于 2008

[①] 参见邓小鹏、李启明、袁竞峰等:《保障性住房的社会化供给》,东南大学出版社 2014 年版,第 19 页。
[②] 金俭:《中国住宅法研究》,法律出版社 2004 年版,前言第 1 页。
[③] 参见郭晋晖:《民革中央建议修改宪法保障"公民基本住房权"》,http://www.iqilu.com/html/zt/china/2010lianghui/news/2010/0303/191595.html,最后访问日期:2022 年 5 月 4 日。

年、2011年进行"基本住房保障法"的立法调研,并将"基本住房保障条例"列入2012年的立法计划。已有学者敏锐地指出"居住权概念比较宽泛,很多学者在探讨居住权的时候把一些并非我们要讨论的作为他物权的居住权列为讨论对象,这样只会增加讨论的难度"。① 自2013年起,"城镇住房保障条例"取代"基本住房保障条例"列入国务院立法计划。这样看来,以居住权和基本住房权作为住房保障制度构建的理论基础,或多或少存在瑕疵和非议。那么,三者之间究竟存在何种区别,以至于只有住房权才能成为住房保障的基础呢?

其二,关于住房权的内涵及住房保障与住房权的关系,学界研究仍然不足。我国《国家人权行动计划(2021—2025年)》要求"保障居民基本住房",表明在我国住房权被认为是一种人权。② 但该文件并未对住房权的内涵作出界定。《国家人权行动计划(2021—2025年)》规定"保障居民基本住房"需要"完善住房保障体系""加强住房安全保障",可见实施住房保障是实现住房权的内在要求。但是否所有实现住房权的举措都属于"住房保障"范畴,还是住房保障只是实现住房权的一种手段?对此,仍需进一步研究。

其三,关于政府住房保障责任的大小和范围,也存在不明晰之处。作为一种基本权利,住房权要求政府积极履行义务,保障每一位公民享有有尊严的居住条件。问题是在这种要求下,政府是否负有必须提供住房保障的羁束性义务?政府究竟应该以何种手段提供住房保障,提供住房保障水平和标准应当达到何种程度?

对上述问题的回答是界定住房保障概念的前提性因素,也直接影响住房保障制度的基本依据和价值取向。

(一)住房权是住房保障的理论基础之一

1. 居住权不是住房保障的理论基础

居住权,是指居住权人对他人所有房屋的全部或者部分及其附属设

---

① 申卫星:《中国民法物权编创设居住权制度的立法构想》,载《北京航空航天大学学报》2018年第1期,第13页。
② 参见《国家人权行动计划(2021—2025年)》白皮书。

施,所享有的占有、使用之权利。① 在我国,"居住权"的概念滥觞于离婚案件中对公房居住权的处理②,在物权法起草过程中被民法学者系统介绍和研究③,并作为一种民事权利为人所知。2017 年以来,随着《民法总则》的通过,民法典物权编编纂步入快车道,"是否设置居住权"这一曾被搁置的旧题,因居住权兼具社会性和投资性,再次成为研究热点。④ 最终通过的《民法典》在物权编的用益物权分编新增"居住权"一章,对居住权的定义、居住权合同、居住权设立方式、居住权权能、居住权期限等作了规定。

除在民事领域被援引外,居住权在住房保障领域也有一席之地。有学者将居住权分为民法性居住权和宪法性居住权,暗含以宪法性居住权作为住房保障的权源之意⑤;有学者明确提出相较抽象的住房权,居住权更为具体,而且具有单独的法律上的请求权,应当作为住房保障的理论基

---

① 参见申卫星:《从"居住有其屋"到"住有所居"——我国民法典分则创设居住权制度的立法构想》,载《现代法学》2018 第 2 期,第 105 页。

② 当时,由于我国实行公房制度,房屋分配成为离婚当事人之间的争议焦点。为保障离婚女性的基本生活条件,人民法院在司法实践中判决女方对婚姻住宅享有"居住权"(或"居住使用权")。参见潘晓军:《关于离婚案件住房的处理》,载《当代法学》1990 年第 2 期,第 60—62 页;江苏省无锡市中级人民法院:《离婚案中公房居住权的处理》,载《人民司法》1994 年第 9 期,第 16—18 页;宁夏回族自治区高级人民法院民庭:《离婚案件中对公房居住权、承租权的处理和存在的问题》,载《法律适用》1995 年第 10 期,第 20—22 页。

③ 民法学者最初建议我国设立居住权制度,着眼于居住权的"人役权"定位,关注的是居住权的自力保障功能(保障妇女、老人等弱势群体的利益)和社会保障替代功能(赋予亟须住宅之人居住的权利,并使其具有物权的问题定性和对抗性)。参见孙宪忠、常鹏翱:《论住宅权的制度保障》,载《南京大学法律评论》2001 年第 2 期,第 83—84 页;钱明星:《关于在我国物权法中设置居住权的几个问题》,载《中国法学》2001 年第 5 期,第 13—22 页;钱明星:《我国用益物权体系的研究》,载《北京大学学报(哲学社会科学版)》2002 年第 1 期,第 117—118 页。

④ 与十多年前的讨论不同的是,此次民法学者提出要突破传统人役权的界限,对居住权制度进行必要的改造和重构。参见刘阅春:《民法典物权编应当规定居住权》,载《检察日报》2017 年 11 月 27 日,第 3 版;温世扬:《从〈物权法〉到"物权编"——我国用益物权制度的完善》,载《法律科学(西北政法大学学报)》2018 年第 6 期,第 155—163 页等。

⑤ 参见张力:《宪法性居住权在我国的民法实现途径——面向土地的"公产"取向》,载《河北法学》2010 年第 6 期,第 6 页。按照张文逻辑,可以推演出宪法性居住权为住房保障的理论基础。

础①；更多的学者虽未明确提出"宪法性居住权"，但建议以基本权利意义上的居住权作为住房保障的权利来源。②

综上，我国学者在使用"居住权"作为住房保障理论基础时，有意无意地将其向基本权利上靠拢。这不失为一种解决办法，但在《民法典》明确将居住权规定为用益物权的背景下，可能引起混乱和歧义。

作者认为，我国《民法典》中的居住权虽然客观上能够实现特定弱势群体的居住权利，甚至有助于完善多层次住房保障体系，但这并不意味着其能够成为住房保障制度构建的理论基础。最主要的原因是，它属于私法上的用益物权，规范的是私主体间的权利—义务关系，而不是政府和公民之间的权力—责任关系。居住权这一新型用益物权可以优化住房保障形式，如通过增设居住权型保障房，完善现有的产权型保障房和租赁型保障房二元体系。但无论如何，居住权本身不能对政府课以提供保障住房的义务，因为居住权是一种用益物权，是居住权人对他人房屋的占有、使用权。即便政府以居住权义务人面貌出现，其承担的只能是依法保护私人财产权（居住权）不受侵犯的消极义务，而非提供保障住房的积极义务。③

2. 基本住房权不是一个科学的概念

在居住权和住房权之间，我国创设了"基本住房权"这一概念。所谓基本住房权，是指公民"住有所居"的权利，是从住房权衍生出来的最基本、最低限度的生存权利，因此只有经济适用住房、廉租住房和公共租赁

---

① "相对于'居住权'而言，'住房权'可能是一个更为宽泛的概念，住房权涉及房屋所有权、房屋使用权、租赁权、居住权等若干权利，'住房权'并不具有单独的法律上的请求权，一定程度上，这样的权利更多的是抽象性的权利。"参见郑尚元：《居住权保障与住房权立法之展开——兼谈〈住房保障法〉起草过程中的诸多疑难问题》，载《法治研究》2010年第4期，第13—14页。

② 例如，王春丽：《我国城市中低收入群体居住权保障的法学透视——以重庆为视角的考察》，载《河北法学》2013年第3期，第133页（"居住权"这一表达，是指与足够的住房和生活条件有关的一组具体的权利集群，确切地说，它是"安全、和平和有尊严地住在某处的权利"）；沈福俊：《论群租者居住保护中的政府责任——以公共租赁房建设为视角》，载《上海财经大学学报》2011年第4期，第47页（如何保障群租者等困难群体的居住权，不仅是一个政府针对社会需求所应当作出的公共政策问题，更应当是一个行政法问题，即应当通过相关行政法律制度的建立）；金俭：《论公民居住权的实现与政府责任》，载《西北大学学报(哲学社会科学版)》2011年第5期，第144页（居住权应被看作是人们一种安全、平静、有尊严地生活在某处的权利）。

③ 《中华人民共和国宪法》第13条第2款规定："国家依照法律规定保护公民的私有财产权和继承权。"

住房等具有保障公民的基本住房形式,才属于基本住房权房屋类型范畴。① 但是,对于基本住房权是否为人人享有的权利,学者们并未作深入阐述。当学者们以基本住房权来解释住房权时,容易将其理解为部分人群享有的权利,例如申卫星教授认为住房保障的主体是住房困难的中低收入者和其他特殊群体两类"基本人群",住房保障的客体是以满足人基本需求为目标的"基本住房"。②

另外,"基本住房权"是个容易引起误解的概念,在住房权前冠以"基本",有降低住房品质之嫌:(1)似乎意味着只要有可以遮风挡雨的处所,即使是棚户危房也无关紧要;(2)似乎意味着政府负有责任向全民提供最低标准的住宅面积,无视其收入水平和住房困难程度的差别。实际上,住房权已经是一项基本人权,住房保障只是实现住房权的手段之一的解释,已经能够表达创设"基本住房权"这一概念的学者希望表达的意思,因此在住房权之外创造基本住房权有些画蛇添足。

目前,我国住房保障领域的立法尝试已经放弃了基本住房这一概念,回归到更传统的住房保障的概念(详见下表)。

表1-1　我国住房保障立法尝试

《住房保障法》	2008年11月,列入全国人大常委会五年立法规划 2009年3月和2010年3月,列入国务院立法计划
《基本住房保障法》	2008年3月和2011年3月,列入国务院立法计划
《基本住房保障条例》	2012年5月,《基本住房保障条例》提交国务院审议
《城镇住房保障条例》	2013年3月,列入国务院立法计划 2014年3月,《城镇住房保障条例(征求意见稿)》 2015年3月至2019年3月,连续5年列入国务院立法计划

3. 住房权是住房保障的理论基础

住房权是指享有安全、和平和有尊严地居住某处的权利③,住房权属

---

① 参见杨华平:《基本住房权宪法保护》,中国政法大学2011年硕士学位论文,第11页。
② 参见申卫星:《住房保障法:保障什么?怎样保障?》,载《光明日报》2010年7月8日,第9版。
③ 联合国经济、社会和文化权利委员会《第4号一般性意见:适足住房权》,第7条。

于人权,在实定化后成为基本权利。① "在当下中国的语境下理解基本权利必不能脱离我们的宪法文本和本国整体法治与政治生态环境,尤其要注意从我国宪法本身的规定出发。"②将住房权作为住房保障的理论基础在我国不存在宪法和法律上的障碍。尽管我国《宪法》并未明确列举"住房权",但通过解释,我们可以得出住房权属于我国宪法保护的基本权利的结论:其一,基本权利的法律渊源包括《宪法》和国际人权公约,我国签署并批准的国际人权公约中规定了住房权③;其二,我国《宪法》中的人权条款是基本权利保障的概括性条款,对未列举权利的保护起一定补充作用④;其三,我国《宪法》中的社会保障条款和物质帮助权条款可以推导出政府负有提供住房保障的义务,反过来可以推导出公民享有住房权⑤;其四,在我国政治实践中,官方明确将住房问题定位为人权问题,2021年国务院新闻办发布《国家人权行动计划(2021—2025年)》,明确规定"保障居民基本住房",表明住房权是一种人权。

由于我国《宪法》未明确列举住房权,《国家人权行动计划(2021—2025年)》也未界定住房权,故在理解住房权的内涵和外延时可以参考联合国有关"适足住房权"的规定。1948年联合国《世界人权宣言》是人类历史上第一个人权国际文件,第25条承认适足住房权是适当生活水准权的一部分,这一条文为以后确定包括住房权在内的其他经济、社会和文化权利奠定了基础。

第25条第1款 人人有权享受为维持他本人和家属的健康和

---

① 人权与基本权利的区别是:人权是一种自然权,而基本权利是实体法上的权利。人权一旦转化为宪法文本中的基本权利,公民与国家机关都应受基本权利的约束。参见胡锦光、韩大元:《中国宪法(第3版)》,法律出版社2016年版,第147页。
② 张红:《基本权利与私法》,法律出版社2010年版,第45页。
③ 例如我国于2001年批准了联合国《经济、社会及文化权利国际公约》,该公约第11条第(1)款规定:"本公约缔约各国承认人人有权为他自己和家庭获得相当的生活水准,包括足够的食物、衣着和住房,并能不断改进生活条件。各缔约国将采取适当的步骤保证实现这一权利,并承认为此而实行基于自愿同意的国际合作的重要性。"
④ 《宪法》第33条第3款规定:"国家尊重和保障人权。"
⑤ 《宪法》第14条第4款规定:"国家建立健全同经济发展水平相适应的社会保障制度";《宪法》第45条规定:"中华人民共和国公民在年老、疾病或者丧失劳动能力的情况下,有从国家和社会获得物质帮助的权利。国家发展为公民享受这些权利所需要的社会保险、社会救济和医疗卫生事业。"

福利所需的生活水准,包括食物、衣着、住房、医疗和必要的社会服务;在遭到失业、疾病、残废、守寡、衰老或在其他不能控制的情况下丧失谋生能力时,有权享受保障。

1966年联合国《经济、社会及文化权利国际公约》第11条第1款成为《第4号一般性意见:适足住房权》发布前,关于适足住房权的条款中最为全面和最为重要的条款。①

第11条第1款 本盟约缔约各国承认人人有权为他自己和家庭获得相当的生活水准,包括足够的食物、衣着和住房,并能不断改进生活条件。各缔约国将采取适当的步骤保证实现这一权利,并承认为此而实行基于自愿同意的国际合作的重要性。

1991年联合国经济、社会和文化委员权利委员会发布《第4号一般性意见:适足住房权》。该文件是对适足住房权含义进行法律解释的最权威的国际人权法律文件,也是委员会第一次就公约下的特别权利专门进行解释的文件。第8条列举了构成"适足"概念的七个要素:

第8条……这些方面包括:

(a) 使用权的法律保障。 使用权的形式包罗万象,包括租用(公共和私人)住宿设施、合作住房、租赁、房主自住住房、应急住房和非正规住区,包括占有土地和财产。不论使用的形式属何种,所有人都应有一定程序的使用保障,以保证得到法律保护,免遭强迫驱逐、骚扰和其他威胁。缔约国则应立即采取措施,与受影响的个人和群体进行真诚的磋商,以便给予目前缺少此类保护的个人与家庭使用权的法律保护;

(b) 服务、材料、设备和基础设施的提供。 一幢合适的住房必须拥有卫生、安全、舒适和营养必需之设备。所有享有适足住房权的人都应能持久地取得自然和共同资源、安全饮用水、烹调、取暖和照明

---

① 联合国经济、社会和文化权利委员会《第4号一般性意见:适足住房权》第3条规定:"尽管众多的国际文件从不同方面论述适足住房的权利,《公约》第11条第(1)款是有关条款中最为全面,或许是最为重要的条款。"

能源、卫生设备、洗涤设备、食物储藏设施、垃圾处理、排水设施和应急服务；

(c) 力所能及。与住房有关的个人或家庭费用应保持在一定水平上，而不至于使其他基本需要的获得与满足受到威胁或损害。各缔约国应采取步骤以确保与住房有关的费用之百分比大致与收入水平相称。各缔约国应为那些无力获得便宜住房的人设立住房补助并确定恰当反映住房需要的提供住房资金的形式和水平。按照力所能及的原则，应采取适当的措施保护租户免受不合理的租金水平或提高租金之影响。在以天然材料为建房主要材料来源的社会内，各缔约国应采取步骤，保证供应此类材料。

(d) 乐舍安居。适足的住房必须是适合于居住的，即向居住者提供足够的空间和保护他们免受严寒、潮湿、炎热、刮风下雨或其他对健康的威胁、建筑危险和传病媒介。居住者的身体安全也应得到保障。委员会鼓励各缔约国全面实施卫生组织制订的《住房保健原则》，这些原则认为，就流行病学分析而言，住房作为环境因素往往与疾病状况相关联，即住房和生活条件不适和不足总是与高死亡率和高发病率相关联；

(e) 住房机会。须向一切有资格享有适足住房的人提供适足的住房。必须使处境不利的群体充分和持久地得到适足住房的资源。如老年人、儿童、残疾人、晚期患者、人体免疫缺陷病毒阳性反应的人，身患痼疾者、精神病患者、自然灾害受害者、易受灾地区人民及其他群体等处境不利群组在住房方面应确保给予一定的优先考虑。住房法律和政策应充分考虑这些群体的特殊住房需要。在许多缔约国内，提高社会中无地或贫穷阶层得到土地的机会应是其中心政策目标。必须制定明确的政府职责，实现人人有权得到和平尊严地生活的安全之地，包括有资格得到土地。

(f) 居住地点。适足的住房应处于便利就业选择、保健服务、就学、托儿中心和其他社会设施之地点。在大城市和农村地区都是如此，因为上下班的时间和经济费用对贫穷家庭的预算是一个极大的负担。同样，住房不应建在威胁居民健康权利的污染地区，也不应建在直接邻近污染的发源之处。

(g) 适当的文化环境。住房的建造方式、所用的建筑材料和支持住房的政策必须能恰当地体现住房的文化特征和多样化。促进住房领域的发展和现代化的活动应保证不舍弃住房的文化氛围,尤其是应确保适当的现代技术设施。

1997 年联合国经济、社会和文化委员权利委员会发布《第 7 号一般性意见:强制迁离》,规定缔约国不但自身要避免强迫迁离居民,而且要确保对那些实行强迫迁离的代理人或第三方执行法律;缔约国必须确保有充分的立法和其他措施去防止、而且酌情惩罚私人个人或集体在没有适当保障的情况下强迫迁离别人;迁离不应使人变得无家可归,或易受其他人权的侵犯。如果受影响的人无法自给,缔约国必须采取一切适当的措施,用尽它所有的资源酌情提供新的住房、新的住区或新的有生产能力的土地。

根据上述联合国文件,作者认为住房权可以被界定为"任何人享有的安全、和平和有尊严地居住某处的权利",包含三个层次的权利:(1) 拥有适宜居住的住房及自由使用的权利;(2) 享有平等的住房机会的权利;(3) 享有不受强制迁离的权利。

(二) 住房保障是实现住房权的途径之一

作为一项基本权利,住房权的义务主体是国家和政府,联合国人类居住规划署将国家义务分为三类,即尊重、保护和履行的义务:(1) 尊重义务要求各国不直接或间接干扰住房权的享有;(2) 保护义务要求各国防止第三方干涉适当住房权;(3) 履行义务要求各国采取适当的立法、行政、预算、司法、宣传和其他措施,以全面实现适足住房权。在履行义务下,各国必须在现有资源允许的范围内逐步消除无家可归现象,提供可称为适足住房所必需的物质基础设施,或向那些由于自己无法控制的原因而不能享有适足住房权的个人或团体提供适足住房,尤其是通过住房补贴和其他措施。[①] 2004 年,联合国人类居住规划署就按国家全面逐步落实适足住房权的责任以及中央与地方两级政府可能采取的行动进一步拟

[①] 参见联合国人类住区规划署《人权概况介绍第 21 号:适足住房权(第一次修订版)》,第 35 页。

定了《住房权行动分列表》。①

表 1-2 国家义务住房权行动分列表

尊重	保护	促进	履行
防止非法驱逐和强迫迁出	防止侵犯住房权	保障住房占用权	消除、防止和消灭无家可归现象
防止一切形式的歧视	国内补救和国际法的国内适用	立法审查确认住房权	增加住房公共支出并恰当确定支出对象
防止任何倒退措施	确保所有群体权利平等	制定标志充分实现的基准	人人都有适足可居住房
各种基于住房的自由	人人有机会获得支付得起的住房，制定可承受价基准	制定国家住房权战略	制定实际住房最低标准
隐私权和对住宅的尊重	需要特别措施扶持的处境不利群体获得住房的机会	注重脆弱群体的权利	提供一切必要的服务和基础设施
大众参与住房决策	对住房实行居民民主管理	获得住房信息的机会	推行大众住房融资和储蓄计划
尊重住房的文化标志	控制房租水平和私人住房部门的活动	确保可承受价土地的充足供应	建造社会住房

此外，1999年，联合国经济、社会、文化权利委员会发布《第12号一般性意见：取得足够食物的权利》和《第13号一般性意见：受教育的权利》，将履行的义务区分为"便利"的义务和"提供"的义务。② 前者是指缔约国采取积极主动行动，使个人或群体能够充分享受经济、社会、文化权利，后者是指缔约国对因自身不能控制的原因且依靠自己现有的手段无法实现其权

---

① 参见联合国人权事务高级专员办事处：《国家人权机构手册：经济、社会、文化权利》，第29页。需要指出的是，联合国人居署将促进义务和履行义务并入一项义务即"履行义务"，但联合国住房权方案对这两项义务作了区别。故联合国人居署在制作表格时也区分了促进义务和履行义务。

② 例如，联合国经济、社会和文化权利委员会《第13号一般性意见：受教育的权利》第46条规定："受教育的权利和所有人权一样，使缔约国负有三类或三个层面的义务，即尊重义务、保护义务、落实义务。而落实义务既包含便利义务，又包含提供义务。"第47条规定："……落实(便利)义务要求缔约国采取积极措施，使个人和群体能够享受这项权利，并便利其享受这项权利。最后，缔约国有义务落实(提供)受教育的权利。一般来说，在个人或群体由于无法控制的原因而无法利用可供利用的手段自行落实有关权利的情况下，缔约国有义务落实(提供)《公约》规定的某项权利。不过，这项义务的范围总是以《公约》的条文为准。"

利的个人或群体提供直接或间接服务。① 以此标准区分，上表中的促进义务大致等于"便利"的义务，而履行义务大致等于"提供"的义务。

总之，住房权的实现形式多种多样。从公民取得住房的角度看，其可通过市场购买、自建住房、向政府申请提供住房或住房补贴实现住房权。从国家承担义务类型的角度看，国家既有尊重、保护等消极义务，也有促进、履行等积极义务。实施住房保障仅是住房权实现的途径之一，即国家采取必要的积极措施，帮助仅凭个人努力无法获得适足住宅的中低收入住房困难群体实现住房权。

除联合国文件外，法国可抗辩居住权制度也说明住房权是住房保障的理论基础，实现住房权是国家和政府的责任。法国政府在解决住房问题上经历了从道义责任向法律责任的转变，2003年4月颁布的《博松法》(La Loi Besson)明确规定住房权为公民的基本权利，政府负有保障公民住房权的责任。2007年1月颁布的《可抗辩住房权法案》(DALO)则进一步明晰了住房权受到侵害后的行政调解和行政诉讼相结合的双重救济途径。该法案规定，政府应满足低收入者、无家可归者等人士对享受政府补贴的社会住房的需要。从2008年12月1日起，在住房申请没有收到满意答复的情况下，5类住房困难户（无房户、将被逐出现住房且无法重新安顿者、仅拥有临时住所者、居住在恶劣或危险环境中的人、与未成年子女同住且住房面积在最低标准以下的人）可向主管部门要求解决住房问题，如问题得不到解决，可向行政法院提起诉讼。②

（三）政府履行住房保障义务的方式和限度

从表1-2看，国家保障公民住房权方面的义务包括以下两类：(1)直接提供住房或补贴，例如增加住房公共支出并恰当确定支出对象、社会住房的建造等；(2)间接提供优惠政策，例如大众住房融资和储蓄计划。根据本书对住房保障概念的界定，这两类分别落入狭义住房保障和广义住房保障范畴。

之所以对政府提供住房保障的方式作如此划分，是因为和"最低核心义务"理论密切相关。所谓最低核心义务，是指"每种权利的最低基本水平"③，该最低基本水平对维护人的尊严是不可或缺的。就住房保障而

---

① 参见联合国人权事务高级专员办事处：《国家人权机构手册：经济、社会、文化权利》，第27页。
② 《法通过"可抗辩居住权"法 百姓明年底无房可告官》，https://news.sina.com.cn/w/2007-01-19/024512076120.shtml，最后访问日期：2022年5月2日。
③ 联合国经济、社会和文化权利委员会《第3号一般性意见：关于缔约国义务的性质》第10条。

言,一方面,政府负有提供住房保障的羁束性法律义务。住房保障义务是一种根据补充性的原理,帮助社会弱者摆脱住房困难的义务。我国《宪法》第 14 条第 4 款和第 45 条是政府住房保障义务的直接法源,具有"纲领性"特征。但在基本权利双重价值理论下,"这些条款不是对国家的概括性授权或者空泛的国家任务规定,而是一种课以国家积极作为义务的'宪法义务'的规定"①。因此,我国政府负有提供住房保障的羁束性法律义务。另一方面,政府只在"最低核心义务"的限度内承担住房保障义务。具体而言,政府应当对不同居住困难群体保障的标准进行分类,区分"生存所必需的居住保障"和"必需之上需求的居住补助","要求作为生存所必需的居住条件的保障,国家的保障义务必须受到严格拘束"。"在具体立法层面,只要达到法定不具有最低居住条件的家庭,就有权获得国家的保障,并要求立法对最低居住条件的设定受到严格的拘束,像最低生活标准制定的规则一样,客观标准化、尽可能减少行政机关制定标准时的裁量权力。"②

　　超出"最低核心义务"范畴,政府应根据经济与文化发展情况,依照民主法定程序,选择适当的实现住房权、提高公民居住水平的方式。原因如下:(1)平衡政府与市场的关系。住房保障并不意味着要回到福利分房时代,由政府统一分配房屋。政府对实现住房权施加的影响是把双刃剑,如果在住房权保障上过分依赖国家力量,最终可能导致住房权被过度限制或剥夺。③ 历史告诉我们,福利分房既没有效率,也没有实质改善居民的住房水平,反而会导致新的分配不公和权利侵害。④ 因此,住房保障必须缩小外延,聚焦以实物保障方式解决中低收入家庭住房困难问题。(2)合理运用纳税人的资金。住房保障对国家财政压力巨大,"但现代国家已经认识到社会的弱者很多是来自于现代资本主义经济制度本身的结构性问题,所以人们大多认同作为人之为人的基本尊严的生活保障,通过

---

① 张翔:《基本权利的双重性质》,载《法学研究》2005 年第 3 期,第 35 页。
② 凌维慈:《公法视野下的住房保障:以日本为研究对象》,上海三联书店 2015 年版,第 157—158 页。
③ 参见张翔:《基本权利的双重性质》,载《法学研究》2005 年第 3 期,第 36 页。
④ "完全福利化的住房政策下,住房建设不足,加之城镇人口不断增长,导致我国城镇居民的住房条件不仅没有得到实质性的改善,其人均居住面积反而从 1949 年的 4.5 平方米下降到 1978 年的 3.6 平方米。"民政部政策研究中心编:《中国城乡困难家庭社会政策支持系统建设研究报告(2013)》,中国社会出版社 2015 年版,第 175 页;"福利住房制度按职务等级分配,在实施过程中演化成平均分配,过多地强调国家和集体利益,忽视个人利益,实际上是另一种形式的分配不公。低租金的福利分配住房制度,住房投入难以形成良性循环。"文林峰:《城镇住房保障》,中国发展出版社 2007 年版,第 14 页。

对其他纳税人施加金钱上的负担,来使这部分生活弱者的权力得到保障,满足'基本住房需要'。但是,最基本的需要之上,国家使用全体纳税人的税收来保障一部分人权利,保障到何种程度,如何平衡纳税人的财产限制与被保障者的权利,应当依靠政策形成过程的多元利益表达机制来实现,必须使纳税人的代表、不同层次住房保障需求人群、经济政策领域的专家等通过民主程序来实现最佳的政策结果"①。

三、住房保障制度的性质

2014 年 5 月 1 日,我国首部统筹各项社会救助制度的行政法规《社会救助暂行办法》(国务院令〔2014〕第 649 号,以下简称"《暂行办法》")施行,其设专章规定"住房救助"。随后,《关于做好住房救助有关工作的通知》(建保〔2014〕160 号)进一步明确住房救助对象是"符合县级以上地方人民政府规定标准的、住房困难的最低生活保障家庭和分散供养的特困人员"。对城镇住房救助对象(最低生活保障家庭),优先配租公共租赁住房或发放低收入住房困难家庭租赁补贴,且对配租公共租赁住房的,应给予租金减免,确保其租房支出可负担。对农村住房救助对象(分散供养的特困人员,包括农村分散供养五保户、低保户、贫困残疾人家庭和其他贫困农户),优先纳入当地农村危房改造计划。

不过,《暂行办法》仅明确住房救助属于社会救助中专项救助的重要一环,未辨明住房保障与社会救助、社会福利的关系。这一局面与住房保障制度在最初设立时并未被纳入统一的社会保障制度直接相关。在住房保障制度日趋成熟的背景下,以往"摸着石头过河"的路径应为"顶层设计"所替代,探究住房保障制度的性质对制度设计具有纲领性指导意义。此外,实践中出现的鼓吹回到福利分房时代的"二次房改"②以及在保障房建设中国资委出台"鼓励央企建设保障房"的政策③亦折射出住房保障制度性质对该制度未来走向的重要影响。因此我们有必要在梳理住房保

---

① 凌维慈:《公法视野下的住房保障:以日本为研究对象》,上海三联书店 2015 年版,第 160 页。
② 参见马光远:《"二次房改"启动决定房地产未来 10 年命运》,https://baijiahao.baidu.com/s?id=1586530513272269026&wfr=spider&for=pc,最后访问日期:2018 年 4 月 25 日。
③ 参见刘映花:《国资委鼓励央企建设保障房,可按照市场化运作方式》,https://www.chinanews.com.cn/estate/2011/05-04/3014477.shtml,最后访问日期:2018 年 4 月 25 日。

障性质既有观点的基础上,明确住房保障社会救助的定性,以为后文讨论奠定基础。

(一)住房保障性质观点综述

我国官方对住房保障的定位并非一成不变,且至今仍存在模糊地带。最早将住房保障纳入社会保障范畴的官方文件是 2004 年 9 月国务院新闻办发布的《中国的社会保障状况和政策》白皮书。该文件将我国社会保障体系分为社会保险、社会福利、优抚安置、社会救助和住房保障,其中住房保障包括住房公积金、经济适用住房和廉租住房制度。该文件将住房保障作为独立于社会福利与社会救助的社会保障制度,不过此种分类并未为后来者所承继。[1]

《暂行办法》颁布后,住建部认为,住房救助属于针对特定对象实施的特殊类型的住房保障。"只有对住房困难的社会救助对象实施的住房保障才叫住房救助"[2],因为住房救助对象"相较其他类型的住房保障对象,生活更加苦难,支付能力更为有限"。[3] 这一观点是对《城镇住房保障条例(征求意见稿)》"对住房救助对象优先给予保障"精神的继承与发展。[4]由是观之,官方将住房保障划分为"住房救助"和"非住房救助",且回避了对后者的定性。

理论界对住房保障是否属于救助亦未达成统一意见,主要包括三种观点:

第一,住房保障为社会福利,而非社会救济。例如,朱亚鹏认为,加强住房保障体系顶层设计,需构建"适度普惠型住房福利与补缺型住房福利相结合的住房福利体系"。[5]

---

[1] 2007 年,党的十七大报告首次归纳我国社会保障体系为"以社会保险、社会救助、社会福利为基础,以基本养老、基本医疗、最低生活保障为重点,以慈善事业、商业保险为补充"。可见,社会保障体系三分法已成为共识,住房保障不可能单独成类。

[2] 住房和城乡建设部住房保障司:《住房救助制度发展报告》,载王治坤主编:《中国社会救助制度发展报告 2013》,中国社会出版社 2015 年版,第 93 页。

[3] 同上书,第 94 页。

[4] 《城镇住房保障条例(征求意见稿)》第 2 条规定:"本条例所称城镇住房保障,是指通过配租、配售保障性住房或者发放租赁补贴等方式,为住房困难且收入、财产等符合规定条件的城镇家庭和在城镇稳定就业的外来务工人员提供支持和帮助,满足其基本住房需求";第 18 条规定:"对符合条件的优抚对象、住房救助对象等,以及个人住宅被征收的轮候对象,应当优先给予保障"。

[5] 朱亚鹏:《中国住房保障发展报告》,载郑功成主编:《中国社会保障发展报告·2016》,人民出版社 2016 年版,第 244 页。

第二，住房保障分为住房救助和住房福利，分别对应社会救助和社会福利。例如，郑功成认为，如同教育保障分为教育救助和教育福利，住房保障也分为住房救助和住房福利。住房公积金保障范围应进一步扩大，性质转化为住房福利；廉租住房、公共租赁住房、租房或住房补贴为社会救助。①

第三，住房保障属于社会救助。有学者区分广狭两义上的住房保障，并认为广义上的住房保障是"从住房模式架构和住房产业宏观管理层面运用多种政策工具，使住房供应满足国民居住需求，使住房价格与国民收入水平相适应"，狭义上的住房保障"属于定向保障，针对特定人群进行，主要解决低收入且住房困难者的住房问题，带有一定救助和扶持性质"。② 有学者指出"住房保障是政府对社会成员中不具备基本住房支付能力者进行的居所帮助，住房保障最基本的层次是救助，是社会保障体系的一个组成部分"。③

综上所述，无论是官方还是学界，对住房保障性质的定位均莫衷一是，且可归纳为三大观点，即"社会救助说""社会福利说"和"综合说"。

（二）住房保障应定位为社会救助

社会救助、社会保险和社会福利是社会保障的三大子系统，其中"社会救助是基础，社会保险是主体，社会福利是最高层次"。④ 需要注意的是，法律意义上的"社会福利"与日常用语中的"社会福利"具有区别：前者是狭义的概念，是我国社会保障体系中的社会福利制度安排，它由政府主导，以满足社会成员的福利需求和不断改善国民的生活质量为目标，通过社会化的机制提供相应的社会服务与津贴。后者则是广义上的福利概念，包括社会救助、社会保险和狭义的社会福利。

社会福利和社会救助最大的区别在于保障范围和保障时限：社会救

---

① 参见郑功成主编：《中国社会保障改革与发展战略》（救助与福利卷），人民出版社2011年版，第22页。其他观点参见周爱国：《社会救助与社会福利》，南京大学出版社2017年版，第39、78页；张浩淼：《社会保障理论与实践》，对外经贸大学出版社2016年版，第195、213、215页；郭小东：《社会保障：理论与实践》，广东经济出版社2014年版，第401页。
② 参见邓大松、刘昌平等：《中国社会保障改革与发展报告2013》，北京大学出版社2014年版，第303页。
③ 刘琳等：《我国城镇住房保障制度研究》，中国计划出版社2011年版，第2页。
④ 张浩淼：《社会保障理论与实践》，对外经贸大学出版社2016年版，第9页。

助具有定向性和临时性,社会福利则具有适度普惠性和常态化。[①] 有学者将二者的区别归纳如表 1-3[②]:

表 1-3 社会救助与社会福利的区别

	社会救助	社会福利
保障对象	法定范围内的贫困者	法定范围内的社会成员
资格条件	须经家庭经济状况调查	普惠型:国民或居民 选择性:年龄、身体残障状况等
保障方式	实物和资金	服务和设施、社会津贴
保障水平	提高基本生活水平	提高基本生活水平 改善生活质量
保障时限	临时性	常态化
责任主体	政府主导,辅之社会捐助	政府、非营利组织、社区、家庭、个人、营利性组织(市场)
在社会保障体系中的地位	最后一道安全线 基本生活保障	最高层次的保障 增强社会幸福感

作者认为,住房保障制度应当定位于社会救助,原因如下:

首先,住房保障的定位不应采用"综合说",根据不同的救助对象将住房保障划分为"住房救助"和"非住房救助"的做法值得商榷。无论是住房救助对象还是其他住房保障对象,均属于住房困难的中低收入者和其他特殊群体,只不过住房困难程度有所差异。这种差异可能导致轮候顺序、保障方式与救助力度的不同,但无论如何也不会改变住房保障对象具有选择性和定向性的事实。严格区分狭义住房保障和广义住房保障的前提下,综合说反而会引起新的误解。何况,"综合"本质上是对问题的回避。相较住房保障,教育保障更能诠释"综合说":义务教育阶段的免除学杂费显然属于惠及全民的"社会福利",非义务教育阶段的奖助金则属于"社会救济"。反对者可能认为,扩大覆盖范围的住房公积金制度即是住房保障中的福利安排,具有普遍性和全民性。对此,作者认为,住房公积金制度属于广义上的"住房保障",属于金融支持政策的范畴,与之相似的还有土

[①] 参见张浩淼:《社会保障理论与实践》,对外经贸大学出版社 2016 年版,第 215 页。
[②] 高灵芝:《中国社会保障体系框架下社会救助与社会福利的关系——兼论社会救助制度的完善》,载林闽钢、刘喜堂主编:《当代中国社会救助制度的完善与创新》,人民出版社 2012 年版,第 125 页。

地政策、税收制度、房地产调控政策等间接保障制度。这些制度安排的确属于普遍保障,但与狭义上解决住房困难的中低收入者住房问题的住房保障制度有所不同。因此,住房保障中不存在普惠性的制度安排,不应当归类于"综合说"。

其次,住房保障的定位不应采用"社会福利说"。鼓吹回到"福利分房"时代违背我国住房制度的改革方向。将住房定位为由政府提供的"准公共产品"也有过分超前于我国社会主义初级阶段的嫌疑。① 此外,如果住房保障是一种社会福利分配,不论被保障对象的收入财产如何变化都不影响对保障房的持有,这将导致资源分配不公。

最后,住房保障应当定位于"社会救助"。一方面,住房保障契合社会福利的理论定义。住房保障对象具有选择性和定向性,即中低收入住房困难群体。住房保障时限具有临时性,法律规定了严格的退出制度,一旦被保障对象不符合社会救助的标准,就必须退出保障房,防止资源分配不公。住房保障是实现住房权的最后一道安全线,其提供的是最基本的居住保障水平。另一方面,将住房保障定位于社会救助顺应我国社会保障发展趋势。解决住房困难家庭的居住问题,不仅依靠社会救助制度,还要依靠社会保险和社会福利制度。社会救助作为社会保障体系中不可或缺的基础性制度安排,要主动根据社会保险和社会福利体系的发展而调节自身的制度结构。② 随着小康社会的全面建成和脱贫攻坚战的全面胜利,覆盖城乡居民的社会保障体系基本建立,绝对贫困现象基本消除。在这一背景下,将住房保障定位为社会救助,有利于精准济困,避免与更高层次的社会保险和社会福利龃龉,产生重复保障或者保障不足。

四、对我国住房保障制度的再分类

目前,我国实务界倾向于将所有有助于提高居住水平、改善住房条件的措施均纳入住房保障范畴,将所有新出现的政策性住房纳入保障性住房范畴。例如,2009 年,农工党中央建议全国人大常委会加快《住房保障

---

① 参见盛大林:《不能笼统说住房是"准公共产品"》,https://www.chinanews.com.cn/estate/estate-zcpl/news/2009/09-29/1892375.shtml,最后访问日期:2018 年 4 月 25 日。

② 参见关信平:《论我国社会救助未来发展中的制度定位和制度协调》,载林闽钢、刘喜堂主编:《当代中国社会救助制度的完善与创新》,人民出版社 2012 年版,第 14 页。

法》立法,"在法条上要搞大保障,不要搞小保障,要保障全体城乡居民的住房权,不要只保障城镇户籍低收入家庭的住房"[①]。又如,2010年,《国务院办公厅关于促进房地产市场平稳健康发展的通知》采用广义的住房保障概念,将限价商品住房、公共租赁住房、经济适用住房、廉租住房归纳为保障性住房,将各类棚户区改造、廉租住房、经济适用住房、限价商品住房、公共租赁住房以及农村危房改造归纳为保障性安居工程。再如,2014年《国务院政府工作报告》和2021年国务院办公厅《关于加快发展保障性租赁住房的意见》渐次将共有产权住房和保障性租赁住房纳入保障性住房范畴。图1-1总结了我国现行政策中的住房保障形式:

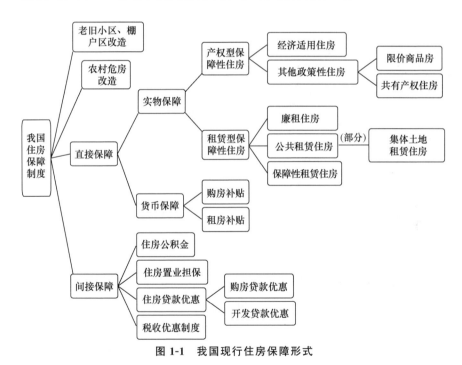

图1-1 我国现行住房保障形式

我国实践中对住房保障的分类与本书所提倡的住房保障定义、理论基础和性质相差较远。作者认为,应当重新对我国现行住房保障制度进行分类,以为后文划定研究范畴。具体而言:(1)狭义上的住房保障制

---

① 农工党中央:《加快住房保障立法完善住房制度》,载《城市住宅》2010年第4期,第38—39页。

度,是指国家或政府采取实物保障或货币补贴等直接保障方式,以全面实现中低收入住房困难群体的住房权的社会救助,包括经济适用住房、廉租住房、公廉并轨后供应原廉租住户的公共租赁住房、集体土地租赁住房中供应原廉租住户的部分,给予中低收入住房困难群体的购房补贴和租房补贴,以及农村危房改造;(2) 广义上的住房保障制度,是指国家采取直接保障和间接保障方式,以提高居民住房水平、改善居民居住条件的一系列住房政策措施的总和,包括具有保障功能的各种产权和租赁住房,购房补贴和租房补贴,税收、金融等间接保障制度,以及老旧小区改造、棚户区改造。表1-4 和图 1-2 分别总结了我国现行政策中的住房保障制度的再分类层次和再分类结果:

表 1-4 我国住房保障制度的再分类层次

保障层次	保障范围	实物保障形式	货币补贴形式	间接保障地位
救助性保障	低收入住房困难群体	廉租住房、公共租赁住房、集体土地租赁住房、农村危房改造	专项租房补贴	非主要途径
	中低收入住房困难群体	经济适用住房、公共租赁住房	专项租房补贴、购房补贴	
援助性保障	其他住房困难群体	公共租赁住房、保障性租赁住房、集体租赁住房、限价商品住房、共有产权房、棚改安置房	租房补贴、购房补贴	主要途径

德国哲学家黑格尔曾说:"凡是合乎理性的东西都是现实的;凡是现实的东西都是合乎理性的"[①],这句话更为人熟知的表述是"存在即合理"。这或许是个唯心主义的论断,但也侧面反映出任何事物的现状都是无数偶然与必然的结合。以此观我国的保障制度,不难发现,现行住房保障是个庞杂的概念,并且不断壮大。本章后两节将对导致这一现状的原因进行探讨。

---

① 〔德〕黑格尔:《法理学原理》,范扬、张启泰译,商务印书馆 1961 年版,第 11 页。

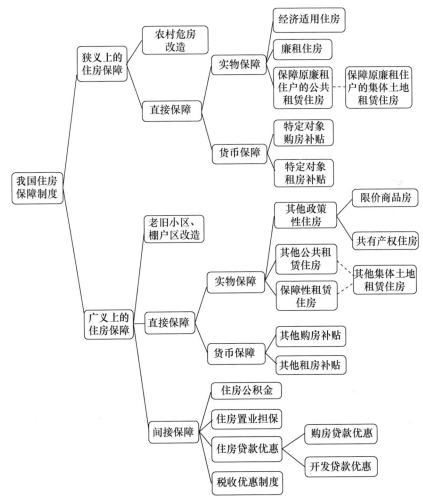

图 1-2 我国现行住房保障形式再分类

第二节 我国住房保障制度的历史沿革

住房保障制度旨在解决住房市场化所带来的社会问题,既属于社会保障制度,也是整个国家住房制度的重要组成部分。通过梳理不同时期国家层面颁布的住房保障领域的关键政策和文件,作者发现我国住房保障制度与我国城镇住房制度的发展轨迹密切相关,且深受不同时期经济发展状况、居民住房水平、房屋价格、城镇化建设水平等因素的影响。从历史的角度看,我国住房保障制度的发展与住房制度的发展不可分割,因此有必要将我国的住房保障制度放在整个住房制度改革进程中予以观察。换言之,要认清我国当前的住房保障制度,就必须系统回顾我国改革开放以来的住房制度发展史。

一、我国住房保障制度的发展脉络

如图1-3所示,结合我国住房制度改革进程在不同阶段的特点,可以将我国住房保障制度划分为五个阶段。其中,第一阶段(1978—1998)为住房制度市场化改革探索时期,前期(1978—1994)尚未提出住房保障制度,后期(1994—1998)初步提出国家安居工程和经济适用住房制度。第二阶段(1998—2003)为市场化住房制度初步建立时期,同时住房保障制度初具雏形,形成经济适用住房和廉租住房并存的格局。此外,国务院《关于进一步深化城镇住房制度改革加快住房建设的通知》(国发〔1998〕23号文)提出经济适用住房是我国住房供应体系的主体,并同时肩负着促进住房制度改革、拉动经济增长的历史使命。① 第三阶段(2003—2007)中住房市场化改革的副作用逐渐显现,房价过快增长引发民众不满,保障性住房建设严重滞后甚至背离制度目的,加剧社会矛盾。② 为此,国家一方面承认商品住房而非经济适用住房,才是住房市场的中坚力量;另一方面启动住房市场宏观调控,接连出台多项政策,以期通过各种经济管制措施使房地产价格回归到社会可接受程度,同时将廉租住房作为住房保障的核心,并推广有助于平抑房价的限价商品住房制度。第四

---

① "这一时期,经济适用住房制度主要发挥的是引导住房由实物分配向货币化转变的政策性功能,目的是形成社会化的城镇住宅建设和消费的新方式,建立解决城镇居民住房问题的新体制。"建设部课题组:《住房、住房制度改革和房地产市场专题研究》,中国建筑工业出版社2007年版,第115页。本书第二章第一节对经济适用住房的历史沿革作了详细的梳理。

② 建设部、国家计委、国土资源部《关于对经济适用住房建设及管理情况进行综合调研的紧急通知》(建办住房〔2003〕5号)显示,经济适用住房政策推行过程中存在"政策贯彻不佳""总量不足与有效购买力不足并举""富人住进经济适用住房现象越演越烈""监督管理存在漏洞""部分经济适用住房质量不过关"等五类问题,民众对经济适用住房的质疑声音不断加大。
根据建设部《关于城镇廉租住房制度建设和实施情况的通报》(建住房〔2006〕63号),截至2005年底,全国291个地级市中,仍有13个省级政府未将廉租住房制度建设纳入对市(区)、县政府目标责任制管理,70个地级以上市未建立廉租住房制度。

阶段(2007—2015)住房市场宏观调控常态化,保障性安居工程正式启动,住房保障制度进入大规模发展和密集创新时期。住房保障制度在保障住房权之外,还被赋予拉动经济增长、稳定房价、吸引人才等多元目的。第五阶段(2015年至今)是租购并举住房制度构建时期,不仅整个住房制度开始强调"房住不炒""租购并举"、建设"住房长期租赁市场",住房保障领域也在共有产权住房之外,强调发展租赁型保障性住房,中低收入群体和新市民的租房保障需求分别通过公租房与保障性租赁住房实现。

图1-3 我国住房市场化改革和住房保障制度发展轴

(一)住房制度市场化改革探索时期:提出住房保障制度(1978—1998)

胡川宁在其2016年的著作中将我国住房制度发展历史划分为探索时期(1978—1988)、建立时期(1988—1998)和发展完善时期(1998—2016)。① 作者在上述划分的基础上,结合住房保障制度沿革,将我国住房制度改革探索时期延展至1998年。

我国住房制度市场化改革探索时期可以细分为两个阶段,前期是自1978年实行改革开放政策至1994年国务院《关于深化城镇住房制度改革的决定》(国发〔1994〕43号)发布前,后期为国发〔1994〕43号文发布至1998年国务院《关于进一步深化城镇住房制度改革加快住房建设的通知》发布前。在后一阶段,明确提出要发展国家安居工程和经济适用住房制度。

1978年4月,中共中央在第三次全国城市工作会议后印发的《关于加强城市建设工作的意见》中,"初步认识到全国城市住房不足问题的严重性"。② 随后,《关于加快城市住宅建设的报告》(国发〔1978〕222号)详

---

① 参见胡川宁:《住房保障法律制度研究》,法律出版社2016年版,第45—78页。
② 同上书,第46页。

细披露了我国当时异常严峻的住房问题。1978年后,国家开始以减轻国家负担和扩大住宅供给为目的的改革探索,颁布《关于重申制止降低公有住宅租金标准的通知》(〔1979〕城发房字17号,已失效)(强调以租养房)、《关于自筹资金建设职工住房的通知》(要求企业和地方有计划地增建职工宿舍)、《关于用侨汇购买和建设住宅的暂行办法》(国发〔1980〕61号,已失效)(鼓励和支持华侨、归侨、侨眷用侨汇购买和建设住宅)、国家建设总局《关于认真做好住房分配工作的通知》(禁止以权谋私,完善公房制度)。从1980年5月的《关于加强住宅建设工作的意见》(建发办字〔1980〕219号)中,可以看出西安、南宁、柳州、桂林等城市已经开展住宅出售和组织私人建房试点工作。到1988年,"我国住房体制改革进入大规模探索改革方向和出路的时代"。[①]

1988年2月,国务院发布《关于在全国城镇分期分批推行住房制度改革的实施方案》(国发〔1988〕11号),首次明确指出我国住房体制改革的目标是住房商品化,并且明确了住房制度改革的主要内容和主要步骤,提出住房体制改革的若干具体政策,如合理调整公房租金、建立住房基金、积极推进公房出售、试点住房储蓄银行和对住房建设、经营在税收政策上给予优惠。从住房保障制度的角度,该文件实际上成为诸多间接保障制度的发展起点。但该文件存在"重销售、轻租赁的住房建设思路"[②],并未从根本上扭转住房紧张的事实。1991年颁布的国务院《关于继续积极稳妥地进行城镇住房制度改革的通知》(国发〔1991〕30号,已失效)和《关于全面推进城镇住房制度改革的意见》(国办发〔1991〕73号),只对国发〔1988〕11号文略加修正和完善,总体上保留了国发〔1988〕11号文的政策。

1993年11月,中共中央《关于建立社会主义市场经济体制若干问题的决定》正式确立社会主义市场经济体制,住房体制改革进入新阶段。1994年7月,国务院《关于深化城镇住房制度改革的决定》标志着我国社会主义住房市场经济体制的基本确立,也标志着我国住房保障制度的正式起步。该文件首次提出建立以中低收入家庭为对象、具有社会保障性

---

① 参见胡川宁:《住房保障法律制度研究》,法律出版社2016年版,第52页。
② 同上书,第69页。

质的经济适用住房供应体系和以高收入家庭为对象的商品住房供应体系。同年,建设部发布《1994年实施"安居工程"意见》(建房〔1994〕第327号),首次提出实施"安居工程"建设平价住宅,以建设成本价向城市中低收入的住房困难户出售,重点解决城市居民及国有大中型企业职工的住房困难问题,改善居民的住房条件。安居工程除解决住房困难家庭住房问题所体现的保障属性之外,其主要意义在于加快住房商品化和社会化进程,推动城镇住房制度改革。① 为落实国务院《关于深化城镇住房制度改革的决定》,建设部、国务院住房制度改革领导小组、财政部联合颁布《城镇经济适用住房建设管理办法》(建房〔1994〕761号),对经济适用住房的定义、建设原则、资金和土地的供应等方面作出了较为具体的规定。

1995年2月,国务院办公厅发布《关于转发国务院住房制度改革领导小组〈国家安居工程实施方案〉的通知》(国办发〔1995〕6号,已失效),该方案明确指出实施国家安居工程的目的就是结合城镇住房制度改革,调动各方面的积极性,加快城镇住房商品化和社会化进程,并为城镇住房制度改革提供政策示范;同时,该方案还对国家安居工程的建设规模、资金来源与运用以及出售和管理等作出了详细的规定。同年3月,建设部《实施国家安居工程的意见》(建房〔1995〕第110号)要求将国家安居工程纳入当地经济适用住房计划和住宅建设计划、住宅发展规划,并和住房解困解危工作结合起来。

这一时期,住房制度市场化改革处于探索阶段,其目的在于变革住房分配制度,即由原来的福利分房制度向建立住房市场制度转变,以解决住房严重短缺问题。在进行住房市场化改革的同时,政府已经认识到单纯的市场化不能解决全民住房问题,必须建立相应的住房保障制度。

同时,这一时期的住房保障制度刚刚起步,呈现出如下特点:第一,住房保障对象较为笼统,只规定了保障对象是中低收入家庭,但没有对收入标准作出明确的限定,范围宽泛而不具有针对性;第二,住房保障形式较为单一,国家安居工程住房和经济适用住房是此时期的主要保障形式;第

---

① 1994年朱镕基副总理在主持召开研究国家安居工程问题会议的讲话,明确了国家安居工程的主要意义在于推动房改,确定了与住房制度改革相结合的原则,在于其政策性和示范性。参见侯淅珉:《国家安居工程的政策框架及其对房改的意义》,载《北京房地产》1995年第12期,第12—14页。

三,由于住房制度改革由计划向市场转轨中存在的不确定性以及国企改革中大量工人失业下岗带来的社会稳定压力,具有保障性质的经济适用住房相较于商品住房在住房供应体系占据更重要的地位;第四,经济适用住房和国家安居工程与住房改革密切相关——此时期经济适用住房和国家安居工程最主要的政策目标是加快城镇住房商品化和社会化进程,拉动经济增长。

(二)市场化住房制度初步建立时期:住房保障制度初具雏形(1998—2003)

国务院《关于深化城镇住房制度改革的决定》提出建立经济适用住房和商品住房两层次供应体系后,我国商品住房建设速度加快。在实物分配与货币购买同时存在的变轨时期,居民购买商品住房积极性不高,出现了严重的商品住房空置情况,全国商品住房积压空置规模从1994年度的3289万平方米上升至1998年的8800万平方米。① 因商品住房积压而产生的银行坏账阻碍了部分区域的经济发展,加之1997年亚洲金融危机对中国经济的冲击,政府继续把深化城镇住房制度改革作为摆脱经济困境的手段之一。国务院《关于进一步深化城镇住房制度改革加快住房建设的通知》就充分体现了这一思路。该文件明确当年开始停止住房实物分配,逐步实行住房分配货币化,并提出加快住房建设,促使住宅业成为新的经济增长点,不断满足城镇居民日益增长的住房需求。在住房保障制度方面,该文件提出要建立和完善以经济适用住房为主的多层次城镇住房供应体系,对不同收入家庭实行不同的住房供应政策,即最低收入家庭租赁由政府或单位提供廉租住房;中低收入家庭购买经济适用住房;其他收入高的家庭购买、租赁市场价商品住房。这一时期,"最低收入家庭"和"高收入者家庭"分别占城市居民家庭总数的10%上下,"中、低收入家庭"占到居民人数的80%。②

为落实国务院《关于进一步深化城镇住房制度改革加快住房建设的通知》关于建设保障房供应体系的目标,1999年5月,建设部发布《城镇

---

① 参见冯晶:《亚洲金融危机对我国房地产业发展的启示》,载《经济体制改革》1999年第2期,第27页。

② 参见金俭等:《中国住房保障——制度与法律框架》,中国建筑工业出版社2012年版,第5页。

廉租住房管理办法》（建设部令〔1999〕70号，已失效），对廉租住房的性质、保障对象等作出具体规定。2000年9月，建设部发布《关于进一步规范经济适用住房建设和销售行为的通知》（建住房〔2000〕196号，已失效），再次强调了大力发展经济适用住房的重大意义，并要求地方政府根据各地房价和中低收入家庭的支付能力，合理确定本地区经济适用房在整个住房建设中的比例，更好地解决中低收入家庭的住房问题。

这一时期，随着政府在经济适用住房建设上投入的不断增加，经济适用住房新开工房屋面积从1997年的1720.57万平方米增长到2003年的5330.58万平方米[①]，年均增长率近18%。但经济适用住宅在整个住宅供应体系中的比例却经历了先增长后下降的过程，经济适用住房新开工房屋面积占住宅新开工面积的比例从1997年的15.65%上升至2000年的21.77%后又下降为2003年的12.16%。[②] 可以说，虽然经济适用住房的建设面积逐年增长，但政府期待大部分居民通过经济适用住房满足住房需求的政策目标却并未实现，恰恰相反，在与商品住房的竞争中，产权受限的经济适用住房并不占优势。[③]

这一时期，住房实物分配制度逐渐取消，住房市场化供应机制初步建立，住房保障制度初具雏形，总体呈现如下特点：第一，在住房保障对象上充分考虑不同收入的住房困难家庭，首次将既无力购买或租赁商品住房，又无力购买经济适用住房的城镇最低收入家庭（具有城市非农业常住户口的最低收入家庭和其他需要保障的特殊家庭）纳入住房保障范围。[④] 第二，在住房保障形式上首次提出建设廉租住房制度，在产权型保障之外增加租赁型保障形式，共同构建起租赁型和产权型相结合的多层次城镇保障住房供应体系。第三，只租不售的廉租住房制度的建立标志着我国住房保障制度的"保障"属性更为凸显，但此时的以经济适用住房为主、以

[①] 参见《中国统计年鉴2004》中"表6-47 按用途分房地产开发企业（单位）新开工房屋面积"，http://www.stats.gov.cn/tjsj/ndsj/yb2004-c/indexch.htm，最后访问日期：2018年6月11日。

[②] 同上。

[③] 参见冯长春：《中国经济适用住房政策评析与建议》，载《城市规划》1999年第8期，第18—20页。

[④] 参见朱亚鹏：《中国住房保障政策分析——社会政策视角》，载《公共行政评论》2008年第4期，第96页。

廉租住房为辅的保障房供应体系在"保障"之外还被赋予拉动经济增长、推动城镇住房制度改革的政策目标。

(三) 住房市场启动宏观调控时期:住房保障不足的弊端显露(2003—2007)

国务院《关于进一步深化城镇住房制度改革加快住房建设的通知》颁布五年后,我国城镇住房制度改革取得重大进展。随着房地产业高速发展,住房供应结构发生重大改变,购买或租赁普通商品住房逐渐成为解决多数家庭住房需求的重要途径。2003年国务院《关于促进房地产市场持续健康发展的通知》(国发〔2003〕18号)在明确房地产业成为国民经济的支柱产业的同时,提出要调整住房供应结构,将国发〔1998〕23号文"以经济适用住房为主的住房供应体系"向"逐步实现多数家庭购买或承租普通商品住房"转变,并首次将经济适用住房明确定性为具有保障性质的政策性商品住房;同时还提出建立和完善以发放租赁补贴为主,实物配租和租金核减为辅的廉租住房制度,以强化政府住房保障职能,切实保障城镇最低收入家庭基本住房需求。此后,国务院及各部委相继出台了有关住房保障的各种规定。2003年12月31日《城镇最低收入家庭廉租住房管理办法》(建设部等令第120号,已失效)公布,明确了建立和完善城镇廉租住房制度,具体规定了廉租住房的资金来源、房屋来源及申请条件、程序等问题,同时宣布废止1999年《城镇廉租住房管理办法》。

2004年《经济适用住房管理办法》(建住房〔2004〕77号,已失效)颁布,在1994年的管理办法的基础上深化完善了经济适用住房制度。2005年,发改委、建设部联合颁布《城镇廉租住房租金管理办法》(发改价格〔2005〕405号,已失效);同年,建设部、民政部联合颁布了《城镇最低收入家庭廉租住房申请、审核及退出管理办法》(建住房〔2005〕122号),对申请条件、审核方法、租赁手续及惩罚机制均作出了明确的规定。

由于这一时期部分城市房价上涨过快,具有分化住房市场旺盛需求作用的保障性住房建设逐渐成为政府控制房价、缓解投资过热的调控手段之一。2005年国务院办公厅转发建设部等部门《关于做好稳定住房价格工作意见的通知》(国办发〔2005〕26号)就要求通过加强经济适用住房建设和完善廉租住房制度,努力实现商品住房供求基本平衡,切实稳定住房价格,促进房地产业的健康发展。2006年,《关于调整住房供应结构稳定住房价格的意见的通知》(国办发〔2006〕37号)更是明确,为加快城镇廉租住房制度建设和规范发展经济适用住房来调整住房供应结构、稳定住房价格,尚未建立廉租住房制度的城市,必须在2006年年底前建立,且各地都要安排一定规模的廉租住房开工建设。同时,国办发〔2006〕37号文还提出了限套型、限房价的"限价商品住房"政策。2007年,建设部等九部委颁布《廉租住房保障办法》(建设部、发改委、监察部、民政部、财政部、国土部、人民银行、国家税务总局、国家统计局令〔2007〕162号),将廉租住房保障对象由城镇最低收入家庭调整为低收入住房困难家庭。

但实践中,经济适用住房和廉租住房建设严重滞后,无法满足住房保障需求。在经济适用住房的建设上,经济适用住房新开工面积从2003年的5330.58万平方米下降到2006年的4379.03万平方米;而同期的全国新开工住宅面积从43853.88万平方米稳步增长到64403.80万平方米。在廉租住房的建设上,截至2006年年底,287个地级以上城市中,虽然有283个城市建立了廉租住房制度,已开工建设和收购廉租住房5.3万套,总建筑面积为293.68万平方米,但其占同期全国施工房屋总面积比重仅为0.15%。

这一时期,由于国务院《关于促进房地产市场持续健康发展的通知》提出"大多数家庭购买或租赁商品房",保障房供给进入停滞期。随着住房商品市场的建立,经济适用住房不再承担推动城镇住房制度改革的任务,开始逐渐回归其"保障"属性,着力于帮助住房困难家庭获得产权型的住房保障,实现"居者有其屋"的目标。同时,由于房价不断攀高,低收入家庭亦负担不起产权型的经济适用住房,租赁型的廉租住房逐渐成为政府解决低收入家庭住房困难的政策重心。此外,为了遏制房价的快速上涨,合理平衡居民的可负担能力和房价水平,廉租住房和经济适用住房被赋予了稳定房价的功能。同时政府开始干预住房商品市场,以"限价商品住房"为代表的政府调控手段不断出台。在住房保障对象方面,廉租住房和经济适用住房的保障对象被明确为低收入住房困难家庭,不再是以前的最低收入家庭和中低收入家庭,中等收入群体的住房问题主要由限价商品住房承担。

(四)住房市场调控常态化时期:住房保障制度密集创新(2007—2015)

在住房市场蓬勃发展,房地产行业带动经济快速增长的同时,部分城市房地产投资过热以及房价飙升的问题凸显。房价高企导致居民住房可支付能力下降,相应的,住房保障需求就越大。① 为解决城市居民住房问题,改善群众居住条件,国务院于 2007 年出台《关于解决城市低收入家庭住房困难的若干意见》(国发〔2007〕24 号),标志着我国的保障性住房建设迈入快速发展的新阶段。该意见要求加快建立以廉租住房为重点、包括经济适用住房在内的多渠道解决城市低收入家庭住房困难的政策体系,并提出逐步改善包括棚户区困难住户、城市农民工在内的其他住房困难群体的居住条件。2008 年,美国次贷危机传导至国际,成为国际性金融危机②,我国经济增速回落,出口出现负增长。为减轻国际金融危机对我国经济带来的负面影响,政府开始通过扩大内需刺激经济增长,以棚户区改造为重点的保障性安居工程建设成为扩大内需的重要手段。③ 2008 年 12 月,国务院办公厅颁布《关于促进房地产市场健康发展的若干意见》(国办发〔2008〕131 号),该意见在要求继续加大廉租住房建设和经济适用住房建设之外,明确指出要解决林区、垦区、煤矿等棚户区住房困难家庭的住房问题,并首次提出要积极推进农村危房改造。

2009 年 3 月,国务院在《关于落实〈政府工作报告〉重点工作部门分工的意见》(国发〔2009〕13 号)中强调:"加快落实和完善促进保障性住房投资建设的政策措施……积极发展公共租赁住房,加快发展二手房市场和住房租赁市场。"建设部亦于 2010 年发布《关于加快发展公共租赁住房的指导意见》(建保〔2010〕87 号),明确了公共租赁住房的建设原则、保障对象、租金水平、房源筹集、政策支持等多个方面的内容,翻开了我国集中建设公共租赁住房的新篇章。其后,国务院和相关部委相继出台一系列

---

① 参见刘志峰:《保障公民居住权是政府公共服务的重要内容》,http://news.dichan.sina.com.cn/2012/03/28/462775.html,最后访问日期:2018 年 6 月 7 日。

② 参见楼建波:《金融商法的逻辑:现代金融交易对商法的冲击与改造》,法制出版社 2017 年版,第 383 页。

③ 参见张道航:《棚户区与棚户区改造问题研究》,载《理论建设》2010 年第 1 期,第 12 页。

文件促进公共租赁住房发展,并于2013年将各地公共租赁住房和廉租住房并轨运行,并轨后统称公共租赁住房。①

2010年国务院《关于坚决遏制部分城市房价过快上涨的通知》(国发〔2010〕10号)颁布,要求加快保障性安居工程建设,以切实稳定房价和解决城镇居民住房问题,并下达2010年建设保障性住房300万套和各类棚户区改造住房280万套的工作任务。这是中央政府在1995年将安居工程并入经济适用住房后再次提及安居工程概念,但此次更突显其保障属性。保障性安居工程首先以改善居民的居住条件为目标,切实解决低收入家庭住房困难问题;与此同时,保障性安居工程又与保障性住房有所不同,前者中的棚户区改造在保障之外更多地承担促进住房消费和投资,实现保增长、扩内需、惠民生的任务②,这也是政府在推进棚户区改造时并不以居民收入为考量依据的原因所在。2013年国务院《关于加快棚户区改造工作的意见》(国发〔2013〕25号)颁布,将棚户区改造列为重大的民生工程和发展工程,并确定了2013年至2017年改造各类棚户区1000万户的目标。此后,针对棚户区改造中的规划布局不合理、配套建设跟不上、项目前期工作慢等问题,2014年国务院办公厅《关于进一步加强棚户区改造工作的通知》(国办发〔2014〕36号)和2015年国务院《关于进一步做好城镇棚户区和城乡危房改造及配套基础设施建设有关工作的意见》(国发〔2015〕37号)相继颁布,在规划布局、项目前期工作、质量安全管理、配套建设和各项支持政策上予以明确规定,并确定了2015—2017年改造各类棚户区住房1800万套、农村危房1060万套的目标。

这一时期,为应对房价上涨过快,保障性住房建设重启,后为应对国际金融危机,更是扩大了保障性住房的建设规模。住房保障制度在经济适用住房和廉租住房之外,发展出其他形式。就狭义的住房保障而言,政府着眼于解决低收入家庭的住房可负担问题,将城市"夹心层"人群、城市

---

① 国务院办公厅《关于保障性安居工程建设和管理的指导意见》(国办发〔2011〕45号)明确公共租赁住房的建设成为保障性安居工程建设的重点;《公共租赁住房管理办法》(住建部令〔2012〕第11号)对公共租赁住房的性质、申请和配租程序、使用和退出等内容作出详细规定;住建部、财政部、国家发改委《关于公共租赁住房和廉租住房并轨运行的通知》(建保〔2013〕178号)要求各地公共租赁住房和廉租住房并轨运行,并轨后统称公共租赁住房。

② 国务院《关于坚决遏制部分城市房价过快上涨的通知》(国发〔2010〕10号)。

非户籍人群纳入住房保障范围,更加注重租赁型住房保障,大力建设以公共租赁住房为主的保障性住房,形成了廉租住房、公共租赁住房、经济适用住房和商品住房四层次住房供应体系。就广义住房保障而言,为改善棚户区居民的住房条件,政府开始大力建设以棚户区改造为重点的保障性安居工程。保障性安居工程已经不再局限于狭义住房保障所彰显的住房救济特质,其更关注居民住房条件的改善提升,还兼具促进住房消费和投资,实现保增长、扩内需、惠民生以及推进城镇化进程并缓解城市内部二元矛盾的任务。同时,这一阶段保障性住房建设和保障性安居工程建设成果显著,截至 2014 年年底,我国已累计开工新建实物公共租赁住房 910 万套①,全国共改造各类棚户区住房 2080 万套、农村危房 1565 万户。②

(五)租购并举住房制度构建时期:住房保障制度发展完善(2015 年至今)

我国经济增长速度从 2010 年的 10.3% 逐年下降至 2015 年的 6.9%③,经济增速放缓,经济结构面临深层次调整,住房领域亦面临结构性供给侧改革。面对重"产权"而轻"租赁"导致的住房供应结构性失调,大力发展住房租赁市场、调整住房供应的租售结构成为住房市场改革的方向。④ 2015 年 12 月召开的中央经济工作会议提出,要深化住房制度改革,以满足新市民住房需求为主要出发点,以建立购租并举的住房制度为主要方向,发展住房租赁市场。⑤ 2017 年,中国共产党第十九次全国代表大会的报告提出"坚持房子是用来住的、不是用来炒的定位,加快建立多主体供给、多渠道保障、租购并举的住房制度,让全体人民住有所居"。"租购并举"政策扭转了我国房地产市场长期以来"重售轻租"的

---

① 参见《今年保障房建设任务全面完成明年将再开建七百万套》,http://www.gov.cn/xinwen/2014-12/22/content_2794730.htm,最后访问日期:2018 年 5 月 19 日。
② 国务院《关于进一步做好城镇棚户区和城乡危房改造及配套基础设施建设有关工作的意见》(国发〔2015〕37 号)。
③ 参见国家统计局 2010 年至 2015 年历年的《国民经济和社会发展统计公报》,http://www.stats.gov.cn/tjsj/tjgb/ndtjgb/,最后访问日期:2018 年 6 月 11 日。
④ 参见刘寅、朱庄瑞:《新常态下我国房地产市场变化分析与调整思路》,载《现代管理科学》2016 年第 7 期,第 73—75 页。
⑤ 参见《中央经济工作会议在北京举行》,http://politics.people.com.cn/n1/2015/1222/c1024-27958128.html,最后访问日期:2018 年 6 月 11 日。

现状。

住房制度的这一变化也影响了住房保障制度的发展。2016年2月国务院《关于深入推进新型城镇化建设的若干意见》(国发〔2016〕8号)提出,建立购房与租房并举、市场配置与政府保障相结合的住房制度,住房保障的形式逐步由实物与租赁补贴相结合的方式向租赁补贴为主的方式转变。国发〔2016〕8号文标志着我国住房保障政策的逻辑逐步从供给端提供实物保障,向需求端提供货币补贴以提高住户的住房可承担能力转变。

为落实国务院的指导精神,2016年5月,国务院办公厅出台《关于加快培育和发展住房租赁市场的若干意见》(国办发〔2016〕39号),强调要健全以市场配置为主、政府提供基本保障的住房租赁体系,基本形成保基本、促公平、可持续的公共租赁住房保障体系,支持公共租赁住房保障对象利用租赁补贴在市场中租房。2017年4月,住建部发布《关于加强近期住房及用地供应管理和调控有关工作的通知》(建房〔2017〕80号),进一步强调要转变公共租赁住房保障方式,实行实物保障与租赁补贴并举,推进公共租赁住房货币化。该文件同时指出,超大、特大城市和其他住房供求矛盾突出的热点城市,要增加公共租赁住房、共有产权房供应,扩大公共租赁住房保障范围,多渠道解决中低收入家庭、新就业职工和稳定就业的外来务工人员的住房问题。2017年8月,《利用集体建设用地建设租赁住房试点方案》(国土资发〔2017〕100号)颁布,确定了13个城市开始实施利用集体建设用地建设租赁住房的试点工作,以增加租赁住房供应,缓解供需矛盾。同年9月,住建部发布《关于支持北京市、上海市开展共有产权住房试点的意见》(建保〔2017〕210号),指出发展共有产权住房,是加快推进住房保障和供应体系建设的重要内容,决定在北京上海两地开展共有产权住房试点。2019年1月11日,《关于福州等5个城市利用集体建设用地建设租赁住房试点实施方案意见的函》(自然资办函〔2019〕57号)确立了第二批5个试点城市,以解决租赁住房供需不匹配的矛盾。2019年5月7日,《关于进一步规范发展公租房的意见》(建保〔2019〕55号)首次提出住房保障在解决群众住房问题中发挥"补位"作用,明确城镇住房保障体系主要由配租型的公租房和配售型的共有产权住房构成,并区分低保、低收入住房困难家庭,城镇中等偏下收入住房困难家庭,新就业无房职工和城镇稳定就业外来务工人员等群体的保障力度。① 此外,棚改安居工程仍是该阶段解决群众住房困难的重要途径,棚改工作取得显著成绩,共有 8000 多万住房困难群众"出棚进楼",2017 年全国各类棚户区改造开工 609 万套②,并确定实施 2018 年到 2020 年 3 年棚改攻坚计划,再改造各类棚户区 1500 万套。③ 另外,2019 年 8 月 22 日财政部和住建部联合发布《中央财政城镇保障性安居工程专项资金管理办法》[财综〔2019〕31 号,已失效,2022 年 2 月 7 日财政部和住建部发布《中央财政城镇保障性安居工程补助资金管理办法》(财综〔2022〕37 号)],将老旧小区改造纳入保障性安居工程,安排中央补助资金支持;2020 年 7 月 20 日国务院办公厅《关于全面推进城镇老旧小区改造工作的指导意见》(国办发〔2020〕23 号)进一步提出城镇老旧小区改造要按照"保基本"的原则,重点支持基础类改造内容。2021 年 6 月 24 日,国务院办公厅《关于加快发展保障性租赁住房的意见》(国办发〔2021〕22 号)发布,要求以保障性租赁住房制度解决新市民、青年人等群体的租赁住房供给,其与公租房、共有产权房成为目前实物住房保障的主体内容,并与老旧小区改造、棚户区改造共同形成"三房两改"的住房保障体系。④ 2021 年中央经济工作会议再次重申"房子是用来住的、不是用来炒"的正确定位,要求"坚持租购并举,加快发展长租房市场,推进保障性住房建设,支持商品房市场更好满足购房者的合理住房需求"。⑤

---

① 住房和城乡建设部、国家发展改革委、财政部、自然资源部《关于进一步规范发展公租房的意见》(建保〔2019〕55 号)提出"进一步规范发展公租房,多渠道满足住房困难群众的基本住房需要;进一步规范发展公租房,努力实现本地区低保、低收入住房困难家庭应保尽保,城镇中等偏下收入住房困难家庭在合理的论后期内得到保障,促进解决新就业无房职工和在城镇稳定就业外来务工人员等新市民的住房困难,不断增强困难群众对住房保障的获得感、幸福感和安全感"。
② 《2017 年全国棚户区改造开工 609 万套》,http://www.gov.cn/xinwen/2017-12/20/content_5248849.htm,最后访问日期:2018 年 5 月 19 日。
③ 李克强:《未来 3 年再改造各类棚户区 1500 万套》,http://www.gov.cn/guowuyuan/2017-05/24/content_5196505.htm,最后访问日期:2018 年 5 月 19 日。
④ 国务院办公厅《关于加快发展保障性租赁住房的意见》(国办发〔2021〕22 号)指出:"近年来,各地区、各有关部门认真贯彻落实党中央、国务院决策部署,扎实推进住房保障工作,有效改善了城镇户籍困难群众住房条件,但新市民、青年人等群体住房困难问题仍然比较突出,需加快完善以公租房、保障性租赁住房和共有产权住房为主体的住房保障体系"。
⑤ 《中央经济工作会议在北京举行习近平李克强作重要讲话》,https://www.12371.cn/2021/12/10/ARTI1639136209677195.shtml,最后访问日期:2021 年 12 月 21 日。

这一时期,构建租售并举的住房市场成为住房政策的重心,在大力构建住房租赁市场的背景下,政府在住房保障领域亦更加注重租赁型住房保障(实物保障和租赁补贴)在解决低收入住房困难家庭住房问题中的作用。同时,租赁型住房保障在供给上从一元的公租房制度逐步实现狭义与广义的住房保障手段的区分,公租房重点面向中低收入住房困难家庭,城市发展建设过程中新市民、青年人群的现实租住需求则通过保障性租赁住房制度实现。在经济适用住房所代表的产权型保障形式之外,北京上海等地开始探索建立兼有"商品属性"与"保障属性"的共有产权住房,市场和保障之间的界限逐渐模糊。

二、对我国住房保障制度发展历史的评析

通过梳理我国住房制度和住房保障制度的历史,可以发现我国住房保障制度存在如下特点:

(一)住房保障相关概念一直处于发展之中

我国至今没有统一的住房保障概念,不同时期颁布的政策文件采用多种与住房保障相关的概念,如国务院《关于深化城镇住房制度改革的决定》首次提出"经济适用住房",《国家安居工程实施方案》又提出建设"国家安居工程",国务院办公厅《关于促进房地产市场健康发展的若干意见》提出"保障性住房",国务院办公厅《关于促进房地产市场平稳健康发展的通知》提出"保障性安居工程",国务院《关于坚决遏制部分城市房价过快上涨的通知》提出"住房保障"和"政策性住房建设"等。此外,还存在诸如"住房保障"与"住房救助"的内涵外延没有清晰界定,"保障性住房"与"保障性安居工程"的形式不统一且存在混用等情况。①

这些概念在使用时并无清晰界定的内涵与外延。国务院办公厅《关于促进房地产市场健康发展的若干意见》将廉租住房建设、棚户区改造和

---

① 国务院办公厅《关于促进房地产市场平稳健康发展的通知》(国办发〔2010〕4 号)中将限价商品住房、公共租赁住房、经济适用住房、廉租住房归纳为保障性住房,将各类棚户区改造、廉租住房、经济适用住房、限价商品住房、公共租赁住房以及农村危房改造归纳为保障性安居工程。

经济适用住房建设归类为"加大保障性住房建设力度",表明棚户区改造、廉租住房建设和经济适用住房建设是保障性住房建设的下位概念和具体实现形式。国务院《关于坚决遏制部分城市房价过快上涨的通知》却将"建设保障性住房"和"棚户区改造"作为"加快保障性安居工程建设"的下位概念和实现形式使用,表明"保障性住房"并不包括"棚户区改造",这与国务院办公厅《关于促进房地产市场健康发展的若干意见》将"棚户区改造"作为"保障性住房建设"的一种实现形式的提法相冲突。直到最近的"三房两改"表述,把公共租赁住房、保障性租赁住房、共有产权住房以及棚户区、老旧小区改造作为住房保障的主要形式。

作者认为,住房保障的相关概念在理论上比较模糊,在不同阶段存在不同的提法,可能原因如下：

其一,市场经济下住房市场化制度改革是对计划经济时期福利分房制度的调整,"摸着石头过河"的制度实践往往意味着政策实施效果的不确定性,而住房保障制度的发展正是与住房市场化改革所带来的住房问题密切相关。在经济快速发展和社会剧烈变革的时期,不同的住房问题层出不穷,僵硬的住房保障政策无法及时"对症下药"以回应不同住房困难群体迫切的住房需求,因而政府能否制定灵活的住房保障政策尤为重要。如城市化过程中的劳动力迁徙所带来的非户籍居民的住房问题就需要政府及时出台政策应对。

其二,政府对住房保障性质的认识不断深化,对受保障人群界定和住房保障形式的认识也在不断变化,"住房保障"概念内涵的模糊化处理和开放式的外延边界赋予了政府更大的政策灵活性,政府可以针对经济发展所带来的不同住房问题而因时因势调整住房保障政策。可以说,不同时期、不同文件所呈现的概念混乱问题,恰恰体现了政府对住房保障的认识不断深化,如对住房保障的认识从"居者有其屋"向"住有所居"的认识变化,就是一个例证。"房住不炒"概念的提出,更是体现了党和政府对住房本质的深刻思考。

(二)我国住房保障制度呈现多层次、多样化的特点

目前,我国住房保障制度不仅包括狭义的救助性住房保障,而且包括

广义的非救助性住房保障,保障范围越来越大,保障方式越来越多样化。从国务院《关于深化城镇住房制度改革的决定》(国发〔1994〕43号)首次提出建设经济适用住房开始,经过二十多年的发展和完善,我国已经构建起包含公共租赁住房、廉租住房、经济适用住房、共有产权住房在内的多层次住房保障供应体系,保障范围从中低收入家庭逐步覆盖到包括最低收入家庭、中低收入家庭、新就业职工和稳定就业的外来务工人员等不同住房困难群体。相信随着保障性租赁住房这一保障形式的发展,我国的住房保障形式和层次都将更加丰富。根据时任住建部王蒙徽部长的介绍,我国已累计建设各类保障性住房和棚改安置住房8000多万套,帮助2亿多困难群众改善住房条件,低保、低收入住房困难家庭基本实现应保尽保,中等偏下收入家庭住房条件有效改善。①

我国住房保障制度之所以成为"庞然大物",一个重要原因是政府赋予了住房保障制度多元的功能。在住房制度市场化改革的不同时期,根据宏观经济形式的变化,在保障住房权之外,住房保障制度被赋予拉动经济增长、稳定房价等多元功能,住房保障制度在住房体系中的角色定位也在不断变化。具体而言:(1)从1994年到2003年,住房保障制度(主要指经济适用住房制度)在发挥保障功能之外,还被赋予了推动住房制度改革的功能,某种程度上后一种功能反而成为这一时期住房保障制度的主要功能。(2)从2003年至2008年,住房保障制度不再具有推进房改的功能,开始回归保障属性,但此时为了应对房价快速上涨,开始成为政府调控房价的手段之一,住房保障也具有稳定房价的功能。(3)自2008年以来,面对经济疲软、房价高企以及低收入家庭的住房困难等问题,住房保障制度开始兼具保障住房困难群体、拉动经济增长、稳定房价等多种功能。下表总结了1994年住房保障制度提出以来,不同时期涉及住房保障制度的标志性中央文件及其宣示的政策目的:

---

① 参见《国新办举行"努力实现全体人民住有所居"新闻发布会》,http://www.scio.gov.cn/m/xwfbh/xwbfbh/wqfbh/44687/46680/index.htm,最后访问日期:2021年9月11日。

表 1-5　我国住房保障制度政策功能演变

时期	文件名和文号	适用范围	宣称目的
1994—2003	国务院《关于深化城镇住房制度改革的决定》（国发〔1994〕43号）	经济适用住房	• 深化城镇住房制度改革 • 促进住房商品化和住房建设的发展 • 加快解决中低收入家庭的住房问题
	建设部《1994年实施"安居工程"意见》（建房〔1994〕327号）	国家安居工程	• 加快解危解困 • 改善居民的住房条件
	国务院办公厅《关于转发国务院住房制度改革领导小组〈国家安居工程实施方案〉的通知》（国办发〔1995〕6号）	国家安居工程	• 加快城镇住房商品化和社会化进程 • 促进城镇住房建设
	建设部《实施国家安居工程的意见》（建房〔1995〕110号）	国家安居工程	• 推动房改 • 加快城市住宅建设及解危、解困 • 建立住房新制度
	国务院《关于进一步深化城镇住房制度改革加快住房建设的通知》（国发〔1998〕23号）	经济适用住房 廉租住房	• 稳步推进住房商品化、社会化，逐步建立适用社会主义市场经济体制和我国国情的城镇住房新制度 • 加快住房建设，促使住宅业成为新的经济增长点，不断满足城镇居民日益增长的住房需求 • 建立和完善以经济适用住房为主的多层次城镇住房供应体系
	《城镇廉租住房管理办法》（建设部令〔1999〕70号，已失效）	廉租住房	• 建立和完善多层次住房供应体系 • 解决城镇最低收入家庭住房问题
	建设部《关于进一步规范经济适用住房建设和销售行为的通知》（建住房〔2000〕196号，已失效）	经济适用住房	• 解决城镇中低收入家庭的住房问题 • 适应停止住房实物分配后个人购房的需求 • 拉动经济增长
2003—2008	国务院《关于促进房地产市场持续健康发展的通知》（国发〔2003〕18号）	经济适用住房 廉租住房	• 经济适用住房是具有保障性质的政策性商品住房 • 建立和完善廉租住房制度，强化政府住房保障职能，切实保障城镇最低收入家庭基本住房需求
	《城镇最低收入家庭廉租住房管理办法》（建设部等令〔2003〕120号，已失效）	廉租住房	• 保障城镇最低收入家庭基本住房需要

（续表）

时期	文件名和文号	适用范围	宣称目的
2003—2008	国务院办公厅转发建设部等部门《关于做好稳定住房价格工作意见的通知》（国办发〔2005〕26号）	经济适用住房	• 努力实现商品住房供求基本平衡 • 切实稳定住房价格 • 促进房地产业的健康发展
	国务院办公厅转发建设部等部门《关于调整住房供应结构稳定住房价格的意见的通知》（国办发〔2006〕37号）	廉租住房 经济适用住房 限价商品房	• 解决低收入家庭住房困难 • 调整住房供应结构 • 稳定住房价格
	国务院《关于解决城市低收入家庭住房困难的若干意见》（国发〔2007〕24号）	廉租住房 经济适用住房 棚户区改造	• 解决城市低收入家庭住房困难 • 逐步改善农民工等其他城市住房困难群体居住条件
2008年至今	国务院办公厅《关于促进房地产市场健康发展的若干意见》（国办发〔2008〕131号）	保障性住房 农村危房改造	• 扩大内需、促进经济平稳较快增长 • 改善人民群众的居住条件 • 促进房地产市场健康发展
	国务院《关于坚决遏制部分城市房价过快上涨的通知》（国发〔2010〕10号）	保障性安居工程	• 坚决遏制部分城市房价过快上涨 • 切实解决城镇居民住房问题
	《关于加快发展公共租赁住房的指导意见》（建保〔2010〕87号）	公共租赁住房	• 完善住房供应体系，培育住房租赁市场 • 满足城市中等偏下收入家庭基本住房需求 • 引导城镇居民合理住房消费 • 调整房地产市场供应结构
	国务院办公厅《关于保障性安居工程建设和管理的指导意见》（国办发〔2011〕45号）	保障性安居工程	• 加快转变经济发展方式 • 加快解决中低收入家庭住房困难
	国务院《关于加快棚户区改造工作的意见》（国发〔2013〕25号）	棚户区改造	• 适应城镇化发展的需要 • 改善群众住房条件 • 稳步实施城中村改造
	国务院《关于进一步做好城镇棚户区和城乡危房改造及配套基础设施建设有关工作的意见》（国发〔2015〕37号）	棚户区改造 农村危房改造	• 改善困难群众住房条件 • 带动消费、扩大投资 • 促进社会和谐稳定

(续表)

时期	文件名和文号	适用范围	宣称目的
2008年至今	国务院《关于深入推进新型城镇化建设的若干意见》(国发〔2016〕8号)	住房保障	• 建立购房与租房并举、市场配置与政府保障相结合的住房制度 • 住房保障形式逐步由实物与租赁补贴相结合向租赁补贴为主转变
	国务院办公厅《关于加快培育和发展住房租赁市场的若干意见》(国办发〔2016〕39号)	城镇住房制度 住房保障体系	• 建立购租并举的城镇住房制度 • 培育和发展住房租赁市场 • 完善城镇住房保障体系
	《利用集体建设用地建设租赁住房试点方案》(国土资发〔2017〕100号)	集体租赁住房	• 增加租赁住房供应 • 缓解住房供需矛盾 • 构建购租并举的住房体系 • 建立健全房地产平稳健康发展长效机制
	住房城乡建设部《关于支持北京市、上海市开展共有产权住房试点的意见》(建保〔2017〕210号)	共有产权住房	• 坚持"房住不炒"的定位 • 满足新市民住房需求 • 建立购租并举的住房制度 • 以市场为主满足多层次需求,以政府为主提供基本保障,通过推进住房供给侧结构性改革,加快解决住房困难家庭的基本住房问题
	《关于进一步规范发展公租房的意见》(建保〔2019〕55号)	公共租赁住房	• 完善住房市场体系和住房保障体系,解决城镇中低收入居民和新市民住房问题 • 发挥住房保障在解决群众住房问题中的"补位"作用
	《中央财政城镇保障性安居工程专项资金管理办法》(财综〔2019〕31号,已失效)	老旧小区改造	• 将城镇老旧小区改造纳入保障性安居工程 • 安排中央补助资金支持
	国务院办公厅《关于全面推进城镇老旧小区改造工作的指导意见》(国办发〔2020〕23号)	老旧小区改造	• 按照"保基本"的原则,重点支持基础类改造内容
	国务院办公厅《关于加快发展保障性租赁住房的意见》(国办发〔2021〕22号)	保障性租赁住房	• 完善以公租房、保障性租赁住房和共有产权住房为主体的住房保障体系,确立"三房两改" • 保障性租赁住房主要解决符合条件的新市民、青年人等群体的住房困难问题 • 加大对保障性租赁住房建设运营的信贷支持力度

（三）住房保障与其他住房供应方式的关系不断变化

住房兼具商品属性和社会属性，解决住房问题既要靠"市场"更好满足购房者的合理住房需求，又要靠"保障"满足群众的基本住房需求。一方面，住房作为一般商品，客观上要求充分发挥市场机制在住房资源配置中的基础性作用，将住房市场化作为解决住房问题的主要方式。[①] 我国的住房市场化改革便是对住房领域中住房福利分配模式的纠正。另一方面，住房所具有的社会属性使政府清晰地认识到住房市场化改革不能解决所有人的住房需求，必须对住房市场中的市场失灵问题予以干预。

通过梳理住房保障制度的历史沿革，作者发现住房保障制度与住房制度的关系随住房市场的变化而变化，经历了如下三个阶段：

第一，在我国建设住房保障制度之初，住房保障制度和住房制度之间呈现水乳交融、模糊不清的关系。当时，城市人均居住面积仅为7.8平方米[②]，城市居民的居住水平普遍较差。当时的政策核心在于推动住房制度改革，建立住房商品市场，以实现住房的有效供给，提高整体的居住水平。在这一阶段，经济适用住房不仅是住房保障制度的主要内容，而且在整个住房供应体系中占据重要地位，中低收入家庭通过购置低于市场价的经济适用住房满足住房需求。可以说，住房保障制度在发挥保障功能之外，还肩负着更重要的实现住房商品化和社会化的任务。

第二，随着住房商品市场的建立和完善，住房供应总量提高，居民住房条件有所改善，商品住房成为居民获得房屋的主要渠道，但由于部分低收入住房困难群体无力购置商品住房，以廉租住房、公租住房和经济适用住房为主的住房保障制度的角色定位逐渐回归到救济住房困难群体的"保障"属性。此时，住房保障制度和其他住房供应方式间的界限划分开始清晰，两者各司其职，在相互配合下共同实现全体人民"住有所居"的目标。

第三，在城镇化不断推进、房价不断攀高之时，居民通过购置或租赁市场商品住房的可负担压力越来越大，此时泾渭分明的住房保障制度和

---

① 参见周江：《中国住房保障理论、实践和创新研究——供应体系·发展模式·融资支持》，中国经济出版社2018年版，第33页。

② 参见《中国统计年鉴1999》中"表10-26 城乡新建住宅面积和居民居住情况-1994年数据"，http://www.stats.gov.cn/yearbook/indexC.htm，最后访问日期：2018年6月15日。

其他住房供应方式都不能很好地满足既不符合住房保障标准又无力获得市场住房的居民的住房需求。为改善居民的住房条件，实现"住有所居"的目标，政府开始推进保障性安居工程、限价商品住房、共有产权住房、保障性租赁住房、集体土地租赁住房的建设，这些住房兼具"市场"和"保障"属性，虽然异于救济型住房保障，但是享受着保障房建设的优惠政策，政府以此尽可能的改善不同群体的住房条件，实现所有居民"住有所居"的目标。

第三节 我国住房保障制度发展中的央地互动

地方政府和中央政府在住房保障制度建设中的角色定位和互动，也是我国住房保障制度庞杂的原因。住房制度改革和住房保障制度建设不仅是经济和社会问题，还是一个"与住房利益分配与再分配相关的政治问题，涉及不同阶层、有不同的利益和价值偏好的主体"。[①] 住房保障政策的实施需要中央和地方政府的共同参与。

在住房领域，我国央地关系的变迁和互动首先出现在住房制度改革领域，具体表现为中央下放权力，鼓励地方政府大胆创新，并吸收、推广地方有益成果。因该模式在住房制度改革上取得的成功，这种央地关系又被移植到住房保障领域。和其在住房制度改革中发挥的重要作用一样，地方政府一开始就在住房保障中负主要责任。但是，地方政府担任重要角色并不意味着其有积极提供住房保障的意愿和动力。

作者发现，随着住房市场的发达和房价快速上涨副作用的出现，中低收入者的住房困难问题愈加显现，社会民众对住房保障的呼声越来越大。中央政府逐渐重视住房保障制度建设，并通过制订层层分解的建设计划和规划，与地方政府签订住房保障目标责任书等方式要求地方大规模建设保障性住房。面对来自中央政府的压力，地方政府开始大规模建设保障性住房。但是如果只建设经济适用住房和廉租住房，地方政府将承受较重的财政压力和土地供应压力，于是在执行中央保障房计划与规划的过程中，各地根据自身的经济实力和社会发展状况，对中央政策方针进行

[①] 朱亚鹏：《住房制度改革政策创新与住房公平》，中山大学出版社2007年版，第6页。

理解和解释，创造出经济适用住房和廉租住房之外的多种保障性住房形式。中央政府对这种创新持默认乃至鼓励的态度，来自中央的鼓励进一步促进地方政府创新。本节将从央地关系变迁的角度理解和分析住房制度市场化改革和住房保障制度演变轨迹。

一、我国住房制度改革和住房保障领域央地互动演变轨迹

我国住房制度改革和住房保障制度建设没有现成路径可供借鉴，当初的决策者在制定住房政策时，策略性地采取了以解决问题为导向的"摸着石头过河"的做法。正因如此，我国住房制度变迁过程存在大量的"路径依赖"现象，其中，住房保障领域的央地互动在某种程度上是对住房制度改革探索中央地关系的依赖和借鉴。具体而言，我国住房保障领域经历了中央搭建住房保障制度框架、地方大规模建设保障性住房以及中央指导下的住房保障制度深化三个时期。

（一）住房制度改革探索时期的央地关系

本章第二节从住房保障制度在整个住房制度改革中的地位的角度，将我国住房制度改革探索阶段分为前期（1978—1994）和后期（1994—1998）两个时期。本节则从住房制度改革范围出发，将我国住房制度改革探索阶段分为地方试点（1978—1988）和全国推广（1988—1998）两个时期[①]，并从政策制定和执行的角度分析其中的央地互动关系。

1. 地方试点时期（1978—1988）

这一时期主要是中央政府选择试点城市，确定改革重点，并在积累经验后推广到全国其他主要城市，包括建造成本价销售（1979—1981）、"三三制"售房（1981—1985），以及提租、增资、补贴与租售并举（1985—1988）三次政策转变。

早在1979年，建造成本价销售改革就在西安、柳州、梧州和南京等四个城市开始实施。该项改革主要由中央政府负责住房投资，试点地方政府负责住房建设和出售。但由于销售价格过高、出售方案缺乏财政支持以及公房低租金等原因，改革总体效果不佳。

---

① 关于1998年以前的中国住房改革历史，参见朱亚鹏：《住房制度改革政策创新与住房公平》，中山大学出版社2007年版，第55—61页。

1982年,"三三制"改革在郑州、沙市、常州、四平启动,旨在通过国家、单位提供补贴的形式实现住房商品化,即原则上个人购房只需缴纳购房价款的1/3。尽管国家提供补贴,但由于公房租金低廉,居民购买意愿并不高。

1986年,国务院成立住房改革小组,改革重心转移到租金调整上来。烟台、唐山、蚌埠、常州、江门等五城市成为新的试点城市,进行提租、增资、补贴与租售并举改革尝试。其主要措施是提高公房房租以使房租能够支付建筑、修缮和维养方面的支出,并逐步提高到包含利息、管理费和财产税在内。同时地方政府向职工提供补贴以弥补提租带给职工的经济负担。伴随着租金的调整,政府同时鼓励公有部门的职工以标准价购买租住的公房。① 据报道,烟台市"提租发券,空转起步,条件成熟逐步进入实转"的改革相当成功。②

2. 全国推广时期(1988—1998)

这一时期,中央统一推行烟台改革方案的尝试受挫,全国房改陷入停滞。随后,中央及时调整思路,明确中央统一指导,地方分散决策的原则,地方政府在住房制度改革中的作用逐渐突出。

1988年2月,国务院召开第一次全国住房制度改革工作会议并以国发〔1988〕11号文印发《全国城镇分期分批推行住房制度改革实施方案》,计划用3—5年分期分批推行住房制度改革。这是我国第一个房改总体方案,基本上参照烟台方案,又被称为"提租补贴"方案。但遗憾的是,由于之后严重的通货膨胀,这一方案在全国的推广受到来自单位和职工的双重反对。单位无法承担住房补贴和工资上涨,职工希望维持低租金的公房制度。许多城市为尽快收房填补财政空缺,低价售房之风盛行,国有资产严重流失。原计划用2—5年完成的提租补贴方案,未全面推开便夭折了,并导致我国住房制度改革陷入停滞。

1991年,停顿两年的住房制度改革再次启动,并明确中央统一指导,地方分散决策的原则。在中央政策的鼓励和支持下,地方政府提出各自

---

① 国务院办公厅《转发关于烟台、唐山、蚌埠、常州、江门五城市住房制度改革试点工作会议纪要的通知》(国办发〔1986〕91号)。

② 参见高珮义:《烟台市住房制度改革调查报告》,载《中国物价》1991年第2期,第20—26页。

的房改方案。其中又以上海市的方案最为全面。上海市房改方案的主要内容有:建立住房公积金制度;提高租金,同时发放住房补贴;公房的新住户向上海住房发展储蓄管理中心强制性低息投资;房屋优惠出售;建立上海市住房委员会。① 上海市借鉴我国香港地区和新加坡的经验,创新性地提出住房公积金制度和住房委员会制度,为其他城市所效仿,并在后来成为全国性的政策。② 从1991年到1994年,我国住房制度改革中的央地关系发生巨大变化,地方政府开始在住房改革问题上扮演重要角色,"一些主要的改革策略是由地方提出来的,权力下放改革和地方政策创新的积极效果是很明显的"。③ 然而,地方政府同样可能滥用自主权,导致政策执行过程的变形,例如低价出售公房之风。

1993年11月,我国正式确立社会主义市场经济体制④,住房制度改革的目标被重新确立为"建立与社会主义市场经济体制相适应的新的城镇住房制度,实现住房商品化、社会化;加快住房建设,改善居住条件,满足城镇居民不断增长的住房需求"。⑤ 为实现这一目标,国务院提出了一个全面性的改革方案,住房制度改革在中央指导下加速推进。

(二)住房保障制度建设中的央地关系

在我国住房保障领域,中央指导和地方创新相互交织,共同形成如今庞大的住房保障制度。如表1-6、1-7所示,在住房保障形式的确定和住房保障制度总体设计上,中央和地方都不乏互动。概括而言:(1)中央指导地方政府明确住房保障制度建设方向,并默许地方政府在不违背改革方向的前提下,进行创新。(2)地方政府在保障形式上的创新集中在2006年前后,这一时期,中央政府默许地方政府的创新,并很快吸收这些创新形式到全国性文件中。(3)中央并非鼓励和支持地方的全部创新,如曾盛行于中西部地区的廉租房住房"共有产权,租售并举"模式,即通过出售廉租房的部分产权回笼资金,以便再次投入到新一轮的廉租房建设

---

① 《国务院办公厅对上海市住房制度改革实施方案中若干政策问题的复函》(国办发〔1991〕12号)。
② 国务院《关于深化城镇住房制度改革的决定》(国发〔1994〕43号)。
③ 朱亚鹏:《住房制度改革政策创新与住房公平》,中山大学出版社2007年版,第59页。
④ 1993年11月,中国共产党十四届三中全会通过了《关于建立社会主义市场经济体制若干问题的决定》。
⑤ 国务院《关于深化城镇住房制度改革的决定》(国发〔1994〕43号)

的做法,未被中央政府采纳。① 另外,中央政府对地方的部分创新采取默认态度,例如深圳市的安居型商品房。

表 1-6　央地关系对我国住房保障形式的影响

住房保障形式	中央出台时间(文件)	地方出台时间(城市)	先后顺序
国家安居工程	1994 年(建房〔1994〕327 号)	1994 年(全国)	中央先
经济适用住房	1998 年(国发〔1998〕23 号)	1998 年(全国)	中央先
廉租住房	1998 年(国发〔1998〕23 号)	1998 年(全国)	中央先
限价商品房	2006 年(国办发〔2006〕37 号)	2003 年(宁波)	地方先
棚户区改造	2007 年(国发〔2007〕24 号)	2005 年(东三省)	地方先
农村危房改造	2008 年(国办发〔2008〕131 号)	2008 年(贵州)	地方先
公共租赁住房	2009 年(政府工作报告)	2006 年(北京、深圳)	地方先
共有产权住房	2014 年(政府工作报告)	2007 年(淮安)	地方先
安居型商品房		2010 年(深圳)	地方先
集体土地上建设租赁住房	2017 年(国土资发〔2017〕100 号)	2011 年(北京)	地方先
保障性租赁住房	2021 年(中共中央政治局会议)	2021 年(全国)	中央先

表 1-7　央地关系对我国住房保障制度的影响

住房保障制度总体设计	中央出台时间(文件)	地方出台时间(城市)	先后顺序
发展国家安居工程	1994 年(建房〔1994〕327 号)	1994 年(全国)	中央先
以经济适用住房为主	1998 年(国发〔1998〕23 号)	1998 年(全国)	中央先
以廉租住房为主	2007 年(国发〔2007〕24 号)	2007 年(全国)	中央先
以公共租赁住房为主	2011 年(国办发〔2011〕45 号)	2011 年(全国)	中央先
公廉并轨运行	2013 年(建保〔2013〕178 号)	2013 年(全国)	中央先
发展公共租赁住房、政策性商品住房和商品住房相结合的住房保障和供应体系	2014 年(建保〔2014〕174 号)	2018 年(深圳)	中央先
多主体供应、多渠道保障、租购并举	2021 年中央经济工作会议	2021 年(全国)	中央先

---

① 参见舒圣祥:《"出售廉租房"应该叫停》,http://www.chinanews.com.cn/estate/estate-zcpl/news/2009/09-01/1844680.shtml,最后访问日期:2022 年 6 月 21 日。

得益于住房制度改革探索时期中央下放权力带来的积极影响,地方政府在住房保障领域一开始就承担着十分重要的角色。但历史表明,完全的权力下放只会导致地方政府滥用自主权,违背住房保障制度初衷。故在住房保障领域,中央的指导和监管也非常必要。下文主要分析我国住房保障领域央地关系的演变轨迹及其对我国住房保障形式的影响。

1. 中央搭建住房保障制度框架阶段(1994—2006)

住房保障在我国是一个新生事物,制度建设初期主要依靠中央政府统一搭建框架。国务院《关于深化城镇住房制度改革的决定》(国发〔1994〕43号)首次提出建立以中低收入家庭为对象、具有社会保障性质的经济适用住房供应体系和以高收入家庭为对象的商品住房供应体系。建设部《1994年实施"安居工程"意见》首次提出实施"国家安居工程",形成经济适用住房和廉租住房并存的格局。此外,国务院《关于进一步深化城镇住房制度改革加快住房建设的通知》进一步提出我国要建立以经济适用住房为主的多层次城镇住房供应体系,对不同收入家庭实行不同的住房供应政策,即最低收入家庭租赁由政府或单位提供的廉租住房;中低收入家庭购买经济适用住房;其他收入高的家庭购买、租赁市场价商品住房。遵循中央政策文件的精神,地方政府开始探索建立保障性住房制度。

然而,作为住房制度改革的衍生品,我国住房保障制度一开始并未受到中央政府的重视,加之地方政府受利益驱使,这一时期地方政府缺乏推动住房保障制度建设的动力。不同于在住房市场化的基础上发展住房保障的西方国家,我国住房保障制度是和住房市场化改革同步推进的。但在住房制度改革初期,我国人均居住面积普遍较低[①],低收入家庭的住房困难问题并不突出。正因如此,相较住房保障,中央政府更加关注住房市场化改革。例如,中央对经济适用住房的制度定位为"政策性商品住房",兼具保障型和商品性,但在住房制度改革初期,经济适用住房制度主要发挥的是引导住房由实物分配向货币化转变的政策性功能,目的是形成社会化的城镇住宅建设和消费的新方式,建立解决城镇居民住房问题的新

---

① 国家统计年鉴数据显示,1998年前,城市居民人均居住面积总体呈上升趋势,但始终低于10平方米,处于全民"蜗居"的低水平。关于福利分房时代我国城市居民居住面积的统计表,参见本书第二章第二节。

体制。① 中央层面的这一政策定位,使得地方政府在推行经济适用住房制度时,存在自主权滥用倾向,不断暴露出"政策贯彻不佳""总量不足与有效购买力不足并举""富人住进经济适用住房现象越演越烈""监督管理存在漏洞"和"部分经济适用住房质量不过关"等五类问题②;另外,经济适用住房用地行政划拨,也与地方政府"以地谋发展"的理念相违背,上海甚至在2002年取消了经济适用住房制度,直到2008年才重新以共有产权的模式建设经济适用住房,但上海并未因此受到中央政府问责。③

在廉租住房的建设上,中央政府一开始并未明确将廉租住房建设纳入地方政府职责。由于廉租住房的资金几乎都要地方政府支出,中央政府又不提供财政补贴(直到2007年,才出现中央专项补助资金),故地方政府缺乏建设廉租住房的动力。根据建设部《关于城镇廉租住房制度建设和实施情况的通报》(建住房〔2006〕63号),截至2005年年底,全国291个地级市中,仍有13个省级政府未将廉租住房制度建设纳入对市(区)、县政府目标责任制管理,70个地级以上市未建立廉租住房制度。④

尽管如此,这一时期,地方政府还是创造出了限价商品房和棚户区改造两种后来被归入保障性安居工程的保障形式。但宁波市实行限价商品房的主要目的是平抑房价,借鉴宁波的青岛、上海等地也主要是为了调控房价,而非解决中低收入家庭住房困难问题。⑤ 东北三省推行棚户区改革,则"不仅仅是要解决群众住房难问题,还要解决职工就业问题,国企改革遗留问题,大集体职工待遇问题,退伍军人待遇问题,下岗职工就医问题,子女就医问题等等"⑥。

总体而言,这一时期,在中央的指导下,各地纷纷建立起经济适用住

---

① 参见建设部课题组:《住房、住房制度改革和房地产市场专题研究》,中国建筑工业出版社2007年版,第115页。
② 建设部、国家计委、国土资源部《关于对经济适用住房建设及管理情况进行综合调研的紧急通知》(建办住房〔2003〕5号)。
③ 参见高波:《我国城市住房制度改革研究——变迁、绩效与创新》,经济科学出版社2017年版,第309页。
④ 建设部《关于城镇廉租住房制度建设和实施情况的通报》(建住房〔2006〕63号)。
⑤ 关于限价房的历史,参见本书第二章第四节。
⑥ 《科学发展观的成功实践——党的十六大以来辽宁省棚户区改造工作历程和成绩》,载住房和城乡建设部编:《建设美好城乡 迈向住有所居——科学发展观指引下的住房城乡建设工作(2002—2012)》,人民出版社2012年版,第455页。

房和廉租住房两种保障形式,但由于中央政府不够重视,加上推行住房保障制度增大地方财政、土地压力,影响房地产市场发展,故地方政府虽有权力创新,却没有足够动力创新。

2. 地方大规模建设保障性住房阶段(2006—2015)

住房市场化改革带来的住房价格快速上涨,城镇化带来的大量劳动力涌入城市,以及城市内部收入和财富的分化,社会各界越来越关注住房问题,中央政府也越来越重视住房保障问题。2006年5月,《关于调整住房供应结构稳定住房价格意见的通知》(国办发〔2006〕37号)首次要求地方政府限期编制并公布2006—2010住房建设规划。2007年8月,国务院《关于解决城市低收入家庭住房困难的若干意见》首次把解决城市低收入家庭住房困难纳入政府公共服务的重要职责,标志着中央政府更加重视住房保障制度建设。2008年12月,国务院办公厅《关于促进房地产市场健康发展的若干意见》要求"用3年时间基本解决城市低收入住房困难家庭住房及棚户区改造问题"。随后,《2009—2011廉租住房保障规划》(建保〔2009〕91号)要求三年内再新增廉租住房518万套、新增发放租赁补贴191万户,基本解决747万户现有城市低收入住房困难家庭的住房问题。自2010年起,住建部开始与各省级政府签订住房保障目标责任书,实行省级政府负总责、市县政府抓落实的工作责任制度。[①] 2011年,"十二五"规划纲要提出要将保障性住房在整个住房体系中的比重提高到20%,明确规定五年内城镇保障性安居工程建设3600万套(包括保障性住房建设和各类棚户区改造建设)的目标任务。2016年,"十三五"规划纲要明确城镇棚户区住房改造2000万套的约束性指标任务。在上述综合规划之外,中央政府还颁布了棚户区改造和廉租住房改造等专项规划。

中央政府之所以实行"自上而下"的压力体制,与地方政府在住房保障领域的被动和消极态度有关。例如,2007年,财政部曾要求地方从土地出让净收益中提取10%的资金,以供中央转移支付补助中西部省市建设廉租住房。但出乎意料的是,没有一个省动用土地出让收入,而当时各地土地出让收入大幅增长,且保障房建设压力并不大——数据显示,北

---

① 参见李克强:《大规模实施保障性安居工程逐步完善住房政策和供应体系》,载《求是》2011年第8期,第3—8页。

京、上海等 22 个城市从土地出让净收益中提取廉租住房保障资金的比例均未达到要求(2007—2009 年共计少提取 146.23 亿元)。①

面对中央的压力,地方政府一方面积极建设廉租住房,进行棚户区改造,以完成计划任务,另一方面不断探索新的住房保障形式,以缓解住房保障任务带来的供地和资金压力。

这种压力下的创新可以从以下几个方面理解:

首先,较为笼统的保障性住房建设任务为地方创新创造了条件。除 2009 年住建部提出廉租住房年度建设任务外,中央并未对其他类型的保障性住房提出硬性建设任务,而且自 2010 年开始中央只对"保障性住房"提出建设目标。这意味着,地方政府可以通过将其他政策性住房纳入保障性住房的方式,完成中央下达的保障性住房建设任务。

其次,受土地财政理念影响,地方政府具有创新保障形式的动力。由于经济适用住房土地供应采取划拨形式,如果大力建设经济适用住房,地方政府将损失一大笔土地出让收入,而廉租住房从建设到后期管理又几乎全靠地方财政支持,故出于住房保障可持续发展和自身利益的考虑,地方政府在廉租住房和经济适用住房之外,大力创新保障形式。例如,产权型保障性住房除供地外,无须政府给予其他财政支持,也无须政府进行后期管理。为减轻供地压力,地方发展出采用"限房价、竞地价"和其他土地出让方式的限价商品房、安居型商品房和共有产权住房。又如,在实现城市低收入住房困难家庭"应保尽保"后,地方政府转向财政压力更小的公共租赁住房建设,解决外来务工人员、新就业人员等"夹心层"的住房困难问题。

最后,各地在经济实力、社会发展状况以及城市发展目标方面的差异,也使得地方政府在进行住房保障决策时有不同的政策偏好和选择。例如,深圳市作为一个新型移民城市,"以一个县域的土地面积承载一个超大城市的人口运转和一个省域的经济总量"②,其在制定住房保障政策时特别关注人才的住房需求,早在 2006 年就借鉴我国香港地区"公屋"经

---

① 参见席斯:《土地收益近半被控,分配新规酝酿中》,https://m.eeo.com.cn/2011/1107/215142.shtml,最后访问日期:2022 年 6 月 23 日。

② 王德响、李珏、胡洋、殷宇嘉、郭祖军:《2016—2017 年深圳市公共住房服务发展报告》,载《深圳社会发展报告(2017)》,社会科学文献出版社 2017 年版,第 77 页。

验,在国内率先探索和实施以公共租赁住房为主的保障性住房供应模式。到 2010 年,深圳基本解决了城镇户籍低收入家庭的住房困难问题①,并于同年启动安居型商品房建设。② 2011 年 4 月,深圳出台《深圳市安居型商品房建设和管理暂行办法》(深圳市人民政府令 228 号),将安居型商品房建设和管理规范化、常态化。2015 年深圳市将人才住房单列为住房类型。③ 类似的,上海市也面临着如何促进外来常住居民融入的挑战。为解决外来务工人员和高端人才的临时性住房困难问题,上海市的公共租赁住房政策一开始就面向单位住房困难职工、青年职工、引进人才、外来务工人员和其他常住人口,与廉租住房和动迁安置住房保障对象不重叠。④ 又如,北京市利用奥运会等大型活动,对"城中村"进行整治⑤,上海市利用世博会等大型活动的契机,将城市更新和旧区改造纳入住房保障政策,构建廉租住房、公共租赁住房、共有产权保障房、征收安置房"四位

---

① 参见李宇嘉:《我国住房保障发展的政策选择:制度建设的实践与思考——来自深圳的案例分析》,载广东经济学会:《市场经济与城市化发展:兼论经济特区 30 周年——广东经济学会 2010 年会论文集》,广东经济学会 2010 年印发,第 277 页。

② 2010 年 5 月,在基本满足城镇户籍低收入群体住房需求的基础上,为配合人才立市战略,吸引人才、留住人才,全面推进住房保障改革,中共深圳市委深圳市人民政府《关于实施人才安居工程的决定》(深发〔2010〕5 号),于 2010 年开始启动安居商品房建设,要求城市更新项目配建不低于总建筑面积 20%的安居型商品房。安居型商品房用作人才安居住房的比例不低于 60%。同时规定"十一五"期间安排建设的公共租赁住房,面向人才安排的比例不低于 60%;"十二五"期间安排建设的公共租赁住房,面向人才安排的比例不低于 80%。

③ 2015 年《深圳市人才安居办法》(深圳市人民政府令第 273 号 2020 年深圳市人民政府令第 326 号修正)。

④ 参见包蕾萍:《上海居住保障与资源配置市场化研究》,载《上海社会发展报告(2014)》,社会科学文献出版社 2014 年版,第 166 页。包蕾萍认为,在上海,公廉管理并轨可以减少运营成本,实现两类保障性住房共同管理,但在具体运作中,仍然需要坚持分类保障的原则。因为上海市廉租政策规定,近郊大型居住社区等地的房源,可供所有廉租家庭配租,申请家庭租赁居住满一定年限后,符合共有产权保障住房准入标准的,可以按照共有产权保障住房的规定购买。很多居民因此将非产权与产权保障混为一谈,认为居住满一定年限后能够购买公租房的产权,希望公租房能够变成永久性的保障性住房。而市筹公租房社区与大型居住社区不同,是一种由政府提供的非产权社区。上海公租房的长效化运转,需要建立向上流动的推进机制,鼓励居民退出。建立与产权社区的租售衔接和转化机制,这样才能坚持分类保障的原则,便于非产权社区的管理。

⑤ 参见《推动首都科学发展建设中国特色世界城市——党的十六大以来北京市市住房和城乡建设事业发展综述》,载住房和城乡建设部编:《建设美好城乡迈向住有所居——科学发展观指引下的住房城乡建设工作(2002—2012)》,人民出版社 2012 年版,第 381 页。

一体"的住房保障体系。① 再如,东北三省作为老工业基地,很早就开展棚户区改造工作,并将其作为住房保障的重点工作继续推进。

中央政府对地方的创新持默许态度,并及时总结地方经验,选择性地吸收地方部分创新成果到中央文件中,以推动住房保障制度进一步完善和发展。2006年前,中央层面的住房保障制度仅有廉租住房和经济适用住房;2006年后,限价商品住房、棚户区改造、农村危房改造、公共租赁住房和共有产权住房逐渐被纳入我国住房保障制度。当然,中央并未全盘吸收地方的创新成果,部分因为该创新形式不适宜进入中央层面,如各地的人才住房政策(尽管中央对此类政策采取默许态度);部分则因为该创新形式不符合法理要求,例如部分地方政府(主要是西部地区)为解决财政配套资金严重不足问题,探索廉租住房的"共有产权模式"。由于"廉租住房"与"共有产权"不兼容②,中央并未吸收廉租共有产权住房,而是通过加大对中西部地区的中央专项资金补助和财政转移支付力度解决其廉租住房建设资金来源问题。

除被动地默许和吸收地方创新外,中央还主动引导和鼓励地方政府进行创新,主要体现在适时转移保障性住房建设重心,鼓励地方试点共有产权住房,以及整合住房保障形式等宏观政策上。具体地说:

首先,中央根据社会经济发展状况,在基本实现廉租住房保障对象"应保尽保"后,及时调整我国住房保障的重心到公共租赁住房,并将公共租赁住房的保障范围从城市中等偏下收入家庭③扩大到新就业无房职工和在城镇稳定就业的外来务工人员供应。④ 正因为中央政府的重视,广州市、北京市等多地才纷纷颁布适应本地区发展的公共租赁住房管理办法。

其次,中央明确发文确定北京、上海、淮安等6个城市为共有产权住

---

① 参见《监管并举铸就十年辉煌转型发展谱写申城新篇——上海市住房和城乡建设十年建设发展掠影》,载住房和城乡建设部编:《建设美好城乡 迈向住有所居——科学发展观指引下的住房城乡建设工作(2002—2012)》,人民出版社2012年版,第391、395页。
② 参见王琨、郑荣跃:《廉租房"共有产权"模式研究》,载《建筑经济》2010年第3期,第35—38页;宋骞:《共有产权:让廉租房"变味儿"》,载《中华建设》2011年第12期,第13—15页。
③ 住房和城乡建设部、国家发展和改革委员会、财政部等《关于加快发展公共租赁住房的指导意见》(建保〔2010〕87号)。
④ 国务院办公厅《关于保障性安居工程建设和管理的指导意见》(国办发〔2011〕45号)。

房试点城市,鼓励试点城市按照实施方案积极稳妥推进试点,鼓励其他省、自治区、直辖市根据实际开展试点,在完善住房保障和供应体系、创新棚户区改造融资机制等方面进行有益探索。①

最后,中央在推进公廉并轨运行,以及整合公共租赁住房外的其他政策性住房方面也起着指导作用。在中央的指导下②,2014年起,我国绝大多数城市实现公廉并轨运行。中央还进一步提出了"政策性商品住房"的概念,要求"加快构建公共租赁住房、政策性商品住房、商品住房相结合的住房保障和供应体系"。③ 在中央的指导下,深圳于2018年8月正式提出构建公共租赁住房、政策性支持住房(含安居型商品房和人才住房)、商品住房相结合的住房供应和保障体系。④

3. 中央指导下的住房保障制度深化发展阶段(2015年至今)

我国住房制度自始就有"重产权、轻租赁"的倾向,但在经济增速下行的背景下,大力发展住房租赁市场、调整住房供应的租售结构成为住房市场改革的方向。⑤ 2015年12月,中央首次建立购租并举的住房制度,发展住房租赁市场。⑥ 2017年,这一政策被明确为"建立多主体供应、多渠道保障、租购并举的住房制度",标志着我国住房制度和住房保障制度的又一次变革。这次变革强调发展长期租赁市场、货币补贴和共有产权住房等形式,强调"住有所居"而非"居者有其屋"。2017年8月21日,国土资源部公布《利用集体建设用地建设租赁住房试点方案》,进一步拓宽了租赁住房的房源,缓解人口净流入的大中城市住房租赁市场供需不匹配的问题。

在地方层面,2018年8月3日,深圳市人民政府办公厅正式发布《关

---

① 住房和城乡建设部《关于做好2014年住房保障工作的通知》(建保〔2014〕57号)。
② 住房和城乡建设部、财政部、国家发展和改革委员会《关于公共租赁住房和廉租住房并轨运行的通知》(建保〔2013〕178号)。
③ 住房和城乡建设部、国家发展和改革委员会、财政部、国土资源部、中国人民银行、中国银行业监督管理委员会《关于试点城市发展共有产权性质政策性商品住房的指导意见》(建保〔2014〕174号)。
④ 深圳市人民政府关于《深化住房制度改革加快建立多主体供给多渠道保障租购并举的住房供应与保障体系的意见》(深府规〔2018〕14号)。
⑤ 参见刘寅、朱庄瑞:《新常态下我国房地产市场变化分析与调整思路》,载《现代管理科学》2016年第7期,第73—75页。
⑥ 参见《中央经济工作会议在北京举行》,http://politics.people.com.cn/n1/2015/1222/c1024—27958128.html,最后访问日期:2018年6月11日。

于深化住房制度改革加快建立多主体供给多渠道保障租购并举的住房供应与保障体系的意见》(深府规〔2018〕13号),"意味着深圳市第三次房改的靴子正式落地,也意味着全国第二次房改开了先河"。① 该文件明确了深圳市2018年至2035年的住房发展目标,计划提供170万套住房,其中人才住房、安居型商品房和公共租赁住房不少于100万套,将人才房、公租房、安居房和商品房的比例定为1∶1∶1∶2,同时规定了较低的价格和一定年限的封闭流转。该文件彻底改变了以商品房为主的住房供应体系,也打破了由政府垄断供应土地的单一方式,形成政府供地、企事业单位自用地、村集体用地、棚户区改造等多个渠道供应土地的格局。

为缓解大城市住房租赁市场结构性供给不足,2021年6月国务院办公厅《关于加快发展保障性租赁住房的意见》(国办发〔2021〕22号)出台,明确将保障性租赁住房纳入住房保障体系,以纾解新市民、青年人等群体的住房困难问题。保障性租赁住房政策不同于以前的住房保障政策,不是全国统一实施,其重点是要解决人口净流入的重点城市,主要是大中城市的新市民和青年人的住房问题。

二、对我国住房保障中央地关系沿革的评析

为应对严重的住房危机,我国政府于改革开放伊始即启动住房制度改革。初期,中央政府选择试点城市进行小的改革尝试,为全国性的改革摸索和积累必要经验。在总结试点经验的基础上,中央政府于1988年全面推广住房制度改革,并基本参照烟台模式。但由于各地经济、社会发展状况存在差异,中央政府企图在全国统一执行的政策遭遇重挫,导致住房制度改革陷入停滞。为推动住房制度改革,中央政府选择权力下放,鼓励地方政府进行政策创新,探索适合本地的房改方案。在中央政策支持和指导下,上海市提出完善的房改方案,其中创新的住房公积金制度和住房委员会制度很快就在全国推行。中央权力下放,地方政府能动性加强。这种变化对我国住房制度改革产生积极影响——我国住房制度改革在1989年停顿后,于1991年再次启动,并一步步深化。1998年国家推行住

---

① 叶檀:《涉及上万亿!深圳第三次房改房地产市场正在发生剧变!》,http://www.sohu.com/a/245494178_554746,最后访问日期:2018年8月10日。

房货币化改革,福利分房时代结束,初步确立了市场化住房制度。

由于我国住房保障领域遵循的是"摸着石头过河"的实用主义路径,住房制度市场化探索时期央地关系的轨迹演变,对住房保障领域的央地关系产生潜移默化的作用。但是,不同于住房制度改革领域地方政府后期才发挥能动性,地方政府一开始就在住房保障上担当重要角色。当然,在不同的时期和情况下,这种互动的方式和方向也在发生变化。具体而言:

在住房制度改革初期,中央政府就提出了我国住房保障的框架,但当时的政策重心还是住房制度市场化改革。这种政策重心,再加上早期中央住房保障政策的模糊和笼统,地方政府在落实这些政策时,有较大的政策调整空间。许多地方政府甚至未在住房保障方面作实质性的努力。

直到2006年,针对经济适用住房和廉租住房建设规模跟不上住房困难家庭的住房需求的状况,中央政府开始将住房保障制度纳入政府考核机制,并以建设规划和年度计划的形式,自上而下层层分解建设任务到地方政府。为最小成本地完成保障房建设任务,各地政府在加快建设经济适用住房和廉租住房的同时,积极探索新的住房保障形式,创造出限价商品住房、安居商品住房、公共租赁住房、共有产权住房、棚户区改造和农村危房改造等诸多新型住房保障形式。以淮安的共有产权房为例,其本质上是实行共有产权的经济适用住房,只不过地方政府可以分享房屋上市交易利益,从而减轻政府财政资金压力。与此同时,中央政府对地方的创新实践经验加以总结,然后将它归纳到中央政策中去,进一步完善健全住房保障制度。

随着住房保障的推进,中央政府越来越意识到住房保障领域"因地制宜,因城施策"的重要性,其越来越着力于把控宏观方向,而非下达具体建设任务。在中央的引导下,住房保障形式开始整合为公共租赁住房、保障性租赁住房和共有产权住房等具有保障性质的政策性住房。地方政府则拥有了更大的自主性,采取适宜本区域发展的住房保障形式。这一变化说明,中央不是仅仅被动地接受或者容忍地方的主动和创新,相反,很多地方的政策创新是由中央有意识地鼓励和推动下发展起来的。中央和地方之间的动态互动是住房保障制度取得较大成果的重要原因,也是我国住房保障制度越来越庞杂的原因。

总之,通过考察我国住房保障领域央地关系的变迁,可以发现地方政府之所以在住房保障形式上创新,源于中央的鼓励、中央施加的压力以及自身的动力。具体而言:(1)中央的鼓励。中央政府在下达保障性住房建设综合计划时,并未明确"保障性住房"的外延,这给地方政府的创新留下空间;中央政府对地方政府的创新持默许和支持态度,甚至吸收部分创新成果到中央文件中;中央政府有时直接鼓励地方政府进行试点创新。(2)中央的压力。"自上而下"的住房保障建设计划和中央政府与省级政府签订的住房保障目标责任书,迫使地方政府大规模建设保障性住房,随之而来的土地和财政压力迫使地方政府通过创新完成建设任务。(3)自身的动力。从当地社会经济发展出发,地方政府自身也有解决本地居民住房困难问题的意愿,也有通过创新保障性住房形式实现吸引人才、留住人才、更新城市等的动力。

第四节　本 章 小 结

我国理论和实务对住房保障的内涵与外延的认识不一致,反映了我国对住房保障理论基础和性质的系统性研究的薄弱。作者认为,狭义的住房保障在性质上为社会救助,是指国家或政府采取实物保障或货币补贴等直接保障方式,解决中低收入住房困难群体的住房问题。判断某一制度是否属于住房保障,一要看其保障的是否为中低收入住房困难群体,二要看其保障方式是否为直接保障。

从历史发展、制度本质和功能定位的角度看,居住权不是住房保障的理论基础。在我国《民法典》明确将居住权规定为用益物权的背景下,主张"宪法性居住权"会引起概念混乱。即便我国《民法典》中的居住权客观上能够实现特定弱势群体的居住权利,但它属于私法上的权利,规范的是私主体间的权利-义务关系,而不是政府和公民之间的权力-责任关系,也难以对政府课以提供住房保障的义务。

作者认为,住房权是我国住房保障的理论基础之一。从相关国际组织文件看,住房权可以被界定为"任何人享有的安全、和平和有尊严地居住某处的权利",包含三个层次的权利:(1)拥有适宜居住的住房及自由使用的权利;(2)享有平等的住房机会的权利;(3)享有不受强制迁移的权利。

住房权的实现形式多种多样。公民可以通过市场购买取得住房、自建住房、向政府申请提供住房或住房补贴满足自己的住房需求。从国家承担义务的角度看,政府既有尊重、保护住房权等消极义务,也有促进、满足公民住房权等积极义务。换言之,住房保障仅是住房权实现的途径之一,是国家采取必要的积极措施,保证仅凭个人努力无法实现住房权的中低收入住房困难群体实现住房权。"最低核心义务"理论不仅意味着保障对象的限定,而且意味着保障方式的限定。

关于住房保障的性质,目前政策与理论的表述莫衷一是,包括"社会救助说""社会福利说"和"综合说"等。作者认为,住房保障应定位于住房救助。住房保障定位不应采用"社会福利说"。主张将住房保障发展为住房福利明显违背我国住房制度改革方向;住房保障定位不应该采用"综合说",因为在严格区分狭义住房保障和广义住房保障的前提下,综合说反而会引起新的误解。何况,"综合"本质上是对问题的回避。

在上述认识的基础上重新分类我国现行的住房保障制度,可以得出如下结论:(1)狭义上的住房保障,即救助性保障,包括经济适用住房、廉租住房、公廉并轨后供应原廉租住户的公共租赁住房,给予中低收入住房困难群体的购房补贴和租房补贴,以及农村危房改造;(2)广义上的住房保障制度,即援助性保障,包括其他政策性住房、其他公共租赁住房、保障性租赁住房、(中低收入住房困难群众外的其他)人群的购房补贴和租房补贴,各种间接保障制度,以及老旧小区改造、棚户区改造。

我国现行住房保障体系十分庞杂,并不断壮大,和理论上狭义的住房保障的定义相差甚远。这一情况可以归因于我国住房保障制度功能的多元化,以及住房保障发展过程中的央地互动。

通过梳理住房保障制度的历史,作者发现:(1)我国住房保障领域概念适用模糊不清,在不同阶段存在不同提法。这与"摸着石头过河"的制度实践以及政府对住房保障制度的认识深化息息相关。作为住房制度改革浪潮中的"弄潮儿",住房保障制度的范围并非一成不变,而是要随着经济社会发展和变革灵活调整。较为宽泛的住房保障概念,更有利于政府制定灵活的住房保障政策。(2)我国住房保障制度具有多层次和多样化的特点,与政府对住房保障制度寄予厚望,根据宏观经济形势的变化和住房制度市场化改革进程,政府在保障住房权之外,赋予其拉动经济增长、稳定房价等多元功能密切相关。(3)住房保障制度与其他住房供应方式的关系不断变化,经历了水乳交融到各司其职再互为补充的转变。

地方政府和中央政府在住房保障制度建设中的角色定位和互动关系,也是我国住房保障制度庞杂的原因。得益于住房制度改革探索时期中央对地方的放权,地方政府在住房保障领域一开始就承担着十分重要的角色。然而,在中央政府出台的指导政策笼统模糊的背景下,地方政府在推动实施住房保障时,既未很好建设和管理,也无创新动力和激励。随着住房制度改革的推进,住房保障方面的中央监管和政策调整变得必要和迫切。2006年前后,中央政府越来越重视保障性住房建设,以计划和规划形式"自上而下"层层分解建设任务,并且颁布多项政令法规,规范保障性住房建设与管理,地方政府的住房保障压力剧增。从地方利益分析,单纯建设经济适用住房和廉租住房,不仅意味着土地出让金收入和房地产税收的减少,而且意味着后续要继续投入大量资金。为缓解土地财政压力,同时也为加快地方城市化进程和实现城市发展目标,地方政府在传统保障形式之外,创造了限价商品房、安居型商品房、公共租赁住房、共有产权住房、人才公共租赁住房等多种保障形式,同时通过大力推动棚户区改造,以完成中央政府下达的指标。与此相对应的是,中央政府对地方创新持默认态度,并及时对地方的创新实践经验加以总结,然后将它归纳到中央政策中去,以推动住房保障制度进一步发展。当然,中央政府不只是被动地接受或者容忍地方的主动创新,相反,很多地方的政策创新是在中央有意识的鼓励和推动下发展起来的。这尤其体现在住房保障制度框架搭建上。例如,在中央的指导下,我国住房保障重心从经济适用住房转移到廉租住房,再到公共租赁住房;在中央指导下,我国大多数城市从2014年开始实行公廉并轨运行;在中央指导下,地方开始整合保障性住房形式,将公共租赁住房以外的政策性住房归并为"政策性商品住房"。2015年起,我国开始构建"多主体供给、多渠道保障、租购并举"的住房制度,强调"房屋是用来住的,不是用来炒的",并提出了"三房两改"的住房保障体系。这标志着这我国住房制度和住房保障领域的又一轮深化改革。在这一背景下,深圳市颁布"三次房改方案",再次体现了央地的良性互动。

必须强调的是,虽然作者主张我们应当在狭义上理解和运用住房保障概念,但基于我国现实,作者在后文中也将分析我国实然层面的诸多保障形式。

第二章　我国住房保障制度的历史沿革

纵观我国住房保障的发展历史，可以发现我国住房保障形式存在"合—分—合"的演变轨迹。1994年国务院决定深化城镇住房制度改革，提出安居工程和经济适用住房制度，1998年提出廉租住房，棚户区改造和限价商品房分别于2005年和2006年加入住房保障阵营。2008年大规模实施保障性安居工程，住房保障形式进一步丰富，新增农村危房改造（2008年）和公共租赁住房（2009年）两种保障形式。2014年以后，随着公廉并轨的实施与对共有产权住房制度的探索，我国开始整合各种住房保障形式，并最终形成以公共租赁住房、保障性租赁住房和共有产权住房为主体的住房保障体系。其间，我国住房保障实施规模显著扩大[1]，住房保障事业发展取得巨大成就，建成了世界上最大的住房保障体系[2]。

本章分为七节，前六节依次介绍经济适用住房、廉租住房、公共租赁住房、限价商品房、棚户区改造和农村危房的制度发展历史，第七节是本章小结。

需要说明的是，2021年6月国务院办公厅发布《关于加快发展保障性租赁住房的意见》（国办发〔2021〕22号），首次提出要加快实施"保障性

---

[1] 有研究将我国住房保障形式变化归纳为"保障房供给呈N形走势……具有不连续性，1995年起步，1998年被置于中心位置，2003年起缺位，2007年为调控房地产过热重启，2008年出于托底基建的目的开始大规模建设，保障房制度承担了部分调控职能，稳定成熟的住房保障体系有待完善"。参见《任泽平回顾中国住房制度：虽然走过弯路 但已渐入佳境》，http://finance.sina.com.cn/review/hgds/2019-07-11/doc-ihytcerm2838396.shtml，最后访问日期：2019年11月16日。

[2] 参见《国新办举行"努力实现全体人民住有所居"新闻发布会图文实录》，http://www.scio.gov.cn/xwfbh/xwbfbh/wqfbh/44687/46680/wz46682/Document/1711499/1711499.htm，最后访问日期：2021年9月25日。

租赁住房",解决大城市住房突出问题。但由于本章着眼于对各种住房保障形式的历史性考察,而保障性租赁住房作为租赁型保障性住房的新成员,其历史较短、实践尚待丰富,因此,本章不专门对其介绍。

第一节 经济适用住房制度的历史考察

一、经济适用住房制度的演变

我国经济适用住房诞生于从计划经济走向社会主义市场经济的过程中,并在解决实际运行中暴露出的种种问题的过程中不断发展、变化和完善,大体经历了概念提出、初步建设、反思与调整等三个阶段。

(一)经济适用住房概念提出阶段(1985—1998)

"经济适用住房"的概念最早可追溯至 1985 年提出的"经济、实惠的住宅"。当时,国家科委发布的蓝皮书提出"根据我国国情,到 2000 年争取基本上实现城镇居民每户有一套经济、实惠的住宅,人均居住面积达 8 平方米"[1]。

1991 年 6 月,国务院《关于继续积极稳妥地进行城镇住房制度改革的通知》(国发〔1991〕30 号)要求"大力发展经济实用的商品住房,优先解决无房户和住房困难户的住房问题"。该文件提出的"经济实用的商品住房"虽落脚于"商品住房",但具有优先照顾部分人群的保障属性,可以视为经济适用住房的前身。[2]

1994 年 5 月,建设部颁布《实施"安居工程"意见》(建房〔1994〕327 号),首次提出"安居工程"的概念。同年 7 月,《国务院关于深化城镇住房制度改革的决定》(国发〔1994〕43 号)正式使用"经济适用住房"这一概念,要求"建立以中低收入家庭为对象、具有社会保障性质的经济适用住房供应体系和以高收入家庭为对象的商品房供应体系"。同年 12 月颁布

---

[1] 国家科委蓝皮书第 6 号:《中国技术政策蓝皮书:城乡建设》,转引自吕俊华等编著:《中国现代城市住宅(1840—2000)》,清华大学出版社 2003 年版,第 224—225 页。
[2] 参见范海燕:《经济适用住房制度中的法律问题研究》,华中科技大学 2006 年硕士学位论文,第 10 页;莫方正:《我国经济适用住房性质及保障对象的重新定位》,北京大学 2008 年硕士学位论文,第 4 页。

的《城镇经济适用住房建设管理办法》(建房〔1994〕761号)将经济适用住房定义为"以中低收入家庭住房困难户为供应对象,并按国家住宅建设标准(不含别墅、高级公寓、外销住宅)建设的普通住宅"。

1995年1月,《国家安居工程实施方案》(国办发〔1995〕6号)发布,国家安居工程正式实施。同年3月,建设部《实施国家安居工程的意见》(建房〔1995〕第110号)要求将国家安居工程"纳入当地经济适用住房计划和住宅建设计划、住宅发展规划",并"和住房解困解危工作结合起来"。

这一时期,随着社会主义市场经济制度的确立,住房商品化、建立住房市场催生了经济适用住房的概念。经济适用住房制度正式确立,并成为我国住房保障体系的重要组成部分。[1]

(二)经济适用住房初步建设阶段(1998—2006)

1998年初,为缓解东南亚经济危机引发的经济增速下滑以及国企改革深化带来的失业压力,确保实现年经济增长8%的目标,中共中央下发3号文件,要求将国家安居工程全面扩大为经济适用住房,扩大建设规模,带动经济建设。[2] 此后,"国家安居(经济适用住房)工程"[3]"国家安居工程(经济适用住房)"[4]"经济适用住房(安居工程)"[5]等表述开始出现在国家政策文件中,并且安居工程住房逐渐成为经济适用住房的下位概念。[6]

---

[1] 参见国务院发展研究中心"我国经济适用住房政策的效果评估与发展前景研究"课题组:《我国经济适用住房政策的外部环境与演进历程》,载《中国经济时报》2012年4月10日,第7版。

[2] 参见朱晓光:《关于经济适用住房的三种困惑》,载《中国房地信息》2003年8月,第11页;宋春华:《大力发展经济适用住房带动经济发展》,载《中国房地信息》1998年第10期,第6—8页。

[3] 国家发展计划委员会、中国人民银行《关于下达1998年第二批国家安居(经济适用住房)工程建设投资计划的通知》(计投资〔1998〕1199号)。

[4] 建设部《关于继续做好1998年国家安居工程(经济适用房)实施工作的通知》(建房〔1998〕76号)。

[5] 国家发展计划委员会等部委《关于进一步加快经济适用住房(安居工程)建设有关问题的通知》(计投资〔1998〕1474号)。

[6] 如建设部《关于已购公有住房与经济适用住房上市出售交易管理的暂行办法》(建设部1999年第69号令)第3条,"本办法所称经济适用住房包括安居工程住房和集资合作建设的住房"。

同年 7 月,国务院下发《关于进一步深化城镇住房制度改革加快住房建设的通知》(国发〔1998〕23 号),标志福利分房时代的结束以及新的住房制度的建立。该通知提出住房改革的一个重要目标是"促使住宅业成为新的经济增长点",多层次城镇住房供应体系要"以经济适用住房为主",经济适用住房由此被赋予了拉动经济增长的功能。同时,由于该通知要求经济适用住房要以"中低收入家庭"为销售对象,它又具有保障性质。① 随后,《关于大力促进发展经济适用住房的若干意见》(建房〔1998〕154 号)明确发展经济适用住房的目的是"促使住宅业成为新的经济增长点,不断满足中低收入家庭日益增长的住房需求",并将经济适用住房的销售利润限定为 3% 以下。如图 2-1 所示,1998—2003 年间,经济适用住房开发建设迎来短暂的快速发展时期,新建经济适用住房占总住房的比例保持在 10% 以上。

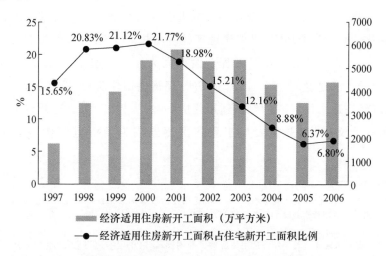

图 2-1　经济适用住房建设情况(1997—2006)
(数据来自:《中国统计年鉴》)

然而,随着住房制度改革的深化,住房市场日益蓬勃发展,住房保障观念则被淡化甚至忽视,住房保障实施力度被严重削弱。2003 年 8 月,

---

① 参见国务院发展研究中心"我国经济适用住房政策的效果评估与发展前景研究"课题组:《我国经济适用住房政策的外部环境与演进历程》,载《中国经济时报》2012 年 4 月 10 日,第 7 版。

国务院《关于促进房地产市场持续健康发展的通知》(国发〔2003〕18号)将房地产业作为国民经济的支柱产业,明确商品住房作为住房供应主渠道的地位,经济适用住房则被定位为"具有保障性质的政策性商品住房",虽以"政策性"修饰,但属性仍为"商品住房"。同时,地方政府在经营城市理念[1]和土地财政的双重驱动下,建设经济适用住房的积极性不断下降。如图2-1所示,从2003年开始,经济适用住房建设情况持续恶化:从相对新建面积上看,2004—2006年新建经适房占总住房的比例降至6%—8%;从绝对新建面积上看,2005年的经济适用住房新开工面积几乎倒退回1998年的水平。

与此同时,经济适用住房制度本身也面临着保障性和商品性的严重失衡。这一时期推行经济适用住房政策的过程中,暴露出"政策贯彻不佳""总量不足与有效购买力不足并举""富人住进经济适用住房现象越演越烈""监督管理存在漏洞"和"部分经济适用住房质量不过关"等五类问题[2],民众对经济适用住房的质疑声音不断加大。对此,2004年颁布的《经济适用住房管理办法》(建住房〔2004〕77号)试图规范经济适用住房建设。相较原来的办法,2004年的办法新增准入制度、骗购责任、建设标准、价格公示制度、租售并举供应方式以及转让租赁限制等规定。但由于经济适用住房仍被定位为"具有保障性质的政策性商品住房",新办法未能完全实现预期纠偏的目标。例如,尽管《经济适用住房管理办法》将经济适用住房供应方式由"只售不租"调整为"租售并举",将套型面积严格控制在中小套型,但由于指导思想层面仍为旧的"重市场发展、轻住房保障",因此在实际执行中,绝大多数地方仍只有出售一种方式,实际超过80平方米的户型仍占多数。[3] 2005年全国两会期间,全国政协委员、西

---

[1] 经营城市,是指运用市场机制,将城市的诸多要素作为资本和资产,转让、出售或租赁给经济实体,提升城市的品牌和价值,从而推动城市经济、社会各项事业的发展,实现城市经济社会与环境效益的最大化。土地作为地方政府掌握的最大资源,理所当然就成为地方政府经营城市的手段和工具。

[2] 建设部办公厅、国家发展计划委员会办公厅、国土资源部办公厅《关于对经济适用住房建设及管理情况进行综合调研的紧急通知》(建办住房〔2003〕5号)。

[3] 参见亚楠:《经济适用住房:好初衷为何得不到好体现》,载《大众科技报》2006年4月18日,第B4版。

安市政协原主席傅继德提交了《关于停止开发建设经济适用住房》的提案,在全国范围内引发了关于是否叫停经济适用住房的讨论。①

这一时期,在"住宅业成为新的经济增长点"的指导思想下,我国经济适用住房建设进入快速发展阶段,并从住房供应体系主体演变为保障性住房供应主体。同时,由于经济适用住房保障属性与商品属性的错位,经济适用住房在建设中暴露出诸多问题。② 这促使政府重新思考经济适用住房的定位,探索其他更为有效的方法。

(三)经济适用住房反思与调整阶段(2006年至今)

2006年5月,《关于调整住房供应结构稳定住房价格意见的通知》(国办发〔2006〕37号)改变了经济适用住房的体系地位和政策定位。一方面,廉租住房取代经济适用住房成为保障性住房的供应主体,并首次将产权型保障性住房类型扩展到"限价商品住房";另一方面,该文件提出经济适用住房要"真正解决低收入家庭的住房需要",不再提经济适用住房的"商品属性"。

2007年8月发布的国务院《关于解决城市低收入家庭住房困难的若干意见》(国发〔2007〕24号)以及11月修订的《经济适用住房的管理办法》(建住房〔2007〕258号)成为经济适用住房制度改革的拐点。这两个文件标志政府思路的彻底转变,经济适用住房性质由"具有保障性质的政策性商品房"演变为"具有保障性质的政策性住房",保障对象由"中低收入家庭"转变为"低收入住房困难家庭",同时强调经济适用住房的保障对象要与廉租住房相衔接。这表明,我国经济适用住房制度回归保障属性。③

2009年3月,《政府工作报告》首次提出建设公共租赁住房。2010年1月国务院办公厅《关于促进房地产市场平稳健康发展的通知》(国办发

---

① 参见高昱:《停止建经济适用房 公有住房运动引发地产业思索》,https://news.sohu.com/20050317/n224735192.shtml,最后访问日期:2022年4月30日。

② 参见国务院发展研究中心"我国经济适用住房政策的效果评估与发展前景研究"课题组:《我国经济适用住房政策的外部环境与演进历程》,载《中国经济时报》2012年4月10日,第7版。

③ 参见莫方正:《我国经济适用住房性质及保障对象的重新定位》,北京大学2008年硕士学位论文,第11页。

〔2010〕4号)将限价商品住房、公共租赁住房、经济适用住房、廉租住房归纳为保障性住房,将各类棚户区改造、廉租住房、经济适用住房、限价商品住房、公共租赁住房以及农村危房改造归纳为保障性安居工程。2011年9月,国务院办公厅《关于保障性安居工程建设和管理的指导意见》(国办发〔2011〕45号)提出将公共租赁住房作为保障性安居工程的重心。如图2-2所示,随着我国保障性住房体系的完善,经济适用住房不再是我国住房保障体系的重心,经济适用住房新开工面积在2008年达到峰值后逐年减少。

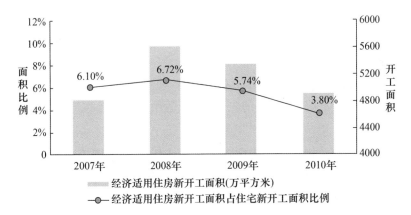

图2-2 经济适用住房建设情况(2007—2011)
(数据来自:《中国统计年鉴》)

与此同时,针对长期困扰经济适用住房建设的补贴低效、退出失效、夹心层住房困难等问题,江苏省淮安市在2007年率先探索共有产权经济适用住房。① 2014年3月,国务院《政府工作报告》提出"针对不同城市情况分类调控,增加中小套型商品房和共有产权住房供应"。随后,住房和城乡建设部(以下简称"住建部")《关于做好2014年住房保障工作的通知》(建保〔2014〕57号)确定北京、上海、淮安等6个城市为共有产权住房试点城市。不过,共有产权住房虽然脱胎于经济适用住房,但在定位上似乎和经济适用住房渐行渐远:最早的淮安模式和经济适用住房最为相似;

---

① 参见佚名:《部委官员肯定江苏淮安"共有产权"住房模式》,https://business.sohu.com/20100315/n270838983.shtml,最后访问日期:2022年4月30日。

随后的上海模式仍侧重对中低收入群体的保障,强调共有产权住房的保障性;最新的北京模式则突出了共有产权住房的商品性,惠及范围因此更广。

这一时期,国家住房发展的重点由住房市场转向住房保障。[①] 经济适用住房从商品属性回归保障属性,同时不再成为保障性住房的供应主体。随着对限价商品房、共有产权住房等制度的有益探索,经济适用住房与其他类型的产权型保障性住房的界线逐渐模糊。

二、经济适用住房制度评析

通过梳理我国经济适用住房制度的发展脉络,可以发现我国经济适用住房呈现出如下特点:

（一）经济适用住房属于产权型保障性住房

作为产权型保障性住房的先驱,经济适用住房既不同于租赁型保障住房,也不同于限价商品房和普通商品住房。

第一,经济适用住房作为产权型保障性住房,与廉租住房、公共租赁住房等租赁型保障性住房共同构成住房保障体系的两大重要支柱,2006年后,经济适用住房作为保障性住房供应主体的地位逐渐被租赁型保障性住房所替代。一般认为,二者在保障对象、建设标准、保障形式、退出机制、住房来源和权利性质存在较大差别。但在理论和实践层面,我国曾探索鼓励购买公共租赁住房、经济适用住房租售并举[②]、以租代退[③],以打通产权型保障性住房和租赁型保障性住房的界限。

[①] 参见张璐:《1998年房改以来我国住房保障的发展历程与趋势展望》,载中国城市规划学会、贵阳市人民政府编:《新常态:传承与变革——2015中国城市规划年会论文集(16住房建设规划)》,中国建筑工业出版社,第7页。

[②] 《经济适用住房管理办法》(建住房〔2004〕77号,已废止)第27条规定:"国家鼓励房地产开发企业建设用于出租的经济适用住房,以政府核定的价格向符合条件的家庭出租。"此后,建设部曾于2006年提出"……有可能以后经济适用住房将变以前的单纯销售为租售并举或者以租为主"。建设部:《经济适用住房制度不可能取消》,载《今日信息报》2006年8月11日,第1版。有学者也提出"经济适用住房应坚持'租售并举'的原则,并将'以租为主'作为未来发展方向,最终和廉租住房制度并轨"。李晓龙:《经济适用住房政策探析》,载《宁夏社会科学》2007年第6期,第180—181页。

[③] 参见郭伟明:《经济适用住房以租代退方式初探》,载《上海房地》2017年第6期,第34页。

第二,经济适用住房从制度建立之初,就与商品住房密切相关。住房制度改革初期,政府部门认为"(二者)都属于商品房的范畴,所不同的只是政府是否给予优惠,是否限定价格,是否控制销售对象"①。不过,经济适用住房的性质经历了"具有保障性质的普通住宅→优惠商品房→政策性商品房→政策性住房"的演变过程,与普通商品住房的关系越来越远,与限价商品住房则存在衔接关系。下表根据最新法律法规,对三者关系作了梳理:

表 2-1 经济适用住房、限价商品房和普通商品房的比较

	经济适用住房	商品住房	
		限价商品住房	普通商品住房
房屋性质	具有保障性质的政策性住房	政策性商品住房	商品住房
优惠政策	财政、税收、贷款等优惠	无优惠	无优惠
土地性质	行政划拨	出让(竞地价、控地价、定地价)	出让
建设标准	≤60 m²	≤90 m²	
销售价格	企业建设的利润≤3% 市县政府建设的利润为零	限房价(合理利润)	
销售对象	低收入住房困难家庭	不同城市对户籍、收入、住房、技能等有不同要求	无限制
转让限制	有限产权,限制转让与租赁	有限产权,限制转让与租赁	
退出制度	通过转让自愿退出② 再次购房强制退出③	通过转让自愿退出 再次购房等强制退出(申请回购或补交差价自行购买)	

(二)经济适用住房承继国家安居工程住房

如表 2-2 所示,经济适用住房与安居工程住房在土地供应、建设成本、保障对象上有共性,差异主要体现在建设方式和销售价格上。具体而言:经济适用住房的开发建设原则上实行政企分开,建设主体是通过招标获得资格的企业,而安居工程由政府部门或政府指派的实体开发建设;经

---

① 佚名:《积极行动 主动协调 加快经济适用住房建设——宋春华副部长在城镇住房建设及经济适用住房(安居工程)实施情况汇报会上的讲话要点》,载《中国房地产》1998 年第 10 期,第 5 页。
② 《经济适用住房管理办法》第 30 条。
③ 《经济适用住房管理办法》第 31 条。

济适用住房实行政府指导价,而安居工程实行成本价。①

表 2-2　1998 年前经济适用住房与安居工程住房项目比较

	安居工程住房 (建房〔1994〕第 327 号)	安居工程住房 (国办发〔1995〕6 号)	经济适用住房 (建房〔1994〕761 号)
土地供应	划拨		原则上行政划拨
建设成本	勘察设计及前期工程费； 住宅建筑及设备安装费； 建设用地费； 前 3 项 3% 以下管理费	征地和拆迁补偿费； 勘察设计和前期工程费； 建安工程费； 住宅小区基础设施建设费； 贷款利息； 税金； 前 4 项 1—3% 的管理费	征地及拆迁补偿安置费； 勘察设计和前期工程费； 住宅建筑及设备安装工程费； 小区内基础设施和非经营性公用配套设施建设费； 贷款利息； 税金； 前 4 项 1—3% 的管理费
保障对象	中低收入住房困难户；重点解决城市居民及国有大中型企业职工的住房困难问题	中低收入家庭；优先给无房户、危房户和住房困难户，特别是离退休职工、教师	中低收入住房困难家庭；优先出售给离退休职工、教师和住房困难户
建设方式	原则上在地方政府统一组织下建设,还可以采取集资建房、合作建房等多种个人投资建设住宅的形式建设	未规定	原则上由经济适用住房建设的主管部门按照政企分开的原则,指定或设立专门机构,承担经济适用住房的建设、出售、出租等工作,并对其进行监督和管理
销售价格	未规定	成本价出售,不得盈利	按成本确定政府指导价

1998 年前,尽管经济适用住房和国家安居工程住房在政策上是平行概念且具有差异②,但在实践中,经济适用住房的建设及其相关政策为国

---

① 参见中国房协秘书处:《经验·问题·建议——全国经济适用住房经验交流会纪要》,载《中国房地信息》1994 年第 4 期,第 41 页。

② 1996 年 1 月《国务院住房制度改革领导小组关于搞好 1996 年国家安居工程工作的通知》称:"没有列入国家安居工程的城市,也应积极创造条件,加快经济适用住房的建设",可见当时经济适用住房和安居工程住房是两个平行的概念。

家安居工程所包含。①

1998年后,经济适用住房逐渐成为国家安居工程的上位概念。起初"经济适用住房"和"国家安居工程"同时出现,且有一方出现在圆括号中。鉴于括号的作用是"标示注释内容"②,二者的概念应当是等同的,否则应当表述为"经济适用住房(含安居工程)"或者相反。③ 但如表2-2所示,二者在开发建设方式、销售价格和建设成本④等方面存在诸多差异。1999年,建设部《关于已购公有住房与经济适用住房上市出售交易管理的暂行办法》(建设部1999年第69号令)明确规定安居工程住房是经济适用住房的房源之一,安居工程住房自此转化为经济适用住房。

对此,时任建设部总经济师的谢家瑾指出:"经济适用住房是对安居工程的继承、调整和发展。"⑤问题是,为何是"经济适用住房"继承、调整和发展"安居工程住房",而非相反?

有观点认为,这同经济适用住房与安居工程住房在政策定位、地方政府负担的土地和财政成本上的区别有关。根据《国家安居工程实施方案》,国家安居工程住房是以中低收入家庭为保障对象的成本价销售房。由于安居工程住房由地方政府统一组织开发建设,且价格构成中不含利润,地方政府承受较大土地财政压力。所以从执行情况看,安居工程住房建设规模不大,实际受益的是低收入家庭,偏离了安居工程要面向中低收入家庭的政策初衷。⑥ 强令地方政府扩大安居工程住房建设规模,恐怕不切实际。根据国务院《关于进一步深化城镇住房制度改革加快住房建设的通知》的精神,经济适用住房是以中低收入家庭为保障对象的微利商品房。相比安居工程住房,经济适用住房由企业组织建设,地方政府仅负责监督和管理,政府的财政压力减小许多。正因如此,安居工程住房在

---

① 参见建设部课题组:《住房、住房制度改革和房地产市场专题研究》,中国建筑工业出版社2007年版,第115页。
② 兰宾汉:《标点符号用法手册》,商务印书馆国际有限公司2015年版,第120页。
③ 参见左令:《经济适用住房=安居工程?》,载《中外房地产导报》1998年第17期,第5页。
④ 《经济适用住房价格管理办法》(计价格〔2002〕2503号)首次将"利润"纳入经济适用住房基准价格,这与安居工程住房以"成本价销售、不计利润"明显不同。
⑤ 谢家瑾:《抓紧抓好经济适用住房建设向党和人民交上一份满意的答卷——在年初召开的经济适用住房经验交流会议上的讲话(节选)》,载《城市开发》1999年第3期,第5页。
⑥ 参见《积极行动主动协调加快经济适用住房建设——宋春华副部长在城镇住房建设及经济适用住房(安居工程)实施情况汇报会上的讲话要点》,载《中国房地产》1998年第10期,第5页。

1998年后才被经济适用住房逐步取代并逐渐退出历史舞台。①

上述观点具有合理性,但作者认为建设成本并非政府以经济适用住房替代安居工程住房的唯一原因。因为地方政府建设安居工程的成本可能没有想象中的那么高:一方面,安居工程住房允许由单位筹资自建,对于这些单位自建安居工程住房,政府并未付出高额成本;另一方面,为减小财政压力,有些地方直接要求申请安居工程项目的建设单位,自筹资金不得少于一定比例。② 作者认为,安居工程住房之所以被经济适用住房所替代,还有观念上的原因。具体而言,单位自建安居工程住房的销售对象仅为单位职工③,且销售价格为"成本价",难免有福利房之嫌,难以适应1998年城镇住房市场化改革趋势。相比之下,面向社会中低收入家庭的微利经济适用住房则因顺应改革趋势而受到重视,原来的安居工程住房(包括单位自建的)则逐渐淡出历史舞台。

(三) 经济适用住房回归社会保障属性

经济适用住房定位的演化,与我国住房制度改革进程密切相关。

从经济适用住房政策的形成来看,住房改革前夕,经济适用住房建设与相关政策主要体现于安居工程住房中,侧重保障性。但这一时期我国经济适用住房并未大规模建设。一方面,由于我国仍实行公房制度,职工住房仍以单位实物分配为主,单位购、建住房和单位集资建房是职工住房供应的主渠道,也是住房保障体系实际上的主要实现手段。④ 另一方面,由于中央只对安居工程住房建设下达指令,故在缺乏政策指引的情况下,1997年经济适用住房新开工面积仅为1720.60万平方米,不足1998年新开工面积的1/2。⑤

---

① 参见晏群:《经济适用住房事件频发的政策反思》,载《城市》2009年第9期,第53—56页。

② 例如,《合肥市安居工程建设暂行规定》(合肥市政府第40号令)第6条规定:"申请安居工程项目的建设单位,自筹资金应不少于工程总造价的60%。"

③ 例如,《关于绍兴市安居工程住房销售管理办法》(绍市府办发〔1997〕86号)第8条规定:"单位自建安居工程住房向内职职工出售的,必须按本规定第五条规定的审批程序报批,并不得向社会出售。"

④ 参见建设部课题组:《住房、住房制度改革和房地产市场专题研究》,中国建筑工业出版社2007年版,第115页。

⑤ 参见《中国统计年鉴2000》中"表6-43 各地区按用途分的房地产开发企业(单位)新开工房屋面积",http://www.stats.gov.cn/tjsj/ndsj/zgnj/2000/F43c.htm,最后访问日期:2018年5月25日。

住房制度改革初期,为应对亚洲经济危机引起的国内产能过剩,房地产业迅猛发展,作为政策性商品住房的经济适用住房也逐渐偏重商品性。在特定时期,这一定位具有合理性和必要性,能够促进住房投资和个人住房消费、推动城镇住房制度改革、拉动国民经济增长。① 这一时期,经济适用住房制度主要发挥的是引导住房由实物分配向货币化转变的政策性功能,目的是形成社会化的城镇住宅建设和消费的新方式,建立解决城镇居民住房问题的新体制。②

随着住房市场日益活跃,房地产投资过热引发房价迅速上涨,购房难成为民生问题。与此同时,经济适用住房建设由于过分偏离商品性,执行过程中失当、失控现象严重,新开工面积持续下滑。③ 在2005—2006年有关经济适用住房存废之争中,不少学者呼吁"让经济适用住房回归保障属性"。④ 2007年《关于解决城市低收入家庭住房困难的若干意见》和《经济适用住房管理办法》出台,经济适用住房淡化"商品房",突出"政策性",正式向保障属性回归。

(四)经济适用住房在住房体系和保障房供应体系中的地位调整

住房供应体系的重心经历了"保障性住房(经济适用住房)→商品住房"的演变。我国最初将"经济适用住房"作为城镇住房供应体系的核心(80%),购买商品住房只是"收入高的家庭"实现住房权的手段(10%)。到2003年,普通商品住房成为"多数家庭"实现住房权的途径,2011年住房供应双轨制供应体系的提出进一步明确保障性住房在整个住房体系中的补充地位。

保障性住房供应体系的重心经历了"经济适用住房→廉租住房→公共租赁住房"的演变。我国住房保障形式包括直接保障和间接保障,直接

---

① 参见叶科:《浅议我国经济适用住房的定位》,载《商场现代化》2006年第10期,第163页。
② 参见建设部课题组:《住房、住房制度改革和房地产市场专题研究》,中国建筑工业出版社2007年版,第115页。
③ 参见张璐:《1998年房改以来我国住房保障的发展历程与趋势展望》,载中国城市规划学会:《新常态:传承与变革——2015中国城市规划年会论文集(16住房建设规划)》,中国建筑工业出版社2016年版,第4—5页。
④ 参见张建华:《应重新定位经济适用住房建设》,载《中国房地产》2005年第12期,第40—41页;李楠:《经济适用住房:社会保障性抑或商品性》,载《广西经济管理干部学院学报》2005年第1期,第84—85页;朱晓光:《关于经济适用住房的三种困惑》,载《中国房地信息》2003年第8期,第11—12页;郁鸿元:《推进经济适用住房建设的若干思考》,载《上海房地》2012年第6期,第28页。

保障包括实物保障(产权型保障房和租赁型保障房)和货币补贴(购房补贴和租房补贴)。在住房保障发展初期,实物保障只包括经济适用住房和廉租住房,并以经济适用住房为主。2006年,政府增加限价商品房,并将发展重心向廉租住房倾斜。此后,保障性住房体系中又先后增加棚户区改造安置房、公共租赁住房等多种类型。2011年至今,公共租赁住房成为保障性安居工程重点。

租赁型保障性住房逐渐取代经济适用住房成为保障性住房的重心,源于以下原因:

第一,市场与政府的关系。住房权实现方式具有多样性,包括购买商品房、自建住房以及通过政府提供保障性住房。从政府义务有限和保障对象有限的角度,第三种方式只能作为其他手段的补充。因此,住房制度改革初期建立一种广覆盖、以保障为主的住房供应体系的预期,可能是市场经济刚刚起步、尚不成熟的表现。在市场在资源配置中从发挥"基础性"作用到发挥"决定性"作用的背景下,政府提供的经济适用住房自然不会继续保持住房供应体系主体的地位。总之,经济适用住房是"雪中送炭",而非"锦上添花",只能为低收入家庭提供过渡性的、最基本的住房保障。经济适用住房应本着"保基本、广覆盖"的原则,尽可能多地满足低收入家庭的住房需求,尽快缓解住房需求矛盾。①

第二,住房保障政策的影响。从逻辑上讲,租赁型保障房应当优先于产权型保障房发展。但直到2006年,我国才将住房保障的重心从经济适用住房转向廉租住房,这与我国公房改革时期为推进住房市场化和商品化的"只售不租"的政策有关。住房改革时期,不少经济适用住房都是在拆迁原公房的基础上建造的,供应对象也是住在原公房中的职工。例如,北京市旧城改造曾拆迁一片旧公房,建起经济适用住房并鼓励住在原公房的居民购买。② 当时,"经济适用住房发挥的是引导住房由实物分配向货币化转变的政策性功能,目的是形成社会化的城镇住宅建设和消费的新方式,建立解决城镇居民住房问题的新体制"。③

---

① 参见葛森磊:《经济适用住房制度执行中的缺陷分析及对策》,载《东南大学学报(哲学社会科学版)》2009年第11卷增刊,第121页。
② 参见李坤民:《经济适用房:与其售不如租》,载《中国经济导报》2005年6月25日,第B2版。
③ 建设部课题组:《住房、住房制度改革和房地产市场专题研究》,中国建筑工业出版社2007年版,第115页。

第二章 我国住房保障制度的历史沿革

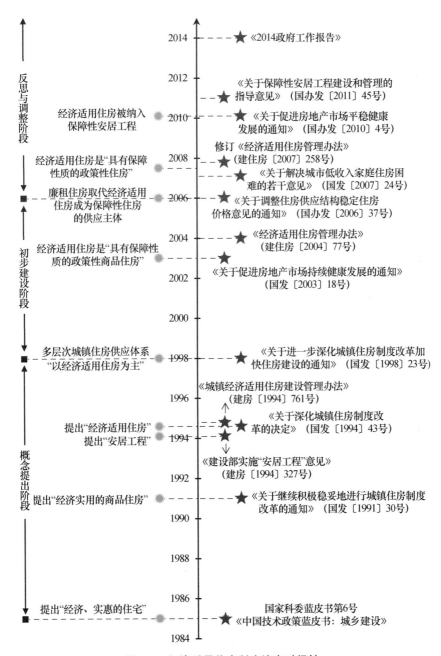

图 2-3 经济适用住房制度演变时间轴

表 2-3 经济适用住房制度演变

	1985	91	94	95	98	2003	04	06	07	10	11	14	今
发展阶段	"经济适用住房"概念提出阶段(1985—1998)				建立经济适用住房制度(1998—2007)				完善经济适用住房制度(2007—2014)			探索共有产权住房	
概念确立	经济、实惠的住宅(1985)	经济实用的商品房(1991)	经济适用住房(1994—1998)		将经济适用住房与安居工程并轨(1998—2007)				将经济适用住房纳入保障性安居工程(2007年至今)			中央层面首提"共有产权住房"(2014)	
性质演变			以中低收入家庭住房困难户为供应对象,具有社会保障性质的普通住宅(1994—1995)	供中低收入家庭购买自住的优惠商品房(1995—2003)		具有保障性质的政策性商品住房(2003—2007)			具有保障性质的政策性住房(2007年至今)				
体系地位				以经济适用住房为主的多层次城镇住房供应体系(1995—2003)		逐步实现多数家庭购买或承租普通商品住房、经济适用住房是保障性住房主体(2003—2006)			具有保障性质的政策性住房(2006年至今)		经济适用住房不再是保障性住房主体(2006年至今)		
土地性质			经批准原则上行政划拨(1994—1995)	行政划拨(1995年至今)									
建设标准			按国家住宅建设标准外销住宅)建设(1994—2003)			应严格限定为中小套型(2003—2004)	中套住房面积80 m²左右,小套型60 m²左右(2004—2007)		单套建筑面积60 m²左右(2007—2010)	住房供需矛盾突出的城市,可适当减小套型建筑面积,以增加供应套数(2010—2011)	严格执行建设标准,单套建筑面积控制在60 m²以内(2011年至今)		
销售价格			开发成本(管理费1%—3%)(1994—2002)			开发成本(管理费1%—3%)和税金(2002—2007)			开发成本(管理费2%)、税金和利润(企业建设的≤3%,市县政府直接组织开发建设不得有利润)(2007年至今)		开发成本(管理费2%)、税金和利润(1%—3%)(房地产开发企业建设的≤3%,市县政府直接组织建设不得有利润)(2011年至今)		

(续表)

	1985	91	94	95	98	2003	04	06	07	10	11	14	今
保障范围			中低收入家庭（除了《办法》，其他地方未提"住房困难"）中低收入家庭住房困难户（1994—2006）					低收入家庭（2006）/低收入住房困难户（2006年至今）		商品住房价格较高的城市，可适当扩大经济适用住房的供应范围（2010年至今）		
转让限制					经济适用住房可以上市交易，但应缴纳有关税费和土地收益（1998—2003）		一定年限上市交易+补缴出让金和一定比例收益（2004—2007）			有限产权，5年上市交易时间限制（2007年至今）			
租赁限制					只售不租（1998—2004）		租售并举（2004—2007）			只售不租（2007年至今）			
准入机制					申请、审批制度（1998—2003）		申请、审批、公示制度（2004—2007）			申请、审核、公示和轮候制度（2007年至今）			
退出制度					上市交易方式退出（1998—2007）					上市交易方式+再次购买其他房的强制回购（2007年至今）			
骗购责任							由经济适用住房或者由购买人按市场价购回购房款，并可提请所在单位对申请人进行行政处分（2004—2007）			由市、县人民政府经济适用住房主管部门追回购买人或按市场评估价考虑折旧等因素作价收回所购住房，并依法和有关规定追究责任。（2007年至今）			

随着住房市场的发展,当初赋予经济适用住房在社会保障功能以外的政策目标已经实现。2006年,廉租住房成为解决低收入家庭住房困难的主要渠道。2007年,十七大报告提出"住有所居"的目标。在最低收入住房困难群体居住条件得到改善后,政府开始关注"夹心层"群体的居住问题,并于2011年将公共租赁住房作为发展重点。2017年,中央提出"租购并举",要发展住房租赁市场特别是长期租赁。

第三,经济适用住房在保障性住房资源配置中的天然弱势。相较租赁型保障房,经济适用住房可能诱发投机行为。根据现行规定,经济适用住房在购买满5年后可上市交易。虽然要交纳土地收益等相关价款,但在房地产市场的升值预期下,仍不乏投机者。即使购房人未转让经济适用住房,其将经济适用住房抵押,谋取经济利益,也会与经济适用住房的初衷相悖。此外,经济适用住房不利于优化资源配置,提高资源使用效率。根据现行规定,经济适用住房的退出政策只适用于再次购买其他住房者、骗购者和主动转让者,对于收入、住房困难程度变化等情况未规定退出制度。这不利于有限的公共资源的合理分配。

第四,保障对象的模糊性。经济适用住房的保障对象从1994年的"中低收入住房困难家庭"到2007年的"低收入住房困难家庭"再到2010年的"商品住房价格较高的城市,可适当扩大供应范围",从来没有真正明确过。其中,收入标准是划定经济适用住房保障范围的关键指标,但在目前个人征信制度缺乏、人员流动性越来越大的背景下,政府难以在短时间内通过有效的手段来准确核实一个家庭的真实收入,以至于收入标准成为宽泛而模糊的概念。

第二节 廉租住房制度的历史考察

一、廉租住房制度演变

我国廉租住房与经济适用住房几乎诞生于同一时期,但作为租赁型保障性住房,其在发展趋势、制度设计等方面和后者存在较大差异。从1998年制度提出到现在,廉租住房制度大致经历了制度确立、加快建设以及公共租赁住房和廉租住房并轨运行(以下简称"公廉并轨")等三个阶段。

(一)廉租住房制度框架确立阶段(1998—2006)

1998年7月,国务院《关于进一步深化城镇住房制度改革加快住房建设的通知》取消福利分房,首次提出建立廉租住房制度,并对廉租住房的保障对象、供应主体、住房来源和准入制度等作了原则性规定。1999年4月,《城镇廉租住房管理办法》(建设部令第70号)首次界定廉租住房,规定廉租住房是"政府和单位在住房领域实施社会保障职能,向具有城镇常住居民户口的最低收入家庭提供的租金相对低廉的普通住房",保障形式只有"实物配租",并对住房来源、租金标准、建设标准等作出规定,初步确立廉租住房制度框架。但是廉租住房制度推行并不顺利。截至2002年,全国35个大中城市中仅北上广等12个城市有实施方案,其中仅部分城市进入实际操作阶段。西部166个城市中不到20%有实施方案,实际实施比例更低。[1] 地方政府不重视、资金渠道不稳定、房源信息交流不通畅、财税政策不健全、法律支持不充分是主要原因。[2]

针对上述问题,2003年8月,国务院《关于促进房地产市场持续健康发展的通知》提出"房地产业已经成为国民经济的支柱产业",同时,要求"强化政府住房保障职能",并对资金来源和保障形式作出规定。同年12月,《城镇最低收入家庭廉租住房管理办法》(建设部令第120号)颁布。相较《城镇廉租住房管理办法》,2003年的管理办法强化了中央和地方政府的提供廉租住房保障的义务,细化了保障方式、资金来源、住房来源和准入退出制度等方面的内容。

2005年,全国房价普遍性高涨。为稳定房价,3月国务院办公厅颁布《关于切实稳定住房价格的通知》(国办发明电〔2005〕8号)要求"大力调整和改善住房供应结构,全面落实廉租住房制度"。5月,国务院办公厅《转发建设部等部门关于做好稳定住房价格工作意见的通知》(国办发〔2005〕26号)要求将廉租住房建设情况"纳入省级人民政府对市(区)、县人民政府工作的目标责任制管理"。与此同时,《城镇廉租住房租金管

---

[1] 参见孙玉波、李斌:《廉租住房为何迟迟建不起来?》,https://finance.sina.com.cn/f/20020805/1107240196.html,最后访问日期:2022年4月30日。

[2] 参见邓宏乾等:《廉租住房租赁补贴政策实施效果研究——基于湖北省六市(县)6673户廉租住户的调查》,中国社会科学出版社2015年版,第23页;佚名:《廉租房政策为何叫好不叫座》,载《中国证券报》2002年8月26日,第14版;郑智峰:《落实廉租住房制度的三大绊脚石——对九部委意见中加快廉租住房建设意见的思考》,载《中国房地信息》2006年第11期,第56—58页。

办法》(发改价格〔2005〕405号)、《城镇最低收入家庭廉租住房申请、审核及退出管理办法》(建住房〔2005〕122号)、《城镇廉租住房档案管理办法》(建住房〔2006〕205号)等配套文件相继出台。同年7月,建设部、民政部启动全国城镇最低收入家庭住房情况调查,为健全廉租住房制度,建立保障对象档案,完善低收入家庭救助制度提供支撑。

但是,上述政策法规未能完全改变廉租住房制度推进缓慢的状况。根据建设部《关于城镇廉租住房制度建设和实施情况的通报》(建住房〔2006〕63号),截至2005年底,全国291个地级市中,仍有13个省级政府未将廉租住房制度建设纳入对市(区)、县政府目标责任制管理,70个地级以上市未建立廉租住房制度。[1]

这一时期,廉租住房不是住房保障制度的重点。随着全国性房价上涨,住房供应结构矛盾逐渐突出,国家开始意识到廉租住房对低收入人群住房保障和调控房价的重要性,短期内密集出台多项政策法规[2],在立法政策层面不断完善廉租住房制度。但是,囿于资金及房源不足、地方政府责任未落实等诸多原因,这一时期廉租住房在实践中并未得到应有的重视。

(二)廉租住房制度快速建设阶段(2006—2011)

2006年5月,在全国房价仍持续走高、侧重"商品性"的经济适用住房建设被广泛质疑的背景下[3],国务院办公厅《转发建设部等部门关于调整住房供应结构稳定住房价格意见的通知》(国办发〔2006〕37号)提出把廉租住房作为"解决低收入家庭住房困难主要渠道",要求2006年年底前,各城市必须建立并安排一定规模的廉租住房开工建设。此外,该文件还要求政府加大财政投入,将土地出让净收益的一定比例用于廉租住房建设。2007年2月建设部《关于2006年城镇廉租住房制度建设情况的通报》显示:截至2006年底,全国287个地级市中,98.6%建立廉租住房

---

[1] 建设部《关于城镇廉租住房制度建设和实施情况的通报》(建住房〔2006〕63号)。

[2] 参见邓宏乾等:《廉租住房租赁补贴政策实施效果研究——基于湖北省六市(县)6673户廉租住户的调查》,中国社会科学出版社2015年版,第21页。

[3] 建设部办公厅、国家发展计划委员会办公厅、国土资源部办公厅《关于对经济适用住房建设及管理情况进行综合调研的紧急通知》(建办住房〔2003〕5号)显示,经济适用住房政策推行过程中存在"政策贯彻不佳""总量不足与有效购买力不足并举""富人住进经济适用住房现象越演越烈""监督管理存在漏洞""部分经济适用住房质量不过关"等五类问题,民众对经济适用住房的质疑声音不断加大。

制度;370个县级市中,61.9%建立廉租住房制度;资金投入达23.4亿元,占过去累计筹集资金的1/3;已开工建设和收购廉租住房5.3万套,建筑面积293.68万平方米。①

2007年8月,国务院《关于解决城市低收入家庭住房困难的若干意见》发布。作为"十一五"期间我国廉租住房建设的纲领性文件,该文件强调"解决城市低收入家庭住房困难是政府公共服务的重要职责",要求建立"以廉租住房制度为重点、多渠道解决城市低收入家庭住房困难的政策体系",并要求中央向西部地区发放主要用于租赁补贴开支的廉租住房专项补助资金。② 同年11月,《廉租住房保障办法》(建设部、国家发改委、监察部、民政部、财政部、国土资源部、中国人民银行、国家税务总局、国家统计局令第162号)颁布,明确廉租住房保障范围为城镇低收入住房困难家庭,并对保障方式、资金来源等多方面作了明确规定。

2008年12月,国务院办公厅《关于促进房地产市场健康发展的若干意见》(国办发〔2008〕131号)提出"到2011年年底,争取用3年时间基本解决城市低收入住房困难家庭住房及棚户区改造问题"。中央加大对廉租住房建设和棚户区改造的投资支持力度,对中西部地区适当提高补助标准。随后,《2009—2011廉租住房保障规划》(建保〔2009〕91号)要求三年内再新增廉租住房518万套、新增发放租赁补贴191万户,基本解决747万户现有城市低收入住房困难家庭的住房问题。在中央廉租住房建设任务下,为解决财政配套资金严重不足问题,部分地方政府(主要是西部地区)探索廉租住房"共有产权模式",引起诸多争议。理论界多持反对观点,认为"廉租住房"与"共有产权"不兼容,解决资金来源问题需另觅他径。③

为加强廉租住房管理,确保廉租住房公平配租和有效使用,2010年5月《关于加强廉租住房管理有关问题的通知》(建保〔2010〕62号)颁布,就准入和退出制度、建设标准和方式、租赁管理和服务、监管责任落实等作出进一步规定。

---

① 建设部《关于2006年城镇廉租住房制度建设情况的通报》,2007年2月13日发布。
② 财政部《关于加强中央廉租住房保障专项补助资金管理的通知》(财综〔2009〕83号)。
③ 参见王琨、郑荣跃:《廉租住房"共有产权"模式研究》,载《建筑经济》2010年第3期,第35—38页;宋骞:《共有产权:让廉租住房"变味儿"》,载《中华建设》2011年第12期,第13—15页。

这一时期,廉租住房成为保障性住房建设的重点,形成"中央下计划、省级负总责、市县抓落实"的工作机制。① 廉租住房进入加速建设阶段,极大改善了城市低收入家庭住房条件:截至 2005 年年底,全国仅有 32.9 万户最低收入家庭被纳入廉租住房保障范围②;截至 2010 年底,全国 1140 万户城市低收入家庭住房困难问题得到解决。③

(三)公廉并轨探索与实施阶段(2011 年至今)

随着廉租住房、经济适用住房和棚户区改造力度的逐步加大,我国基本解决了城市低收入家庭的住房困难问题。与此同时,中等偏下收入住房困难家庭、新就业无房职工和在城镇稳定就业的外来务工人员等"夹心层"群体的住房困难问题开始凸显。为解决"夹心层"群体的住房问题,2010 年 6 月《关于加快发展公共租赁住房的指导意见》(建保〔2010〕87 号)颁布,拉开了公共租赁住房建设的大幕。

为消除公共租赁住房和廉租住房平行运行导致的制度性龃龉,2011 年 9 月,国务院办公厅《关于保障性安居工程建设和管理的指导意见》(国办发〔2011〕45 号)首次提出"重点发展公共租赁住房","逐步实现廉租住房与公共租赁住房统筹建设、并轨运行"。2013 年 12 月,《关于公共租赁住房和廉租住房并轨运行的通知》(建保〔2013〕178 号)明确"从 2014 年起,各地公共租赁住房和廉租住房并轨运行,并轨后统称为公共租赁住房"。2014 年 2 月,《社会救助暂行办法》(国务院令第 649 号)颁布,将"符合规定标准的住房困难的最低生活保障家庭、分散供养的特困人员"纳入住房救助范畴,通过配租公共租赁住房、发放租赁补贴等方式给予社会救助。同年 6 月,住建部《关于并轨后公共租赁住房有关运行管理工作的意见》(建保〔2014〕91 号)强调公廉并轨实施过程中,要完善轮候制度,坚持分层实施、梯度保障,优先满足原廉租住房保障对象的需求,对住房救助对象,要做到应保尽保。

这一时期,廉租住房不再是保障性住房建设的重点,并进入公廉并轨

---

① 参见张峰:《专家谈保障性住房:完善制度建设 加快解决低收入家庭住房困难》,http://www.hndjck.com/a/henan/09121542014.html,最后访问日期:2022 年 6 月 29 日。
② 《建设部关于城镇廉租住房制度建设和实施情况的通报》(建住房〔2006〕63 号)。
③ 参见《为了实现"住有所居"的庄严承诺——"十一五"期间我国大力推进保障性住房建设综述》,http://www.gov.cn/jrzg/2011-01/06/content_1779698.htm,最后访问日期:2022 年 4 月 30 日。

新阶段。从全国范围来看,除上海仍实施"四位一体",即廉租住房、共有产权住房、公共租赁住房、征收安置住房四类保障房并行外①,其他省市均已实施公廉并轨,廉租住房作为一个保障性住房种类成为历史。

二、廉租住房制度评析

通过梳理廉租住房制度的发展脉络,可以发现我国廉租住房制度呈现出如下特点:

(一)廉租住房制度建设逐步纳入政府职责

从逻辑上分析政府的住房保障职责,政府应当优先改善最困难家庭的住房条件,再逐步扩大保障范围。相应的,政府应当优先建设廉租住房制度,再发展其他保障形式。然而,我国早期保障性住房的建设重点却是经济适用住房,直到2006年廉租住房制度才成为建设重心。通过深入考察住房制度改革和住房保障的历史发展,可以找出廉租住房没有自始被纳入政府住房保障职责的原因。

我国长期实行低租金住房分配制度,城镇居民的住房问题由国家和单位通过提供"直管公房"和"自管公房"解决。② 如图2-4所示,福利分房时期,城市居民人均居住面积总体呈上升趋势,但始终低于10平方米,处于全民"蜗居"的低水平。到1998年,我国大中城市人均国民生产总值均超过1000美元,福利分房制度"租不供养""僧多粥少""分配不公"等问题日益突出,改善住房条件不仅成为大量无房户和困难户的期盼,而且是多数家庭提高生活水平的现实追求。③

---

① 《关于本市廉租住房和公共租赁住房统筹建设、并轨运行、分类使用的实施意见》(沪府发〔2013〕57号)提出"本市各区(县)廉租住房和公共租赁住房实行统筹建设、并轨运行、分类使用,主要是为理顺二者的投资、建设、筹措、运营机制,加强和规范管理,并不是将二者的基本制度进行合并"。

② "自管公房"是指由机关、团体、企事业单位投资兴建、自行经营和管理的国有或集体所有的房屋;"直管公房"是由国家各级房地产经营管理部门("房管所")直接经营管理的国有房屋。参见邹永丽、伍军、褚中喜:《房地产法律概论》,中国政法大学出版社2015年版,第207页。

③ 参见建设部住宅与房地产业司、建设部住房制度改革办公室编:《当前住房制度改革政策问答:〈国务院关于进一步深化城镇住房制度改革加快住房建设的通知〉政策问答》,中国物价出版社1998年版,第9—10页。

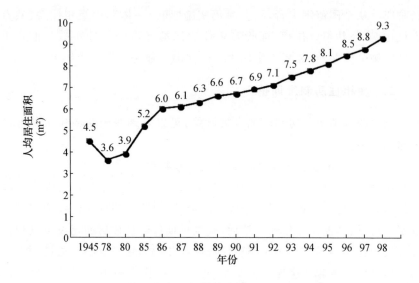

图 2-4　福利分房时代我国城市居民平均居住面积

国务院《关于进一步深化城镇住房制度改革加快住房建设的通知》标志着福利分房时代的终结。彼时,最低收入家庭住房困难问题被全民"蜗居"的社会现象掩盖,相较住房保障,政府的当务之急是改革不合理的住房分配体制,即"停止住房实物分配,逐步实行住房分配货币化"。在此背景下,"只售不租"、面向"中低收入家庭"、具有"商品性"的经济适用住房成为建立住房货币化分配机制的助推剂,受到极大重视。有研究指出,相较保障性功能,该阶段经济适用住房制度主要发挥的是"引导住房由实物分配向货币化转变的政策性功能,目的是形成社会化的城镇住宅建设和消费的新方式,建立解决城镇居民住房问题的新体制"。[①]

2003 年,房地产业成为支柱产业,经济适用住房促进住房制度改革的历史使命完成。国务院《关于促进房地产市场持续健康发展的通知》(国发〔2003〕18 号)适时将经济适用住房定位为"具有保障性质的政策性商品住房",但属性仍为"商品住房"。这一政策错位是引发 2005 年经济适用住房存废之争的重要原因。就廉租住房而言,该文件明确提出"强化

[①] 建设部课题组:《住房、住房制度改革和房地产市场专题研究》,中国建筑工业出版社 2007 年版,第 115 页。

政府住房保障职能",国务院办公厅《转发建设部等部门关于做好稳定住房价格工作意见的通知》则将廉租住房建设"纳入省级人民政府对市（区）、县人民政府工作的目标责任制管理"。这一阶段，政府开始明确承担住房保障职责，廉租住房也纳入了政府的住房保障职责。

真正把"廉租住房"纳入政府住房保障职责的是国务院《关于解决城市低收入家庭住房困难的若干意见》。该文件明确规定解决城市低收入家庭住房困难是政府的重要职责，而廉租住房正是保障性安居工程的重心。这一政策转向的背后，是城镇家庭居住条件的总体改善及低收入家庭住房困难的凸显：到2006年底，全国城市低收入家庭中，人均住房面积不足10平方米的至少还有1000万户。[①] 经过近十年发展，廉租住房建设正式成为政府保障性职责的主角，我国拉开了大规模建设廉租住房的大幕。

"历史的铁证就是：事后看来无可避免的事情，在当时看来总是毫不明显。"[②]1998年，廉租住房建设未被政府重视，但其特殊性决定其必然成为政府住房保障职责的核心。拨开历史的迷雾，我们发现：第一，经济适用住房建设之所以得到重视，是因为它有利于促进住房分配制度改革，而非因其保障住房属性。第二，廉租住房纳入政府住房保障职责并非一蹴而就。在全国人均住房面积偏低的背景下，政府最初未明确承担"住房保障职能"，随着全民居住水平的提高和住房市场化的发展，廉租住房制度才被纳入政府住房保障职责。

（二）廉租住房建设不断积累经验

我国的廉租住房制度建设工作取得了巨大的成效：截至2014年，城镇低保家庭已基本实现应保尽保。[③] 廉租住房制度的建设过程中，存在资金不足、房源不足和房屋退出困难等问题。政府针对这些难题，进行了有益探索，并取得了一些成效。

[①] 参见《为了实现"住有所居"的庄严承诺——"十一五"期间我国大力推进保障性住房建设综述》，http://www.gov.cn/jrzg/2011-01/06/content_1779698.htm，最后访问日期：2022年4月30日。

[②] 〔以色列〕尤瓦尔·赫拉利：《人类简史：从动物到上帝》，林俊宏译，中信出版社2018年版，第224页。

[③] 参见《我国城镇低保、低收入家庭住房保障取得积极进展》，http://www.gov.cn/xinwen/2014-10/14/content_2764527.htm，最后访问日期：2022年4月30日。

第一,通过加大财政投入、拓宽资金渠道和提高资金使用效率,缓解资金不足难题。

作为廉租住房资金的主要来源,财政投入多寡关乎廉租住房保障制度能否顺利地进行。一方面,自 2006 年廉租住房建设加速以来,廉租住房财政投入渠道不断拓宽(表 2-4)、数量不断加大。截至 2005 年年底,全国累计廉租住房资金仅 47.4 亿元;2007 年全国投入廉租住房资金达 77 亿元,超过此前历年累计投入资金的总和;2009 年,中央加大对财政困难地区廉租住房保障补助力度;"十一五"期间,中央安排保障性安居工程专项补助资金为 1336 亿元。①

表 2-4 廉租住房建设财政资金来源拓宽

1998—2006	市县财政预算
2006—2007	市县财政预算、5%左右土地出让净收益
2007 以后	省市县财政预算、≥10%土地出让净收益、中央专项补助资金、租金收入

另一方面,廉租住房财政资金使用效率不断提高。如表 2-5 所示,我国保障性住房财政资金种类繁多,且在 2014 年以前除廉租住房资金可有条件地运用于公共租赁住房项目外②,其余均实行专款专用,严格限定在各自使用范围。③ 这导致部分财政拨款闲置,难以发挥财政拨款的杠杆作用;也导致有限的财政资金难以发挥乘数效应④,造成住房保障资金的

---

① 参见《为了实现"住有所居"的庄严承诺——"十一五"期间我国大力推进保障性住房建设综述》,http://www.gov.cn/jrzg/2011-01/06/content_1779698.htm,最后访问日期:2022 年 4 月 30 日。

② 《中央补助廉租住房保障专项资金管理办法》(财综〔2012〕42 号,已失效)第 5 条规定:"专项资金在优先满足发放廉租住房租赁补贴的前提下,可用于购买、改建或租赁廉租住房支出。……在完成当年廉租住房保障任务的前提下,经同级财政部门批准,可以将专项资金用于购买、新建、改建、租赁公共租赁住房。"

③ 《中央补助公共租赁住房专项资金管理办法》(财综〔2010〕50 号,已失效)第 2 条规定:"公租房补助资金的补助范围为……公共租赁住房项目,不包括廉租住房项目";《中央补助城市棚户区改造专项资金管理办法》(财综〔2012〕60 号,已失效)第 2 条规定:"城市棚改补助资金的补助范围……城市棚户区改造项目,不包括城市规划区内的煤矿、垦区和林区棚户区改造项目"。

④ 乘数效应包括正反两个方面:当政府投资或公共支出扩大、税收减少时,对国民收入有加倍扩大的作用,从而产生宏观经济的扩张效应;当政府投资或公共支出削减、税收增加时,对国民收入有加倍收缩的作用,从而产生宏观经济的紧缩效应。

严重短缺。① 为提高资金使用效益,2014 年《中央财政城镇保障性安居工程专项资金管理办法》(财综〔2014〕14 号,已失效)将三类中央专项资金归并为保障性安居工程专项资金,统筹用于支持发放租赁补贴、城市棚户区改造及公共租赁住房建设。在此基础上,各省也实现不同类型保障性安居工程资金并轨。2017 年、2019 年《中央财政城镇保障性安居工程专项资金管理办法》(皆已失效)延续了这一改革。

表 2-5 中央和省级保障性安居工程专项资金分类

层级	2014 年前分类	2014 年后分类
中央	• 公共租赁住房专项资金 • 廉租住房保障专项资金 • 城市棚户区改造专项资金	• 中央保障性安居工程专项资金
省级	• 公共租赁住房奖补资金 • 廉租住房保障奖补资金 • 棚户区改造奖补资金	• 省级保障性安居工程专项资金

不过,我国廉租住房资金来源仍存在渠道单一、数量不稳定的问题。尽管理论界早在 2006 年就提出"将廉租住房建设融资由僵化的政府直接主导型融资方式转化为政府引导下的商业化运作方式"②,并提出实施房地产证券化、房地产信托投资基金(REITs)、政府与社会资本合作(PPP)模式等多种金融创新工具,但尚未较好地落实落地。廉租住房开发建设过程中的融资始终以财政资金为主,成为制约廉租住房建设的最大瓶颈。这可能是实行公廉并轨的一个原因。

第二,在多渠道筹措资金的基础上,通过建立工作机制、推行税费优惠和创新建设方式,缓解房屋来源不足问题。

首先,针对地方政府自发建设廉租住房积极性不高的问题,中央开始推行目标责任制。在中央尚未以目标责任的方式下达建设计划前,各地计划 2006 年和 2007 年新建廉租住房或收购旧住房用于廉租住房的总计仅 15 万套,而 2006 年底实际开工建设和收购廉租住房仅 5.3

---

① 参见邓宏乾等:《廉租住房租赁补贴政策实施效果研究——基于湖北省六市(县)6673 户廉租住户的调查》,中国社会科学出版社 2015 年版,第 195—196 页。
② 巴曙松:《破解中国廉租房之困》,http://www.kankan.cn/superlibtary/FreeArticle.asp? AID=11844,最后访问日期:2022 年 4 月 30 日。

万套①),国务院《关于解决城市低收入家庭住房困难的若干意见》强调"完善工作机制",国务院办公厅《关于促进房地产市场健康发展的若干意见》提出廉租住房建设时间表,《关于做好住房保障规划编制工作的通知》(建保〔2009〕91号)明确廉租住房地方任务分解表。这种"中央下计划、省级负总责、市县抓落实"的工作机制极大推动了廉租住房建设。但是,这一工作机制也存在不够灵活的弊端,可能给地方政府制造过大压力。西部地区探索廉租住房共有产权模式即从一个侧面反映了这一问题。②

其次,政府出台了税费优惠政策,鼓励民间力量参与廉租住房建设。国务院《关于解决城市低收入家庭住房困难的若干意见》提出廉租住房建设免征行政事业性收费和政府性基金;社会投资廉租住房的,给予政策支持;社会捐赠廉租住房房源的,适用公益性捐赠税收扣除。随后,《关于廉租住房经济适用住房和住房租赁有关税收政策的通知》(财税〔2008〕24号)细化了税收支持政策。

最后,政府提出的"以配套建设为主"的保障性住房建设方式,增加了廉租住房的供应。国务院《关于解决城市低收入家庭住房困难的若干意见》规定新建廉租住房主要在经济适用住房和普通商品住房小区中配建,建成后由政府收回或回购。不过,在实践中,部分配建小区保障住房配套设施与商品住房配套设施相去甚远,满足不了住户的基本生活需求,住户有很大的心理落差。③ 如何实现配建小区资源融合共享,防止制造新的矛盾,仍旧是政府的一大难题。

第三,通过实施奖惩结合、设置人性化退出机制和建立住房保障信息管理系统,缓解房屋实物配租"退出难"问题。

廉租住房"退出难"主要是指实物配租的廉租住房的退出难。如表

---

① 建设部《关于2006年城镇廉租住房制度建设情况的通报》,2007年2月13日发布。
② 参见杨遴杰:《出售廉租住房不能一味怪地方政府》,载《中国国土资源报》2013年5月21日,第3版。
③ 参见《住房鄙视链:廉租住房不配与商品房共享同一小区?》,https://www.sohu.com/a/166545762_815377,最后访问日期:2022年4月30日;《你家门口有保障房吗?——配建政策制造的"人民内部矛盾"》,https://house.focus.cn/zixun/1a8cb1132b4c92d2.html,最后访问日期:2018年6月7日;《"一地两房"矛盾迭起 配建小区如何实现融合共享?》,载《中国经营报》2018年1月22日,B17版;袁业飞:《"贫富混居",为何"里外不是人"? 聚焦配建保障房带来的混居现象》,载《中华建设》2015年第11期。

2-6 所示,全国廉租住房退出机制属于原则性规定,既缺乏可操作性条款,也无惩罚与激励机制。地方层面则更具可操作性,在惩罚与激励机制、人性化退出机制等方面有所创新。从北京、上海、广州和深圳的规定来看,具体包括:惩罚措施包括道德谴责和法律谴责,前者指记录不良信用信息(京沪穗深),后者指设置禁申期(京沪穗深)、没收违法所得(深)、处以罚款(沪穗深)和收取违约金(沪);激励措施指赋予优先购买经济适用住房权利(穗);人性化退出机制包括设置过渡期(沪穗深)和提供中转住房(穗)。

此外,政府还通过建设住房保障信息管理系统,解决廉租住房"退出难"问题。2013 年住建部办公厅《关于贯彻实施〈住房保障档案管理办法〉的意见》(建办保〔2013〕4 号)要求各级住房保障主管部门从 2013 年开始到 2015 年,利用 3 年时间建立住房保障档案制度。

表 2-6　全国及北上广深四个城市廉租住房实物配租退出制度比较

	退出事由	退出方式	惩罚与激励机制
全国	连续 1 年以上超出收入标准	在合理期限内收回住房	未规定
	骗租	退出住房并补交租金	
	转借、转租或者改变用途	按约退回廉租住房; 未按约的,责令限期退回; 逾期未退回的,按约处理; 不按约的,申请强制执行	
	无正当理由连续 6 个月以上未在廉租住房内居住		
	无正当理由累计 6 个月以上未交纳廉租住房租金		
北京	连续 1 年以上超出收入标准	在合理期限内收回住房	未规定
	骗租	退出住房并补交租金差额	5 年内不得再申请廉租住房
	转借、转租或者改变用途		
	连续 6 个月以上未在廉租住房内居住		
	连续 3 个月或累计超过 6 个月未交纳房租	在 6 个月内退回廉租住房; 逾期不退的,提高租金或提起诉讼	逾期不退房的,计入不良信用档案; 5 年内不能再申请廉租住房

(续表)

	退出事由	退出方式	惩罚与激励机制
上海	骗租等11项违规行为	收回住房并收取租金； 司法途径； 直接扣划自付租金	收取违约金； 通报违规行为； 取消其5年内申请各类保障性住房的资格； 记录其不良信用信息
	不符合实物配租条件	腾退住房； 经审核同意，给予不超过12个月过渡期（6个月内，租金照旧；6个月外，市场租金）	逾期不退房，按违规行为处理
广州	不再符合保障条件	1个月内腾退住房； 暂时无法腾退的，6个月过渡期。过渡期内按公房成本租金50%标准计租，或按原租金减免额的50%减免租金； 过渡期满，确实无法腾退的，可申请续租1年。1年内按同期公共租赁住房租金标准计租，不给予租金减免； 1年期满后必须腾退，逾期拒不腾退的，按市场租金2倍计租，可申请法院强制执行，并可将其行为载入本市个人信用联合征信系统	退出廉租住房保障的家庭，符合经济适用住房申购条件的，经市房改办住建办按照本市有关经济适用房管理规定批准后，可优先购买经济适用住房
	骗租等违规行为	收回房屋并追缴租差额	收回房屋； 承租人按照优惠租金标准缴纳租金的，收回房屋的同时按市场租金追缴租金； 载入本市个人信用联合征信系统； 5年内不得再受理其申请； 构成犯罪的，移送司法机关依法追究刑事责任

（续表）

	退出事由	退出方式	惩罚与激励机制
深圳	骗租	收回住房并补收租金差额	5000元罚款，3年内不予受理其住房保障申请；按照补收租金或领取补贴2倍处以罚款，5年内不予受理其住房保障申请
	擅自转租等违规行为	自收到解除合同或者终止合同通知之日起30日内收回房屋；经申请，临时延长的期限不得超过60日；无正当理由逾期不搬迁的，责令搬迁并收取租金；拒不执行，申请强制搬迁	没收违法所得，并处2万元罚款；自合同解除之日起3年内不予受理其住房保障申请

（三）公廉并轨有利于廉租住房制度发展

总体上看，公廉并轨有利于整合保障性住房资源、实现动态管理、完善退出机制、降低管理成本[①]；有利于制度衔接，形成阶梯型保障体系[②]；有利于避免夹心层问题，防止廉租住房这一社会标签所产生的不利影响，避免人为地造成社会阶层的隔离。[③] 具体到公廉并轨对廉租住房制度的作用，其在两个方面促进了廉租住房制度的发展：

第一，公廉并轨后，廉租住房可以适用公共租赁住房的更加完善的制度政策。如表2-7所示，廉租住房在管理主体、住房来源、土地性质和租金标准上均呈现"行政性"，地方政府在房源供应、土地供应以及财政支出上压力颇大。公共租赁住房则更加灵活，能够吸收社会资本和社会房源，创新运营管理和土地供应模式。具体而言，在管理模式上，通过委托公共租赁住房运营机构实施租赁管理，差别化收取物业管理费，减轻政府单独

[①] 参见汪汀：《公共租赁住房和廉租住房并轨七问——访住房城乡建设部政策研究中心副主任张锋》，载《中国建设报》2013年12月9日，第1版。

[②] 参见张永岳、崔裴：《将廉租房与公租房并轨，创新租赁型保障房管理模式》，载《科学发展》2013年第11期，第101页。

[③] 参见邓宏乾等：《廉租住房租赁补贴政策实施效果研究——基于湖北省六市（县）6673户廉租住户的调查》，中国社会科学出版社2015年版，第187页。

管理廉租住户的压力;在规划建设上,不再单独规划廉租住房或公共租赁住房,有利于增加廉租住房房源;在土地供应上,不再区分划拨用地和其他建设用地或集体土地,有利于减轻廉租住房供地压力;在融资方面,公共租赁住房项目以其较为稳定的租金收入和更为专业的运营管理模式,有利于吸引社会资金参与,减轻政府即期财政压力[①];在财政投入上,不再实行专款专用,有利于提高财政资金利用效率;在退出机制上,通过"租补分离、分档补贴",有利于实现保障对象不同层次间的过渡和退出。

表 2-7 廉租住房与公共租赁住房比较

	廉租住房	公共租赁住房
保障对象	城市低收入住房困难家庭	城镇中等偏下收入住房困难家庭、新就业无房职工和在城镇稳定就业的外来务工人员
管理主体	政府	公共租赁住房所有权人或其委托的运营单位
住房来源	政府新建、收购的住房; 腾退的公有住房; 社会捐赠的住房; 其他渠道筹集的住房	新建、改建、收购、长期租赁等多种方式筹集,可以由政府投资,也可以由政府提供政策支持、社会力量投资
土地供应	划拨用地	建设用地:划拨、出让、出租、作价入股; 农村集体土地
租金标准	实物配租:政府定价; 租赁补贴:按市场平均租金或收入水平确定补贴标准	略低于同地段住房市场租金水平

第二,通过统筹房源分配管理,原廉租住房保障对象仍享受"应保尽保"政策。"在廉租住房的供给市场上,国家永远不能推卸它所必须承担的责任,因为这是一个一旦缺乏干预就会直接导致人们丧失尊严的市场。"[②]公廉并轨后,"应保尽保"主要通过房源分配和轮候机制实现。

---

① 参见叶锋、张泽伟、任峰:《保障房新探索:公租房廉租住房如何并轨》,载《法制与经济(上旬)》2012年第9期,第30页。

② 殷冬明:《国外廉租住房制度透析——一端是火焰 一端是隐燃》,载《北京房地产》2005年10期,第100页。

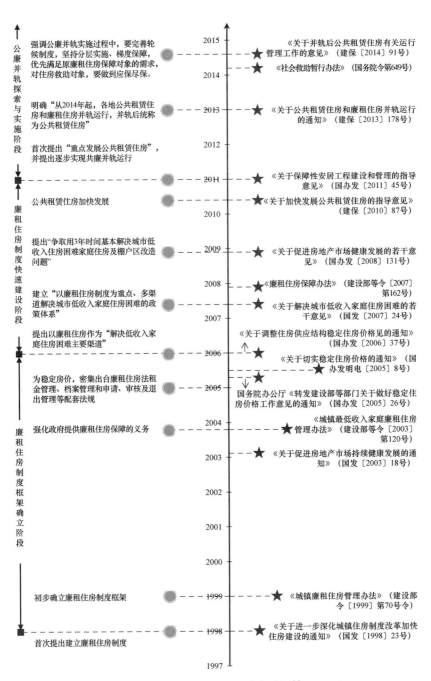

图 2-5　廉租住房制度演变时间轴

表 2-8 廉租住房制度演变

	98	99	03	06	07	09	11	13	14	今
概念确立	确立廉租住房制度框架(1998—2006)			加快建设廉租住房(2006—2011)			探索实施公廉并轨运行(2011年至今)			
性质演变	社会保障职能,租金相对低廉的普通住房(1999年至今)									
体系地位				廉租住房是解决低收入家庭住房困难主要渠道(2006—2011)			逐步实现廉租住房与公共租赁住房统筹建设、并轨运行(2011—2014)		从2014年起,各地公共租赁住房和廉租住房统一并轨后统称公共租赁住房(2014年至今)	纳入住房救助(2014年起)
土地性质			新建廉租住房土地划拨为主(2003年至今)							
建设标准			与居民人口相当,省级政府制定具体标准 则上<当地人均住房面积60%(2003—2006)		单套建筑面积<50 m²(2007)		人均建筑面积<13 m²,单套建筑面积50 m²(2007年至今)			
建设方式	集中建设(1998—2007)				配套建设与相对集中建设相结合,主要在经济适用住房、普通商品住房项目中配套建设(2007年至今)					
机构设置		国务院建设部门制定全国政策并指导管理;省建设部门、直辖市房地产部门:制定本地区政策并指导管理;市、县房地产管理部门:具体实施政策并负责管理(1999—2003)	国务院建设部门:对全国指导和监督;省、市、县建设部门,直辖市房地产部门:管理本行政区域;各级政府相关部门:负责相关工作(2003年至今)							
住房来源	公房、新建	公房、新建、购置、捐赠、其他(1999—2003)	收购、捐赠、公房、新建、其他;以收购现有旧住房为主,限制新建廉租住房(2003—2007)		新建、收购、公房、捐赠、其他(2007—2009)	新建、购置、改建(2009—2010)		新建、改建、购置、租赁等(2010年至今)		

第二章 我国住房保障制度的历史沿革 111

（续表）

	98	99	03	06	07	09	11	13	14	今
资金来源				市县财政预算（主），部分住房公积金增值收益，5%左右土地出让净收益，社会捐赠，其他渠道（2003—2006）	市县财政预算，部分住房公积金增值收益，土地出让净收益，社会捐赠，其他渠道（2006—2007）	中央专项补助资金，地方（省市县）年度财政预算，住房公积金增值收益全部、不低于10%土地出让净收益扣除贷款风险准备金和管理费用的净收益，社会捐赠，其他（2007年至今）			
租金标准		维修费、管理费（1999年至今）								
保障范围	最低收入家庭（1998—1999）	住房困难的最低收入家庭（1999—2007）			低收入住房困难家庭，应保尽保（2007年至今）					
保障形式	实物配租（1998—2003）		以租金补贴为主，以实物配租、租金核减为辅（2003—2007）		货币补贴、实物配租等，以实物配租为主（2007—2011）		实物配租和租金补贴（2011年至今）			
准入机制	申请、审批制度（1998—1999）	申请→审核→公告→轮候（1999—2003）	书面申请→审核→公示→登记→调查核实→轮候→公布结果（异议）（2003—2007）		社区、街道和住房保障部门三级审核公示（2007年至今）					
退出机制		• 及时报告，腾退房屋；不汇报的，责令退房，补交差额，处以罚款（1999—2003）	• 按年汇报、定期检查 • 连续1年以上超出收入标准：取消保障资格，停发租赁补贴 • 在合理期限内收回租金核减、停止租金核减（2003年至今）							
骗租责任		• 责令退房，补交差额，处以罚款（1999—2003）	• 未得退的，取消资格 • 已骗租的，退还补贴，处以罚金 • 情节恶劣，处以罚款（2003—2007）		• 未得退的，给予警告 • 已骗租的，退还补贴，补交差额、补交租金（2007—2011）		• 限期退回 • 逾期未退回，取消资格，转让廉租住房 • 拒不履行，申请强执（2011年至今）			
其他责任		• 擅自转租，责令退房，处以罚款（1999—2003）	• 擅自转租，改变用途、虚假申报，收入超标，收回住房，停止租金核减（2003—2007）		• 转租、转借，改变用途，无正当理由连续6个月未居住廉租标，退回廉租住房、在合理期限内收回住房、停止住房（2007—2011）		• 恶意欠租，无正当理由长期闲置，违规转租、出借，调换转让廉租住房、限期退回；逾期未履行，取消资格＋调整租金＋收回住房；拒不履行，申请强执（2011年至今）			

根据《关于公共租赁住房和廉租住房并轨运行的通知》和《住房城乡建设部关于并轨后公共租赁住房有关运行管理工作的意见》，公廉并轨后，原廉租住房项目仍优先供应原廉租住房保障对象，剩余房源统一按公共租赁住房分配；公共租赁住房要优先满足原廉租住房保障对象的需求，对其中的住房救助对象，要做到应保尽保。

在地方层面，北京市规定政府全额投资建设、收购的原廉租住房，优先供应原廉租住房保障对象，实现应保尽保，其他原廉租住房则按照公共租赁住房政策统一配租①；上海市设置"定向用于廉租住房保障的公共租赁住房"，分类供应配租②；深圳市要求"公租房房源，应当优先解决辖区内廉租保障对象的住房困难，对其应保尽保"③；重庆市规定县级建设的公共租赁住房优先供应原廉租住房保障对象，实现应保尽保，市级公共租赁住房（含廉租住房）仍按原分配制度实施管理。④

可见，尽管形式上不存在单独的"廉租住房保障对象"，但实质上廉租住房保障对象和公租住房保障对象仍保持各自的差异性。⑤换言之，"公廉并轨"不等于"公廉同一"，二者"分"的是保障对象，"并"的是管理主体、住房来源、土地供应、资金来源和退出机制。

第三节　公共租赁住房制度的历史考察

随着住房保障的推进，城镇低保低收入住房困难家庭已经做到应保尽保，"夹心层"群体的住房问题逐渐突出。"夹心层"是指被排除在住房保障制度之外，却无力租、购商品房的城市中低收入住房困难群体，包括城镇常住居民中住房困难的中低收入家庭，新就业职工（特别是就业不足

---

① 《关于进一步加强廉租住房与公共租赁住房并轨分配及运营管理有关问题的通知》（京建法〔2014〕6号）第1条。
② 《关于本市廉租住房和公共租赁住房统筹建设、并轨运行、分类使用实施意见的通知》（沪府发〔2013〕57号）第1、2条。
③ 《深圳市公共租赁住房和廉租住房并轨运行实施办法》（深建规〔2016〕6号，部分失效）第7条。
④ 《关于做好公共租赁住房和廉租住房并轨运行管理工作的通知》（渝国土房管〔2015〕66号）第3条。
⑤ 参见翟峰：《公租房廉租住房并轨运营尚待政策和立法支撑》，载《中国建设报》2013年6月18日，第7版。

5年的大中专院校毕业生),外来务工人员以及引进人才等特殊群体。

在这样的背景之下,我国政府大力推行新的保障形式——公共租赁住房,即政府投资并提供政策支持,限定套型面积并按优惠租金标准向符合条件的家庭供应的保障性住房。公共租赁住房以解决城市"夹心层"群体阶段性的基本居住困难为制度目标,自2009年提出后在我国得到迅速发展,目前已成为我国最重要的住房保障形式之一。

一、公共租赁住房制度演变

(一) 起步阶段(2009—2010)

2009年3月,时任总理温家宝在政府工作报告中提出"积极发展公共租赁住房",这是中央层面首次提到公共租赁住房,但对于如何开展公共租赁住房建设,并无明确指示。

2010年1月,国务院办公厅《关于促进房地产市场平稳健康发展的通知》将加快发展公共租赁住房纳入保障性安居工程建设范畴。同年4月,国务院《关于坚决遏制部分城市房价上涨过快的通知》(国发〔2010〕10号)提出"按照政府组织、社会参与的原则,加快发展公共租赁住房,地方各级人民政府要加大投入,中央以适当方式给予资金支持"。这两份中央文件的颁布,正式开启我国公共租赁住房的建设发展。

2010年6月,《关于加快发展公共租赁住房的指导意见》在前述两份国务院文件的基础上明确公共租赁住房是完善住房供应体系,培育住房租赁市场,满足城市中等偏下收入家庭基本住房需求的重要举措,并从基本原则、租赁管理、房源筹集、政策支持、监督管理等六个方面对公共租赁住房建设工作作出指导。在保障对象上,该文件明确公共租赁住房供应对象主要是城市中等偏下收入住房困难家庭。有条件的地区,可以将新就业职工和有稳定职业并在城市居住一定年限的外来务工人员纳入供应范围。在房屋建设上,该文件规定成套建设的公共租赁住房,单套建筑面积要严格控制在60平方米以下;以集体宿舍形式建设的公共租赁住房,应认真落实宿舍建筑设计规范的有关规定。

在此阶段,一些地方也制定了本地区公共租赁住房的规范性文件。例如,上海市于2010年颁布了《本市发展公共租赁住房的实施意见》(沪府发〔2010〕32号)和《贯彻〈上海市发展公共租赁住房的实施意见〉的若干规定》(沪房管保〔2010〕436号),从总体原则和实施细则等方面对上海市公共租赁住房的发展作了规定。

(二)重点发展阶段(2011—2013)

2011年1月,国务院办公厅《关于进一步做好房地产市场调控工作有关问题的通知》(国办发〔2011〕1号)强调要努力增加公共租赁住房供应,要求各地在加大政府投入的同时完善各项优惠措施,积极发展市场主体参与,鼓励金融机构提供资金贷款。同年8月,《关于认真做好公共租赁住房等保障性安居工程金融服务工作的通知》(银发〔2011〕193号)颁布,积极响应政策号召,为公共租赁住房建设发展提供金融支持。

经过前期的起步建设发展,公共租赁住房提供住房保障的重要作用不断显现,并在2011年下半年正式成为我国住房保障体系的核心内容之一。2011年9月,国务院办公厅《关于保障性安居工程建设和管理的指导意见》提出要大力推进以公共租赁住房为重点的保障性安居工程建设,明确公共租赁住房面向城镇中等偏下收入住房困难家庭、新就业无房职工和在城镇稳定就业的外来务工人员供应,单套建筑面积以40平方米左右的小户型为主,满足基本居住需要。该文件还要求完善公共租赁住房土地供应、规划建设,探索公共租赁住房管理办法和完善运营回收机制。更重要的是,该文件首次提出公廉并轨,要求城镇低收入住房困难家庭较多、小户型租赁住房房源不足的地区加快建设廉租住房,提高实物配租比例,逐步实现廉租住房与公共租赁住房统筹建设、并轨运行。

此后,公共租赁住房迅速发展。2012年5月,《公共租赁住房管理办法》(住建部令第11号)发布,明确公共租赁住房的分配、运营、使用、退出和管理规则。《公共租赁住房管理办法》在申请与审核上,强调申请标准、审核评议程序;在轮候与配租上,明确各地要制订配租方案和租赁合同的示范文本,订立标准化的租赁运营程序;在使用与退出上,明确承租人的义务、违约责任和腾退要件等;同时,对于违规申请或者违法使用公共租赁住房的行为规定相应法律责任。《公共租赁住房管理办法》的发布,标志着公共租赁住房迈入规范化、制度化发展阶段。

随后,各地也纷纷颁布适应本地发展情况的公共租赁住房办理办法。例如,北京市于2013年6月颁布《北京市公共租赁住房后期管理暂行办法》,广州市于2013年5月实施《广州市公共租赁住房管理办法(试行)》。

(三) 公廉并轨阶段(2014年至今)

随着廉租住房、经济适用住房和棚户区改造力度的逐步加大,我国城市低收入家庭住房困难问题基本解决。数据显示,截至 2014 年,我国城镇低保家庭已基本实现应保尽保。① 与此同时,中等偏下收入住房困难家庭、新就业无房职工和在城镇稳定就业的外来务工人员的住房困难问题开始凸显。为消除公共租赁住房和廉租住房平行运行导致的制度性矛盾,《关于公共租赁住房和廉租住房并轨运行的通知》正式宣告公共租赁住房和廉租住房从 2014 年起并轨运行,合称为"公共租赁住房"。

公廉并轨改革主要包括以下几个方面:(1)调整公共租赁住房年度计划,廉租住房建设计划调整并入公共租赁住房建设计划;(2)整合公共租赁住房政府资金渠道,廉租住房建设资金、租赁补贴等,并入公共租赁住房管理范畴;(3)进一步完善公共租赁住房定价标准,原则上按照适当低于同地段、同类型住房市场租金水平确定;(4)健全公共租赁住房分配管理制度,进一步完善公共租赁住房的申请受理渠道、审核准入程序。

2014 年 2 月,《社会救助暂行办法》将"符合规定标准的住房困难的最低生活保障家庭、分散供养的特困人员"纳入住房救助范畴,通过配租公共租赁住房、发放租赁补贴等方式给予社会救助。公共租赁住房的社会救助性质得到确认,具有"解危救困"的重要功能。

同年 6 月,住建部《关于并轨后公共租赁住房有关运行管理工作的意见》发布,从七个方面指导公共租赁住房和廉租住房并轨运行工作:(1)明确并轨后公共租赁住房的保障对象应该包括原廉租住房保障对象和原公共租赁住房保障对象,即符合规定条件的城镇低收入住房困难家庭、中等偏下收入住房困难家庭,及符合规定条件的新就业无房职工、稳定就业的外来务工人员。(2)要求科学制订年度建设计划。(3)要求健全申请审核机制,整合原廉租住房和公共租赁住房申请受理窗口。(4)要求完善轮候机制,坚持分层实施,梯度保障,优先满足符合规定条件的城镇低收入住房困难家庭的需求,对城镇住房救助对象,即符合规定标准的住房困难的最低生活保障家庭、分散供养的特困人员,依申请做到

---

① 参见《我国城镇低保、低收入家庭住房保障取得积极进展》,http://www.gov.cn/xinwen/2014-10/14/content_2764527.htm,最后访问日期:2022 年 4 月 30 日。

应保尽保。(5)要求强化配租管理,制定租赁合同示范文本,对于原来廉租住房保障对象,采取租金减免方式予以保障。(6)要求加强使用退出管理,完善城镇低收入住房困难家庭资格复核制度。(7)要求推进信息公开工作。

至此,在国家政策层面,廉租住房成为历史概念,公共租赁住房在整合廉租住房制度体系后得到进一步发展。

2015年底召开的中央经济工作会议,为房地产行业"去库存"任务奠定基调,并作出"明确深化住房制度改革方向,以满足新市民住房需求为主要出发点,以建立购租并举的住房制度为主要方向,把公共租赁住房扩大到非户籍人口"的指示。随着"租购并举"方针的确立,大力发展租赁市场成为2016年起房地产市场的主流,公共租赁住房更是迎来了新的发展机遇。

2016年2月,国务院《关于深入推进新型城镇化建设的若干意见》(国发〔2016〕8号)颁布,明确"建立租购并举的城镇住房制度"。在住房保障工作上,该意见要求对符合条件的低收入住房困难家庭,通过提供公共租赁住房或发放租赁补贴保障其基本住房需求;强调住房保障采取实物与租赁补贴相结合,并逐步转向租赁补贴为主。

同年4月,国务院办公厅《关于加快培育和发展住房租赁市场的若干意见》(国办发〔2016〕39号)从推进公共租赁住房货币化以及提高公共租赁住房运营保障能力两个方面明确公共租赁住房在住房租赁市场中的保障作用,提出要转变公共租赁住房保障方式,实物保障与租赁补贴并举;同时鼓励地方政府采取购买服务或政府和社会资本合作(PPP)模式,将现有政府投资和管理的公共租赁住房交由专业化、社会化企业运营管理。该文件还指出,在城镇稳定就业的外来务工人员、新就业大学生和青年医生、青年教师等专业技术人员,凡符合当地城镇居民公共租赁住房准入条件的,应纳入公共租赁住房保障范围。这一规定扩大了公共租赁住房保障范围,也为人才公共租赁住房的发展奠定基础。

2017年4月,住建部和国土部(现为自然资源部)共同印发《关于加强近期住房及用地供应管理和调控有关工作的通知》(建房〔2017〕80号),明确要求增加租赁住房有效供应,允许在租赁住房供需矛盾突出的超大和特大城市开展集体建设用地建设租赁住房试点。同年8月,《利用集体建设用地建设租赁住房试点方案》(国土资发〔2017〕100号)出台,确定北京、上海等13个城市为第一批试点城市,开展利用集体建设用地建设租赁住房试点。2019年1月,《关于福州等5个城市利用集体建设用地建设租赁住房试点实施方案意见的函》(自然资办函〔2019〕57号)确定福州、南昌、青岛、海口和贵阳等5个城市为第二批试点城市。

从地方实践来看,面向市场的集体土地租赁住房中的一部分将与公共租赁住房对接。例如,北京市《关于进一步加强利用集体土地建设租赁住房工作的有关意见》(市规划国土发〔2017〕376号)规定"鼓励趸租集体租赁住房作为公租房房源"。集体租赁住房作为公共租赁住房,既为土地供需矛盾紧张的城市加大住房保障力度提供了途径,又为农村土地入市提高村集体和农民收入提供了可能,还有利于平抑房价。因此,此轮集体租赁住房改革将为公共租赁住房新一阶段的发展提供良机,并将成为未来一段时期公共租赁住房房源筹措的重要途径之一。

二、公共租赁住房制度评析

公共租赁住房制度的发展历程反映了我国对住房保障制度认识的深化和制度建设的进步。无论是将"夹心层"群体纳入公共租赁住房保障范围,还是公廉并轨改革,都体现了我国对住房保障的概念、功能和保障手段的新认识和新发展。同时,公共租赁住房制度建设为整个住房市场优化消费结构、保证基本住房需求作出了重要贡献。通过梳理公共租赁住房制度发展脉络,不难发现我国公共租赁住房制度呈现出如下特点:

(一)关注不同类型保障人群住房困难问题

我国廉租住房重视对于低收入家庭提供租房保障,经济适用住房对购买住房困难家庭提供购房保障,保障范围似乎已覆盖了全部的住房困难家庭。但是在2009年前后,"既买不起经适房,也不够廉租住房条件"的"夹心层"群体的住房困难问题逐渐凸显。

公共租赁住房旨在通过梯度消费逐渐改善住房条件,解决城市中等偏低收入家庭及新就业职工、外来务工人员等"夹心层"群体阶段性住房困难问题,以适当低于市场价格的租金为符合条件的家庭或个人提供租赁住房,为扩大我国住房保障范围、建立多层次的保障体系作出了贡献。

在2014年公廉并轨之后,广泛意义上的公共租赁住房还包括了廉租住房范畴。其保障对象再一次更新扩大,即符合规定条件的城镇低收入住房困难家庭、中等偏下收入住房困难家庭及符合规定条件的新就业无房职工、稳定就业的外来务工人员。其关注的住房困难类型更加多元化,基本囊括了整个租赁市场,成为我国住房保障体系中覆盖的保障对象最为全面的一种保障手段。

(二)重视与租赁市场协调发展

加大公共租赁住房的供应力度,能够缓解住房租赁市场的供需矛盾、稳定市场租金。同时,公共租赁住房也与租赁市场相连接。在房屋筹措上,政府除自行建设公共租赁住房外,还通过趸租集体租赁住房等手段筹集房源;在租金补贴上,通过发放公租房补贴,低收入住房困难群体能通过在租赁市场中租赁房屋,有效增加租赁消费。

(三)发挥地方积极性,将各地实践提炼为全国性的政策

地方试点经验对推动公共租赁住房制度的发展有重要作用。公共租赁住房制度发展早期,地方探索先于国家层面的制度。2010年的一篇报道显示,北京于2009年在全国率先建立公共租赁住房制度;重庆北部新区鸳鸯片区设计的第一个公共租赁住房项目于2010年交付使用,申请人不受户籍限制,只要在当地居住满一定时间,有稳定工作就可以申请;广州市按不同人群的收入水平设置了不同梯度的租金水平;厦门推行分层补贴政策,按市场价格计收租金,政府再根据保障对象不同情况给予补贴;青岛则规定新建住宅按不低于10%的比例配建公共租赁住房;江苏省积极探索公共租赁住房投资运营新机制,除了政府投资建设,还出台土地、税收方面的优惠政策,吸引社会投资和企业自筹资金建设。① 正是这些探索,使得公共租赁住房解决城市中低收入家庭、新就业职工和外来务工人员的住房困难的优势得以显现,促使中央决策将公共租赁住房作为住房保障的主要方式。

公廉并轨政策的实施也得益于地方的经验。例如,为推动公廉并轨,北京市将廉租住房的用地纳入公共租赁租房的土地供应计划;在分配时,廉租住房家庭优先分配公共租赁住房,租金方面则利用分档租金补贴来

---

① 参见《中国力推公租房发展 解决"夹心层"住房困难》,http://cn.chinagate.cn/economics/2010-06/13/content_20253656.htm,最后访问日期:2022年4月30日。

实现相同房源按同一租金提供给不同人群。根据2012年开始实施的《北京市公共租赁住房租金补贴办法》,符合人均月收入在2400元以下等条件的城镇户籍家庭,通过公开摇号承租公共租赁住房,将获得政府提供的租金补贴。其中对于廉租住房家庭的补贴额度最高,符合廉租实物配租条件的城市低保家庭,补贴房租租金的95%;其他符合廉租实物配租条件的家庭,补贴房屋租金的90%;符合廉租租金补贴条件的家庭,补贴房屋租金的70%。这意味着,廉租家庭中最困难的低保家庭,租金仅为公共租赁住房标准租金的5%,这与之前廉租住房的租金相差无几。

集体土地租赁住房与公共租赁住房衔接,也源于2011年以来北京市、上海市、广州市等城市建设集体土地公共租赁住房的积极探索。比如北京市先后在朝阳区平房乡、海淀区唐家岭、昌平区北七家镇等5个集体建设用地地块开展了公共租赁住房项目试点,允许直接面向周边产业园区职工、外来务工人员出租,或者由区政府按市场价格整体趸租作为公共租赁住房,面向城镇中低收入家庭出租,扩大保障性住房筹集渠道。[①] 在地方实践的不断推动下,2017年利用集体建设用地建设租赁住房得到了中央认可并扩大试点,集体土地上建设租赁住房的试点在更大范围内推行。

第四节 限价商品住房制度的历史考察

一、限价商品房制度的演变

限价商品房,又称"两限"商品房,是在限制套型比例、限定销售价格的基础上,以"竞地价、竞房价"的方式招标确定住宅项目开发建设单位,并由开发商按照约定价格面向符合条件的中等收入群体销售的中低价位、中小套型政策性普通商品住房。[②]

作为由地方探索出的解决"夹心层"住房困难问题的制度,限价商品房既不同于早期由国家统一规划建设的经济适用住房或廉租住房,也不

[①] 参见《北京首批集体建设用地租赁房入住 按公租房价格出租》,http://finance.sina.com.cn/china/dfjj/2017-05-25/doc-ifyfqqyh8287966.shtml,最后访问日期:2022年4月30日。

[②] 参见王者洁:《房地产法诸问题与新展望》,知识产权出版社2016年版,第51页。

同于此后重点发展的公共租赁住房,其发展可概括为"地方探索→中央鼓励"的历程,呈现较为浓厚的地方特色。

(一)地方探索阶段(2003—2006)

2003年11月,为平抑房价①,宁波市在全国率先推出限价商品房政策。宁波市将其定性为面向中低收入住房困难家庭的政策性商品住房,是"融商品性和保障性为一体"②的住房供应形式。

在全国房价普遍上涨的背景下,宁波市限价商品房以其平抑房价的功能,受到各地广泛关注。③ 其他城市也开始探索具有地方特色的限价房制度。例如2005年青岛市推出限价房,规定符合条件的人才可优先购买④;2005年3月,上海市推出限定购买对象的中低价商品房,要求年内新开工1000万平方米中低价商品住房。但中低价位商品房的实际建设量与1000万平方米的目标相去甚远。⑤

(二)中央鼓励发展阶段(2006年至今)

2006年5月,国务院办公厅《转发建设部等部门关于调整住房供应结构稳定住房价格意见的通知》(国办发〔2006〕37号)颁布,标志限价商品房开始进入国家政策层面。2007年12月的全国建设工作会议上,原建设部副部长姜伟新明确我国住房政策的基本取向:廉租住房和经济适用住房供给低收入家庭,限价商品房和经济租用房⑥供给中等收入家庭,商品住房供给高收入家庭。⑦ 限价商品房成为解决"夹心层"群体住房困难问题的备选方式。2009年3月,在十一届全国人大二次会议上,时任

---

① 参见吴晓鹏、罗颖杰、王人扬:《宁波平抑房价打出"组合拳"》,http://zjnews.zjol.com.cn/05zjnews/system/2004/05/13/002779668.shtml,最后访问日期:2022年4月30日。

② 陈本君:《解析宁波市的限价房政策》,载《中国房地产》2006年第11期,第54页。

③ "宁波限价商品房在业界受到广泛关注。各地前往宁波取经者随之大增。宁波市建委的工作人员说,他记不清到底接待了多少来访者",参见《限价商品房路演成功 宁波房价软着陆》,载《中国房地产报》2006年3月6日,第23版。

④ 参见《青岛政府限价房受欢迎》,http://news.sina.com.cn/c/2006-05-19/05048967564s.shtml,最后访问日期:2022年4月30日。

⑤ 参见田野:《限价房要牢记"上海教训"》,载《经济视点报》2006年8月17日,第14版。

⑥ 原文如此。"经济租用房"是由政府提供政策支持,用市场的办法建设和经营租赁;房租略低于市场价格,户型较小;供给对象主要是当地中等收入家庭,而且必须是自住的房屋,当时在重庆、江苏等地探索。参见王炜:《"两条腿"走路 解困"夹心层"》,载《人民日报》2008年2月25日,第9版。

⑦ 参见王炜:《"两条腿"走路 解困"夹心层"》,载《人民日报》2008年2月25日,第9版。

住建部副部长的齐骥指出地方应"因地制宜"建设限价商品房,鼓励房价高的城市建设限量限价商品房,同时加快公共租赁住房建设解决"夹心层"住房困难问题。① 相比公共租赁住房,限价商品房侧重"平抑房价"的功能。此后,国务院多次强调"房价过高、上涨过快的城市,切实增加限价商品房的供应"。②

《关于调整住房供应结构稳定住房价格意见的通知》发布后,全国房价较高的城市积极响应。例如,广州市和北京市等先后出台限价商品房政策;宁波于 2009 年颁布《宁波市限价房管理办法(试行)》(甬政发〔2009〕34 号)进一步完善限价商品房政策;深圳市于 2010 年推出颇具地方特色的"安居型商品房";上海市于 2012 年在临港主城区推出专供人才的限价商品房。各地出台的限价政策既遵循中央提出的政策方向,又根据当地实际有所调整和修正③:一方面,各地限价商品房政策框架相似,均对销售价格、套型面积、销售对象、土地供应、转让限制等加以限制;另一方面,各地限价商品房在政策定位、制度目的、具体销售对象、建设实施情况等方面又存在差异。下面将对主要城市的具体举措加以介绍。

1. 广州市

2006 年 9 月,《广州市住房发展规划(2006—2010)》明确提出发展政府保障型住房(部队和单位自建经济适用住房、新社区住房和廉租住房)和政府调控的中低价位、中小套型普通商品住房(限价商品房)。④ 当年,广州市成为全国供应限价商品房用地最多的城市之一。⑤ 2007 年 5 月,

---

① 参见《齐骥:高房价城市建限价商品房有利市场健康发展》,http://news.cctv.com/china/20090311/105002.shtml,最后访问日期:2022 年 4 月 30 日;《住建部:东部一些城市房价超出老百姓支付水平》,https://news.sohu.com/20090311/n262733915.shtml,最后访问日期:2022 年 4 月 30 日。

② 国务院办公厅《关于促进房地产市场平稳健康发展的通知》(国办发〔2010〕4 号),国务院《关于坚决遏制部分城市房价过快上涨的通知》(国发〔2010〕10 号),国务院办公厅《关于进一步做好房地产市场调控工作有关问题的通知》(国办发〔2011〕1 号),国务院办公厅《关于保障性安居工程建设和管理的指导意见》(国发〔2011〕45 号)。

③ 参见岳朝阳:《中国限价房政策存在的问题与出路》,载《中国公共政策评论》(第 7 卷),上海人民出版社 2014 年版,第 60 页。

④ 《广州市住房发展规划(2006—2010)》第 23 条规定:"政府调控的中小套型、普通商品住房用地通过'双限双竞'的方式公开出让。"

⑤ 参见黄兴文、蒋立红:《住房体制市场化改革——成就、问题、展望》,中国财政经济出版社 2009 年版,430 页。

限价商品房被作为"改善城乡居民住房条件"的手段列入《关于切实解决涉及人民群众切身利益若干问题的决定》(穗字〔2007〕2号,俗称"惠民66条"),该文规定"确保中低价位、中小套型普通商品住房(含经济适用住房)和廉租住房的年度用地供应量不低于住宅用地供应总量的70%"。2008年1月,《广州市限价商品住宅销售管理办法(试行)》(穗府〔2008〕1号),规定限价商品房是"缓解中等收入阶层住房困难、抑制商品住房价格过快增长的宏观调控措施",并对销售价格、套型面积、销售对象、土地供应、转让限制等有所规定。同年12月,《关于鼓励海外高层次人才来穗创业和工作的办法》(穗字〔2008〕18号)扩大限价商品房销售对象,规定"海外高层次人才可优先购买限价商品房"。2014年,《限价商品住宅退出操作指引》和《限价商品住宅上市交易操作指引》,规定限价商品房5年内退出或上市交易的具体操作。

然而,限价商品房的建设和销售并不顺畅。2008年,广州首个限价商品房项目"广州保利西子湾"遭遇弃购风波。[1] 2009年,广州保利西子湾业主或因质量安全问题,或因楼市低迷、限价房失去价格优势而拒绝收楼,广州市政府随即宣布当年不再推出限价商品房。[2] 2011年,广州市再次推出限价商品房。此后,广州市限价商品房项目陷入低迷。[3]

2. 北京市

2007年1月,时任北京市委书记的刘淇提出"政府要在3年内,建立1000万平方米经济适用房、1000万平方米限价房,从而对房价起到一定的控制作用"。[4] 同年3月,北京市国土局发布首批限价房地块招标公告,标志北京市限价房制度正式实施。[5] 同年7月,《北京市"十一五"保障性住房及"两限"商品住房用地布局规划(2006—2010年)》提出"十一

---

[1] 参见《广州首批限价房弃购量超过200套》,https://www.163.com/news/article/45AGJCKE000120GU.html,最后访问日期:2022年4月30日。

[2] 参见林洁:《全国首个限价房因何被拒绝收楼》,载《中国青年报》2009年4月10日,第8版。

[3] 参见《广州什么时候会再度推出限价房?》,http://gz.bendibao.com/life/2013724/130459.shtml,最后访问日期:2022年4月30日。

[4] 《抑制房价过快增长北京力推"两个一千万"》,https://business.sohu.com/20070202/n248009051.shtml,最后访问日期:2022年4月30日。

[5] 参见《北京推出首批限价房 北京户口且中低收入才能买》,https://business.sohu.com/20070402/n249140937.shtml,最后访问日期:2022年4月30日。

五"期间建设保障性住房(廉租住房、经济适用住房、政策性租赁住房)和限价商品房各1500万平方米。

2008年3月,《北京市限价商品房管理办法(试行)》(京政发[2008]8号)颁布。该文件规定限价商品房是"严格执行限制性要求开发建设和定向销售的普通商品住房",并对销售价格、建设面积、销售对象、土地供应和转让限制等进行规定。2013年3月,《北京市人民政府办公厅贯彻落实〈国务院办公厅关于继续做好房地产市场调控工作的通知〉精神进一步做好本市房地产市场调控工作的通知》(京政办发〔2013〕17号)要求"进一步降低自住型、改善型商品住房的价格,逐步将其纳入限价房序列管理"。

2018年5月,北京市住房和城乡建设委员会《关于加强限房价项目销售管理的通知》(京建法〔2018〕9号)颁布,规定限价商品房的销售限价与周边同品质商品住房评估价之比不高于85%的,由北京市保障房中心收购转化为共有产权住房;高于85%的,由开发商继续作为限价商品房销售。这一政策有助于防止变相涨价、抑制投资投机,保障中低收入群体自住刚需。[①]

3. 宁波市

2008年12月,宁波市人民政府《关于加强住房保障促进房地产市场稳定健康发展的若干意见》(甬政发〔2008〕113号)提出"在现有住房保障政策体系基础上,新增限价房保障形式",并逐步扩大范围到"城镇中低收入住房困难家庭、优秀外来务工人员、引进人才以及正常缴存住房公积金的大学本科及以上毕业生、农村教师"。从"新增"这一用词推测,此前宁波市限价商品房的首要功能为平抑房价,而非住房保障。

2009年3月,《宁波市限价房管理办法(试行)》(甬政发〔2009〕34号)颁布。该文件规定限价商品房是"解决城镇中低收入家庭和特殊群体住房困难的政策性住房",其销售范围扩大到"大学本科以上毕业生和中级及以上职称、优秀外来务工人员、引进的高级人才等其他住房困难群体"。

---

① 参见《北京限价房销售新规剑指变相涨价》,http://house.people.com.cn/n1/2018/0528/c164220-30016613.html,最后访问日期:2022年4月30日。

4. 深圳市

2010年6月,《深圳市保障性住房条例》(深圳市人大常委会公告第4号)规定将"对本市经济社会发展需要的各类专业人才以及在本市连续缴纳社会保险费达到一定年限的非本市户籍常住人员"逐步纳入住房保障范围。同年7月,《关于实施人才安居工程的决定》(深发〔2010〕5号)推出"面向人才和户籍中低收入家庭的安居型商品房",部分安居型商品房用地采取"竞地价、限房价"或"定地价、竞房价"的方式公开出让,安居型商品房用作人才安居住房的比例不低于60%。深圳的安居型商品房与其他地方的限价房基本类似。

2011年4月,《深圳市安居型商品房建设和管理暂行办法》(深圳市人民政府令第228号)落实深发〔2010〕5号精神。7月,新修订的《深圳市保障性住房条例》(深圳市人大常委会公告第37号)规定安居型商品房是"政府提供政策优惠、具有保障性质的住房",并对销售价格、套型面积、转让限制等进行规定。①

2012年12月,《深圳市住房保障制度改革创新纲要》(深府〔2012〕145号)提出"建立和完善以公共租赁住房和安居型商品房为主,以货币补贴为重要补充的住房保障方式",在全面实现户籍低收入、低保住房困难家庭应保尽保的基础上,将住房保障对象从户籍低收入家庭扩大到户籍无房家庭,从户籍住房困难家庭向非户籍住房困难人才家庭延伸。

2016年7月,《关于完善人才住房制度的若干措施》(深发〔2016〕13号)首次将人才住房从住房保障体系中相对分离,推出面向人才供应的具有政策优惠性质的住房,从而实现人才住房与基本保障性住房并轨运行公共住房体系。②

2016年12月,《深圳市住房保障发展"十三五"规划》区分"人才住房""住房保障"和"保障性住房"三组概念:人才住房是"用于解决人才住房问题的政策性住房,适用保障性住房的各项优惠政策";住房保障"以户籍住房困难居民和人才群体为保障对象,以人才住房、保障性住房、货币

---

① 最新修订的《深圳市保障性住房条例(2020修正)》(深圳市第六届人民代表大会常务委员会公告第200号)保留了安居型商品房这一保障形式。

② 参见赵瑞希:《高房价令人才止步,深圳建人才房留人》,载《新华每日电讯》2016年9月22日,第4版。

补贴等为保障方式";保障性住房是"面向户籍中低收入住房困难家庭出租或者出售的房屋",包括安居型商品房。

2018年9月,深圳市人民政府《关于深化住房制度改革加快建立多主体供给多渠道保障租购并举的住房供应与保障体系的意见》(深府规〔2018〕13号)将人才住房和安居型商品房并列为政策性支持住房,供应比例均为20%左右,但二者在供应形式、供应对象、面积标准和价格上有所区别。

5. 上海市

自2005年上海市首次推出限价商品房并陷入沉寂后,时隔7年,为吸引和鼓励优秀人才来临港主城区创新创业,上海市再次发布《关于在临港主城区开展限价商品房建设供应工作的通知》(沪房管保〔2012〕20号)。2013年9月,《临港地区限价商品房供应管理工作实施方案》(浦府〔2013〕202号,2015年12月31日失效)明确限价商品房的供应对象为符合一定条件的人才①,并对转让限制、准入制度等进行规定。2019年6月,新修订的《临港地区限价商品房供应管理工作实施办法》(浦府〔2019〕6号,将于2023年12月31日失效)颁布,与原办法基本一致。

上海市临港主城区同时探索其他解决人才住房问题的方式——人才公寓和人才租房补贴。2016年1月,上海市临港主城区颁布《人才租房补贴实施细则(试行)》(2017年12月31日失效)和《人才公寓管理暂行办法》(2017年12月31日失效)。2017年9月,上海市临港主城区颁布《上海市临港地区人才租房补贴实施办法》(沪临地管委规范〔2017〕6号,2018年12月31日失效)和《上海市临港地区人才公寓管理办法》(沪临地管委规范〔2017〕5号,2018年12月31日失效)。2018年7月,上海市临港主城区颁布《上海市临港地区公共租赁住房供应管理实施细则》和《上海市临港地区人才租房补贴实施办法》。

---

① 《临港地区限价商品房供应管理工作实施方案》第1条规定:"供应对象为在临港地区、中国(上海)自贸区洋山区域、中国商飞总装基地和张江高科技园区地区工作、与注册在上述区域的相关单位签订劳动合同及缴纳社会保险金满1年以上、具有购买本市商品住房资格并符合以下条件之一的人才:1. 具有大专以上学历的本市城镇户籍人员;2. 持有上海市居住证且积分达到标准分值,或持有上海市人才引进类居住证;3. 符合产业发展需求,拥有一定技能的专业技术骨干(取得经认定的区级以上科研、竞赛成果表彰奖励的人才优先)。"

二、限价商品房制度评析

通过梳理限价商品房制度的发展脉络,可以发现我国限价商品房制度呈现出如下特点:

(一)限价商品房不能完全归类为保障性住房

尽管国务院办公厅《关于促进房地产市场平稳健康发展的通知》(国办发〔2010〕4号)将限价商品房归入保障性住房,但大家对限价商品房属性认识并不一致,有观点认为其属于商品住房[1];还有观点认为其属于保障性和商品性的融合,根据保障属性从强到弱可分为"限价政策性住房""限价商品房"和"商品限价房"[2]。从地方实践看,北京市、上海市和广州市的限价商品房偏向商品性,深圳市的限价商品房则愈来愈偏向保障性(表2-9)。

表2-9 部分城市限价商品房性质比较

城市	称谓	住房性质
北京	限价商品房	普通商品住房
上海	限价商品房	政策性优惠商品房
广州	限价商品住宅	商品住宅
深圳	安居型商品房	面向人才和户籍中低收入家庭、具有保障性质的住房(2010—2016)→面向户籍中低收入家庭的保障性住房(2016年至今)
深圳	人才住房	面向人才、具有政策优惠性质的住房(2016年至今)

作者认为,限价商品房是政府为实现特定目的、解决特定群体住房问题的手段,功能上不限于作为保障性住房。以深圳市的安居型商品房为例,安居型商品房采用"定房价、竞地价"或"定地价、竞房价"出让土地,限制最高销售价格、供应对象和套型面积,规定有限产权,属于限价商品房范畴,但并未一直作为保障性住房。2016年前,安居商品房着重吸引人才。2010年深圳市《关于实施人才安居工程的决定》规定安居型商品房"面向人才和户籍中低收入家庭",且面向人才的安居型商品房占比不低

---

[1] 参见严荣:《上海限价商品房试点的思考》,载《上海房地》2011年第8期,第9页。
[2] 参见钟庭军:《论限价房的定义、性质与判断标准》,载《建筑经济》2008年第11期,第67—68页。

于60％。2016年《深圳市住房保障发展"十三五"规划》中将人才住房与保障性住房相对分离,安居商品房成为主要面向户籍中低收入家庭的保障性住房。但到2018年深圳又将人才住房和安居型商品房并列为政策性支持住房。

(二)限价商品房功能丰富

从各地实践来看,限价商品房具有稳定住房价格、缓解中等收入家庭住房困难、吸引和鼓励人才等功能。

第一,限价商品房可以平抑房价。限价商品房是在房价高涨的背景下出现的,早期被许多城市当作平抑房价的"特效药"——在房价涨幅放缓时,政府就停止推出新的限价商品房项目;当房价上涨时,限价商品房政策又被提上议程。①

发展到后期,限制商品房成为一些城市住房土地供应的主体。以北京为例。2017年以来,北京市"限房价、控地价"住宅用地成交呈主流②,直至2019年推出共有产权住房。2018年5月,北京市住房和城乡建设委员会《关于加强限房价项目销售管理的通知》(京建法〔2018〕9号)规定限价商品房销售时与周边商品房价差较大时,将被收购为共有产权住房销售。这一措施的实质是区分限价商品房和普通商品房,从而强化限价房的自住属性,既防止开发企业炒地推高房价,也防止投资投机购房人炒房获取暴利。③

第二,限价商品房可以有限地满足中等收入家庭住房需求。政府推出的限价商品房表面上是为了抑制房价过快上涨,实质是解决"夹心层"群体住房困难问题。理论上城市房价上涨越剧烈,"夹心层"群体比例越高,限价商品房能发挥的作用就越大。④但现实中限价商品房在解决"夹

---

① 例如,"广州市对限价房的政策将长期坚持,灵活掌握:在房地产市场不稳定、房价高企的时候,政府将大力推限价房,供给量甚至可以达到总量的40%以上;当房地产市场恢复平稳,政府将少推甚至不推限价房"。参见《广州限价房为何"抢手"变"烫手"》,载《中国信息报》2009年4月20日,第7版。

② 参见《2018—2019年的北京楼市被"限价房"承包了》,https://www.guojj.com/hangyezixun/detail/id/216732,最后访问日期:2022年4月30日。

③ 参见《北京限价房摇号销售新规落地 专家:遏制投资投机客炒房牟利》,https://bazhong.news.fang.com/2018-05-08/28397079.htm,最后访问日期:2022年4月30日。

④ 钟庭军:《论限价房的定义、性质与判断标准》,载《建筑经济》2008年第11期,第70页。

心层"群体住房困难问题上的作用有限。以北京市东城区为例,如表2-10所示,一方面,户籍等限制性条件排除了不符合人才标准的外来务工人员和新就业无房职工的限价房购房资格,导致其住房问题无法通过限价商品房解决。另一方面,东城区收入线和限价商品房限售均价之间存在不小差距。对于一个家庭总资产不高于57万、年收入不高于8.8万的三口之家,即使购买最经济的一居室房屋也要花费48万,而这类房屋仅有72套。这或者将导致收入线在实践中无法发挥过滤作用,或者将导致符合申购条件者没有机会购买限价商品房。

表2-10 2017年北京市东城区限价商品房申购条件及销售均价

申购条件		户口	家庭人口(人)	人均住房面积(m²)	家庭年收入(万)	家庭总资产净值(万)
		本市	≤3	≤15	≤8.8	≤57
			≥4	≤15	≤11.6	≤76
销售价(万)和套数(套)	项目	兴荣家园	瀛海朗苑	润景园	锦绣园	通瑞嘉苑	悦山水	悦树汇	棠颂雅
	两居	70.01	99.9	65.63	67.5	90		66	85.8
	套数	110	37	62	66	1		1	1
	一居	57.41	88.43	51	48	67.2	49.95	49.12	
	套数	397	145	99	72	3	4	2	

(数据来自:北京市东城区房管局[①])

第三,限价商品房可以鼓励和吸引人才,但长效机制待健全。从北上广深甬的政策法规看,除北京外,其余城市均将人才作为限价商品住房的供应对象——广州市于2008年规定海外高层次人才不受户籍、收入等限制,可优先购买限价商品房;宁波市自2008年起将人才纳入供应对象;深圳市于2010年推出重点面向人才的安居商品房;上海市于2012年推出人才限价商品房。限价商品房成为政府吸引留住人才的手段,无可厚非。但政府是否具有判定人才的能力、如何合理分配公共资源、如何防止人为制造新的不公平等都需要深思。另外,如同限价商品房不是平抑房价的"特效药",其也非留住人才的"灵丹妙药"。赢得"抢人大战",还需要将住

---

① 参见《关于开展东城区2017年限价商品住房家庭配售工作的信息公告》,http://www.bjdch.gov.cn/n1694884/n2485269/n2485275/c5676701/content.html,最后访问日期:2022年4月30日。

房政策与户籍改革、产业政策、创业环境和公共服务均等化等配合。

或许,真正的问题还不在于限价商品房究竟怎样才能更好地发挥上述功能,而是用于吸引人才或平抑房价的限价商品房在供地、开发建设等环节究竟是否应该享受保障性住房的各项政策。实践中针对专项供应人才、优先供应海外人才的限价商品房政策的质疑就说明了社会对此的不满——"保障性住房的功能是保障低收入群体的基本生活,是雪中送炭;而人才专用房的功能是激励人才,是锦上添花"。①

第五节　棚户区改造制度的历史考察

住房保障制度的基本功能是向住房困难人群提供社会救济。不过,我国"保障性安居工程"在提供住房救助之外,还肩负着改善居住水平、提高住房质量的重任。因此,"保障性安居工程"的外延更加宽泛,包括"棚户区改造"和"农村危房改造"等保障措施。

一、棚户区改造制度演变

棚户区是指建筑密度大、结构简陋、安全隐患多、使用功能不完善、基础设施不配套的住房较为集中的区域。② 目前,我国把棚户区分为城市棚户区、国有工矿棚户区、国有林园棚户区和国有垦区危房改造四大类。③ 棚户区改造是政府为改造城镇危旧住房、改善困难家庭住房条件而推出的一项民心工程④,其发展历经地方试点探索、全国推广和2018年后面临政策转向等三个阶段。

---

① 参见宗和:《拷问杭州人才房政策》,载《人才资源开发》2011年第4期,第11页。
② 参见住房和城乡建设部、国家发展和改革委员会、财政部、农业部、国家林业局、国务院侨务办公室、中华全国总工会《关于加快推进棚户区(危旧房)改造的通知》(建保〔2012〕190号)。在东北三省的地方治理阶段,辽宁省政府曾对棚户区的特征进行过总结:居住环境十分恶劣,相关的市政设施和公共服务配套匮乏;多数属于低收入或最低收入群体,没有能力通过市场解决自身的住房;多数在建设之初即为简易住房,不能通过改造实现功能的完善。参见尚教蔚:《辽宁棚户区改造:改变居住环境的综合整治与完善配套》,载《经济社会体制比较》2012年第5期,第93—94页。
③ 参见李莉、张辉:《中国新型城镇化建设进程中棚户区改造理论与实践》,中国经济出版社2014年版,第1页。
④ 参见《国务院常务会议:名词解释——棚户区改造》,https://news.sohu.com/20081109/n260529152.shtml,最后访问日期:2022年4月30日。

(一) 地方试点探索阶段(2005—2007)

棚户区改造制度起源于我国东北地区。2005年之前东北地区部分城市就进行过探索。但由于棚户区多在偏僻郊区,这些地区基础设施投资效益和房价基数低,虽然政府给予参与棚户区改造的开发商各种税费减免,但是并未吸引社会力量和民间资本积极参与开发,棚户区改造的成效并不显著。

从2005年开始,东北三省在实施振兴战略过程中相继开展大规模棚户区改造。其中,辽宁省将棚户区改造作为"一号民生工程"大力推进。辽宁省委、省政府曾专门就加快棚户区搬迁改造、解决困难职工基本生活问题进行调研,总结出辽宁省棚户区存在的三大问题:(1)居住环境十分恶劣,相关的市政设施和公共服务配套匮乏;(2)多数住户属于低收入或最低收入群体,没有能力通过市场解决自身的住房问题;(3)多数房屋在建设之初即为简易住房,不能通过改造实现功能的完善。与此同时,政府意识到辽宁省的棚户区并非自然形成,而是计划经济时期老工业基地的产物,是改革开放后企业改制的"残骸",是国家对资源枯竭型城市补偿援助机制缺位的必然。[①] 在此基础上,辽宁省政府于2005年3月出台了《全省城市集中连片棚户区改造实施方案》(辽政发〔2005〕16号),提出用两到三年时间完成806万平方米的棚户区改造任务,让那些常年居住在棚户区的24万家庭的84万居民,早日感受到乔迁新居的幸福。

辽宁的做法很快受到国务院的关注。国务院于2005年5月在大连召开了东北地区中央下放地方煤矿棚户区改造试点工作座谈会,研究推进资源枯竭型城市棚户区改造的政策措施,强调要统筹规划分步实施,积极推进棚户区改造,不断改善困难群众的生产生活条件。[②] 自此,以地方煤矿和资源枯竭型城市为重点的棚户区改造,在全国拉开序幕。

2007年8月,国务院《关于解决城市低收入家庭住房困难的若干意见》提出"逐步改善其他住房困难群体的居住条件,包括加快集中成片棚户区的改造"。这是棚户区改造制度首次出现于国务院文件,标志着棚户

[①] 参见尚教蔚:《辽宁棚户区改造:改变居住环境的综合整治与完善配套》,载《经济社会体制比较》2012年第5期,第93—94页。

[②] 张道航:《棚户区与棚户区改造问题研究》,载《理论建设》2010年第1期,第11—12页。

区改造正式上升到国家层面。

根据住建部的统计,2005年到2008年大规模棚户区改造共改造了约5000万平方米棚户区,近1000万户住房困难家庭的住房条件得到了改善。① 以辽宁省为例,如下表所示,辽宁省的棚户区改造使辽宁省城市总体居住环境得到改善。②

表2-11 沈阳等五市棚改后居住环境变化满意度调查

项目	城市					
	总体	沈阳市	抚顺市	本溪市	铁岭市	阜新市
饮用水质量提高	74.20%	57.0%	100.0%	90.8%	79.6%	43.8%
冬季取暖好于以前	85.50%	85.5%	80.9%	87.9%	77.2%	96.3%
使用煤(燃)气更方便	78.30%	87.4%	42.0%	99.6%	82.1%	80.5%
住区比以前更清洁	90.20%	71.0%	99.0%	97.6%	83.5%	100.0%
污水排放好于以前	89.60%	72.0%	97.6%	99.5%	80.1%	99.0%
垃圾集中收集、处理	87.70%	59.4%	99.6%	97.1%	82.0%	100.0%
配套设施齐全、便利	86.60%	72.1%	96.6%	80.7%	84.0%	99.1%
通讯更顺畅(电话、网络)	95.60%	88.9%	99.6%	98.0%	91.7%	99.5%
公共交通更便捷	86.90%	83.5%	97.6%	89.8%	82.0%	81.9%

(二)全国推广阶段(2008—2017)

2008年之后,棚户区改造在我国发展迅速,成果显著。从官方披露的数据看,2009年到2017年期间棚户区改造的阶段性目标和年度任务目标均不断增长。③ 各省市为推进本地区的棚户区改造,也跟进下达阶段任务和设置年度指标。④ 2018年7月12日,住建部召开重要吹风会,

---

① 参见《国务院常务会议:名词解释——棚户区改造》,https://news.sohu.com/20081109/n260529152.shtml,最后访问日期:2022年4月30日。

② 参见尚教蔚:《辽宁棚户区改造:改变居住环境的综合整治与完善配套》,载《经济社会体制比较》2012年第5期,第102—103页。

③ 各年的具体资料参见国务院办公厅《关于促进房地产市场健康发展的若干意见》(国办发〔2008〕131号)、国务院《关于加快棚户区改造工作的意见》(国发〔2013〕25号)、国务院办公厅《关于进一步加强棚户区改造工作的通知》(国办发〔2014〕36号)、2016年《政府工作报告》等政府文件以及相关年份的国务院常务会议或住建部记者会等披露内容。

④ 以北京市为例,每一年《北京市住房和城乡建设发展白皮书》都公布了当年棚户区改造的资料。其中2015年棚户区改造新开工安置房4.3万套,基本建成棚户区改造安置房5.5万套;2016年棚户区改造安置房新开工4.48万套,全年实现棚户区改造3.92万户,完成全年3.5万户任务的112%;2017年全年新开工4.3万套,实现棚户区改造4.95万户,均超额完成年度改造计划。

披露从 2008 年到 2017 年,全国棚户区改造累计开工 3896 万套,帮助约 1亿人"出棚进楼",其中,截至 2017 年底,全国累计开工改造林区棚户区 166 万套、垦区危房 238 万套、国有工矿棚户区 305 万套。① 这一时期以各个三年计划为界限,又可划分为三个阶段。

1. 初步推广(2008—2011)

棚户区改造制度于 2008 年正式推向全国,标志性文件是国务院办公厅《关于促进房地产市场健康发展的若干意见》。该文件正式启动了"保障性安居工程",并基于前期地方试点经验,明确将棚户区改造作为保障性住房建设的重要内容之一,要求"加快实施国有林区、垦区、中西部地区中央下放地方煤矿的棚户区和采煤沉陷区民房搬迁维修改造工程,解决棚户区住房困难家庭的住房问题"。该文件首次提出棚户区改造的三年计划②,并分解年度任务。③

2010 年 1 月,国务院办公厅《关于促进房地产市场平稳健康发展的通知》颁布,提出全面启动城市和国有工矿棚户区改造工作,并继续推进国有林区(场)棚户区(危旧房)、国有垦区危房、中央下放地方煤矿棚户区改造。换言之,如果说两年前的棚户区改造尚着力于"解危就困",侧重有针对性地提高林垦工矿区居民的住房条件,那么从 2010 年起,棚户区改造真正从林垦工矿区走入城市,开始重点关注城市棚户区。

在棚户区改造第一个三年计划(2009—2011)期间,棚户区改造的基本原则和具体政策也逐步形成完善。国务院办公厅《关于保障性安居工程建设和管理的指导意见》明确棚户区(危旧房)改造要坚持政府主导、市场运作,发挥多方面积极性,改造资金由政府适当补助,住户合理负担;国有林区、垦区和工矿(含煤矿)棚户区改造,企业也要安排一定的资金。"政府主导、市场运作"的原则为棚户区改造的迅速发展奠定了基调。

---

① 参见《最新定调! 棚改不搞一刀切,货币安置条件从严,专项贷款确有收紧》,https://mp.weixin.qq.com/s/27iS4w3szdOHUFSFkE24zg,最后访问日期:2019 年 2 月 22 日。

② 争取用 3 年时间基本解决城市低收入住房困难家庭住房及棚户区改造问题,并详细制订阶段性年度任务。

③ 2009 年是加快保障性住房建设的关键一年。解决 80 万户林区、垦区、煤矿等棚户区居民住房的搬迁维修改造问题。在此基础上再用两年时间,解决 160 万户林区、垦区、煤矿等棚户区居民的住房问题。到 2011 年年底,基本解决 240 万户现有林区、垦区、煤矿等棚户区居民住房的搬迁维修改造问题。

2. 全面发展阶段(2012—2013)

2012年我国开始执行棚户区改造第二个三年计划。这一期间,棚户区改造在全国范围内全面铺开并取得重要进展。

2012年12月,住房城乡建设部等七部门联合发出《关于加快推进棚户区(危旧房)改造的通知》(建保〔2012〕189号),要求加快推进棚户区(危旧房)改造,并对各类棚户区改造都规定了完成期限。[①] 文件还作了四方面的要求:(1)具体的改造工程要充分尊重居民群众的意愿,扩大群众参与,切实维护群众合法权益;(2)地方政府要落实各项政策支持,落实好土地、财税、信贷等各项优惠政策,拓宽融资渠道,加大投入力度,加快基础设施配套,着力完善小区居住功能;(3)工程开发建设要把好规划设计关、施工质量关、建筑材料关和竣工验收关,确保工程质量安全;(4)要加强改造后的住房管理,完善社区公共服务,确保居民安居乐业。

2013年7月,国务院《关于加快棚户区改造工作的意见》(国发〔2013〕25号)颁布,在2008年至2012年全国改造各类棚户区1260万户成果的基础上,提出了2013年至2017年改造各类棚户区1000万户的要求。更重要的是,该文件正式提出了棚户区改造的总体要求和基本原则:科学规划、分步实施;政府主导、市场运作;因地制宜、注重实效;完善配套、同步建设。

此外,在该阶段,棚户区改造的政策支持力度不断提高,各项优惠政策不断细化。具体而言:(1)鼓励多渠道筹措资金,尤其是加大信贷支持以及鼓励民间资本参加;(2)确保建设用地供应,简化安置住房用地审批流程;(3)落实税费减免政策,扩大优惠范围;(4)完善安置补偿政策,始终保障群众的合法利益。在中央的指导下,各地也纷纷出台相应的实施细则,针对各地情况加大保障力度,进一步落实优惠政策。例如,北京市出台的北京市人民政府《关于加快棚户区改造和环境整治工作的实施意见》(京政发〔2014〕18号),针对以上各方面作出了细致的规定。其中特别指出居民安置要实行原地和异地建设相结合,尽可能就地安置,异地安

[①] 已纳入中央下放地方煤矿棚户区改造范围的煤矿棚户区,2013年年底前要基本建成;国有林区棚户区和国有林场危旧房改造中任务较少的省(区、市)要争取在2013年年底前完成改造,其他省(区、市)要力争在2015年年底前基本完成;还未完成的国有垦区危房改造,力争在2015年年底前全面完成,有条件的地区要争取在2014年年底基本完成。

置要保证医疗、教育、就业等基本待遇。①

3. 进一步加强阶段(2014—2017)

2014 年 7 月,国务院办公厅《关于进一步加强棚户区改造工作的通知》(国办发〔2014〕36 号)颁布,标志着棚户区改造进入新的阶段。该文件总结了前期工作中存在的规划布局不合理、配套建设跟不上、项目前期工作慢等问题,并有针对性地完善了相关制度。

在该阶段,国家更加注重棚户区改造规划,提出推进改造约 1 亿人居住的城镇棚户区和城中村的总体规划要求,并要求率先制订 2015—2017 年的棚户区改造规划,突出前瞻性和科学性。同时,棚户区改造更加重视与城市环境相结合,优化规划布局,完善按住房选点布局,改进配套设施规划布局。

就保障民众权益而言,政府强调征收补偿工作要制定安置补偿办法,探索实物安置和货币补偿等方式,并明确要求建立行政审批快速通道,为棚户区改造的安置工作开绿灯。同时改造住房的质量安全工作也被纳入重点考察范围。

在棚户区改造工程项目的政策支持力度上,本阶段更加重视规划建设用地的落实,以及资金保障,重点突出金融政策力度,强调要发挥开发性金融的作用,建立完善信贷支持以及债券创新的"债贷组合"等多元化、多层次的棚户区改造信贷融资体系。财政部、税务局以及住建部等在此阶段颁布多项政策文件,不断加大参与建设企业税收优惠力度,鼓励民间资本参与棚户区改造。

在完善制度的同时,棚户区改造的力度明显加大。国务院办公厅《关于进一步加强棚户区改造工作的通知》明确提出 2014 年计划改造 470 万套以上;2016 年的《政府工作报告》提出"十三五"期间,完成城镇棚户区住房改造 2000 万套,而 2016 年要开工改造 600 万套;②2017 年,国务院常务会议中进一步提出 2017 年要完成再开工 600 万套的目标,同时确定

---

① 北京市人民政府《关于加快棚户区改造和环境整治工作的实施意见》(京政发〔2014〕18 号)。

② 《2016 年政府工作报告》。

实施 2018 年到 2020 年 3 年棚改攻坚计划,再改造各类棚户区 1500 万套。①

此外,该阶段棚户区改造制度发生的最重要的变化是,安置补偿形式从实物安置为主到以货币补偿为主。国务院《关于深入推进新型城镇化建设的若干意见》指出"住房保障要采取实物与租赁补贴相结合并逐步转向租赁补贴为主",并明确提出"进一步提高城镇棚户区改造以及其他房屋征收项目货币化安置比例。鼓励引导农民在中小城市就近购房"。②此后,棚户区改造的安置补偿逐渐朝货币补偿倾斜。

之所以有货币化安置的政策导向,是因为更多的政策性资金流向棚户区改造。2014 年 4 月,中国人民银行创设抵押补充贷款(Pledged Supplementary Lending,以下简称"PSL"),为棚户区改造等涉及国民经济重点领域、薄弱环节和社会事业发展的投放领域向金融机构提供期限较长的大额融资。2015 年 8 月,住建部和国家开发银行(以下简称"国开行")出台《关于进一步推进棚改货币化安置的通知》(建保〔2015〕125 号),提出对商品住宅库存量大、消化周期长的市、县,国开行将从严控制对新建棚改安置住房项目的贷款支持;对实行货币化安置的棚改项目,国开行将加大贷款支持力度。③ 同年 9 月,住建部和中国农业发展银行(以下简称"农发行")发布《关于加大棚户区改造贷款支持力度的通知》(建保〔2015〕137 号),提出建立住建部与农发行的棚户区改造贷款合作机制,加大棚户区改造贷款力度;农发行要突出重点支持项目,积极支持棚户区改造的货币化安置工作。④

在充足的资金保障和明确的政策导向下,各地快速推进货币化安置。例如,2015 年末,湖南省在"两房两棚、两供两治"的工作现场会上明确表示,湖南省将大力推进棚户区改造货币化安置,从 2016 年起,各棚户区改

---

① 参见《我国未来三年将改造棚户区 1500 万套》,http://www.gov.cn/zhengce/2017-05/24/content_5196561.htm,最后访问日期:2018 年 6 月 11 日。
② 国务院《关于深入推进新型城镇化建设的若干意见》(国发〔2016〕8 号)。
③ 住房和城乡建设部、国家开发银行《关于进一步推进棚改货币化安置的通知》(建保〔2015〕125 号)。
④ 住房和城乡建设部、中国农业发展银行《关于加大棚户区改造贷款支持力度的通知》(建保〔2015〕137 号)。

造项目货币安置比例原则上不得低于50%①;2016年5月,陕西省政府出台《关于房地产去库存优结构的若干意见》(陕政发〔2016〕19号),明确要求"省内各地棚改货币化安置比例不得低于50%"②。从全国情况看,从2014年的9.0%到2015年29.9%,再到2016年占比48.5%,货币化安置比例在棚户区改造第三个三年计划期间迅速攀升。③

(三)棚改面临政策转向(2018年至今)

棚户区改造高速发展的阶段在2018年暂告段落。虽然棚户区改造总体上呈现继续推进的趋势,但相较于2016年和2017年,2018年棚户区改造的目标任务首次减少。④ 2017年《政府工作报告》"因地制宜、多种方式提高货币化安置比例"的说法在2018年不再被提起。2019年,多地纷纷下调了自己的棚户区改造目标。⑤ 2019年全国棚改计划新开工289万套,1—6月,已开工约180万套,占年度目标任务的62%,完成投资5200多亿元。⑥ 相比2018年588万套的目标,年降幅达49%。⑦

棚改规模下降有两个主要原因:第一,棚户区改造已经取得了阶段性显著成果,需要改造的棚户区数量大大减少。根据住建部统计数据,2016年至2019年底,全国棚改开工2157万套,帮助5000多万居民"出棚进楼",超额完成我国"十三五"规划纲要明确的目标任务。⑧ 棚户区改造安置房和其他保障性住房一起帮助2亿多住房困难群众改善住房条件,实

---

① 湖南省人民政府办公厅《关于大力推进棚户区改造货币化安置工作的指导意见》(湘政办发〔2015〕91号,已失效)。
② 陕西省人民政府《关于房地产去库存优化结构的若干意见》(陕政发〔2016〕19号)。
③ 参见《国新办就房地产和棚户区改造有关情况举行新闻发布会》,http://www.scio.gov.cn/XWFBH/xwbfbh/wqfbh/35861/36282/index.htm,最后访问日期:2022年4月30日。
④ 2017年12月23日,全国住房城乡建设工作会议上,2018—2020年三年棚改攻坚计划定下了再改造各类棚户区1500万套的目标。具体为:2018年为580万套,2019年、2020年各460万套。参见《住房城乡建设工作会"划出重点"明年改造各类棚户区580万套》,http://www.gov.cn/xinwen/2017-12/25/content_5250062.htmhttp://www.ce.cn/cysc/fdc/fc/201712/25/t20171225_27408454.shtml,最后访问日期:2022年4月30日。
⑤ 参见陶凤、肖涌刚《多地下调目标 2019年棚改进入平稳期》,http://house.people.com.cn/n1/2019/0128/c164220-30592600.html,2022年4月30日访问。
⑥ 参见《住建部:上半年棚改新开工约180万套 完成目标任务62%》,http://www.guandian.cn/article/20190719/221209.html,最后访问日期:2022年4月30日。
⑦ 资料来自随文件公布的2019年中央财政城镇保障性安居工程专项资金分配表。
⑧ 参见王优玲:《"十三五"时期全国超额完成2000万套棚改目标任务》,http://www.gov.cn/xinwen/2020-10/16/content_5551819.htm,最后访问日期:2022年4月30日。

现从"忧居"到"有居"再到"优居"的跨越。

第二,在去库存任务基本完成后,棚户区改造从货币化安置转向实物安置,客观上降低棚改推进速度。出于稳定房价、调控三四线城市房地产市场、防止由于房价虚高造成新库存以及管控政府财政风险管控的考虑,自 2018 年以来呈现出减少货币化安置的资金投放,加强贷款审核的政策趋势。① 部分城市也随之对棚改政策作出调整。例如,安徽省马鞍山市表示,2018 年推进棚户区改造工作,一方面要强化棚改成本控制,另一方面要因地制宜确定棚改安置方式。全市将扩大实物住房安置比例,减少棚改货币化安置比例。②

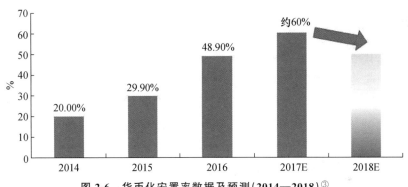

图 2-6　货币化安置率数据及预测(2014—2018)③

二、棚户区改造制度评析

通过梳理我国棚户区改造制度的发展脉络,可以发现我国棚户区改造制度呈现出如下特点:

(一) 从地方试点到全国推行

棚户区改造制度由东北三省于 2005 年率先试点,并总结出丰富的东

---

① 参见张玥、吕品:《棚改拧紧资金　楼市绷紧神经》,http://www.infzm.com/content/137162,最后访问日期:2022 年 4 月 30 日。

② 参见《马鞍山市将严控棚改货币化安置比例》,http://ah.ifeng.com/a/20180628/6686799_0.shtml,最后访问日期:2022 年 4 月 30 日。

③ 参见《几张图快速看懂棚改贷款、PSL 投放历程》,https://www.sohu.com/a/237887272_99958743,最后访问日期:2018 年 6 月 30 日。

北经验。以辽宁省为代表,东北三省通过棚户区改造制度帮助几百万户家庭搬出"脏乱差"的棚户区,有效改善了住房条件。2007年东北三省的试点经验上升为中央政策。2008年起,在中央的积极推动下,棚户区改造被作为"保障性安居工程"的重要内容,在全国范围内全面推进。此后近十年的时间里,棚户区改造不仅改善特殊的林垦工矿区的住房困难群众的住房条件,更从北上广深等一线城市深入到西北西南等三四线中小城市,真正成为一项民生工程。

棚户区改造制度发源于地方创新,在得到中央层面的政策支持之后如火如荼地发展起来,提高数以亿计生活在棚户区的家庭"出棚入楼",提高住房质量,从而使我国"保障性安居工程"在提供基本的住房救助之外拥有更加广阔的含义,丰富了我国多层次多体系的住房保障制度。

(二) 政府主导、市场参与

和其他与住房保障相关制度的实施一样,政府在棚户区改造制度的发展中起着主导作用。但政府一开始就有意识地引入社会资本,为棚户区改造注入新的活力。政府鼓励社会资本参与棚户区改造的主要措施有:(1) 资金支持,包括政府的财政补助,税收优惠政策,以及金融政策的支持(例如国开行贷款的优惠政策等);(2) 简化行政审批程序:从中央到地方,各级政府均强调为棚户区改造的规划审批开辟绿色通道,提供高效的行政服务。这些措施有助于降低社会资本参与棚户区改造的门槛,并促进棚户区改造高效率高质量地推进。

除引入社会资本参与建设施工外,货币化安置的补偿形式也在棚户区改造中发挥了市场调节作用。货币化安置将保障房与商品房连接,通过市场途径解决被安置居民的住房问题。

总之,棚户区改造虽然是政府主导的民生工程,但是政府在建设施工阶段鼓励市场主体参与,在补偿安置阶段发挥市场引导作用。政府与市场在棚户区改造的实施过程中合力发挥作用,共同推动棚户区改造不断发展。

(三) 政策性贷款为主、资金筹措方式多样

棚户区改造需要资金保障,包括长期稳定的资金支持和多样的资金来源。棚户区改造资金主要来自政府财政资金、开发性金融等渠道。其中为鼓励社会资本参与棚户区改造,政府提供政策支持。

在财政资金投入方面,各级政府均加大棚户区改造资金投入,中央则继续对财政困难地区予以倾斜。① 开发性金融手段主要包括棚改贷款和棚改债券两种。棚改贷款是指政策性银行通过专项贷款的方式为棚户区改造项目提供资金支持。棚改债券方面,2014 年国务院发文要求支持承担棚户区改造项目的企业发行债券,创设一系列优惠政策。② 为鼓励社会资本参与棚户区改造,相关文件从企业准入支持以及提供税收优惠两个方面作了规定。③

2014 年至 2016 年间,得益于央行创设的 PSL,以国开行和农发行为主的政策性银行不断加大对棚户区改造的专项信贷支持,促使棚改贷款逐渐发展为棚户区改造的主要融资渠道,极大推动了棚改货币化安置的发展。有数据显示,2014 年至 2016 年间,棚改货币化安置比例大幅提升,分别为 9%、29.9% 和 48.5%④;政策性银行贷款资金比例则逐渐占据棚改资金来源的主导地位,分别为 39.9%、50.6,% 和 80.1%⑤。

2017 年,棚改贷款作为棚户区改造中主要融资渠道的局面被打破。棚改贷款的发放审核程序被不断收紧,其在棚户区改造融资中的重要性被不断削弱。⑥ 由于中央对地方隐性债务加强管制,要求地方政府在法定债务限额外,不得以任何形式举债或变相举债,导致 PSL 投放量和棚改贷款的规模随之减小。棚改贷款本质上是政府向市场购买公共服务

---

① 参见国务院办公厅《关于进一步加强棚户区改造工作的通知》(国办发〔2014〕36 号)对各级政府职能的具体规定。

② 参见国务院办公厅《关于进一步加强棚户区改造工作的通知》(国办发〔2014〕36 号)明确进一步发挥开发性金融作用的相关规定。

③ 国务院《关于加快棚户区改造工作的意见》(国发〔2013〕25 号),财政部、国家税务总局《关于企业参与政府统一组织的棚户区改造有关企业所得税政策问题的通知》(财税〔2013〕65 号)等相关规定。

④ 参见格隆汇·三个火枪手:《三四线失去棚改马达后,内房还能走多远?》,https://baijiahao.baidu.com/s?id=15810176543277113838&wfr=spider&for=pc,最后访问日期:2022 年 5 月 7 日。

⑤ 参见张继强、芦哲:《详解棚改减半对地产投资冲击》,https://crm.htsc.com.cn/doc/2019/10760102/65f16a75-ecba-4ba2-983c-285f2216dd7b.pdf,最后访问日期:2022 年 5 月 7 日。

⑥ 财政部《财政部关于坚决制止地方以政府购买服务名义违法违规融资的通知》(财预〔2017〕87 号)的负面清单将棚改作为例外事项;但中共中央、国务院《关于防范化解地方政府隐性债务风险的意见》(中发〔2018〕27 号)对隐性债务概念进行了明确,封死一切隐性债务,并明确严禁以棚改名义增加地方政府隐性债务;2018 年 10 月国务院常委会议明确提出严禁借棚改之名盲目举债,并要求研究出台金融支持棚改政策。

(进行货币化安置)的一种专项融资。这种专项融资不纳入地方财政预算,表面上对地方政府造成的负债风险和偿债压力较小,实则相反。由于棚改项目周期一般会超过政府中期财政规划周期,政府付款与服务提供期限严重不匹配,从而长期固化政府的支出责任,导致地方政府容易借棚改之名盲目举债融资,因此对地方政府造成的负债风险和偿债压力更大。①

与此同时,棚改债券的发展有了长足的进步。2017年4月,财政部发布《试点发行地方政府棚户区改造专项债券管理办法》(财预〔2018〕28号)。两个月后,首单15亿元棚改专项债于天津问世。② 同年8月,财政部又发布《关于做好地方政府专项债券发行工作的意见》(财库〔2018〕72号),要求加快地方政府专项债券发行和使用进度,并作出相应安排和部署。

从棚改贷款转向棚改债券,体现了中央政府对地方偿债能力的管控需要。中棚改贷款可能增加"地方隐性债务",因此中央政府采取了收紧审核的监管措施。而被纳入地方财政预算的棚改债券,作为一种"显性"债务工具,有利于中央对于地方财政的合理管控,其融资功能因此得到了更多关注。

2018年以来,棚改贷款比例不断缩减,棚改债券逐渐成为棚户区改造资金筹措的重要管道,以减少棚户区改造对于专项贷款的依赖。从财政监管的角度看,这在一定程度上能够避免地方政府因棚改贷款而产生隐形债务,有利于地方财政的透明发展。但是,从棚户区改造的融资需求来看,从市场上进行融资的棚改债券能否完全成为棚改贷款的替代性手段,以及棚改债券对棚户区改造的资金筹集能够发挥多大的作用,仍有待观察。或许正是在这一忧虑下,2019年以来,地方政府开始更加积极地探索其他融资管道,例如鼓励社会资本参与棚户区改造。③

---

① 参见沧海桑田(金融监管研究院专栏作者):《87号文棚改之门关闭? 政府购买棚改服务模式即将退出舞台》,载"金融监管研究院"微信公众号 https://mp.weixin.qq.com/s/mKfH_H-DSzBVk8p2QVlzAA,最后访问日期:2022年4月30日。

② 参见《2018年第一批天津市政府棚户区改造专项债券发行信息披露文件》,https://www.chinabond.com.cn/cb/cn/ywcz/fxyfxdf/zqzl/dfzfz/fxwj/20180615/149483052.shtml,最后访问日期:2019年7月13日。

③ 湘潭市人民政府办公室于2019年4月印发《关于鼓励社会资本参与市城区棚户区片区改造和开发的实施意见》(潭政办发〔2019〕11号),强调鼓励社会资本参与棚改开发,探索创新融资开发模式。

(四)实物安置与货币化安置的交替

棚户区改造的重点是对城市住宅区进行更新,核心是解决被划入棚改范围内的居民在拆迁后的住房安置问题。有关政策主要规定了实物安置和货币化安置两种补偿安置手段。实物安置是一种由政府组织修建统一的安置住房,原地或者异地解决原棚户区居民的住房问题的传统手段,对于切实提高居民住房条件能发挥重要作用。① 货币化安置是指政府对被安置居民再次购房进行货币补贴,被安置居民自主选择购买商品住房,不再由政府统一安置。

实物安置是棚户区改造制度构建之初最主要的安置形式。但自2014年起,中央开始探索多种补偿安置手段,发展货币化安置手段。② 在中央政策指导下,各地快速推进货币化安置③;从2014年的9.0%到2015年的29.9%,再到2016年占比48.5%,货币化安置比例迅速提高。④

从2018年起,以货币化安置为主的局面开始出现变化,"大力推进货币化安置"的语句从政府工作报告等官方文件中退出,作为货币化安置主要资金来源的"棚改贷款"也逐渐压缩规模。收紧货币化安置的政策导向在2018年7月12日住建部吹风会上得到了官方承认。⑤ 2018年10月8日的国务院常委会议上更是明确指出,因地制宜调整完善棚改货币化安

---

① 中央和地方层面都对实物安置的落实作出了具体规定,如国务院《关于加快棚户区改造工作的意见》(国发〔2013〕25号)和北京市人民政府《关于加快棚户区改造和环境整治工作的实施意见》(京政发〔2014〕18号)等。

② 国务院办公厅《关于进一步加强棚户区改造工作的通知》(国办发〔2014〕36号)强调征收补偿工作要制定安置补偿办法,探索实物安置和货币补偿等方式;国务院《关于深入推进新型城镇化建设的若干意见》(国发〔2016〕8号)明确提出"进一步提高城镇棚户区改造以及其他房屋征收项目货币化安置比例。鼓励引导农民在中小城市就近购房"。

③ 例如,湖南省在2015年年末"两房两棚、两供两治"的工作现场会上明确表示:湖南省将大力推进棚户区改造货币化安置,从2016年起,各棚户区改造项目货币安置比例原则上不得低于50%;2016年5月,陕西省政府出台《关于房地产去库存优结构的若干意见》(陕政发〔2016〕19号),明确要求"省内各地货币化安置比例不得低于50%"。

④ 参见《国新办就房地产和棚户区改造有关情况举行新闻发布会》,http://www.scio.gov.cn/XWFBH/xwbfbh/wqfbh/35861/36282/index.htm,最后访问日期:2022年4月30日。

⑤ 住建部发言人表示:"对于商品住房库存不足、房价上涨压力较大的地方,应有针对性地及时调整棚改安置政策,更多采取新建棚改安置房的方式;商品住房库存量较大的地方,可以继续推进棚改货币化安置";"2016年以来针对部分库存不多地区货币化安置比例仍高的问题,已经采取了明确措施,包括开会督促其调整棚改安置政策,要求其控制棚改货币化安置比例,对该类地区仍主要采取货币化安置的2018年新开工棚改专案,国开行、农行棚改专项贷款不予支持。"

置政策,商品住房库存不足、房价上涨压力大的市县要尽快取消货币化安置优惠政策。

理论上,大力推进货币化安置的理由主要三:(1)住房是一种流动性较差、投资规模大、消费时间长的耐用消费品,是重要的家庭资产。棚改后的安置手段决策权应回归家庭,而不应由政府或者开发商代为抉择。(2)社会的住房需求是多样且有层次的,这种多样性和层次性取决于人口数量因素、工作因素、子女上学因素、文化背景因素和支付能力因素等。① 因此,统一规划建设的安置房无法满足多样的住房需求,只有货币补偿才能真正满足不同家庭真实的住宅需求,才能减少住宅因时间错配和空间错配导致的浪费,促进土地资源的合理利用。(3)货币化安置还能促进不同收入群体混合居住,有利于实现社会融合。

但我国在2015年之后大力推进货币化安置的根本动力,来自国家对房地产市场的宏观调控,更确切地说,来自房地产市场"去库存"的压力。这一点,可以从一些地方的做法中得到充分的印证。例如江西南昌、四川绵阳等地采取团购新区商品房楼盘作为安置房,政府联系新区楼盘以优惠价定向向选择货币安置的群众销售的方式,吸引居民到新区安置,疏解中心城区人口。②

利用货币化安置促进房地产去库存,取得了立竿见影的效果。根据专家测算,按照2015—2017年棚户区改造1800万套的计划,如果货币化安置的比例达到50%,大约可以消化库存商品房900万套,按照每套100平方米计算,可至少消化商品住房9亿平方米,相当于2015年年底全国商品住房总库存39.96亿平方米的近四分之一。③ 实践中,货币化安置也确实取得了促进房地产市场去库存的效果:一方面,大规模棚户区改造在短期内释放出大量购房需求;另一方面,通过PSL获得充足资金支持的货币化安置又增强了其购买力。

---

① 参见刘通:《加快转变城市棚户区改造模式》,载《宏观经济管理》2015年第2期,第32页。

② 参见李树斌:《棚户区改造中货币化安置的路径和意义》,载《城乡建设》2014年第11期,第77页。

③ 参见黄克谦:《浅析棚户区改造货币化安置对房地产去库存的作用》,载《开发性金融研究》2016年第4期,第71页。

但随之而来的是部分城市的房价快速上涨。综合来看,一二线城市的实物安置需求相对较大,三四线中小城市货币化安置的比例较高,因此最近轮房价上涨中,三四线城市表现尤为突出。① 2018年前后,房价上涨过快、需求显著透支的情况已经充分显露,部分城市面临着市场和债务的双重风险,修正或调整已有的棚改政策具有现实需要。

根据住建部和国土部发布的《关于加强近期住房及用地供应管理和调控有关工作的通知》,"对消化周期在36个月以上的,应停止供地;36—18个月的,要减少供地;12—6个月的,要增加供地;6个月以下的,不仅要显著增加供地,还要加快供地节奏"。② 这一表述,也从侧面反映全国去库存任务已经基本完成。因此,主流观点认为棚改货币化安置是近几年三四线城市房地产市场发展的催化剂,2018年之后棚改安置手段因城施策意味着一部分房价脱离基本面的三四线城市房地产市场迎来了降温。③

综上,货币化安置在保障性住房与商品房中间搭起了桥梁。货币化安置的兴起与房地产去库存任务息息相关,而收紧货币化安置也与去库存任务逐步完成有关。棚户区改造制度中补偿安置形式的变化反复,体现出棚户区改造的政策走向与我国房地产市场的宏观调控政策的一致性,棚户区改造具有了推动经济发展的第三层功能。

但作者认为,"货币还是实物",作为一种宏观调控的政策工具而言,短时期可以进行调整。但政府借由棚户区改造进行宏观调控的做法也直接影响了棚户区改造制度的基本定位,导致其发展规模的波动受制于经济发展态势和政府对房地产市场的扶持,因此在一定程度上偏离了其本身"住房保障"以及"城市更新"两大主要功能。

(五)棚户区改造在实践中具有城市更新功能

棚户区制度设计的最初目的是"解危就困",但随着改造范围深入城

---

① 参见杨国英:《收紧棚改货币化缰绳三四线城市房价要凉》,载《时代周报》2018年7月24日版,http://www.time-weekly.com/html/20180724/252483_1.html,最后访问日期:2019年7月13日。

② 住房城乡建设部、国土资源部《关于加强近期住房及用地供应管理和调控有关工作的通知》(建房〔2017〕80号)。

③ 参见宋兴国:《棚改项目贷款变奏:三四线楼市面临新拐点》,http://money.163.com/18/0630/07/DLHJS971002581PP.html,最后访问日期:2019年2月27日。

市内部,棚户区改造制度客观上具有了推动"城市更新"的崭新含义,并与我国以人为核心的新型城镇化联系到了一起。例如,除深圳实施"市场主导、政府引导"的"城市更新"模式外,在我国其他地区,"政府主导、市场参与"的棚户区改造在事实上承担了城市更新功能。① 作者认为,虽然棚户区改造在过去十年间对城市更新作出了极大贡献,但不能扭曲其"住房保障"的落脚点。当前,在棚户区改造已经取得阶段性重大成果的背景下,有必要弱化棚户区改造推动经济发展的功能,重塑其"住房保障"的本位。

同时,棚户区改造在过去十年承担了城市更新的主要职责,并不能抹消后者作为一项法律制度的独特定位以及不可或缺的重要价值。随着棚户区改造取得阶段性显著成果,城市更新中的另一重要制度即"老旧小区改造"逐渐受到重视,这也反映了我国住房保障中梯度保障的思想。2019年6月20日,国务院常务会议提出"加快改造"并不构成棚户区但在基础设施以及社区服务上存在不完善的"城镇老旧小区"。2020年国务院颁布国务院办公厅《关于全面推进城镇老旧小区改造工作的指导意见》(国办发〔2020〕23号),将城镇老旧小区改造纳入住房保障工程,明确了城镇老旧小区改造的总体要求、目标任务以及政策机制。② 根据住建部数据统计,2019年至2020年,全国城镇老旧小区改造取得积极成效,累计新开工改造城镇老旧小区5.9万个,惠及1088万户居民。③

在房住不炒的背景下,为积极稳妥实施包括棚户区改造和老旧小区改造在内的城市更新,避免大拆大建,2021年住建部发布《关于在实施城市更新行动中防止大拆大建问题的通知》(建科〔2021〕63号),规定"城市更新由政府主导,而非开发商;城市更新应侧重公益性,而非盈利;城市更新旨在提升功能,而非建设。"

---

① 参见楼建波、陈陶:《大陆棚户区改造的经验与反思》,载《财产法暨经济法》2019年第57期,台湾法学基金会2019年9月出刊,第1—38页。
② 参见《国务院常务会议:推进上亿人的城镇老旧小区改造、解决6000万农村人口饮水问题》,http://www.gov.cn/zhengce/2019-06/20/content_5401952.htm,最后访问日期:2019年7月9日。
③ 参见《国新办举行"努力实现全体人民住有所居"新闻发布会图文实录》,http://www.scio.gov.cn/xwfbh/xwbfbh/wqfbh/44687/46680/wz46682/Document/1711499/1711499.htm,最后访问日期:2021年10月4日。

第六节　农村危房改造制度的历史考察

我国的"保障性安居工程"在向住房困难人群提供住房救济的同时,也关注提高住房质量、保障基本的住房条件等其他住房问题。针对住房条件差这一问题,在林垦矿区以及各大城镇实施棚户区改造制度,而在广大农村地区则推行农村危房改造制度。

根据《农村危险房屋鉴定技术导则(试行)》(以下简称"《导则(试行)》"),农村房屋被划分为ABCD四个等级,其中C级是局部危险房屋,D级是整栋危房。农村危房改造是指对D级房屋的拆除重建和对C级房屋的修缮加固。[①] 作为"保障性安居工程"的重要组成部分,农村危房改造制度在我国推行多年,极大地改善了农村居民的住房条件。

一、农村危房改造制度发展历史

农村危房改造制度发端于2008年部分省市遭受严重雪灾的特殊背景,并逐年扩大试点范围,从中西部地区的贫困县市推广至全国所有地区,并在近年不断有新的发展。

(一)地方试点阶段(2008—2012)

2008年,贵州省遭受百年不遇的特大雪灾,大量农房受损严重,引起中央政府对农村危房改造工作的高度重视。以此为契机,2008年3月中央在贵州省投入2亿元资金正式启动农村危房改造试点工作。[②]

2008年底,中央文件首次将"农村危房改造"在住房保障层面做出如下表述:"在加大保障性住房建设力度的同时,积极推进农村危房改造,国家加大支持力度"[③]。

2009年3月,住建部颁布《导则(试行)》,制定农村危房鉴定标准,为农村危房改造的推行奠定了基础。为达到"确保既有农村房屋的安全使用,正确判断农村房屋结构危险程度,及时治理危险房屋"的总目标,《导

[①]　《农村危险房屋鉴定技术导则(试行)》(建村函〔2009〕69号)。
[②]　参见曹小琳、向小玉:《农村危房改造的影响因素分析及对策建议》,载《重庆大学学报(社会科学版)》2015年第5期,第57页。
[③]　国务院办公厅《关于促进房地产市场健康发展的若干意见》(国办发〔2018〕131号)。

则》首先明确了技术语言、代号、鉴定程序、评定方法等技术性要求,并为场地危险性、房屋危险性的定性和定量的鉴定提供了非常详细可操作的标准、数据和图表信息。①

2009年5月,住建部、发改委和财政部联合出台《关于2009年扩大农村危房改造试点的指导意见》(建村〔2009〕84号),进一步从指导思想、任务目标、基本原则、规划编制、资金筹集、补助对象和标准、建设基本要求和项目管理等多方面为扩大农村危房改造试点工作作出了指导。此后,住建部每年都会出台一份《扩大农村危房改造试点的指导意见》,明确农村危房改造范围和任务目标,并对当年度的补助审核、质量监督、信息管理等各方面工作作出详细工作部署。

2009年7月,在当年的指导文件要求下,住建部发布了《关于建设全国扩大农村危房改造试点农户档案管理信息系统的通知》,开始逐步建立统一的农村危房改造信息管理平台,一方面完善纸质档案,加强信息管理,另一方面设计开发网络信息录入平台,"全国扩大农村危房改造试点农户档案管理信息系统"于2009年年末正式上线。②

同月,财政部、发改委和住建部《关于下达2009年扩大农村危房改造试点补助资金的通知》(财社〔2009〕41号)发布,明确将农村危房改造的补助资金纳入各级政府的财政预算中,作为专项资金加大支持力度。此后,各项文件逐步明确农村危房改造的资金来源包括政府补助、银行信贷、社会捐助、农民自筹等多渠道。③

2009年至2010年,农村危房改造制度基本确立审批审核流程,明确"实行农户自愿申请、村民会议或村民代表会议民主评议、乡(镇)审核、县级审批,建立健全公示制度"的原则。同时,住建部在扩大试点工作的同时开展农房建筑节能工作,于2009年发布《关于扩大农村危房改造试点建筑节能示范的实施意见》(建村函〔2009〕167号),率先在东北、西北和华北地区农村危房改造试点中试行,要求开发符合当地实际的农房建筑

---

① 参见《农村危险房屋鉴定技术导则(试行)》(建村函〔2009〕69号)。
② 住房和城乡建设部《关于印发〈农村危房改造农户档案管理信息系统运行管理规定〉的通知》(建办村函〔2009〕959号)。
③ 住房和城乡建设部、国家发展和改革委员会、财政部《关于做好2010年扩大农村危房改造试点工作的通知》(建村〔2010〕63号)。

节能适宜技术,研究提出本地区设计、建材、施工等方面的节能措施和工作指南,建立面向农村居民及技术人员的宣传、技术指导、工匠培训等农房建筑节能推广机制。

2011年,国务院办公厅《关于保障性安居工程建设和管理的指导意见》发布,要求"抓紧编制农村危房改造规划,逐步扩大中央补助地区范围,加大地方政府补助力度。按照统一要求建立和完善农村危房改造农户档案管理信息系统,提高规划设计水平,加强资金和质量监管。"

2011年《中央农村危房改造补助资金管理暂行办法》(财社〔2011〕88号)发布,强调补助资金要实行专项管理、专账核算、专款专用,并按有关资金管理制度的规定严格使用,健全内控制度,执行规定标准,严禁截留、挤占和挪用;要求各级财政部门会同发展改革、住房城乡建设部门加强资金使用的监督管理,及时下达资金,加快预算执行进度,并积极配合有关部门做好审计、稽查等工作。

这一时期,农村危房改造工作的试点范围不断扩大。《关于2009年扩大农村危房改造试点的指导意见》明确2009年扩大农村危房改造试点的任务是完成陆地边境县、西部地区民族自治地方的县、国家扶贫开发工作重点县、贵州省全部县和新疆生产建设兵团边境一线团场约80万农村贫困户的危房改造。2010年1月,国务院办公厅《关于促进房地产市场平稳健康发展的通知》在中央层面作出指令,要求"加大农村危房改造力度,适当增加试点户数",当年的实施范围扩大到了全国陆地边境县、西部地区县、国家扶贫开发工作重点县、国务院确定享受西部大开发政策的县和新疆生产建设兵团团场。2011年试点范围扩大至"中西部地区全部县(市、区、旗)",2012年则进一步扩大到"中西部地区全部县(市、区、旗)和辽宁、江苏、浙江、福建、山东、广东等省全部县(市、区)"。

表2-12 2008—2012农村危房改造范围及补助资金

	补助户数(万户)	平均每户补助资金(元)	全国补助资金(亿)	涉及范围
2008	3.25	6000	2	贵州省的21个省(试点)
2009	80	5000	40	陆地边境县、西部地区民族自治地方的县、国家扶贫开发工作重点县、贵州省全部县和新疆生产建设兵团边境一线团场

(续表)

	补助户数（万户）	平均每户补助资金（元）	全国补助资金（亿）	涉及范围
2010	120	6000	72	全国陆地边境县、西部地区县、国家扶贫开发工作重点县、国务院确定享受西部大开发政策的县和新疆生产建设兵团团场
2011	265	6000	159	中西部地区全部县(市、区、旗)
2012	400	7500	300	中西部地区全部县(市、区、旗)和辽宁、江苏、浙江、福建、山东、广东等省全部县(市、区)

资料来源：住建部在2008—2012年间每年颁布的《关于扩大农村危房改造试点的指导意见》。

（二）全国推广阶段（2013—2015）

从2013年开始，农村危房改造工作正式扩展至全国范围内，真正从个别地方试点的项目成为全国范围内与住房保障相关的民生工程。

2013年住建部发布了《农村危房改造最低建设要求（试行）》（建村〔2013〕104号），提高农村危房建设质量，规范工程建设，明确了危改房从选址、建筑面积、门窗、墙体、梁柱、抗震能力等各方面的建筑要求，为农村危房改造的验收工作提供了细致的标准。

2014年5月1日《社会救助暂行办法》正式实施，其中第七章"住房救助"中明确"住房救助通过配租公共租赁住房、发放住房租赁补贴、农村危房改造等方式实施"。[1] 住房救助是切实保障特殊困难群众获得能够满足其家庭生活需要的基本住房，在住房方面保民生、促公平的托底性制度安排。[2] 地方层面也在此之后将农村危房改造列为扶贫的重点工作，例如甘肃省于2015年出台《农村危房改造实施精准扶贫的意见》，全面深化农村危房改造与"1236"扶贫攻坚行动的深度融合。[3]

国务院2014年发布《关于改善农村人居环境的指导意见》（国办发〔2014〕25号），其中重点措施第1条在于全力保障基本生活条件，提到

---

[1] 《社会救助暂行办法》（国务院令第649号）。
[2] 住房城乡建设部、民政部、财政部《关于做好住房救助有关工作的通知》（建保〔2014〕160号）。
[3] 甘肃省委、省政府《关于扎实推进精准扶贫工作的意见》（甘发〔2015〕9号）。

"加快推进农村危房改造,到 2020 年基本完成现有危房改造任务,建立健全农村基本住房安全保障长效机制。加强农房建设质量安全监管,做好农村建筑工匠培训和管理,落实农房抗震安全基本要求,提升农房节能性能"。①

2015 年的工作强调严守建筑标准,强化农房抗震要求,加快地震高烈度设防地区农房抗震改造,并且再次强调了农村危房改造后的农房人均建筑面积不低于 13 平方米;房屋建筑面积宜控制在 60 平方米以内,可根据家庭人数适当调整,但 3 人以上农户的人均建筑面积不得超过 18 平方米。②

除解决农村地区住房困难群众的基本住房问题外,农村危房改造工作还是农村人居环境提升的重要环节,与农村整体环境整治改善联系在一起。2014 年的农村危房改造工作强调加强传统民居保护和农房风貌建设。③

(三) 制度成熟阶段(2016 年至今)

2016 年,农村危房改造工作被纳入扶贫工作的重点。2016 年 11 月,住建部、财政部、国务院扶贫办联合发文,要求建档立卡贫困户、低保户、农村分散供养特困人员和贫困残疾人家庭,把这四类重点对象放在农村危房改造优先位置,以保障其住房安全为目标,确保 2020 年以前圆满完成 585 万户四类重点对象危房改造任务。④ 2016 年 12 月,为进一步规范和加强中央财政农村危房改造补助资金管理,切实提高资金使用效益,财政部、住建部对《中央农村危房改造补助资金管理暂行办法》进行了修订,并出台《中央财政农村危房改造补助资金管理办法》(财社〔2016〕216 号附件,部分修改)。

随着农村危房改造工作的推进,有关部门开始关注农村危房改造的质量。住建部于 2017 年开展了农村危房改造的质量检查工作,对全国各

---

① 国务院办公厅《关于改善农村人居环境的指导意见》(国办发〔2014〕25 号)。
② 住房城乡建设部、国家发展改革委、财政部《关于做好 2015 年农村危房改造工作的通知》(建村〔2015〕40 号)。
③ 住房城乡建设部、国家发展改革委、财政部《关于做好 2014 年农村危房改造工作的通知》(建村〔2014〕76 号)。
④ 住房和城乡建设部、财政部、国务院扶贫办《关于加强建档立卡贫困户等重点对象危房改造工作的指导意见》(建村〔2016〕251 号)。

城市的农村危房改造工作进行抽查,从质量标准、结构设计、建筑工匠管理、质量检查、管理能力等方面对于农村危房改造的建设质量提出了要求,指导检查工作的开展。

2018年3月,住建部公布了《农村危房改造基本安全技术导则》(建办村函〔2018〕172号)(以下简称"《导则》"),取代了2012年颁布的《导则(试行)》。《导则》从农房重建、农房加固维修以及施工和验收三个方面制定了详细的技术标准,总结了实践中发生的问题,弥补了之前技术标准存在的不足,是农村危房改造基本安全的底线要求。①

2019年7月,住建部、财政部、国务院扶贫办《关于决战决胜脱贫攻坚 进一步做好农村危房改造工作的通知》(建村〔2019〕83号)明确指出,全国现有四类重点对象危房存量135.2万户已全部纳入2019年中央农村危房改造任务和补助资金范围,须于2019年底前全部开工,2020年6月底前全部竣工;为解决深度贫困地区住房安全问题,中央财政2019年按照对四类重点对象在全国户均1.4万元的基础上每户提高2000元、对其他危房户户均补助1万元的标准,单列"三区三州"等深度贫困地区农村危房改造补助资金。②

2020年3月,住建部办公厅、国务院扶贫办综合司发布《关于统筹做好疫情防控和脱贫攻坚保障贫困户住房安全相关工作的通知》(建办村〔2020〕6号),要求地方各级住房和城乡建设部门要进一步加强与扶贫部门协作,对2019年已下达尚未竣工的存量任务以及"回头看"排查出的新增任务等农村危房改造扫尾任务逐户建立台账,统筹用好提前下达的2020年中央财政农村危房改造补助资金,倒排工期,压实责任,确保所有建档立卡贫困户需改造的危房2020年6月底前全部竣工。③ 2020年年底,脱贫攻坚贫困人口住房安全有保障目标任务全面完成。

2021年2月,中共中央、国务院《关于全面推进乡村振兴加快农业农

---

① 住房和城乡建设部办公厅《关于印发农村危房改造基本安全技术导则的通知》(建办村函〔2018〕172号)。
② 住房和城乡建设部、财政部、国务院扶贫办《关于决战决胜脱贫攻坚 进一步做好农村危房改造工作的通知》(建村〔2019〕83号)第2条和第4条。
③ 住房和城乡建设部办公厅、国务院扶贫办综合司《关于统筹做好疫情防控和脱贫攻坚保障贫困户住房安全相关工作的通知》(建办村〔2020〕6号)第1条第1款。

村现代化的意见》发布,强调继续实施农村危房改造和地震高烈度设防地区农房抗震改造。同年4月,住建部、财政部、民政部、国家乡村振兴局联合发布《关于做好农村低收入群体等重点对象住房安全保障工作的实施意见》(建村〔2021〕35号)文件,亦要求继续实施农村危房改造和地震高烈度设防地区农房抗震改造。至此,农村危房改造制度日趋成熟。

二、农村危房改造制度评析

通过梳理我国农村危房改造制度发展脉络,可以发现我国农村危房改造制度呈现出如下特点:

(一)明确社会救济的性质

农村危房改造制度在2009年之后明确成为我国保障性安居工程的一部分,其主要针对农村困难群众进行危房改造,其在功能上既能够解危就困,也能够提高住房条件、改善住房环境。从性质上看,农村危房改造属于社会救济。

从保障对象来看,农村危房改造主要面向农村困难群众。2008年农村危房改造制度在贵州省试点时,针对的就是因突发自然灾害需要住房救济的群体。2009年至2013年试点范围扩大,率先解决中西部贫困地区的住房困难。2014年颁布的《社会救助暂行办法》,明确农村危房改造属于"社会救济"。在2015年底的中央扶贫开发工作会议之后,中央和地方层面均将农村危房改造工作与扶贫工作紧密联系起来,通过精准扶贫等战略措施加快推进农村危房改造,针对贫困群众"建档立卡",进一步明确了其社会救济的性质。

但是,并非所有农村危房改造的群体都需要政府提供完全救济,解危救困针对的主要是需要政府补助的贫困农户。从2015年起,农村危房改造强调改造资金"以农民自筹为主,政府补助为辅"。2017年颁布的《北京市农村危房改造实施办法(试行)》(京建法〔2017〕5号)中明确农村危房改造的补助对象需具备3个条件:(1)本市农业户籍;(2)属于农村低保、低收入家庭、实行分散供养的特困家庭、享受定期抚恤补助的家庭;(3)住房情况符合改造条件。[①] 2018年7月,云南省政府出台《关于推进

[①] 《北京市农村危房改造实施办法(试行)》(京建法〔2017〕5号)。

非4类重点对象农村危房改造的指导意见》(云政办发〔2018〕48号),指出非"4类重点对象"农村危房改造,原则上以农户自筹资金、自行改造为主,对少数自身改造能力不足的农户,政府给予适当扶持。[1]

综上,我国现阶段的农村危房改造属于狭义的住房保障制度,其制度目的在于保障农村居民基本住房安全,提高基本住房条件。

(二)重视信息管理

目前在我国保障性安居工程各项制度中,只有农村危房改造制度建立了专门的信息管理系统。该系统从2009年上线以来,成为全国农村危房改造工作的重要信息平台。该系统分为省级、市级县区级用户,提供数据统计分析、数据查询、农户档案管理、以及下级用户管理等多项功能。随着2010年来农村危房改造工作的不断推进,该系统累积了全国各地区农户档案,并与纸质文档相对应,搜集整理了广泛的农村住房信息。

此外,农村危房改造工作也是政务信息公开的重点。住建部在2016年住房城乡建设部政府信息公开工作报告中强调要督促县级住房城乡建设部门做好农村危房改造信息公开公示工作,更好地接受社会监督。具体包括三方面要求:第一,强化申请审批管理,严格实施"农户自愿申请、村集体评议公示、乡(镇)审核、县级审批"的补助对象认定程序;第二,加强监督检查,确保农户"一卡通"账户管理制度落实,实现资金分配公开;第三,严格执行绩效评价和工程进度月报制度,实现结果公开。[2]

(三)技术安全标准严格

作为保障基本住房安全的民生工程,农村危房改造制度格外重视改造房屋建设的质量安全。住建部编制了操作性很强的技术标准(《导则(试行)》和《导则》),对施工及管理人员开展培训,组织力量对深度贫困地区开展对口技术援助和帮扶。而且,农村危房改造不仅在施工时要求有关单位进行监督检查,对于完工后的验收工作更是强调制定完善的流程和标准。例如,住建部于2017年在全国范围内对改造后房屋开展质量安全检查。又如,出现水灾、地震等灾害后,发现住房安全问题马上整改,避

---

[1] 云南省人民政府办公厅《关于推进非4类重点对象农村危房改造的指导意见》(云政办发〔2018〕48号)。

[2] 《2016年住房城乡建设部政府信息公开工作报告》(建办厅函〔2017〕212号)。

免因房屋质量问题损害农村居民的生命财产安全。

之所以如此强调房屋质量安全,与农房的性质功能有关。相对于城市住房,农村住房的使用周期更长,建筑水平工匠能力相对欠缺,为保证农村居民真正脱困,不再受住房困难的影响,其质量安全成为重中之重。此外,由政府主导的危房改造,在居民自建和集体规划的过程中也发挥着"标杆"作用,因此需要抓质量保安全。

第七节 本章小结

以保障形式为标准,可以将我国住房保障性制度划分为产权型保障性住房、租赁型保障性住房和其他具有住房保障功能的政策性住房。具有住房保障功能的政策性住房本质上是对产权型保障性住房的发展与替代。

经济适用住房是我国产权型保障性住房最早的形态,一些地方后来探索出限价商品房和共有产权房等其他具有保障功能的政策性住房。

经济适用住房制度经历概念提出(1985—1998)、初步建设(1998—2006)和反思与调整(2006年至今)三个阶段。经济适用住房制度承继自1994年提出的国家安居工程,是对国家安居工程的继承、调整和发展。由于过分侧重经济性,经济适用住房制度在实践中遭受诟病,并于2006年前后面临第一次"生存危机"。为使经济适用住房制度切实保障城市中低收入群体的住房需求,2007年起经济适用住房开始向保障性回归。如今,随着其他具有住房保障功能的政策性住房的发展,作为保障性住房"开山鼻祖"的经济适用住房在住房保障制度不再处于"一枝独秀"的地位。

限价商品房制度经历地方探索(2003—2006)和中央鼓励发展(2006年至今)两个阶段。限价商品房并非"必需品",而是地方根据本区域实际情况实施的"自选品"。中央在承认限价商品房的地位后,鼓励地方因地制宜发展限价商品房,并逐渐突出其在房地产宏观调控上的作用。地方在执行限价房政策的过程中既遵循中央提出的政策方向,又根据地方实际进行调整和修正。尽管国务院办公厅《关于促进房地产市场平稳健康发展的通知》将限价商品房归入保障性住房,但作者认为限价商品房实为政府为实现特定目的、解决特定群体住房问题的手段,并非狭义上的保障性住房。不属于保障性住房的限价商品房之所以能适用保障性住房优惠政策,是因为其具有稳定住房价格、缓解中等收入家庭住房困难、吸引和鼓励人才的功能。但这些功能实际效果如何仍待商榷。

租赁型保障性住房最早只有廉租住房,后来发展出公共租赁住房。目前,除上海市等少数城市外,我国绝大多数城市均已实现公廉并轨。

廉租住房制度经历框架确立(1998—2006)、加速建设(2006—2011)和公廉并轨探索(2011年至今)三个阶段,其在住房体系和保障房供应体系中日益受到重视。我国之所以未能在一开始就将廉租住房作为住房保障制度建设重心,是因为我国政府最初未充分意识到住房保障的重要性,更加重视能够促进住房分配制度改革的经济适用住房制度。随着经济的发展和城市居民整体居住水平的提高,城市低收入家庭的住房困难问题日益凸显,2007年国务院《关于解决城市低收入家庭住房困难的若干意见》把"廉租住房"纳入政府住房保障职责。自2006年加速建设廉租住房时起,截至2014年,我国现有城镇低保家庭已基本实现应保尽保。2011年,廉租住房进入公廉并轨新阶段,公廉并轨后二者统称为"公共租赁住房"。毫无疑问,公廉并轨有利于廉租住房的发展。但公廉并轨≠公廉同一,基于"应保尽保"的要求,廉租住房和公共租赁住房在保障力度、保障范围以及准入与配租制度上仍存在差异。

公共租赁住房制度经历制度起步(2009—2010)、重点发展(2011—2014)和公廉并轨实施(2014年至今)三个阶段。不同于廉租住房制度,公共租赁住房制度旨在解决"夹心层"群体住房困难问题。随着廉租住房保障对象"应保尽保"的逐步实现,"夹心层"群体住房问题日益突出,公共租赁住房制度日益受到重视。此外,相较廉租住房保障范围单一,公共租赁住房在准入条件上放宽户籍、收入标准,保障城镇低收入住房困难家庭、中等偏下收入住房困难家庭,及符合规定条件的新就业无房职工、稳定就业的外来务工人员住房权。在公共租赁住房制度发展过程中,地方实践举足轻重。以北京为代表的各大城市在保障范围、租金收取、土地供应等方面创造出诸多先行经验,推动公共租赁住房制度不断完善发展。

2016年提出"建立租购并举的城镇住房制度"方针后,公共租赁住房与市场租赁相辅相成,互相补充,共同推动我国住房租赁制度发展。

除此之外,我国还发展出了提高城乡居民住房水平、改善居住条件的棚户区改造、老旧小区改造和农村危房改造。

棚户区改造制度经历地方治理经验阶段(2005—2008)和全国推广阶段(2008—2017),并在2018年后面临政策转向。棚户区改造制度始于东北三省2005年的试点,在积累丰富经验后逐步推广至全国。棚户区改造实行"政府主导、市场运作"的原则,虽然由政府主导,但政府一开始就有意识地鼓励社会力量参与。棚户区改造的补偿安置经历了从以实物安置为主,到实物与货币并举,再到以货币化安置为主,最后在2018年开始重新导向实物安置的变化。这一变化反映了我国棚户区改造制度深受房地产市场去库存压力、新型城镇化进程的影响,其在住房保障之外被赋予推动城市更新、拉动经济增长的功能。作者认为,尽管棚户区改造在过去十年间对城市更新作出了巨大贡献,但这并不能扭曲其"住房保障"的落脚点。在棚户区改造已经取得阶段性重大成果的背景下,有必要弱化棚户区改造推动经济发展的功能,重塑其"住房保障"的本位;并加快推动城市更新的另一重要制度"城镇老旧小区改造"的发展,改善不构成棚户区但在基础设施以及社区服务上存在不完善的城镇老旧小区居民的居住条件和生活环境。同时,在房住不炒的背景下,要积极稳妥实施包含棚户区改造和城镇老旧小区改造在内的城市更新,防止大拆大建。

农村危房改造制度经历地方试点(2008—2013)、全面建立(2013—2016)和制度成熟(2016年至今)三个阶段。农村危房改造制度始于中央对遭受2008年特大雪灾重创的贵州的2亿元专项资金,一开始就具有鲜明的住房救助和扶贫解困性质。农村危房改造制度的另一特点是强调技术化、规范化和标准化操作,特别重视改建房屋的质量安全。作为我国专门针对农村地区住房困难群众的保障措施,农村危房改造构成我国保障性安居工程的重要组成部分。近年来,农村危房改造和扶贫工作相结合,进一步发挥其保障农村基本住房安全,为农村住房困难群众提供基本的住房救济的重要功能,是我国住房保障体系不可缺少的重要内容。

第三章　我国现行住房保障的主要形式

本章在第二章的基础上,结合现行法律规定,对我国住房保障的各种形式和具有住房保障功能的制度进行梳理。

根据保障形式的不同,广义的住房保障可分为直接保障和间接保障。其中,直接保障包括实物保障和货币保障,间接保障包括住房金融制度和税收优惠政策。此外,由于棚户区改造、农村危房改造和老旧小区改造先后被列入保障性安居工程[①],因此属于广义的住房保障范畴;各地推行的人才住房和一些城市利用集体土地建造的租赁住房(以下简称"集租房"),具有租赁型保障性住房的性质,也属于广义的住房保障范畴。我国现行住房保障形式的图示,参见图1-1。

本章分六节对我国现行住房保障形式逐一进行考察:第一节和第二节分别介绍产权型保障性住房和租赁型保障性住房法律制度,第三节介绍住房间接保障法律制度,第四节介绍棚户区改造、老旧小区改造和农村危房改造制度,第五节和第六节分别介绍人才住房政策和集租房制度。最后一节是本章小结。

需要说明的是,棚户区改造虽然也有实物安置的形式(棚改安置房属于产权型保障房),但是考虑到棚户区改造作为一项制度本身的完整性,也为了避免节和节之间的重复,棚改安置房的内容在第一节仅简要提及,

---

① 2010年,国务院办公厅《关于促进房地产市场平稳健康发展的通知》(国办发〔2010〕4号)将棚户区改造和农村危房改造列入保障性安居工程;2019年,《中央财政城镇保障性安居工程专项资金管理办法》(财综〔2019〕31号,已失效)将棚户区改造和老旧小区改造列入保障性安居工程;2022年,《中央财政城镇保障性安居工程补助资金管理办法》(财综〔2022〕37号)依旧将棚户区改造和老旧小区改造列入保障性安居工程。

具体内容将放在第四节中与农村危房改造制度一并分析。基于同样的考虑,集租房也将单独在第六节中介绍。

第一节　产权型保障性住房法律制度

根据现行政策,产权型保障性住房包括经济适用住房、限价商品房、棚改安置房和共有产权住房等形式①,目前政策上以共有产权住房为主。② 这四类产权型保障性住房中,只有经济适用住房属于狭义住房保障范畴。限价商品房③和棚改安置房④作为经济适用住房与普通商品住房之间的政策性住房,已经突破了保基本的狭义住房保障范畴。共有产权模式虽然是产权型保障性住房的未来发展方向,但共有产权住房本身难以完全归类为保障性住房,从部分地方的试点情况来看,其兼具保障性和商品性。⑤ 四者的关系如图3-1所示。

本节将在全面介绍经济适用住房法律制度的基础上,对其他类型政策性住房(棚改安置房将在第四节介绍)与经济适用住房的同异进行对比分析。

---

① 住房和城乡建设部、国家发展和改革委员会、财政部、国土资源部、中国人民银行、中国银监会《关于试点城市发展共有产权性质政策性商品住房的指导意见》(建保〔2014〕174号)要求共有产权性质政策性商品住房试点城市将对除公共租赁住房外的其他具有保障性质的住房,逐步纳入政策性商品住房管理。

② 国务院办公厅《关于加快发展保障性租赁住房的意见》(国办发〔2021〕22号)。

③ 限价商品房不宜归入保障性住房,而应视为政府为实现特定目的、解决特定群体住房问题的手段。只要具备政策核心要素,即土地供应、销售价格、供应对象、套型面积和交易限制,无论其具体规定如何(特别是供应对象),均属于限价商品房范畴。有关限价商品房性质的讨论,参见本书第二章第四节。

④ 棚户区改造安置住房制度突破了传统意义上的住房保障制度范畴,落脚于解决住房层面存在的各种问题,着力于提高低收入家庭住房条件,改善城市人居环境,是我国多层次、多元化的住房保障体系的重要组成部分。2021年,住建部颁布《关于在实施城市更新行动中防止大拆大建问题的通知》(建科〔2021〕63号),收紧城市更新政策,要求城市更新回归保障属性,棚户区改造安置房也需要逐渐回归保障属性。

⑤ 共有产权住房的淮安模式在性质上最接近经济适用住房,上海模式和广州模式将共有产权住房定位为保障性住房,注重保障中低收入群体,但北京模式下的共有产权住房则更接近商品住房,惠及范围更广。

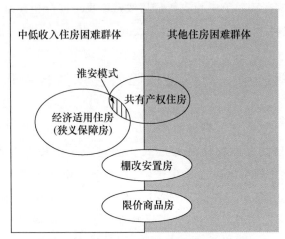

图 3-1 我国现行产权型政策性住房关系图

一、现行经济适用住房法律制度

现行《经济适用住房管理办法》(建住房〔2007〕258号)规定了较为完善的经济适用住房管理制度。北京、上海①、广州和深圳在《经济适用住房管理办法》的指导下制定了地方性法规,这些地方性法规既细化落实上位法的各项制度,又因地制宜有所创新,极大地丰富了经济适用住房法律制度。

(一)经济适用住房的概念与特征

根据《经济适用住房管理办法》第2条,经济适用住房是"政府提供政策优惠,限定套型面积和销售价格,按照合理标准建设,面向城市低收入住房困难家庭供应,具有保障性质的政策性住房"。纵观制度发展史,经济适用住房承继自国家安居工程住房,是对安居工程住房的继承、调整与发展②,其政策定位经历了从"普通住宅""政策性商品住房"到"政策性住

---

① 《上海市经济适用住房管理试行办法》(沪府发〔2009〕9号)已经被《上海市共有产权保障住房管理办法》(沪府令〔2016〕39号)废止了,现在统称为共有产权保障住房(经济适用住房)。
② 1998年以前,经济适用住房建设是国家安居工程的重要组成部分;1998年后,经济适用住房与国家安居工程逐渐并轨,并成为后者的上位概念。有关经济适用住房与安居工程住房关系的讨论,参见本书第二章第一节。

房"的变化,反映了其从偏重"商品性"到回归"保障性"的趋势。[①]

经济适用住房具有保障性、经济性和适用性的特征。[②] 保障性是指经济适用住房旨在解决城市低收入家庭的住房困难问题,帮助无力通过市场购买住房的居民拥有自有住房;经济性是指经济适用住房的价格实行政府指导价;适用性是指经济适用住房的规划设计、建筑质量、居住功能和居住环境能够满足人的基本居住需求。

(二) 管理体制

根据《经济适用住房管理办法》,发展经济适用住房要坚持"政府主导、社会参与"的原则。经济适用住房的主管部门包括国务院建设行政主管部门(负责全国经济适用住房工作)、省级人民政府(对所辖市县政府实行目标责任制管理)、市县人民政府(编制规划和计划,并组织实施)、县级以上经济适用住房主管部门(负责本区域经济适用住房)、自然资源部门和税务等其他部门(负责经济适用住房有关工作)。

在《经济适用住房管理办法》的指导下,各地构建了适合当地的管理体制。例如,北京市构建起"市政府—〔市建委+市有关部门〕—区县房管局"的三级管理机制[③];上海市分别构建了"市住房保障主管机构—区(县)住房保障主管机构—乡镇政府和街道办"的三级住房保障实施机构体系和"〔市住房保障议事协调机构+市住房保障主管机构/有关部门〕—〔区(县)政府+区(县)住房保障主管机构〕—乡镇政府和街道办"的三级住房保障管理机构体系[④];广州市构建了"市住房保障主管机构—市、区有关部门—镇政府和街道办"的三级管理机制[⑤];深圳市则构建起"市政府—〔市房委会+市住房保障主管部门+市有关部门〕—区住房保障主管部门—区有关部门和街道办"的四级管理机制[⑥]。

[①] 《城镇经济适用住房建设管理办法》(建房〔1994〕761号)第3条、《经济适用住房管理办法》(建住房〔2004〕77号)第3条和《经济适用住房管理办法》(建住房〔2007〕258号)第2条。有关经济适用住房性质的讨论,参见本书第二章第一节。

[②] 参见符启林等:《住房保障法律制度研究》,知识产权出版社2012年版,第158页。

[③] 《北京市经济适用住房管理办法(试行)》(京政发〔2007〕27号)第4条。

[④] 《上海市共有产权保障住房管理办法(2019修正)》(沪府令第26号)第3、4条。

[⑤] 《广州市经济适用住房制度实施办法(试行)》(穗府〔2007〕48号)第4条。

[⑥] 《深圳市保障性住房条例》(深圳市第六届人民代表大会常务委员会公告200号)第5条。

(三) 开发建设环节

1. 规划计划编制

早期的经济适用住房发展规划与计划包括总体发展规划、年度建设投资计划和住房建设用地计划。① 现行《经济适用住房管理办法》不再细分上述规划或计划,而是要求将经济适用住房建设规模、项目布局和用地安排等内容统一纳入市县级国民经济与社会发展规划(第 6 条)。

地方的规定则更为具体。北京市针对房源筹集问题,强调编制"经济适用住房建设、收购计划",并规定"对部分房源不足的区县,市建委可以适当调剂"②;上海市仍区分规划与计划,规定市、区(县)级政府分别编制共有产权保障性住房(经济适用住房)发展规划与年度实施计划③;广州市则规定统一由市级主管部门编制发展规划和年度计划④;深圳市的规定最为细致,不仅明确住房保障规划、住房保障年度计划由市主管部门会同其他部门联合编制,而且较为详细地列举了规划和计划的内容⑤。

需要说明的是,虽然我国从未公布过单独编制的经济适用住房规划与计划⑥,但在 2006 年前,由于廉租住房实施情况欠佳⑦,经济适用住房几乎是唯一的保障性住房形式,因此可认为 2006 年前的保障性住房建设计划与规划,实质上均为经济适用住房建设规划与计划。

2. 土地供应

经济适用住房建设用地均为划拨用地。根据《经济适用住房管理办法》,经济适用住房划拨用地应纳入年度土地供应计划,在申报年度用地指标时单独列出,确保优先供应。为防止开发商赚取巨额利差,《经济适

---

① 参见《经济适用住房管理办法》(建住房〔2004〕77 号)第 7 条。
② 《北京市经济适用住房管理办法(试行)》(京政发〔2007〕27 号)第 10 条。
③ 《上海市共有产权保障住房管理办法(2019 修正)》(沪府令第 26 号)第 5 条。
④ 《广州市经济适用住房制度实施办法(试行)》(穗府〔2007〕48 号)第 5 条。
⑤ 《深圳市保障性住房条例》(深圳市第六届人民代表大会常务委员会公告第 200 号)第 6、8 条。
⑥ 我国在"十一五"期间公布《2009—2011 廉租住房保障规划》(建保〔2009〕91 号)要求 3 年内再新增廉租住房 518 万套、新增发放租赁补贴 191 万户。但未曾公布就经济适用住房单独编制的规划与计划。
⑦ 根据建设部《关于城镇廉租住房制度建设和实施情况的通报》(建住房〔2006〕63 号),截至 2005 年年底,全国 291 个地级市中,仍有 13 个省级政府未将廉租住房制度建设纳入对市(区)、县政府目标责任制管理,70 个地级以上市未建立廉租住房制度。有关廉租住房制度发展历史,参见本书第二章第二节。

用住房管理办法》"严禁以经济适用住房名义取得划拨土地后,以补交土地出让金等方式,变相进行商品房开发"。建设用地紧缺是部分地方经济适用住房开发建设的难题,为确保土地优先供应,北京市和深圳市均强调保障性住房的"土地储备"。①

根据《经济适用住房管理办法》,经济适用住房采用集中建设和配套建设相结合的方式。② 例如,北京市规定采取集中建设方式的,由市、区县土地储备机构提供项目土地,并由市、区县政府组织公开招标,确定项目法人或代建单位;采取配建方式的,由主管部门确定配建比例,在土地入市交易时与商品住房项目同时招标、配套建设,分别销售、分别管理。③

3. 资金筹措

根据《经济适用住房管理办法》,经济适用住房建设项目免收城市基础设施配套费等各种行政事业性收费和政府性基金;项目外的基础设施建设费用,由政府负担;建设单位可以将在建项目抵押给商业银行以申请住房开发贷款。④

根据《经济适用住房开发贷款管理办法》(银发〔2008〕13号),开发企业申请经济适用住房开发贷款时,享受项目资本金、利率和期限等优惠:(1) 经济适用住房开发贷款资本金不低于项目总投资的30%(第4条);(2) 经济适用住房建设贷款期限一般为3年,最长不超过5年(第6条);(3) 经济适用住房建设贷款利率按贷款基准利率执行,可在10%比例内适当下浮(第7条)。

4. 建设标准与开发模式

经济适用住房的开发建设制度内容庞杂,涵盖建设模式、优惠政策、套型面积、建设标准和工程质量等诸多方面。具体而言:(1) 经济适用住房的建设模式有政府开发建设、企业开发建设和单位集资合作建房三种。其中,政府开发建设又包括政府直接建设和政府通过招标选择法人建设两种模式;企业开发建设是指直接由企业在商品住房小区中配建经济适

---

① 《北京市经济适用住房管理办法(试行)》(京政发〔2007〕27号)第12条,《深圳市保障性住房条例》(深圳市第六届人民代表大会常务委员会公告第200号)第7条。
② 《经济适用住房管理办法》(建住房〔2007〕258号)第13、14条。
③ 《北京市经济适用住房管理办法(试行)》(京政发〔2007〕27号)第12条。
④ 《经济适用住房管理办法》(建住房〔2007〕258号)第8条。

用住房,建成后移交政府或者由政府回购后再统一分配;单位集资合作建房是指距离城区较远的独立工矿企业和住房困难户较多的企业利用单位自用土地集资建房。(2)经济适用住房建设项目享受各项税费优惠政策,实行收费卡制度,严禁变相收费。(3)经济适用住房单套建筑面积控制在60平方米以内,住房供需矛盾突出的城市,可适当减小套型建筑面积,增加供应套数。(4)经济适用住房建设规划设计和建设要绿色环保,严格执行国家住房建设强制性标准,积极推广应用新技术。(5)经济适用住房建设单位对其建设的经济适用住房工程质量负最终责任,并承担保修责任,确保工程质量和使用安全。

尽管《经济适用住房管理办法》及相关政策规定经济适用住房可以由政府直接建设,但各地在实践中多为企业代建或配建,建成后亦不移交政府,而是由开发商配售给符合规定条件的低收入住房困难家庭。例如,北京市规定经济适用住房采取集中建设模式的,通过公开招标确定项目法人或代建单位,采取配建的,与商品住房项目同时招标、配套建设,分别销售、分别管理,但没有规定建成后由政府回购。[①]

(四) 准入与配售环节

1. 申请与审核制度

经济适用住房供应实行申请、审核、公示和轮候制度。所谓"轮候",即按照收入水平、住房困难程度和申请顺序等因素对已通过审核的申请人排列配售顺序。

在此基础上,许多地方建立了具有地方特色的准入制度。北京市实行"三级审核、两级公示";上海市实行"两级审核、两次公示",要求建立轮候名册,并规定"登录证明和轮候次序失效"制度[②];广州市实行"三级审

[①] 《北京市经济适用住房管理办法(试行)》(京政发〔2007〕27号)第12条。值得注意的是,同时期颁布的《北京市城市廉租住房管理办法》(京政发〔2007〕6号)第13、15条规定配建的廉租住房由政府回购,并按规定的租金标准向符合条件的家庭出租,不足部分可采取集中建设方式。

[②] 《上海市共有产权保障住房管理办法(2019修正)》(沪府令第26号)第26条规定:"申请人有下列情形之一的,其取得的登录证明和轮候序号失效,且3年内不得再次申请共有产权保障住房:(一)因自身原因在登录证明有效期内未确认是否参加选房;(二)确认参加选房后在当期房源供应时未按规定选定住房;(三)选定住房后未签订选房确认书、购房合同或者供后房屋使用管理协议;(四)因自身原因导致签订的购房合同或者供后房屋使用管理协议被解除。"

核、两级公示",并制定《广州市经济适用住房轮候打分标准》,按照得分高低排列轮候顺序,分数相同的,通过摇珠方式确定轮候的先后顺序[1];深圳市实行"三级审核,两次公示",并在终审环节对申请家庭户籍、车辆、住房、保险、个税、存贷款、证券、残疾等级及是否为优抚对象等情况进行"九查九核"[2]。

2. 保障范围

根据《经济适用住房管理办法》,经济适用住房的保障对象应同时满足户籍、收入和住房困难三方面的条件。各地在此基础上细化了相关规定。

首先,细化户籍标准。《经济适用住房管理办法》要求保障对象必须具备当地城镇户口。北京市进一步规定申请人须取得城镇户籍时间满3年[3];上海市自2012年放宽户籍标准,要求家庭成员在本市实际居住,具有本市城镇常住户口连续满3年,且在提出申请所在地的城镇常住户口连续满2年[4];广州市强调申请人及共同申请的家庭成员须在本市工作或居住[5];深圳市户籍要求较为宽松,仅要求申请家庭成员中至少1人具有当地户籍,但单身申请者必须具有当地户籍[6]。

其次,逐渐放宽收入线。2010年4月,住房和城乡建设部(以下简称"住建部")《关于加强经济适用住房管理有关问题的通知》(建保〔2010〕59号)规定,商品住房价格较高的城市,可适当扩大经济适用住房的供应范围。从地方实践来看,上海市经济适用住房收入线标准放宽趋势较为明显。

---

[1] 《广州市经济适用住房制度实施办法(试行)》(穗府〔2007〕48号)第9条及附件2。
[2] 参见杜宇:《住房城乡建设部坚定不移推进保障性安居工程建设》,http://www.gov.cn/jrzg/2009-06/03/content_1331397.htm,最后访问日期:2021年12月27日。
[3] 《北京市经济适用住房管理办法(试行)》(京政发〔2007〕27号)第5条。
[4] 2009年到2011年,上海市要求申请家庭成员在本市实际居住,具有本市城镇常住户口连续满7年,且在提出申请所在地的区(县)城镇常住户口连续满5年。
[5] 《广州市经济适用住房制度实施办法(试行)》(穗府〔2007〕48号)第6条。
[6] 《深圳市保障性住房条例》(深圳市第六届人民代表大会常务委员会公告第200号)第21条。

表 3-1 上海市经济适用住房准入标准(单位:万元)

	3 人及以上家庭		2 人及以下家庭	
	人均年可支配收入	人均财产	人均年可支配收入	人均财产
2009	≤2.76	≤7	≤2.76	≤7
2010	≤3.48	≤9	≤3.828	≤9.9
2011	≤3.96	≤12	≤4.356	≤13.2
2012—2013	≤6	≤15	≤7.2	≤18
2014—2020	≤7.2	≤18	≤8.64	≤21.6

最后,因地制宜确定住房困难标准。根据《经济适用住房管理办法》第 25 条,住房困难是指"无房或现住房面积低于市、县人民政府规定的住房困难标准"。北京市和广州市将住房困难设定为人均住房使用面积在 10 平方米及以下[1];上海市住房困难标准相对宽松,指人均住房建筑面积在 15 平方米及以下[2];深圳市的住房困难标准较为严格,要求申请人在国内无任何自有形式的住房和建房用地[3],但其也规定随着住房保障水平的提高,将逐步放宽住房困难标准,从"无房"放宽到"有房但住房困难"[4]。

部分地方在上述三方面条件之外,还规定了房屋转让限制标准和针对单身人士的年龄标准。例如,上海市规定单身人士申请经济适用住房的,男性须年满 28 周岁、女性须年满 25 周岁[5];上海市、广州市和深圳市均要求申请人在提出申请前一定年限内未发生过房产转让(出售、购买或者赠与)行为[6]。

---

[1] 《北京市城八区城市居民购买经济适用住房家庭收入、住房、资产准入标准》(京建住〔2007〕1129 号附表 2),《广州市经济适用住房制度实施办法(试行)》(穗府〔2007〕48 号)第 4 条。

[2] 《上海市共有产权保障住房(经济适用住房)准入标准和供应标准》(沪府发〔2014〕53 号)。

[3] 《深圳市保障性住房条例》(深圳市第六届人民代表大会常务委员会公告 200 号)第 22 条。

[4] 参见《深圳市住房保障制度改革创新纲要》(深府〔2012〕145 号)第(一)条。

[5] 《上海市共有产权保障住房(经济适用住房)准入标准和供应标准》(沪府发〔2014〕53 号)。

[6] 《上海市共有产权保障住房(经济适用住房)准入标准和供应标准》(沪府发〔2014〕53 号),《广州市经济适用住房制度实施办法(试行)》(穗府〔2007〕48 号)第 4 条,《深圳市保障性住房条例》(深圳市第六届人民代表大会常务委员会公告 200 号)第 22 条。

3. 销售制度

《经济适用住房管理办法》从购房优惠政策、购房数量、购房面积、优先配售对象和供应标准等方面对经济适用住房的销售分配作了规定。具体而言：

第一，购买经济适用住房可提取个人住房公积金和优先办理住房公积金贷款，可申请商业性购房贷款，并可享受税收优惠政策。

第二，符合条件的家庭只能按规定购买1套经济适用住房，1名家庭成员只能享受1次经济适用住房政策或参与1次经济适用住房申请。

第三，经济适用住房购买面积原则上不得超过核准面积。购买面积在核准面积以内的，按核准的价格购买；超过核准面积的部分，不得享受政府优惠，由购房人按照同地段同类普通商品住房的价格补交差价。[1]

第四，各地对优先配售条件作了规定，如北京市规定划拨经济适用住房建设用地和重点工程建设涉及的被拆迁家庭、旧城改造和风貌保护涉及的外迁家庭，以及家庭成员中有60周岁及以上老人、严重残疾人员、患有大病人员、优抚对象、复员军人等住房困难家庭可优先配售。[2]

此外，上海市规定了"剩余房源收购制度"，即开发建设单位建设的共有产权保障住房（经济适用住房），在房屋所有权初始登记后满1年仍未出售的，由区（县）人民政府指定的建设管理机构予以收购。[3]

4. 价格管理

《经济适用住房价格管理办法》（计价格〔2002〕2503号）[4]和《经济适用住房管理办法》从定价原则、定价程序、价格构成、监督检查等方面对经济适用住房的价格管理作了规定。具体而言：

第一，经济适用住房销售价格以保本微利为原则，实行政府指导价。经济适用住房销售价格应低于同期同区域同类型普通商品住房市场均

---

[1] 例如，深圳市就明确规定深圳市规定保障性住房实际面积超过规定配售面积的，超出部分的销售价格参照同期同区域同类型普通商品住房的市场价格水平确定。《深圳市保障性住房条例》（深圳市第六届人民代表大会常务委员会公告第200号）第19条。

[2] 《北京市经济适用住房管理办法（试行）》（京政发〔2007〕27号）第18条。

[3] 《上海市共有产权保障住房管理办法（2019修正）》（沪府令第26号）第18条。

[4] 该规定被《中华人民共和国国家发展和改革委员会公告2021年第3号——决定废止的价格规范性文件目录》废止。但由于其规定主要是对《经济适用住房管理办法》的细化，所以这部分还是保留了其中的一些表述。

价,并保持合理差价。

第二,经济适用住房销售基准价格由开发成本、税金和利润三方面构成,开发商建设的经济适用住房利润不高于3%,市县政府组织建设的不得有利润。销售价格应当明码标价,不得高于基准价格及浮动上限;在基准价基础上,根据楼层、朝向等因素确定单套住房零售价。

第三,经济适用住房价格制定按照"开发商核算成本→开发商提出书面定价申请→价格主管部门作出定价决定并确定最大上浮幅度→价格主管部门向社会公布"的程序进行。

第四,价格主管部门应加强成本监审,全面掌握经济适用住房成本及利润变动情况,确保经济适用住房质价相符。

一些地方(如北京市)还在政府审核定价之外规定了经济适用住房的竞价方案和价格调整方案,竞价方案由市发展改革委牵头,会同市建委等部门办理。[1]

(五) 使用与退出环节的制度安排

1. 物业服务

根据《经济适用住房管理办法》,经济适用住房既可采取招标方式选择物业服务企业实施前期物业服务,也可以由居民(业主)在居委会等机构的指导下实施自我管理。

一些地方在上述规定的基础上,对物业服务费的标准和缴纳主体作了规定。例如,北京市规定由产权人缴纳物业管理费[2];上海市规定由购房人缴纳物业管理费,并对集中建设和配建的经济适用住房分别规定了物业管理费标准[3]。

2. 退出制度

《经济适用住房管理办法》规定了经济适用住房的自愿退出和强制退出。前者是指购房人主动转让经济适用住房或直接向政府补交地价款等价金取得房屋完全产权,后者是指购房人的骗购行为被查实后,或购房人购买其他住房后,原经济适用住房由政府强制回购,具有惩罚性。

一些地方对经济适用住房强制退出作了具体的规定。例如,上海市

---

[1] 《北京市经济适用住房管理办法(试行)》(京政发〔2007〕27号)第16条。
[2] 《关于已购经济适用住房上市出售有关问题的通知》(京建住〔2008〕225号)第2条第3款。
[3] 《上海市共有产权保障住房管理办法(2019修正)》(沪府令第26号)第41条。

规定购房未满5年,购房人和(或)同住人出现再次购房、户口全部迁出或全部出国定居、全部死亡的,应当腾退房屋①;深圳市则将违约使用行为,如擅自出租、互换、出借等作为强制回购经济适用住房的事由②。此外,深圳市还规定了人性化退出机制,即购房人应自收到解除合同或者终止合同通知之日起30日内搬迁,并办理相关手续;但购房人有正当理由可以申请临时延期(至多60日),并按照同期市场租赁指导价缴纳租金;无正当理由拒不搬迁的,主管部门应责令其搬迁,并按照同期市场租赁指导价收取逾期租金;拒不执行的,主管部门可以依法申请人民法院强制搬迁。③

3. 产权监督

经济适用住房产权监督制度包括登记制度、使用制度和上市交易制度。具体而言:

第一,《经济适用住房管理办法》要求办理经济适用住房权属登记时,应当注明经济适用住房、划拨土地。在此基础上,上海市已经失效的《经济适用住房管理试行办法》要求在登记簿上载明"经济适用住房(有限产权),5年内不得转让或者出租"④,现行有效的《上海市共有产权保障住房管理办法》也要求不动产登记机构应当在共有产权保障住房的预告登记证明和不动产权证上记载不动产权利人、产权份额,注明同住人姓名,并注记"共有产权保障住房"以及"本市城镇户籍"或者"非本市户籍"⑤;广州市要求经济适用住房产权证书上载明"土地未办有偿使用;不得出租、出借;5年内不得上市交易"⑥。

第二,《经济适用住房管理办法》要求经济适用住房产权人在取得完全产权前,不得用于出租经营。在此基础上,北京市明确经济适用住房只能用于"自住",不能从事出租、出借以及居住以外的任何活动⑦,未经区

---

① 《上海市共有产权保障住房管理办法(2019修正)》(沪府令第26号)第33条。
② 《深圳市保障性住房条例》(深圳市第六届人民代表大会常务委员会公告第200号)第45条。
③ 《深圳市保障性住房条例》(深圳市第六届人民代表大会常务委员会公告第200号)第46条。
④ 《上海市经济适用住房管理试行办法》(沪府发〔2009〕9号,已失效)第29条。
⑤ 《上海市共有产权保障住房管理办法(2019修正)》(沪府令第26号)第30条。
⑥ 《广州市经济适用住房制度实施办法(试行)》(穗府〔2007〕48号)第17条。
⑦ 《北京市经济适用住房管理办法(试行)》(京政发〔2007〕27号)第21条。

县住房保障主管部门同意,不得将所购房屋作为其他债务担保①;广州市仅规定经济适用住房不得出租和出借②;深圳市规定购买的保障性住房在取得完全产权前不得转让、出租、抵押,但是为购买本套保障性住房而向银行贷款抵押的除外③。

关于经济适用住房抵押权的实现方式,北京市规定若购房尚未满5年,则抵押权人只能就回购价实现抵押权;若购房已满5年,则抵押权人可就市场价扣除须上缴增值收益后的剩余部分实现抵押权。④

第三,《经济适用住房管理办法》要求经济适用住房上市交易原则上须遵守5年的禁售期规定,转让时政府享有优先回购权,转让后须上缴增值收益。各地对该规定进行了细化处理,特别是明确了5年后上市交易应交增值收益比例及计算方式,增强实操性(详见表3-2)。

表3-2 全国和北上广深经济适用住房上市交易规定

	5年内转让			5年后转让		
	原则	特殊事由	交易方式	交易方式	应缴增值收益比例	其他规定
《经济适用住房管理办法》	禁止转让	未列举	政府回购	上市交易&政府优先回购	一定比例	
北京	禁止转让	未列举	政府原价回购&其他经适房购房人原价购买	上市交易&已购经济适用住房产权人户口所在区县住房保障主管部门优先回购	70%交易价格＜指导价⑤,按指导价计算差价;买卖双方可委托评估指导价	2017年9月30日起尚未销售的经适房实行封闭运行,由代持机构或者其他经适房购房人购买

---

① 《关于规范已购限价商品房和经济适用住房等保障性住房管理工作的通知》(京建法〔2013〕10号)第5条。
② 《广州市经济适用住房制度实施办法(试行)》(穗府〔2007〕48号)第16条。
③ 《深圳市保障性住房条例》(深圳市第六届人民代表大会常务委员会公告第200号)第41条。
④ 《关于规范已购限价商品房和经济适用住房等保障性住房管理工作的通知》(京建法〔2013〕10号)第7条。
⑤ 根据《关于已购经济适用住房上市出售有关问题的通知》(京建住〔2018〕225号),指导价格是指"同地段房屋状况基本相似的普通商品住房价格"。

(续表)

	5年内转让		5年后转让		
	原则	特殊事由	交易方式	交易方式	应缴增值收益比例	其他规定
上海	禁止转让	离婚析产、无法偿还购房贷款等特殊原因	政府回购	上市交易&购买政府产权份额	35%—45%（政府产权份额）	共有产权住房产权份额继承人不符合条件的，住房保障机构可以依法分割共有物
广州		未列举	政府回购，回购价格按原购房价每年扣减1%计算	上市交易	80%	无
深圳		未列举	政府回购	上市交易&政府优先回购	50%交易价格＜市场评估价格且政府不行使优先回购权的，按市场评估价格计算差价	取得完全产权前发生继承、离婚的处理

注：上表中"原则"列的"禁止转让"为跨行内容，适用于上海、广州、深圳三地。

值得关注的是，北京市曾于2012年4月颁布《关于贯彻国务院办公厅保障性安居工程建设和管理指导意见的实施意见》（京政办发〔2012〕2号），规定"建立经济适用住房封闭运行机制"，并在至2017年9月30日尚未销售的经济适用住房中予以实行[①]。深圳市亦曾计划要建立保障性住房内部流转机制，对新出售的保障性住房，买受人需转让的，只能面向在册轮候家庭出售[②]，但其后颁布的《深圳市经济适用住房取得完全产权

[①] 《北京市共有产权住房管理暂行办法》第24条规定，共有产权住房实行"封闭管理、循环使用"。该法第37条第2款规定"本办法施行后，未销售的自住型商品住房、限价商品住房、经济适用住房，以及政府收购的各类政策性住房再次销售的，均按本办法执行"。因此，2017年9月30日后，尚未出售的经济适用住房，实行封闭管理。

[②] 《深圳市住房保障制度改革创新纲要》（深府〔2012〕145号）第（五）条。

和上市交易》①并未规定经济适用住房要封闭运行。

（六）法律责任

违反《经济适用住房管理办法》的，建设单位、骗购者、出具虚假证明者和国家机关工作人员要承担法律责任。地方的管理条例对此有所细化。具体而言：(1) 建设单位擅自改变经济适用住房土地用途、擅自提高经济适用住房价格的，分别由自然资源主管部门和价格主管部门依法进行处罚。(2) 建设单位擅自向未取得资格的家庭出售经济适用住房的，由经济适用住房主管部门限期收购；不能收购的，由建设单位补缴经济适用住房与同地段同类普通商品住房的价格差，并依法处罚相关单位和人员。(3) 申请人骗购经济适用住房的，政府应强制回购骗购者的住房，并依法追究骗购者责任。北京市、上海市、广州市均规定骗购者自驳回申请之日起有5年禁申期。深圳市区分符合条件的骗购者与不符合的骗购者——前者自驳回其申请之日起5年内不予受理其住房保障申请，后者终身不再受理其购买保障性住房或者购房补贴申请，自驳回其申请之日起10年内不予受理其其他住房保障申请。上海市和深圳市规定对骗购者处以罚款。深圳市还规定将不良行为记载、公示，并将公示内容告知当事人所属单位和征信机构。②（4）为申请人出具虚假证明的，依法追究责任人员责任。上海市和深圳市规定对单位和个人要处以罚款。③（5）国家机关工作人员在经济适用住房建设、管理过程中滥用职权、玩忽职守、徇私舞弊的，依法追究法律和纪律责任。

此外，上海市还规定了房地产经纪人员和房地产经纪机构违规代理的法律责任④，上海市和广州市均规定了购房人和同住人违约违规使用

---

① 《深圳市经济适用住房取得完全产权和上市交易暂行办法》（深建规〔2015〕8号）；《深圳市经济适用住房取得完全产权和上市交易办法》（深建规〔2018〕11号）。

② 《北京市经济适用住房管理办法（试行）》（京政发〔2007〕27号）第25条，《上海市共有产权保障住房管理办法（2019修正）》（沪府令第26号）第49条，《广州市经济适用住房制度实施办法（试行）》（穗府〔2007〕48号）第24条，《深圳市保障性住房条例》（深圳市第六届人民代表大会常务委员会公告第200号）第52条。

③ 《上海市共有产权保障住房管理办法（2019修正）》（沪府令第26号）第50条，《深圳市保障性住房条例》（深圳市第六届人民代表大会常务委员会公告第200号）第55条。

④ 《上海市共有产权保障住房管理办法（2019修正）》（沪府令第26号）第52条。

房屋的责任。① 就救济途径而言，广州市规定申请人及共同申请的家庭成员对申购经济适用住房工作中的行政管理行为有异议或不服的，可以向有关部门投诉、申诉，或依法提请行政复议、行政诉讼。

二、具有保障功能的产权型政策性住房法律制度

限价商品房、棚改安置房（具体内容见第四节）、共有产权住房是对经济适用住房的有益补充，都是地方创新的产物。② 它们共同丰富了产权型政策支持住房形式，有助于改善不同层次群体住房条件，实现不同阶段的政策目标。各种产权型政策性住房出现时间和文件依据如图3-2所示。

（一）历史发展

国务院《关于进一步深化城镇住房制度改革加快住房建设的通知》（国发〔1998〕23号）出台后，一些地方政府曾试图发展经济适用住房之外的产权型政策支持住房。例如，宁波市于2003年试行"限价商品房"制度。但这些创新并未引起中央重视。

"十一五"期间，地方创新和中央支持、中央政策与地方实践互为补充，我国住房保障制度日益丰富、日趋完善。2006年5月，国务院发布《关于调整住房供应结构稳定住房价格意见的通知》（国办发〔2006〕37号）首次在中央层面认可"限价商品房"的合法地位，首次要求地方政府限期编制并公布《2006—2010住房建设规划》。随后，各地政府纷纷公布住房建设规划。通过这些文件，我们可以发现，宁波的"创新"不是个例，而是许多地方规划城市保障性住房建设时的选择。例如，淮安市于2007年首创共有产权住房；北上广深四个城市在经济适用住房和限价商品房之外，提出共有产权保障性住房、动迁安置房、旧城旧村改造重建住房、安居型商品房等产权型政策支持住房，并将它们作为当地的"保障性住房"。③

---

① 《上海市共有产权保障住房管理办法（2019修正）》（沪府令第26号）第48、51条，《广州市经济适用住房制度实施办法（试行）》（穗府〔2007〕48号）第26条。

② 这里的"地方创新"并非宽泛概念，特指较大规模的、具有相当影响力的以保障性住房形式创新为主要标志的创新活动。

③ 参见《北京市住房建设规划（2006年—2010年）》《北京市"十二五"时期住房保障规划》《上海市住房建设规划（2006—2010年）》《上海市住房发展"十二五"规划》《广州市住房建设规划（2006—2010）》《广州市国民经济和社会发展第十二个五年规划纲要》《深圳市住房建设规划（2006—2010）》《深圳市住房保障发展规划（2011—2015）》。

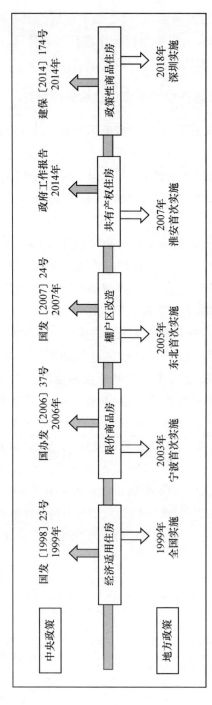

图 3-2 我国产权型政策支持住房创新发展

与此同时,中央政府迅速地吸收地方创新成果。这既便于其他地方取经,扩大推广地方创新制度的影响力;也反映了中央对地方创新的包容和鼓励,进一步激励地方探索更优的住房保障措施。例如,东北三省于2005年开始相继自主开展大规模棚户区改造工程。① 2007年8月,国务院《关于解决城市低收入家庭住房困难的若干意见》(国发〔2007〕24号)将棚户区改造纳入保障性安居工程。2010年1月,国务院办公厅《关于促进房地产市场平稳健康发展的通知》(国办发〔2010〕4号)全面启动了城市和国有工矿棚户区改造工作。

相较限价商品房和棚户区改造,共有产权住房较迟才得到中央认可。虽然共有产权住房最早在2007年就为淮安所提出,但直到2014年3月才得到中央认可,当年的《政府工作报告》首次提出"增加共有产权住房供应"。2014年4月,住建部《关于做好2014年住房保障工作的通知》确定北京、上海、深圳、成都、淮安、黄石等六个城市为共有产权住房试点城市。同年12月,《关于试点城市发展共有产权性质政策性商品住房的指导意见》(建保〔2014〕174号)从供应对象、配售价格、产权比例等16个方面对共有产权住房试点进行具体的指导。更重要的是,该文件首次发出了产权型保障性住房并轨运行的信号,要求共有产权住房试点城市将除公共租赁住房外的其他具有保障性质的住房,逐步纳入政策性商品住房管理,构建"公共租赁住房、政策性商品住房、商品住房相结合"的住房供应体系。

在《关于试点城市发展共有产权性质政策性商品住房的指导意见》的基础上,2018年8月1日,深圳市颁布《关于深化住房制度改革加快建立多主体供给多渠道保障租购并举的住房供应与保障体系的意见》。根据该意见,深圳市将存在市场商品住房、公共租赁住房和政策性支持住房三种住房形式,其中政策性支持住房(包括人才住房)打通"产权型"和"租赁型",可租可售,安居型商品房以售为主。

(二) 现行限价商品房法律制度

限价商品房(含安居商品住房),又称"两限"商品房,是在限制套型比例、限定销售价格的基础上,以"限房价、竞地价"的方式,招标确定住宅项

---

① 在2005年之前,尽管各城市也曾探索进行改造的途径,但由于棚户区多在偏僻的郊区,基础设施投资效益低房价基数也低,尽管政府会给参与棚户区改造的开发商各种税费减免,但仍没有多少人愿意参与开发,棚户区改造并无多大成效。有关棚户区改造的历史,参见本书第二章第五节。

目开发建设单位,按照约定价位面向符合条件的中等收入群体销售的中低价位、中小套型政策支持性普通商品住房。① 概言之,限价商品住房继承了经济适用住房在管理机构、规划计划编制、申请与审核制度等方面的做法,但在土地供应、销售价格、供应对象、套型面积和产权限制方面与其相区别。以下着重介绍二者不同之处。

1. 土地供应

根据《关于调整住房供应结构稳定住房价格意见的通知》,限价商品房用地以"限房价、竞地价"公开招标出让。北京市在"限房价、竞地价"基础上,实行"控地价、限房价"②,深圳市则实行"定房价、竞地价"和"定地价、竞房价"两种模式③。

2. 套型面积

根据《关于调整住房供应结构稳定住房价格意见的通知》,限价商品房应当为中小套型普通商品住房,即套型建筑面积不得超过90平方米,并执行"90/70政策"④。广州市和深圳市规定限价商品房和安居型商品房套型建筑面积必须在90平方米以下。北京市并未完全禁止大户型限价商品房,仅规定限价商品房套型建筑面积以90平方米以下套型为主,其中一居室控制在60平方米以下,二居室控制在75平方米以下⑤;对于转化为共有产权住房的限价商品住房,其中建筑面积大于140平米的住房可向具备本市购房资格的居民家庭进行销售⑥。

3. 供应对象

限价商品房的政策目的较为多元,包括平抑房价、解决"夹心层"群体住房困难问题、吸引人才等。如表3-3所示,各地可购买限价商品房的人群有:(1) 符合条件的人才(人才标准可宽可严);(2) 本地户籍中低收入住房困难家庭;(3) 在本市连续缴纳社会保险费达到一定年限的非户籍常住人员。

---

① 参见王者洁:《房地产法诸问题与新展望》,知识产权出版社2016年版,第51页。
② 《关于促进本市房地产市场平稳健康发展的若干措施》(京政办发〔2016〕46号)第3条规定:"在严控地价的同时,对项目未来房价进行预测,试点采取限定销售价格并将其作为土地招拍挂条件的措施,有效控制房地产价格快速上涨。"
③ 《深圳市安居型商品房建设和管理暂行办法》(深圳市人民政府令〔2011〕228号)第12条。
④ 建设部等九部门《关于调整住房供应结构稳定住房价格的意见》(国办发〔2006〕37号)规定:"自2006年6月1日起,凡新审批、新开工的商品住房建设,套型建筑面积90平方米以下住房(含经济适用住房)面积所占比重,必须达到开发建设总面积的70%以上。"该政策被称为"90/70政策"。
⑤ 《北京市限价商品住房管理办法(试行)》(京建住〔2008〕226号)第10条。
⑥ 《关于加强限房价项目销售管理的通知》(京建法〔2018〕9号)第5条。

表 3-3　北上广深限价商品房供应对象

	北京	上海	广州	深圳
供应对象	• 中等收入住房困难的城镇居民家庭、征地拆迁过程中涉及的农民家庭、其他家庭 • 满足户籍、收入、住房和资产要求	• 在临港等地区的单位工作 • 缴纳社会保险金满1年以上 • 具有购买本市商品住房资格 • 三类人才之一	• 本市城镇户籍 • 在本市无独立套型自有住房 • 男性年满25周岁,女性年满23周岁 • 个人申购的,本人税前年收入≤10万 • 以夫妻联名方式申购的,家庭税前年收入≤20万	• 本市城镇户籍 • 参加医保5年,人才为3年 • 未享受过购房优惠政策 • 在本市无任何形式自有住房 • 在申请受理日之前5年内未在深圳市转让过自有住房 • 符合国家计划生育政策 • 单身申请人需年满35周岁 • 申请人、共同申请人曾经离婚,离婚时间距申请受理日满5年
优先供应	• 公益性项目所涉及的被拆迁或腾退家庭 • 特殊家庭成员(老残病优抚) • 具备经适房购买资格但放弃	• 取得经认定的区级以上科研、竞赛成果表彰奖励的人才 • 四人以上或三人且在上海无自有住房的家庭申请购买三居室	• 夫妻双方名义申请购买 • 城市建设被拆迁家庭、重点发展产业的从业人员、中高级专家等特殊群体 • 海外高层次人才	

4. 销售价格

《关于调整住房供应结构稳定住房价格意见的通知》要求限价商品房在土地出让时即限定房屋的最高销售价格。广州市规定,限价房项目的最高销售价格应当根据房地产市场运行情况,按照地块公开出让时同区域、同地段、同类型商品住宅市场价格的一定比例确定。① 北京市则规定限房价项目可售住房在土地出让时的销售均价的限价(限售限价),由主管部门以项目的综合开发成本以及合理利润为基础,参照同地段、同品质普通商品房价格研究确定。② 在限房价项目办理施工许可后,由市房地

---

① 《广州市限价商品住宅销售管理办法(试行)》(穗府〔2008〕1号)第8条。
② 《北京市限价商品住房管理办法(试行)》(京建住〔2008〕226号)第12条。

产管理事务中心会同市保障房中心确定该住房评估价。若销售限价与评估价比值高于85%,由开发商按照限价房有关规定自行销售。所售住房为商品房,但应取得分户不动产登记证书或契税完税凭证后满5年方可上市交易。若比值不高于85%,则由市保障房中心收购转化为共有产权住房进行配售。① 这一政策有助于防止变相涨价、抑制投资投机,保障中低收入群体自住刚需。②

5. 产权监督

表3-4概括了各地限价商品房产权监督的主要措施。不难看出,和经济适用住房一样,限价商品房也实行有限产权制度,但只限制上市交易和出租(北京不限制出租),不限制其他使用方式(如闲置、借用等),并且各地的具体要求有细微差别。

表3-4 北上广深限价商品房产权监督制度比较

	北京	上海	广州	深圳
登记要求	房产证上注记限价商品住房	登记簿、房产证和预告登记证明栏上注记限价商品住房	房产证上注记转让和出租限制性内容	办理政策性住房(绿皮)房产证
有限产权	• 5年内原则不得转让 • 5年内转让的,申请回购,封闭运行 • 5年后转让的,缴纳土地收益等价款 • 2017年9月30日起,尚未出售的限价商品房封闭运行③	• 10年内原则不得转让 • 10年内转让的,政府指定机构审核后按原购买价格加同期银行存款利息回购 • 10年后可转让	• 5年内不得出租和转让 • 5年后转让的,补交土地收益价款(差价的70%)	• 签订买卖合同10年内(取得完全产权前),不得转让 • 10年内转让的,应申请政府按原合同购房价回购 • 10年后转让的,可以申请政府按收购价格④回购,也可以上缴增值收益后取得完全产权

---

① 《关于加强限房价项目销售管理的通知》(京建法〔2018〕9号)第3条。
② 杜雨萌:《北京限价房销售新规剑指变相涨价》,http://www.zqrb.cn/house/zhengcesudi/2018-05-27/A1527432438528.html,最后访问日期:2018年6月15日。
③ 《北京市共有产权住房管理暂行办法》第24条规定,共有产权住房实行"封闭管理、循环使用"。该法第37条第2款规定"本办法施行后,未销售的自住型商品住房、限价商品住房、经济适用住房,以及政府收购的各类政策性住房再次销售的,均按本办法执行"。因此,2017年9月30日后,尚未出售的限价商品住房实行封闭管理。
④ 收购价格=原购房价×〔1-1.4%×(购房协议签订之日至申请收购之日的年限-10年)〕

(三)现行共有产权住房法律制度

共有产权住房继承了经济适用住房在管理机构、规划计划编制、申请与审核制度等方面的制度,但在住房性质、土地供应、供应对象、配售价格、产权划分和上市交易方面与其相区别。下面着重介绍二者的不同之处。由于共有产权住房在我国尚处于地方试点阶段①,故本部分主要介绍较为成熟的淮安、北京、上海和广州四种模式。

1. 住房性质

根据《关于试点城市发展共有产权性质政策性商品住房的指导意见》,共有产权住房,是指政府给予政策支持,通过市场开发建设,面向符合规定条件的住房困难群体供应,限定销售价格,并限制使用范围和处分权利,实行政府与购买人按份共有产权的政策性住房。

如表3-5所示,淮安、上海、北京和广州四种模式对共有产权住房的定位略有不同:(1)淮安市起初将经济适用住房等同于共有产权住房,称之为"共有产权经济适用住房"。② 2014年,淮安市根据国家的部署,开展共有产权住房试点,在"政府实物配租""政府棚户区改造助购""政府货币补贴""政企共同助购""政府公租房先租后售"等多种保障模式中试行共有产权,仅将政府集中建设的共有产权住房作为经济适用住房项目办理,纳入政府经济适用住房建设目标任务,享受经济适用住房优惠政策。③(2)上海市将共有产权住房定位为保障性住房,取代经济适用住房,面向户籍城镇中低收入住房困难家庭供应。④(3)北京市将共有产权住房定位为政策性商品住房,取代此前推出的自住型商品住房、限价商品房、经济适用住房以及政府收购的其他产权型政策性住房。⑤(4)广州市将共有产权住房定位为"保障性住房"。⑥

---

① 截至2018年7月,我国先后实行共有产权住房的城市有黄石、上海、南京、常州、德阳、北京、烟台、福州、广州、珠海、佛山以及包括淮安在内的江苏多个城市。此外,为解决财政配套资金严重不足问题,部分地方政府(主要是西部地区)探索廉租住房"共有产权模式",引起诸多争议。有关廉租住房共有产权模式的讨论,参见本书第二章第二节。
② 《淮安市共有产权经济适用住房管理办法(试行)》(淮政发〔2010〕208号)第2条。
③ 《淮安市全国共有产权住房试点工作实施方案》(淮政发〔2014〕132号)第3条第2款、第5条第3款。
④ 《上海市共有产权保障住房管理办法(2019修正)》(沪府令第26号)第2、56条。
⑤ 《北京市共有产权住房管理暂行办法》(京建法〔2017〕16号)第2、37条。
⑥ 《广州市共有产权住房管理办法》(穗建规字〔2020〕8号)第2条。

表 3-5　全国和淮安、上海、北京共有产权住房性质比较

全国	政策性商品住房
淮安	共有产权经济适用住房(2007—2014)→共有产权住房(2014 年至今)
上海	保障性住房(2010 年至今)
北京	政策性商品住房(2017 年至今)
广州	保障性住房(2020 年至今)

2. 土地供应

根据《关于试点城市发展共有产权性质政策性商品住房的指导意见》,共有产权住房的土地性质为出让建设用地。土地出让采取招拍挂方式,并将销售价位、套型面积等控制性要求写入出让合同。在此基础上,淮安和北京还规定了"限房价、竞地价""综合招标"等多种出让方式。①

共有产权住房原则上在国有土地上开发建设。北京市于 2018 年底率先推出利用集体建设用地建设共有产权住房(以下简称"集体共有产权住房")的政策。2019 年 9 月,北京市首宗集体共有产权住房用地成交,标志着北京市集体共有产权住房进入建设阶段。② 集体共有产权房并非"小产权房",而是和原来国有土地上的共有产权房一样由购买人享有部分产权,并遵守《北京市共有产权住房管理暂行办法》(京建法〔2017〕16 号)关于封闭运行、5 年内不得转让的规定。

3. 建设模式

根据《关于试点城市发展共有产权性质政策性商品住房的指导意见》,共有产权住房实行分散配建与集中建设相结合,优先在普通商品住房项目中配建。集中建设的,可以与棚户区改造项目相结合;分散配建的,配建面积、套型结构等作为取得建设用地的前置条件。淮安、上海和广州细化了该规定:(1) 淮安市规定,土地成本低的地段,应当优先安排集中建设或配套建设共有产权房。危旧房集中的地段,要优先安排改造,配建数量适当的共有产权房。③ (2) 上海市规定,共有产权住房采取单独选址、集中建设和在商品住宅建设项目中配建的方式进行开发建设。单

---

① 《淮安市共有产权经济适用住房管理办法(试行)》(淮政发〔2010〕208 号)第 25 条;《北京市共有产权住房管理暂行办法》(京建法〔2017〕16 号)第 7 条。
② 参见陈雪柠:《集体土地建共有产权房地块成交》,载《北京日报》2019 年 9 月 17 日。
③ 《淮安市共有产权经济适用住房管理办法(试行)》(淮政发〔2010〕208 号)第 33、34 条。

独选址、集中建设的,既可以由政府自行建设,也可以由政府通过招标确定开发企业建设;在商品住房项目中配建的,建成后的共有产权住房应当无偿移交给政府。① (3)广州市规定共有产权住房可以采用单独选址集中新建、"限房价、竞地价"集中新建、城市更新改造项目或商品住房项目配建、既有房源转用等方式建设,并鼓励利用符合条件的产业园区、人才聚集区、人才安居区、特定安置区及其他国有土地建设共有产权住房。②

4. 套型建筑面积

根据《关于试点城市发展共有产权性质政策性商品住房的指导意见》,共有产权住房应以小套型为主,除另行规定外,单套建筑面积控制在90平方米以内。从地方实践来看,淮安市要求共有产权住房应以70平方米(建筑面积)左右为主,可适当放宽至90平方米左右③;广州市规定共有产权住房以建筑面积90平方米以下的中小套型为主④;上海市和北京市未做明确规定,但在"房住不炒"背景下,实践中两市的共有产权住房以中小套型为主,并适当安排供应改善型住房刚需人群的大户型套房。

5. 供应对象

根据《关于试点城市发展共有产权性质政策性商品住房的指导意见》,共有产权住房主要面向住房困难的城镇中等偏下收入家庭,以及符合规定条件的进城落户农民和其他群体供应。地方确定的供应范围不一:(1)上海市供应对象标准较严格,仅为本市城镇户籍中低收入住房困难家庭或个人;(2)淮安市2014的试点将供应对象从市区中等偏下收入和棚户区改造住房困难家庭,扩大到就业人员和进城务工人员⑤;(3)北京市供应对象标准较为宽松,包括本市户籍居民、持有本市有效暂住证且连续5年(含)以上在本市缴纳社会保险或个人所得税的非本市户籍居民,要求无住房且无住房转出记录,但没有收入限制;(4)广州市供应对象分为本市户籍申购人和不受户籍限制的人才,申购前在本市连续缴纳基本养老保险满特定期限,申购人及其配偶和未成年子女名下无本市的住宅、商铺、写字楼。具体如下表所示:

---

① 《上海市共有产权保障住房管理办法(2019修正)》(沪府令第26号)第9条。
② 《广州市共有产权住房管理办法》(穗建规字〔2020〕8号)第7条。
③ 《淮安市全国共有产权住房试点工作实施方案》(淮政发〔2014〕132号)第3条第3款第1项。
④ 《广州市共有产权住房管理办法》(穗建规字〔2020〕8号)第10条。
⑤ 《淮安市全国共有产权住房试点工作实施方案》(淮政发〔2014〕132号)第3条第2款。

表 3-6　淮安、上海、北京和广州共有产权住房准入条件

		户籍/社保限制	收入限制	住房困难	年龄	其他
上海		城镇常住户口达规定年限；在提出申请所在地达规定年限	可支配收入和财产低于规定限额	住房面积低于规定限额		在提出申请前的规定年限内,未发生因住房转让而造成住房困难的行为
淮安	中低收入住房困难家庭	两年以上城市户口	人均年收入不高于上年度城镇人均可支配收入	人均住房建筑面积不高于 16 m²	未规定	未规定
	棚户区改造住房困难家庭	未规定		唯一住房被征收拆迁；拆迁补偿总额难以购买一套最小套型安置住房		
	新就业人员	市区城市居民户口	未规定	无住房		大中专院校毕业不超过8年 已婚 已就业
	进城务工人员	在市区连续缴纳城镇职工基本社会保险2年以上	人均年收入不高于上年度城镇人均可支配收入	无住房		已婚
北京		本市户籍；持有本市有效暂住证且连续5年(含)以上在本市缴纳社会保险或个人所得税的非本市户籍居民	未规定	家庭成员在本市均无住房	单身年满30周岁	无住房转出记录
广州		本市城镇户籍满10年；符合条件的人才不受户籍或户籍年限制	未规定	申购人及其配偶和未成年子女名下无本市的住宅、商铺、写字楼	单身年满30周岁	申购前在本市连续缴纳基本养老保险满60个月

6. 配售价格

根据《关于试点城市发展共有产权性质政策性商品住房的指导意见》，共有产权住房的配售价格低于同地段普通商品住房的价格。淮安市规定配售价格一般低于同区段同期楼盘销售价格的5%—10%左右①；政府收购储备1年以上的共有产权房，销售价格实行动态管理。② 上海市要求单独选址、集中建设的共有产权住房以"保本微利"为原则确定销售基准价格，但对在商品房项目中配建的共有产权住房不作"保本微利"要求。③ 北京市规定先由代持机构委托房地产估价机构在土地上市前进行评估，并由政府共同审核后确定销售均价④，再由开发建设单位依据销售均价按±5%的浮动确定单套住房销售价格⑤。广州市规定先由代持管理机构委托评估机构对同地段、同类型新建商品住宅市场价进行评估，集中新建的共有产权住房由开发建设单位按照不超过土地出让时确定的最高销售单价的要求，自行确定具体销售价格；其他方式筹集的共有产权住房应综合考虑市场评估价和保障对象支付能力确定。⑥

7. 产权划分

根据《关于试点城市发展共有产权性质政策性商品住房的指导意见》，共有产权住房由购买人与政府按份共有，购买人的产权份额为其实际出资额占同地段、同类型商品住房价格的比例，其余部分为政府的产权份额。购买人的产权比例一般不低于60%。淮安市在此基础上有所创新：(1) 政府产权部分显化。淮安市要求政府产权部分显化为土地出让金和货币补助；(2) 个人产权比例可选择。淮安市最初只规定5∶5和3∶7两种共有模式，现在则区分不同保障方式，允许个人选择出资比例。具体而言，棚户区改造助购的共有产权住房，个人可在50%以上选择出资比例；通过政府实物配租、提供货币补贴和公共租赁住房先租后售方式取得的共有产权住房项目，个人可在60%以上选择出资份额；政府企业出资助购的共有产权住房，个人可在70%以上选择出资比例。⑦

---

① 《淮安市共有产权经济适用住房管理办法（试行）》（淮政发〔2010〕208号）第2条第2款。
② 《淮安市共有产权经济适用住房管理办法（试行）》（淮政发〔2010〕208号）第10条。
③ 《上海市共有产权保障住房管理办法（2019修正）》（沪府令第26号）第15条。
④ 《北京市共有产权住房管理暂行办法》（京建法〔2017〕16号）第19条。
⑤ 《北京市共有产权住房管理暂行办法》（京建法〔2017〕16号）第17条。
⑥ 《广州市共有产权住房管理办法》（穗建规字〔2020〕8号）第14条。
⑦ 《淮安市全国共有产权住房试点工作实施方案》（淮政发〔2014〕132号）第3条第1款。

8. 使用管理

根据《关于试点城市发展共有产权性质政策性商品住房的指导意见》，共有产权住房应用于自住，不得擅自出租转借、长期闲置或改变用途，否则要承担违约责任。淮安、上海、北京和广州还对能否出租、抵押、继承、分割等作出规定：(1) 出租经营。淮安规定共有产权期间，个人不得出租经营住房[1]；上海、北京和广州规定共有产权期间，禁止个人擅自转让、赠与、出租、出借住房[2]。北京还规定了具体的出租程序和收益分配规则，即购买人应在市级代持机构建立的网络服务平台发布房屋租赁信息，优先面向保障性住房备案家庭或符合共有产权住房购房条件的家庭出租；出租收益由购买人和代持机构按照所占房屋产权份额享有。[3] (2) 份额抵押。淮安规定共有产权期间，个人抵押共有产权住房的，抵押部分只限于个人拥有的产权部分，但未限制抵押用途[4]；上海市规定共有产权期间，个人只能就其份额设定共有产权保障住房购房贷款担保抵押权[5]；北京市规定购买人和代持机构均可将其份额抵押，个人抵押用途不作限制，但代持机构抵押融资只能专项用于本市保障性住房和棚户区改造建设和运营管理[6]。(3) 份额继承。淮安市规定共有产权期间，购房个人死亡的，其产权份额可以依法继承[7]；上海市规定购买人均死亡，其产权份额的继承人不符合共有产权住房申请条件的，住房保障机构可以依法分割共有物[8]；根据北京政策精神，共有产权房个人份额可以继承，但继承人须符合规定；广州市规定承购人去世，继承人在本市无自有住房的，可以提交继承公证文件后重新与代持管理机构签订《共有产权住房共有协议》，继承承购人产权份额作为共有产权住房继续居住使用。继承人在本市有自有住房或虽无自有住房但选择转让共有产权住房的，可以向代持管理机构提出转让份额申请，实现共有产权住房的封闭运行。[9]

---

[1] 《淮安市共有产权住房申购管理细则（试行）》（淮政发〔2014〕132号附件2）第31条。
[2] 《上海市共有产权保障住房管理办法（2019修正）》（沪府令第26号）第32条；《北京市共有产权住房管理暂行办法》（京建法〔2017〕16号）第27条。
[3] 《北京市共有产权住房管理暂行办法》（京建法〔2017〕16号）第23条。
[4] 《淮安市共有产权住房申购管理细则（试行）》（淮政发〔2014〕132号附件2）第29条。
[5] 《上海市共有产权保障住房管理办法（2019年修正）》（沪府令第26号）第32条。
[6] 《北京市共有产权住房管理暂行办法》（京建法〔2017〕16号）第28条。
[7] 《淮安市共有产权住房申购管理细则（试行）》（淮政发〔2014〕132号附件2）第29条。
[8] 《上海市共有产权保障住房管理办法（2019修正）》（沪府令第26号）第39条。
[9] 《广州市共有产权住房管理办法》（穗建规字〔2020〕8号）第27、30条。

(4) 份额分割。北京市规定购买人和代持机构,不得将拥有的产权份额分割转让给他人。[1]

根据《关于试点城市发展共有产权性质政策性商品住房的指导意见》,购买人承担住房及其附属设施的日常维修养护、物业服务等费用。淮安还规定在共有产权超过5年的,政府、企业可依据购房合同的约定,就其拥有的产权部分对应的使用权向个人收取90%市场评估租金[2];但对于仍符合共有产权房条件的家庭,免交政府产权面积部分的房屋租金[3]。

表 3-7　全国和淮安、上海、北京共有产权住房使用管理规则

	出租转借等	份额抵押	份额继承	份额分割
全国	不得擅自出租转借、长期闲置或改变用途	未规定		
淮安	不得出租经营	个人就其份额设定抵押	个人份额允许继承	未规定
上海	不得擅自转让、赠与、出租或出借	个人就其份额设定共有产权住房购房贷款担保抵押	符合条件的继承人可继承份额;不符合条件的,分割共有物	未规定
北京		购买人就其份额设定抵押;代持机构就其份额设定保障房和棚户区改造项目融资抵押	符合条件的继承人可继承份额	禁止分割
广州		承购人将所购房屋产权份额用于办理住房贷款抵押;代持机构所持份额为政府非经营性资产,不得用于抵押担保或经营用途	继承人无自有住房的可以继承份额;有自有住房或者自愿选择转让共有产权住房的,应封闭运行	未规定

---

① 《北京市共有产权住房管理暂行办法》(京建法〔2017〕16号)第27条。
② 《淮安市全国共有产权住房试点工作实施方案》(淮政发〔2014〕132号)第3条第4款。
③ 《淮安市共有产权经济适用住房管理办法(试行)》(淮政发〔2010〕208号)第20条。

9. 产权转让和增购

根据《关于试点城市发展共有产权性质政策性商品住房的指导意见》,共有产权住房的转让受到四个方面的限制:(1) 时间限制。购房人购买住房不满5年的,不得上市交易;(2) 优先购买权限制。购房人购买满5年上市交易的,同等条件下,政府享有优先购买权;(3) 收益分割。上市交易所得价款,应以购买人与政府的产权份额为依据公平分割。实践中,地方完善了产权转让限制规定:(1) 时间限制。淮安市规定5年限售期自房屋登记日期起算[①],共有产权期间,个人因重大疾病和伤残而急需退出共有产权住房的,或无力偿还个人产权部分贷款的,可以申请政府按原配售价格回购或者调减个人产权份额[②];北京市规定5年内因特殊原因确需转让的,购买人可以申请代持机构按原配售价减去折旧等回购,回购的房屋继续作为共有产权住房。[③] (2) 销售对象限制。淮安市对销售对象不作要求,但若其收入高于规定标准,则应向政府交纳国有产权面积部分的房屋市场租金。[④] (3) 性质转化。上海规定共有产权住房上市转让或增购份额后,转变为商品住房[⑤];北京市和广州市则实行"封闭运行",转让对象应为其他符合共有产权住房购买条件的家庭,房屋产权性质仍为"共有产权住房",受让人所占房屋产权份额比例不变[⑥]。

此外,根据《关于试点城市发展共有产权性质政策性商品住房的指导意见》,购买人可以增购产权份额,直至取得完全产权,增购价随行就市,按同时期、同地段普通商品住房的价格确定。淮安市规定增购顺序,对于个人、企业和政府共有产权住房,个人应首先购买企业产权,再购买政府产权,形成完全产权。[⑦] 上海市对增购时间加以限制,只有在取得房产证满5年后,购买人、同住人才能购买政府产权份额;淮安市则不作限制,而

---

① 《淮安市共有产权住房申购管理细则(试行)》文号(淮政发〔2014〕132号附件2)第22条。
② 《淮安市全国共有产权住房试点工作实施方案》(淮政发〔2014〕132号)第3条第5款。
③ 《北京市共有产权住房管理暂行办法》(京建法〔2017〕16号)第24条。
④ 《淮安市共有产权住房申购管理细则(试行)》文号(淮政发〔2014〕132号附件2)第22条。
⑤ 《上海市共有产权保障住房管理办法(2019修正)》(沪府令第26号)第34条。
⑥ 《北京市共有产权住房管理暂行办法》(京建法〔2017〕16号)第25条,《广州市共有产权住房管理办法》(穗建规字〔2020〕8号)第27条。
⑦ 《淮安市全国共有产权住房试点工作实施方案》(淮政发〔2014〕132号)第3条第4款。

且 5 年内购买的享有价格优惠,以鼓励个人购买产权。[1]

10. 退出机制

根据《关于试点城市发展共有产权性质政策性商品住房的指导意见》,共有产权住房购买人通过购置、继承、受赠等方式取得其他住房,不再符合供应条件的,应当通过增购取得完全产权实现退出,或由政府回购其所有的产权份额。上海市规定取得房地产权证未满 5 年,购买人或同住人(1) 购买商品住房、不再符合住房困难标准;(2) 户口全部迁离本市或者全部出国定居;(3) 均死亡;(4) 因离婚析产、无法偿还购房贷款等原因确需退出共有产权保障住房的,应当腾退共有产权住房,并由政府回购。[2] 北京市规定购买人通过购买、继承、受赠等方式取得其他住房的,其共有产权住房产权份额由代持机构回购,份额回购后房屋性质不变,继续作为共有产权住房。[3]

广州市的共有产权住房产权流转实行封闭运行,承购人符合住房限售年限的,可以申请代持机构回购或向符合条件的受让人转让。承购人所持产权份额转让产生的增值收益归承购人享有,转让价格低于原购买价格的,代持管理机构不予补偿差价。如果承购人有擅自转让、赠与、出租、出借共有产权(份额)的行为,或者承购人户籍迁离本市或出国定居的,由代持管理机构按市场评估价回购或安排符合申购条件的家庭购买,因产权转让产生的增值收益归代持管理机构享有。[4]

三、现行产权型政策性住房法律制度评析

如图 3-3 所示,从概念上看,产权型政策性住房包括产权型保障性住房和具有保障性质的其他产权型政策性商品住房。前者指经济适用住房,后者包括棚改安置房、限价商品房和共有产权住房。从历史上看,经济适用住房是最早的产权型政策住房,并且成为产权型政策性住房制度设计的模板——此后各地推出的新的产权型政策性住房制度,都在一定程度上借鉴、继承和发展了经济适用住房的制度。经济适用住房曾经作

---

[1] 《淮安市全国共有产权住房试点工作实施方案》(淮政发〔2014〕132 号)第 3 条第 4 款。
[2] 《上海市共有产权保障住房管理办法(2019 修正)》(沪府令第 26 号)第 33 条。
[3] 《北京市共有产权住房管理暂行办法》(京建法〔2017〕16 号)第 26 条。
[4] 《广州市共有产权住房管理办法》(穗建规字〔2020〕8 号)第 27、28 条。

出了突出的历史贡献,特别是在 2006 年前,作为住房保障的几乎唯一的形式,经济适用住房对解决中低收入家庭住房困难问题发挥了重要作用。

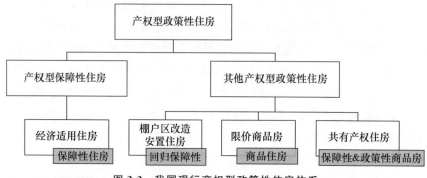

图 3-3　我国现行产权型政策性住房体系

目前,许多城市都不再建设经济适用住房,而将保障重点转向共有产权住房、限价商品房等。① 这体现了产权型政策性住房之间融合与交替的趋势:每一种新的房屋类型都是在地方在经济适用住房的基础上因地制宜的产物,从而兼顾保障目的和其他政策目的,减轻政府住房保障财政压力,压缩投机套利空间。具体而言:第一,经济适用住房用地均为划拨用地,地方政府的供地压力大,而地方财政是保障性住房建设的重要资金来源。"入不敷出"倒逼地方政府创新产权型政策性住房形式,此后推出的限价商品房和共有产权住房都采用出让方式供应土地。第二,购买经济适用住房 5 年后,购房人补齐一定比例的增值收益后,即可上市交易。在房价高企的经济环境下,房屋转让的利润客观,导致经济适用住房受到各路投机资金的"青睐"。② 为解决该问题,一些地方要求经济适用住房封闭运行,即经济适用住房只能在轮候家庭之间流转,流转后仍为经济适用住房。但这很难溯及存量经济适用住房,因为存量经济适用住房的出售限制是 5 年的禁止上市交易期,但对购房 5 年后的上市交易并未要求封闭运行。除封闭运行外,上海推出共有产权模式压缩投机套利空间。

---

　①　例如,北京市以共有产权住房替代经济适用住房、限价商品房和自住商品房;上海市以共有产权保障住房替代经济适用住房;广州市自 2013 年起暂停新建经济适用住房;深圳市重点发展人才住房和安居型商品房。

　②　申卫星:《经济适用房共有产权论——基本住房保障制度的物权法之维》,载《政治与法律》2013 年第 1 期,第 3 页。

其原理是购房者在转让时仅能获得产权部分的利润,相比拥有单独产权的情形,投机者通过转让可获得的利润减少。但从上海的实践来看,政府拥有的产权份额大概是 35%—45%,即需缴纳增值收益比例为 35%—45%,这在全国属于偏下水平。因此,共有产权模式能否有效压缩获利空间仍值得怀疑。

从发展趋势来看,产权型政策性住房和租赁型政策性住房之间的界限不是绝对的,未来在公共租赁住房和保障性租赁住房之外,或许将出现租售并举的政策性住房,成为沟通保障性住房和商品住房的桥梁。有学者评论共有产权住房时,说道"共有产权房不能作为保障房的一个品种来看待,否则会削足适履,反而扼杀其活力和价值,而应放在整个住房供应体系健全完善的大视角来看待"①。这一观点虽然只是一家之言,但反映了人们对住房保障和市场关系的反思。

第二节　租赁型保障性住房法律制度

我国现行租赁型保障性住房包括廉租住房、公共租赁住房和保障性租赁住房三种形式。其中,廉租住房和公共租赁住房属于狭义的住房保障制度,旨在"解决中低收入家庭住房困难"。在公廉并轨的背景下,"廉租住房"逐渐成为一个历史概念。不过,形式上的合并难以掩盖公共租赁住房和廉租住房在实质上的差异性②,特别是在保障形式和准入制度上,原廉租住房保障对象仍享受"应保尽保"待遇。因此在分析制度法律规定时,我们要明确公廉并轨≠公廉同一,注重把握二者的"并"和"分"。

保障性租赁住房则是解决人口净流入大城市中新市民、年轻人短期住房需求的制度,已经突破了保基本的狭义住房保障范畴,属于广义住房保障制度。保障性租赁住房旨在落实"房住不炒",缓解大城市住房租赁结构性供给不足的矛盾,减轻新市民、年轻人住房压力,从而扩大内需、打造新的增长引擎,促进"内循环"。保障性租赁住房具有与公共租赁住

---

① 陈杰、胡明志:《共有产权房:住房供给侧改革何以发力》,载《探索与争鸣》2017 年第 11 期,第 115 页。
② 参见翟峰:《公租房廉租房并轨运营尚待政策和立法支撑》,载《中国建设报》2013 年 6 月 18 日,第 7 版。

(廉租住房)完全不同的内在运行机理,本节将在介绍廉租住房和公共租赁住房法律制度后对其进行专门论述。

一、廉租住房和公共租赁住房的概念与特征

公廉并轨后"廉租住房"不再是一个独立的保障形式,但实践中仍有不少城市在政策中保留"廉租住房""廉租保障方式""廉租补贴"或"廉租保障对象"等提法。因此,我们仍有必要分别介绍两个概念。

根据《廉租住房保障办法》(建设部等令第162号),廉租住房,是政府面向符合条件的城镇低收入住房困难家庭以低廉租金标准提供的保障性住房。廉租住房制度,是指政府通过实物配租、租赁补贴等方式,解决城镇低收入家庭住房困难问题的住房保障制度。

根据《公共租赁住房管理办法》(住房和城乡建设部令〔2012〕第11号),公共租赁住房,是指限定建设标准和租金水平,面向符合条件的城镇中等偏下收入住房困难家庭、新就业无房职工和在城镇稳定就业的外来务工人员出租的保障性住房。公共租赁住房制度,是指通过实物配租、租赁补贴等方式,解决上述三类人群住房困难的住房保障制度。

根据《关于公共租赁住房和廉租住房并轨运行的通知》(建保〔2013〕178号),从2014年起,公共租赁住房和廉租住房并轨运行,并轨后统称为公共租赁住房。公廉并轨后,在形式上租赁型保障性住房中不再有"廉租住房"这一种类,但在实质上原廉租住房保障对象仍享受不同于公租房保障对象的社会救助。

二、廉租住房和公共租赁住房的合并之处

根据《关于公共租赁住房和廉租住房并轨运行的通知》和《关于并轨后公共租赁住房有关运行管理工作的意见》(建保〔2014〕91号),公廉并轨后,廉租住房和公共租赁住房在规划与计划编制、土地供应、资金渠道、房屋来源、开发建设、管理档案制度、申请和审核制度、复核与退出机制、法律责任等方面实现统一管理。

(一) 管理主体

公廉并轨前,廉租住房和公共租赁住房的主管机关均为住建部门[①],但在具体的运营上,廉租住房由地方政府确定的实施机构(地方住建部门)负责,公共租赁住房则由所有权人或其委托的运营单位(地方住建部门或社会力量)管理。公廉并轨后,廉租住房也可以由受托的公共租赁住房运营机构统一管理,这有利于减轻政府单独管理廉租住房的负担。目前,广州市已明确"社会力量投资的公共租赁住房由其所有权人或者其委托的运营单位自行管理,并受所在区住房保障部门监督"。[②]

(二) 档案管理制度

公廉并轨后,廉租住房档案和公共租赁住房档案实行并轨管理。2006年颁布的《城镇廉租住房档案管理办法》(建住房〔2006〕205号)标志我国住房保障档案制度的起步。2012年颁布的《公共租赁住房管理办法》要求直辖市和县政府住房保障主管部门建立公共租赁住房管理信息系统建设,建立和完善公共租赁住房管理档案。2013年颁布的《住房保障档案管理办法》(建保〔2012〕158号)废止《城镇廉租住房档案管理办法》,对包括租赁型保障性住房在内的住房保障制度实施统一档案管理制度。根据《住房保障档案管理办法》,住房保障对象档案按照"一户一档"、住房保障房源档案按照"一套一档"建立。

(三) 开发建设环节

1. 规划与计划编制

公廉并轨前,廉租住房单独编制建设计划。例如"十一五"期间,我国曾单独就廉租住房编制规划与计划,并明确新建廉租住房套数和新增租赁补贴数额。[③] 公廉并轨后,廉租住房建设计划调整并入公共租赁住房年度建设计划,不再单独编制(事实上,"十二五"期间,我国连公共租赁住房建设计划都没有单独编制,仅提出建设"3600万套保障性住房")。但计划并轨并不意味着可以损害原廉租住房保障对象的利益。在编制公共

---

① 《廉租住房保障办法》(建设部等令第162号)第4条,《公共租赁住房管理办法》(住房和城乡建设部令〔2012〕第11号)第4条。
② 《广州市公共租赁住房保障办法》(穗府办规〔2016〕9号)第47条。
③ 《2009—2011廉租住房保障规划》(建保〔2009〕91号)要求三年内再新增廉租住房518万套、新增发放租赁补贴191万户,基本解决747万户现有城市低收入住房困难家庭的住房问题。

租赁住房年度建设计划时,必须优先考虑低收入住房困难家庭和其他住房困难群体的住房需求。

从地方规定来看,广州市强调"以需定供"原则①,明确由市住建委会同发展改革、自然资源等部门制订公共租赁住房保障中长期发展规划和年度建设计划,报市政府批准后向社会公布②;深圳市情况特殊,其自2010年起就不区分具体保障性住房形式,而是统一编制住房保障规划和年度计划③。

2. 土地供应

公廉并轨前,廉租住房土地采取划拨方式供应④,公共租赁住房土地则可采取出让、划拨、出租、作价入股等多种形式供应⑤。公廉并轨后,在不减少建设用地供应总量的前提下,地方政府可以根据需要在现行政策框架内选用适当的土地供应方式。而且,《利用集体建设用地建设租赁住房试点方案》(国土资发〔2017〕100号)和《关于福州等5个城市利用集体建设用地建设租赁住房试点实施方案意见的函》(自然资办函〔2019〕57号)还授权18个试点城市利用集体土地建设租赁住房,并作为公共租赁住房供应。从地方实践来看,广州市规定不同类型的主体投资建设公共租赁住房的,用地性质不同——政府和公益类事业单位获得划拨用地,其他社会主体通过出让方式获得土地。⑥

就建设方式而言,根据《廉租住房保障办法》和《公共租赁住房管理办法》,廉租住房和公共租赁住房均采取配套建设与相对集中建设相结合的方式,但前者主要在经济适用住房、普通商品住房项目中配套建设⑦,后者还可以在开发区和园区集中建设,面向用工单位或园区就业人员供应。⑧

---

① 《广州市公共租赁住房保障制度实施办法(试行)》(穗府办〔2013〕3号,已废止)第6条。
② 《广州市公共租赁住房保障办法》(穗府办规〔2016〕9号)第7条。
③ 《深圳市保障性住房条例》(深圳市第六届人民代表大会常务委员会公告第200号)第6、8、9、10条。
④ 《廉租住房保障办法》(建设部等令第162号)第13条。
⑤ 汪汀:《公共租赁住房和廉租住房并轨七问——访住房城乡建设部政策研究中心副主任张锋》,载《中国建设报》2013年12月9日,第1版。
⑥ 《广州市公共租赁住房保障办法》(穗府办规〔2016〕9号)第11、44条。
⑦ 《廉租住房保障办法》(建设部等令第162号)第14条。
⑧ 《公共租赁住房管理办法》(住房和城乡建设部令〔2012〕第11号)第14条。

3. 资金筹措

根据《廉租住房保障办法》,廉租住房资金来源包括省市县财政预算、不低于10%的土地出让净收益、中央专项补助资金、租金收入、社会捐赠及其他方式筹集的资金。① 《关于并轨后公共租赁住房有关运行管理工作的意见》要求公廉并轨后,原用于廉租住房建设的财政资金,并入公共租赁住房建设;原安排的用于新建廉租住房的中央专项补助资金调整为用于公共租赁住房配套基础设施建设。② 2014年《中央财政城镇保障性安居工程专项资金管理办法》(财综〔2014〕14号,已失效)将廉租住房、公共租赁住房和棚户区改造三类中央专项资金归并为保障性安居工程专项资金,统筹用于支持发放租赁补贴、城市棚户区改造及公共租赁住房建设。在此基础上,各省也实现了不同类型保障性安居工程资金并轨。公廉并轨统筹使用住房保障资金也相对减小了政府建设廉租住房的资金压力,因为相比廉租住房,公共租赁住房项目以其较为稳定的租金收入和更为专业的运营管理模式,有利于吸引社会资金参与。③

从地方实践来看,北京市规定公廉并轨后,原从土地出让净收益和住房公积金增值收益中计提的廉租住房保障资金要统筹用于公共租赁住房建设、收购、运营和租金补贴。④ 广州市将土地出让净收益提高到13%用于建设保障性住房,并要求搭建保障性住房投融资平台,组织开展金融创新试点,探索通过公共租赁住房股权信托基金、发行债券、社保基金、保险资金、纳入国家住房公积金贷款试点城市等渠道,筹措各类低息、中长期贷款。⑤ 深圳市情况特殊,其自2010年起就统筹使用住房保障资金。⑥

4. 房屋来源

根据《廉租住房保障办法》,廉租住房可通过新建、收购等多种方式筹

---

① 《廉租住房保障办法》(建设部等令第162号)第9、10、11条。
② 住房城乡建设部《关于并轨后公共租赁住房有关运行管理工作的意见》(建保〔2014〕91号)第2条。
③ 参见叶锋、张泽伟、任峰:《保障房新探索:公租房廉租房如何并轨》,载《法制与经济》(上旬)2012年第9期,第30页。
④ 《关于加强本市公共租赁住房建设和管理的通知》(京政发〔2011〕61号)第5条。
⑤ 《广州市公共租赁住房保障办法》(穗府办规〔2016〕9号)第18、19条。
⑥ 《深圳市保障性住房条例》(深圳市第六届人民代表大会常务委员会公告第200号)第11条。

集,既可以由政府自行建设,也可以由政府委托代建(BT)。根据《公共租赁住房管理办法》,公共租赁住房可以由政府投资,也可以由政府提供政策支持、社会力量投资建设,还可以通过长期租赁方式筹集。户型上,廉租住房和公共租赁住房都既可以是成套住房,也可以是宿舍。公廉并轨后,上述房源将统称为"公共租赁住房",并统筹分配。

从地方实践来看,北京市于2018年6月颁布《关于发展租赁型职工集体宿舍的意见(试行)》,规定在过渡阶段,对于已建设和收购的廉租住房,由市、区政府全额投资建设、收购的仍旧登记为"廉租住房",并优先供应廉租住房保障家庭;其他廉租住房则统一登记为"公共租赁住房",实行统一配租①;广州市则规定在公廉并轨后统一登记为"公共租赁住房"②;深圳市规定公廉并轨后,不再建设筹集廉租房,此前由政府直接投资建设、城市更新配建以及通过其他途径筹集的廉租房纳入公租房房源③。

5. 建设标准和方式

公廉并轨前,新建廉租住房套型建筑面积控制在50平方米以内,公共租赁住房单套建筑面积控制在60平方米以下,以40平方米左右为主。公廉并轨后,住建部要求地方按照国务院的规定,统筹建设标准,在对申请对象需求进行摸底调查的基础上,根据申请、轮候对象的家庭人口数量、性别结构、代际结构、支付能力等因素,合理配置不同户型,以小户型为主。④ 此外,对于宿舍型公共租赁住房,应当执行国家宿舍建筑设计规范。

根据《广州市公共租赁住房保障办法》,新建的成套公共租赁住房,单套建筑面积控制在60平方米以下,以40平方米左右为主;以集体宿舍形式建设的公共租赁住房,应执行国家宿舍建筑设计规范,人均住房建筑面积不低于5平方米;公共租赁住房项目设计必须按规划要求配置足够的配套公共服务设施和市政公用设施,配套公共服务设施比例应不小于住

---

① 《关于进一步加强廉租住房与公共租赁住房并轨分配及运营管理有关问题的通知》(京建法〔2014〕6号)。
② 《广州市公共租赁住房保障办法》(穗府办规〔2016〕9号)第17条。
③ 《深圳市公共租赁住房和廉租住房并轨运行实施办法》(深建规〔2016〕6号,部分失效)第4条第1款。
④ 参见汪汀:《公共租赁住房和廉租住房并轨七问——访住房城乡建设部政策研究中心副主任张锋》,载《中国建设报》2013年12月9日,第1版。

宅建筑面积的11%,其中,商业服务设施比例应按不大于住宅建筑面积的5%进行设置。①

(三) 准入、复核与退出环节

1. 申请和审核制度

公廉并轨后,各地整合了公共租赁住房的申请受理渠道和审核准入程序。具体而言:(1) 租赁型保障性住房实行"申请——审核——公示"制度;(2) 地方政府要整合原廉租住房和公共租赁住房受理窗口;(3) 申请人无须单独申请"廉租住房",而是统一申请"公共租赁住房";(4) 审核部门集中审核公共租赁住房保障对象收入;(5) 社会投资建设公共租赁住房的审核要纳入政府监管。

2. 复核和退出机制

租赁型保障性住房的退出事由可大别为承租人经复核不再符合条件和承租人违反有关规定两类。公廉并轨前,就复核程序而言,廉租住房未规定租赁期限,故保障对象需按年度向所在地街道办或者镇政府申报变动情况②;公共租赁住房规定租赁期限一般不超过5年,故保障对象无须每年申报,但需在租赁期满3个月前提出续租申请时一并申报③。就违规使用退出而言,二者共同的违规事由包括:(1) 转借、转租或者改变用途;(2) 无正当理由连续6个月以上未居住;(3) 累计拖欠租金6个月以上。此外,公共租赁住房还有如下违规使用退出事由:(1) 擅自调换所承租公共租赁住房;(2) 破坏或者擅自装修所承租公共租赁住房,拒不恢复原状;(3) 在公共租赁住房内从事违法活动。④

公廉并轨后,在违规使用退出上,主要通过整合原有违规使用事项,实现了二者的统一。在复核程序上,尽管《关于并轨后公共租赁住房有关运行管理工作的意见》仅规定要"完善城镇低收入住房困难家庭资格复核制度"⑤,但各地在实践中还是采用不同方式解决了原廉租住房和公共租

---

① 《广州市公共租赁住房保障办法》(穗府办规〔2016〕9号)第12、14条。
② 《廉租住房保障办法》(建设部等令第162号)第24条。
③ 《公共租赁住房管理办法》(住房和城乡建设部令〔2012〕第11号)第18、30条。
④ 《廉租住房保障办法》(建设部等令第162号)第25、26条,《公共租赁住房管理办法》(住房和城乡建设部令〔2012〕第11号)第27、29条。
⑤ 住房与城乡建设部《关于并轨后公共租赁住房有关运行管理工作的意见》(建保〔2014〕91号)第6条。

赁住房在复核管理制度上的矛盾。

例如,广州市采取了统一期限的做法。规定公共租赁住房租赁期限为3年①,保障对象须在保障期限届满前3个月进行资格期满审查,并按照复核结果分别处理:(1)仍符合公共租赁住房保障条件的,自期限届满次月起按对应的保障标准调整住房租赁补贴或续签租赁合同,并补发期满后审查期间的租赁补贴,期满后审查期间多缴交的租金用于抵扣后续的租金;(2)不符合公共租赁住房保障条件的,按照规定退出住房。此外,广州市还对逾期提交申报材料(不可抗力除外)规定了惩罚制度。②

与广州不同,深圳市采取了"统一规定+特别要求"的方式。一方面,公共租赁住房申请人应当在租赁期满前3个月重新提出申请并申报有关材料,由主管部门予以审核并公示。③ 另一方面,廉租保障对象的住房、人口、户籍、收入等情况发生变化的,应当在发生变化之日起30日内进行申报,并按照审核结果分别处理:(1)仍符合廉租住房保障条件的,调整租金补贴额度或者实物配租面积、租金;(2)不符合廉租住房保障条件,但符合公共租赁住房保障条件的,取消其廉租保障对象资格,停止对其发放租金补贴,但可按规定申请轮候公租房;(3)不符合公租房保障条件的,取消其公租房保障资格。④

3. 具体退出程序

对于公廉并轨后如何退出,目前尚无统一的规定。根据《廉租住房保障办法》,廉租住房不区分退出事由,适用统一的"退出"程序,即停发租赁补贴或者退回住房,逾期不退回的,可按调整租金等方式处理并可申请法院强制执行。⑤《公共租赁住房管理办法》则区分退出事由,规定承租人无过错但经复核不再符合条件的适用享受"合理搬迁期"待遇⑥,承租人存在违规使用或逾期申请或欠缴租金等过错行为的,不能享受"合理搬

---

① 《广州市公共租赁住房保障办法》(穗府办规〔2016〕9号)第32条。
② 《广州市公共租赁住房保障办法》(穗府办规〔2016〕9号)第38、39、40、42条。
③ 《深圳市保障性住房条例》(深圳市第六届人民代表大会常务委员会公告第200号)第43条。
④ 《深圳市公共租赁住房和廉租住房并轨运行实施办法》(深建规〔2016〕6号,部分失效)第22条。
⑤ 《廉租住房保障办法》(建设部等令第162号)第25、26条。
⑥ 《公共租赁住房管理办法》(住房和城乡建设部令〔2012〕第11号)第31条。

迁期"①。一些地方通过实施奖惩结合和设置人性化退出机制,缓解房屋实物配租"退出难"问题。其中,广州市的规定最完善,具体如下表所示。

表 3-8　广州市租赁型保障性住房具体退出程序

退出事由	退出方式	奖惩机制
不再符合保障条件	• 1 个月内腾退住房 • 暂时无法腾退的,6 个月过渡期;过渡期内按公房成本租金 50%标准计租,或按原租金减免额的 50%减免租金 • 过渡期满,确实无法腾退的,可申请续租 1 年;1 年内按同期公共租赁住房租金标准计租,不给予租金减免 • 1 年期满后必须腾退,逾期拒不腾退的,按市场租金 2 倍计租,可申请法院强制执行,并可将其行为载入本市个人信用联合征信系统	• 符合经济适用住房申购条件的,经批准,可优先购买经济适用住房
骗租等违规行为	• 收回房屋并追缴租金差额	• 收回房屋 • 承租人按照优惠租金标准缴纳租金的,收回房屋的同时按市场租金追缴租金 • 载入本市个人信用联合征信系统 • 5 年内不得再受理其申请 • 构成犯罪的,依法追究刑事责任

（四）法律责任

从《廉租住房保障办法》和《公共租赁住房管理办法》看,廉租住房和公共租赁住房在法律责任上存在差异（详见表 3-9）。由于我国尚未颁布法规政策对公廉并轨后违法违规的承租人的法律责任作统一规定,上述规定应该继续适用。

---

① 《公共租赁住房管理办法》（住房和城乡建设部令〔2012〕第 11 号）第 27、29、30 条。

表 3-9　廉租住房和公共租赁住房法律责任比较

	公共租赁住房	廉租住房
违规使用房屋的承租人的法律责任	补缴租金、处以罚款、计入管理档案、没收违法所得、赔偿损失、5 年禁止申请： (1) 转借、转租或者擅自调换 (2) 改变住房用途 (3) 破坏或者擅自装修住房，拒不恢复原状 (4) 在住房内从事违法活动 (5) 无正当理由连续 6 个月以上闲置公共租赁住房	未规定
骗租者法律责任	(1) 不予受理，给予警告，计入管理档案 (2) 处以罚款，计入管理档案 (3) 取消轮候登记 (4) 责令限期退回承租住房，并补缴租金；逾期不退回的，5 年内不得再次申请	(1) 不予受理，给予警告 (2) 取消轮候登记 (3) 责令退还补贴，退出承租住房并补缴租金
实施机构（住建部门）法律责任	未规定	不执行租金标准，由价格主管部门依法查处
部门工作人员法律责任	(1) 处分 (2) 刑事责任	(1) 处分 (2) 刑事责任
所有权人及其委托的运营单位法律责任	责令限期改正，并处罚款： (1) 向不符合条件的对象出租住房 (2) 未履行维修养护义务 (3) 改变住房性质、用途，以及配套设施规划用途	未规定
房地产经纪机构及其经纪人法律责任	提供住房出租、转租、出售等业务的，计入信用档案、处以罚款、取消机构网签资格	未规定

三、廉租住房和公共租赁住房的分离之处

根据《关于公共租赁住房和廉租住房并轨运行的通知》和《关于并轨后公共租赁住房有关运行管理工作的意见》，公廉并轨后，廉租住房和公共租赁住房在保障力度、保障范围、轮候与配租制度上有所不同。

(一) 保障力度

在公廉并轨前,廉租住房和公共租赁住房保障虽然都实行实物配租和租金补贴相结合,但是廉租住房和公共租赁住房保障对象享受的租金水平、配租顺序和补贴额度均存在差异。这些差异,在公廉并轨后依然存在。

1. 住房租金水平

根据《关于公共租赁住房和廉租住房并轨运行的通知》和《关于并轨后公共租赁住房有关运行管理工作的意见》,公共租赁住房租金原则上按照适当低于市场租金的水平确定。但对于原廉租住房保障对象,其租金水平仍按原标准执行,即租赁政府投资建设的公共租赁住房采取租金减免方式,租赁社会投资建设并运营管理的公共租赁住房采取租金补贴方式予以保障。

从地方实践来看,北京市未采取租金减免方式,而是规定公廉并轨后,统一执行公共租赁住房租金标准,但原廉租住房保障家庭可以领取更大力度的租金补贴。[①] 广州市则根据保障对象和住房来源确定租金标准,即承租政府建设筹集的公共租赁住房的,按租金减免方式分档计租;双特困家庭按优惠租金标准计租;无收入或者低收入的孤寡老人免交租金。[②] 深圳市根据廉租保障对象的家庭人口计算租金减免标准,其中人均可享受租金减免面积为 15 平方米,但每个家庭租金减免面积不超过 50 平方米;廉租保障对象承租公租房未超过前述标准的,按实际承租面积乘以公租房租金标准的 10% 缴纳租金;廉租保障对象承租公租房超过前述标准的,超出部分按超出面积乘以公租房租金标准缴纳租金。[③]

2. 租金补贴额度

根据《关于公共租赁住房和廉租住房并轨运行的通知》,原用于租赁补贴的资金,继续用于补贴在市场租赁住房的低收入住房保障对象。《关于并轨后公共租赁住房有关运行管理工作的意见》授权各地根据保障对

[①] 《关于进一步加强廉租住房与公共租赁住房并轨分配及运营管理有关问题的通知》(京建法〔2014〕6 号)第 3、6 条。

[②] 《广州市公共租赁住房保障办法》(穗府办规〔2016〕9 号)第 31 条。

[③] 深圳市住房和建设局、深圳市财政委员会、深圳市发展和改革委员会《关于廉租保障对象承租公共租赁住房停止领取租金补贴的通知》(深建规〔2017〕12 号)第 2 条。

象支付能力的变化,动态调整补贴额度。北京市规定公共租赁住房租金补贴政策和承租市场房源的廉租家庭租金补贴政策仍按现行规定执行(具体如表3-10所示)。① 深圳市规定针对户籍低收入、低保、人才等住房困难家庭实施不同的货币补贴标准。②

表 3-10　北京市租赁市场补贴标准③

补贴对象	公共租赁住房租金补贴		市场租金补贴	
	补贴比例	补贴建筑面积上限	2人及以下	3人及以上
民政部门认定的城市最低生活保障家庭、分散供养的特困人员	95%	60 m²	1600元	2000元
民政部门认定的城市低收入家庭	90%		1400元	1800元
人均月收入1200元及以下的家庭	70%		1100元	1400元
人均月收入在1200元(不含)至1600元(含)之间的家庭	50%		800元	1000元
人均月收入在1600元(不含)至2000元(含)之间的家庭	25%		400元	500元
人均月收入在2000元(不含)至2400元(含)之间的家庭	10%		200元	200元

(二)保障范围

根据《关于并轨后公共租赁住房有关运行管理工作的意见》,公廉并轨后,公共租赁住房的保障对象,包括原廉租住房保障对象和原公共租赁住房保障对象,即符合规定条件的城镇低收入住房困难家庭、中等偏下收入住房困难家庭,及符合规定条件的新就业无房职工、稳定就业的外来务工人员。但原廉租住房保障对象需满足更加严格的条件。

(三)轮候与配租制度

根据《关于公共租赁住房和廉租住房并轨运行的通知》和《关于并轨

---

① 《关于进一步加强廉租住房与公共租赁住房并轨分配及运营管理有关问题的通知》(京建法〔2014〕6号)第6条。
② 《深圳市住房保障制度改革创新纲要》(深府〔2012〕145号)第(二)条。
③ 数据来源:北京市住建委住房保障"市场租金补贴"栏目,http://zjw.beijing.gov.cn/bjjs/zfbz/zjbt/sczfbt/index.shtml,最后访问日期:2018年7月22日。

后公共租赁住房有关运行管理工作的意见》。公廉并轨后,原廉租住房项目优先供应原廉租住房保障对象,剩余房源统一按公共租赁住房分配。公共租赁住房要优化轮候规则,坚持分层实施,梯度保障,优先满足符合规定条件的城镇低收入住房困难家庭的需求,对城镇住房救助对象,即符合规定标准的住房困难的最低生活保障家庭、分散供养的特困人员,依申请做到"应保尽保"。

在地方层面,北京市区分廉租住房来源,规定政府全额投资建设、收购的原廉租住房,优先供应原廉租住房保障对象,实现应保尽保;其他原廉租住房则按照公共租赁住房政策统一配租[①];上海市规定"定向用于廉租住房保障的公共租赁住房",分类供应配租[②];深圳市要求"公租房房源,应当优先解决辖区内廉租保障对象的住房困难,对其应保尽保"[③]。

此外,许多地方发展出专供人才的公共租赁住房,在配租供应上也有其特色。从各地公开的人才公共租赁住房示范文本来看,目前主要有三种供应形式:

一是单位作为承租人,申请住房供本单位人员居住。例如,《上海市公共租赁住房合同示范文本》分为"个人版"和"单位试行版",后者的当事人有出租人(甲方)和承租人(乙方),实际居住人不为合同当事人。但合同附件一《公共租赁住房使用及费用结算协议》调整乙方和居住使用人法律关系,主要包括以下条款:(1)乙方同意居住使用人入住;(2)居住使用人同意遵守关于房屋使用和返还的规定;(3)居住使用人应向乙方支付租金;逾期支付的,要支付违约金;(4)居住使用人入住房屋前,向乙方支付保证金;(5)乙方或居住使用人缴纳居住使用人使用房屋期间发生的相关费用;(6)居住使用人应配合甲方检查、养护。居住使用人使用不当或不合理使用,致使住房设置损坏或发生故障的,应负责维修并承担相应责任;(7)由于居住使用人原因,造成乙方违约或产生住房占用期间租金

---

① 《关于进一步加强廉租住房与公共租赁住房并轨分配及运营管理有关问题的通知》(京建法〔2014〕6号)第1条。
② 《关于本市廉租住房和公共租赁住房统筹建设、并轨运行、分类使用实施意见的通知》(沪房发〔2013〕57号)第1、2条。
③ 《深圳市公共租赁住房和廉租住房并轨运行实施办法》(深建规〔2016〕6号,部分失效)第7条。

和费用的,相应违约金、赔偿金、住房租金和费用由居住使用人承担;(8)居住使用人逾期未支付租金、费用、违约金等,乙方可从其工资中扣取;(9)居住使用人具备本市城镇常住户籍、并将户籍迁入该住房所在派出所的公共集体户口内的,应在租期届满规定时间内将户籍迁出公共集体户口;(10)居住使用人不得擅自出借或转租或与他人交换各自居住的住房,否则应向乙方支付违约金。①

二是人才作为承租人,单位不为合同当事人。例如,《深圳市公共租赁住房租赁合同》分为"普通版"和"杰出、领军人才版",后者当事人包括出租人(甲方)和承租人(乙方),承租人所在单位不为合同当事人。相较普通版公租房合同,杰出、领军人才版公租房合同对乙方入住条件有特殊规定:(1)租赁期间,乙方应在用人单位全职工作,社会保险或者纳税申报中断,视为该人才已离开用人单位;(2)乙方在免租期限内离职原用人单位未退房的,自离职之日起至被本市新用人单位录用之日止,按照租赁房屋的公共租赁住房租金标准缴纳房屋租金,1年后仍未被本市新用人单位录用的,按照租赁房屋的市场指导租金标准缴纳房屋租金;(3)乙方人才认定文件被市人力资源保障部门撤销的,甲方有权单方解除合同。②

三是单位、人才和出租人签订单方合同,人才是承租人,单位负有协助管理义务。例如,《杭州市市本级公共住房租赁合同(三方)》合同当事人包括出租人(甲方)、承租人(乙方)和用人单位(丙方)。丙方负有协助管理义务,包括:(1)乙方拖欠相关费用的,甲方可通报丙方,从其工资中直接扣划;(2)租赁期间,丙方会同甲方做好乙方配租入住工作,引导乙方爱护房屋设备设施,对乙方违规行为进行教育;督促乙方及时缴纳房屋租金和相关费用,并对乙方相关欠租、欠费、房屋损坏承担连带支付或赔偿责任;(3)租赁期间,丙方应对乙方使用房屋开展不定期巡查,严禁乙方将该房屋进行转租出借闲置,并及时将乙方婚姻状况、房产、工资收入、户籍变动情况反馈住房保障管理部门;(4)丙方出现倒闭、破产、歇业及注销等情形或者乙方调换工作单位的,如乙方不符合公共租赁住房申请

---

① 《上海市公共租赁住房租赁合同示范文本(单位试行版)》。
② 《深圳市公共租赁住房租赁合同(杰出、领军人才)》。

条件的,乙方办理退房手续,丙方应主动配合甲方;(5)丙方违反协助管理义务,且负有责任的,自查实之日起5年内,限制丙方职工申请公共租赁住房,并依法追究相关责任人责任;(6)丙方知道或应当知道乙方骗取公共租赁住房的,自退回申请或取消公共租赁住房保障资格之日起5年内,限制丙方职工申请公共租赁住房,并依法追究相关责任人责任;对丙方不如实提供乙方相关证明材料,或拒不配合的,进行曝光,并将丙方情况记入企业诚信档案;(7)乙方、丙方承诺本合同中填写的联系方式正确无误,联系方式如有变更,乙方、丙方应书面通知甲方。又如,《北京市公共租赁住房租赁合同(社会单位版)》也采用了这一模式,当事人包括出租人(甲方)、承租人(乙方)和承租人单位(丙方)。合同第9条规定丙方负有协助管理义务。

四、保障性租赁住房与公共租赁住房的比较

根据国务院办公厅《关于加快发展保障性租赁住房的意见》(国办发〔2021〕22号),保障性租赁住房是指专门解决大城市新市民、青年人等群体住房困难问题的租赁型保障性住房。保障性租赁住房虽然和公共租赁住房在土地供应、税收支持、金融支持、行政审批等政策上相差不大,但在制度定位、保障范围和住房建设面积上有差别。

(一)保障性租赁住房有异于公共租赁住房的内在运行逻辑

1. 制度定位

公共租赁住房是以政府为主导的兜底保障,保障性租赁住房则是以市场为主导的普惠保障。公共租赁住房是主要面向特定户籍的低保、低收入人群的兜底保障,由政府直接主导、国企平台建设,并在全国范围内推行。保障性租赁住房则旨在缓解城市群和都市圈(人口净流入的大城市和省级人民政府确定的城市)住房租赁性供给不足问题,以市场为主导,政府提供土地、财税、金融等政策支持。

2. 保障范围

公共租赁住房重点保障城镇中低收入住房困难家庭,保障性租赁住房专门针对人口净流入的重点城市(主要是大中城市)住房困难的新市民、青年人。根据《公共租赁住房管理办法》,公共租赁住房的保障对象为城镇中等偏下收入住房困难家庭、新就业无房职工和在城镇稳定就业的外来务工人员。至少从字面看,公共租赁住房似乎也可以解决新市民、青年人的住房困难问题,因为新市民、青年人可被解释为无房新就业职工。① 但在实践中,"公租房主要是为了解决城镇住房和收入双困家庭"② 住房困难问题。这是因为尽管近年来国家也要求将公租房保障范围扩大到外来人口和为城市提供基础公共服务的人群,但是公租房在准入门槛、保障力度等方面的严格规定,有些新市民、年轻人并不符合标准,比如收入超过了保障线,"各地不知道如何操作,才达到既扩了面,还能经得起严格的审计"。③

伴随城镇化发展进程,新市民和青年人住房困难问题日益凸显。"由于新市民和青年人工作年限比较短,收入相对比较少,购房和支付租金能力比较弱。根据有关调查显示,在大城市有 70% 的新市民和青年人是靠租房来解决住的问题,然而租金付得起的房子区位比较远,区位比较好的租金又比较贵,这成为新市民、青年人买不起房和租不好房的一个现实困难。"④ 2020 年 12 月,中央经济会议首次提出"有效增加保障性租赁住房"解决新市民、青年人,特别是从事基本公共服务人员等住房困难群体的住房问题,努力做到住有所居、职住平衡。2021 年的《政府工作报告》也提出尽最大的努力帮助新市民、青年人缓解住房困难。2021 年 6 月,国务院出台《关于加快发展保障性租赁住房的意见》,正式在公共租赁住房之外推出保障性租赁住房政策,专门解决大城市新市民、青年人住房困难问题。2022 年 4 月,国务院办公厅发布《关于进一步释放消费潜力促进消费持续恢复的意见》(国办发〔2022〕9 号),要求完善长租房政策,扩大保障性租赁住房供给。

地方层面,保障性租赁住房是当前地方重点推动的领域,其中编制保

---

① 2019 年发布的住房和城乡建设部、国家发展改革委、财政部、自然资源部《关于进一步规范发展公租房的意见》提出"促进解决新就业无房职工和在城镇稳定就业外来务工人员等新市民的住房困难"。实践中,在 2021 年 4 月中央经济会议首次提出保障性租赁住房前,北京市就推出了适合青年人的公共租赁住房。

② 参见《国新办举行"努力实现全体人民住有所居"新闻发布会》,http://www.scio.gov.cn/m/xwfbh/xwbfbh/wqfbh/44687/46680/index.htm,最后访问日期:2021 年 10 月 7 日。

③ 参见李宇嘉:《楼市"新物种",保障性租赁住房深度解读》,载《住宅与房地产》2021 年第 23 期,第 71 页。

④ 参见《国新办举行"努力实现全体人民住有所居"新闻发布会》,http://www.scio.gov.cn/m/xwfbh/xwbfbh/wqfbh/44687/46680/index.htm,最后访问日期:2021 年 10 月 7 日。

障性租赁住房筹集计划、加大政策支持力度、制定市场监管与行业规范等成为地方政策落实重点。① 截至 2022 年 1 月,全国已有近 30 个省区市出台了加快发展保障性租赁住房的实施意见,40 个重点城市初步计划新增保障性租赁住房 650 万套,预计可解决 1300 万新市民、青年人的住房困难。②

3. 住房建设面积

针对新市民、青年人等群体特点,保障性租赁住房的建筑面积一般不超过 70 平方米的小户型为主,租金低于同地段、同品质的市场租赁住房租金。而公共租赁住房的建筑面积责备严格限定为不超过 60 平方米。

(二) 保障性租赁住房与公共租赁住房共享相关政策支持

保障性租赁住房以市场为主导,政府提供政策住房保障的土地、税收、金融和行政审批支持,激励企业参与。保障性租赁住房在土地供应、税收减免、中央财政补助、金融支持和行政审批流程简化等方面,与公共租赁住房共享相关政策支持。

1. 土地供应

保障性租赁住房通过多元土地供应,降低企业拿地成本,激励企业参与建设。中央层面,根据国务院办公厅《关于加快发展保障性租赁住房的意见》,人口净流入的大城市和省级人民政府确定的城市,可以利用集体经营性建设用地、商办改租赁用地(不缴纳土地价款)、企业事业单位自有闲置土地、产业园区工业项目行政办公及生活服务配建用地(比例从 7% 提高到 15%,提高部分主要建设宿舍性保障性租赁住房)和新增地块建设五类土地,采取新建、改建、改造、租赁补贴等多种方式、多种渠道筹集房源。

地方层面,各地政府在发布保障性租赁住房的实施意见时,明确加大保障性租赁住房的土地供应,支持利用集体经营性建设用地、企事业单位自有闲置土地、产业园区配套用地等多种类型的土地建设保障性租赁住

---

① 参见《4 月全国首个保租房 REITs 项目申报,3 城集中土拍涉租赁用地丨住房租赁市场月报》,https://www.163.com/dy/article/H77SKA9305159A0N.html,最后访问日期:2022 年 5 月 14 日。

② 参见《"十四五"40 个重点城市计划新增保障性租赁住房 650 万套(间)》,http://www.gov.cn/xinwen/2022-01/15/content_5668330.htm,最后访问日期:2022 年 5 月 14 日。

房,支持新建、改建、存量盘活等多种方式筹建保障性租赁住房。① 例如,2022年3月17日,北京市发布的《关于加快发展保障性租赁住房的实施方案》(京政办发〔2022〕9号)进一步明确,保障性租赁住房主要利用农村集体经营性建设用地、存量闲置房屋、产业园区配套用地和企事业单位自有闲置土地建设,适当利用新供应国有建设用地建设。3月31日,北京市规划和自然资源委员会对外发布2022年北京市拟供租赁住房用地项目信息,共计87宗,约307公顷,其中近八成用地将用于建设保障性租赁住房。具体而言,集租房项目约115公顷,占比37%;利用存量闲置房屋及企业自有用地建设的项目约103公顷,占比34%;利用产业园区配套用地建设的项目约19公顷,占比6%;利用新增国有建设用地建设的项目约70公顷,占比23%。②

2. 税收减免

根据财政部、税务总局、住建部《关于完善住房租赁有关税收政策的公告》(财政部 税务总局 住房城乡建设部公告2021年第24号),从2021年10月1日起,对利用非居住存量土地和非居住存量房屋(含商业办公用房、工业厂房改造后出租用于居住的房屋)建设的保障性租赁住房,取得保障性租赁住房项目认定书后,住房租赁企业向个人出租上述保障性租赁住房,适用简易计税方法,按5%征收率减按1.5%缴纳增值税;企事业单位、社会团体以及其他组织向个人、专业化规模化住房租赁企业出租上述保障性租赁住房,减按4%税率征收房产税。保障性租赁住房项目认定书由市、县人民政府组织有关部门联合审查建设方案后出具。③ 2022年4月,青岛市住建局印发《保障性租赁住房免收城市基础设施配套费实施细则》的通知,规定对本市集中建设或部分建设的保障性租赁住房项目免收城市基础设施配套费。

---

① 参见:《五一特辑:政策篇|政策不断落地,加快保障性租赁住房的发展》,https://gz.leju.com/news/2022-05-02/00266926567543469818221.shtml,最后访问日期:2022年5月14日。

② 参见《北京发布租赁住房用地项目信息 将缓解租赁市场结构性供给不足》,http://www.gov.cn/xinwen/2022-03/31/content_5682753.htm,最后访问日期:2022年5月14日。

③ 参见亢舒:《发展保障性租赁住房——缓解新市民青年人等群体住房困难》,载《经济日报》2021年7月29日第8版。

3. 中央财政补助

2021年5月,国家发展和改革委员会(以下简称"发改委")发布《保障性租赁住房中央预算内投资专项管理暂行办法》(发改投资规〔2021〕696号),明确规定保障性租赁住房中央预算内投资专项专门支持人口净流入的大城市新建、改建保障性租赁住房及其配套基础设施的建设。2021年6月,国务院办公厅《关于加快发展保障性租赁住房的意见》提出,中央通过现有经费渠道,对符合规定的保障性租赁住房建设任务予以补助。

4. 金融支持

国务院办公厅《关于加快发展保障性租赁住房的意见》要求加大对保障性租赁住房建设运营的信贷支持力度,支持银行业金融机构向重资产的保障性租赁住房自持主体和改造存量的"中资产"保障性租赁住房租赁企业提供贷款,在实施房地产信贷管理时予以差别化对待;支持银行业金融机构发行金融债券,募集资金用于保障性租赁住房贷款投放。此外,根据发改委《关于进一步做好基础设施领域不动产投资信托基金(REITs)试点工作的通知》(发改投资〔2021〕958号),基础设施REITs扩展到保障性租赁住房。2022年5月19日,国务院办公厅发布《关于进一步盘活存量资产扩大有效投资的意见》(国办发〔2022〕19号),提出推动基础设施领域不动产投资信托基金(REITs)健康发展的意见。2022年5月24日,中国证监会办公厅和发改委办公厅联合发布《关于规范做好保障性租赁住房试点发行基础设施领域不动产投资信托基金(REITs)有关工作的通知》(证监办发〔2022〕53号),推动保障性租赁住房REITs业务的有序开展,拓宽保障性租赁住房建设资金来源,促进房地产市场平稳健康发展。

为深入贯彻党中央、国务院关于支持保障性租赁住房发展的决策部署,落实好国务院办公厅《关于加快发展保障性租赁住房的意见》,央行、银保监会、住建部等部门联合发文,加强对保障性租赁住房建设运营的金融支持。例如,2022年1月,央行、银保监会发布《关于保障性租赁住房有关贷款不纳入房地产贷款集中度管理的通知》(银发〔2022〕30号),明确银行业金融机构向持有保障性租赁住房项目认定书的保障性租赁住房项目发放的有关贷款不纳入房地产贷款集中度管理,并要求银行业金融机构要加大对保障性租赁住房的支持力度,按照依法合规、风险可控、商业可持续的原则,提供金融产品和金融服务。2022年2月,住建部、银保监会发布《关于银行保险机构支持保障性租赁住房发展的指导意见》(银保监规〔2022〕5号),提出构建多层次、广覆盖、风险可控、业务可持续的保障性租赁住房金融服务体系,加大对保障性租赁住房建设运营的支持力度。

地方政府也强调加大对保障性租赁住房的金融支持。2021年12月,上海市政府发布的《关于加快发展本市保障性租赁住房的实施意见》(沪府办规〔2021〕12号)明确提出:支持银行业金融机构按照规定向保障性租赁住房自持主体提供长期贷款,鼓励商业银行创新对相关住房租赁企业的综合金融服务;支持银行业金融机构发行金融债券,募集资金用于保障性租赁住房贷款投放;在确保保障性租赁住房资产安全和规范运行的前提下,试点推进以保障性租赁住房为基础资产的基础设施不动产投资信托基金。2022年4月,北京市银保监局发布《关于做好辖内新市民金融服务工作的通知》(京银保监发〔2022〕118号),要求各银行业金融机构加强对保障性租赁住房建设运营主体的信贷支持,对利用新建和存量转化发展保租房的企业主体,以市场化方式提供贷款;同时,鼓励各商业银行配合北京市政府搭建住房租赁综合服务平台,完善住房租赁市场供应体系。

实践层面,各企业及金融机构积极推进保障性租赁住房金融支持项目的发展。2022年5月,厦门安居集团有限公司向上海证券交易所申报中金厦门安居保障性租赁住房封闭式基础设施证券投资基金,深圳市人才安居集团有限公司向深圳证券交易所申报红土创新深圳人才安居保障性租赁住房封闭式基础设施证券投资基金,成为首批正式申报的保障性租赁住房REITs项目。[1] 此外,保利发展、首创集团等企业积极推动住房租赁融资,促进自身住房租赁市场业务的发展;建行、农行、邮政银行等金融机构加强对地方保障性租赁住房建设的金融支持力度,推进保障性租赁住房金融支持项目的发展。

---

[1] 参见《重磅!首批两单保障性租赁住房REITs项目落地!》,https://mp.weixin.qq.com/s/Rkf0M9134qPS0s7AHwlhCQ,最后访问日期:2022年6月10日。

5. 简化行政审批流程

根据国务院办公厅《关于加快发展保障性租赁住房的意见》,利用非居住存量土地和非居住存量房屋建设保障性租赁住房,可由市县人民政府组织有关部门联合审查建设方案,出具保障性租赁住房项目认定书后,由相关部门办理立项、用地、规划、施工、消防等手续;不涉及土地权属变化的项目,可用已有用地手续等材料作为土地证明文件,不再办理用地手续。同时,探索将工程建设许可和施工许可合并为一个阶段,并对保障性租赁住房项目进行联合验收。

6. 改建房执行民用水电气价格

在中央层面,《关于加快发展保障性租赁住房的意见》提出,利用非居住存量土地和非居住存量房屋建设保障性租赁住房,取得保障性租赁住房项目认定书后,用水、用电、用气价格按照居民标准执行。在地方层面,《上海市关于加快发展本市保障性租赁住房的实施意见》提出,非居住用地上新建、改建的保障性租赁住房,取得保障性租赁住房项目认定书后,用水、用电、用气价格按照居民标准执行,项目名单由市住房城乡建设管理、房屋管理部门汇总提供用水、用电、用气价格主管部门。《北京市关于加快发展保障性租赁住房的实施方案》提出,利用非居住存量土地和非居住存量房屋建设保障性租赁住房,在保障性租赁住房项目认定书有效期间内,用水、用电、用气价格及采暖费按照居民标准执行;相关部门、市政公用企业依据保障性租赁住房项目认定书做好各项费用的计价工作。

五、现行租赁型保障性住房法律制度评析

廉租住房制度诞生于1998年7月,旨在解决最低收入家庭住房困难问题,保障范围后扩大至低收入家庭。"十一五"期间,廉租住房进入加速建设阶段,极大改善了城市低收入家庭住房条件——截至2010年底,解决全国1140万户城市低收入家庭住房困难问题。[①] 随着低收入家庭住房问题的解决,"夹心层"群体的住房需求日益凸显,公共租赁住房制度应

---

① 杜宇:《为了实现"住有所居"的庄严承诺——"十一五"期间我国大力推进保障性住房建设综述》,http://www.gov.cn/jrzg/2011-01/06/content_1779698.htm,最后访问日期:2018年6月4日。

运而生。公共租赁住房很快成为我国保障性安居工程的重心。2014年，住建部发文要求各地实施公廉并轨，并轨后统称公共租赁住房。伴随城镇化进程，新市民和青年人的住房困难问题凸显，这些群体往往不满足公共租赁住房的准入门槛（如不符合收入标准）。为了解决青年人、新市民住房困难问题，2021年我国在公共租赁住房之外新推出保障性租赁住房。自此，我国租赁型保障性住房进入新的发展阶段。

我国现行租赁型保障性住房存在衔接上的问题。首先，公共租赁住房和廉租住房目前仍以单独立法为主，这种"两房分离"的法律体系难以充分支持公廉并轨的实践，亟须系统性整理。一方面，近二十年间颁布的诸多规制"廉租住房"或者"公共租赁住房"的政策法规，如果不加清理，可能导致法律适用上的矛盾。例如，《廉租住房保障办法》和《公共租赁住房管理办法》在诸如复核制度、法律责任等存在差异的场合，既无法通过上位法优先于下位法选择适用的法律，也不能简单采取"后法优先于前法"解决法律适用的问题。另一方面，我国既未制定或修订公共租赁住房管理办法，也未颁布更加细致、系统的公廉并轨实施办法，可能导致实践操作中无所适从的问题。目前，国家层面只有1个通知[①]和2个方向性意见。[②] 从北京、上海、广州、深圳的实践来看，除上海外，其他城市均已实现公廉并轨。其中，北京市颁布了只有6个条文的通知[③]，广州市重新制定了《广州市公共租赁住房保障办法》，深圳市颁布了含25个条文的实施办法[④]。过于原则的规定，可能导致并轨在计划制订、建设标准、机构设置等诸多方面出现问题。

其次，保障性租赁住房作为新生事物，尚未颁布相应管理办法。未来如何制定法律，使其与公共租赁住房以及各类支持租赁住房政策做好政策衔接，将是一大挑战。国务院办公厅《关于加快发展保障性租赁住房的

[①] 财政部《关于做好公共租赁住房和廉租住房并轨运行有关财政工作的通知》（财综〔2014〕11号）。

[②] 住房城乡建设部、财政部、国家发展改革委《关于公共租赁住房和廉租住房并轨运行的通知》（建保〔2013〕178号）和住房城乡建设部《关于并轨后公共租赁住房有关运营管理工作的意见》（建保〔2014〕91号）。

[③] 《关于进一步加强廉租住房与公共租赁住房并轨分配及运营管理有关问题的通知》（京建法〔2014〕6号）。

[④] 《深圳市公共租赁住房和廉租住房并轨运行实施办法》（深建规〔2016〕6号，部分失效）。

意见》规定:"各地要对现有各类政策支持租赁住房进行梳理,包括通过利用集体建设用地建设租赁住房试点、中央财政支持住房租赁市场发展试点、非房地产企业利用自有土地建设租赁住房试点、发展政策性租赁住房试点建设的租赁住房等,符合规定的均纳入保障性租赁住房规范管理。"

第三节 住房间接保障形式法律制度

我国住房间接保障形式包括住房公积金、置业担保在内的住房金融制度,首套自用住房(以下简称"首套房")购买者在首付比例和贷款利率上的优惠制度以及保障性住房建设、经营环节的各种税收优惠政策。[①]本节将依次对这些制度进行介绍和分析。

一、住房公积金制度

住房公积金是我国住房间接保障形式的核心。根据现行的《住房公积金管理条例》(国务院令〔2019〕710号修订),住房公积金是指国家机关、企事业单位和社会团体及其在职职工缴存的"长期性住房储金",住房公积金"属于职工个人所有"。

(一) 住房公积金制度发展历史

住房公积金是我国城镇住房制度改革的产物。李峰在其所著《住房公积金发展史》[②]一书(下称"李书")中将住房公积金的发展历史划分为"起源—试点—推广—规范管理"四个阶段。考虑到该书出版后住房公积金制度的新发展,本部分将在李书的基础上,将住房公积金制度史划分为"概念提出—地方试点—全国推广—深化发展"等阶段。

1. 概念提出与地方试点阶段(1988—1994)

1988年2月,国务院住房制度改革领导小组《关于在全国城镇分期分批推行住房制度改革实施方案的通知》(国发〔1988〕11号)提出建立"住房基金",其中,个人住房基金"颇似住房公积金制度雏形"[③]。

---

① 参见楼建波:《中国住房保障供应体系法律制度研究提要》,亚洲开发银行技术援助赠款支持(TA7313-PRC),住房和城乡建设部2012年印发,第54页。
② 李峰编著:《住房公积金发展史》,中国建筑工业出版社2016年版。
③ 同上书,第9页。

1991年2月,上海市借鉴新加坡中央公积金制度,在全国率先试行"公积金",并将其定性为"义务性长期储金"[①]。随后,天津、北京等城市明确提出"住房公积金"概念,并开展试点。11月,国务院住房制度改革领导小组《关于全面推进城镇住房制度改革意见的通知》(国办发〔1991〕73号)颁布,在全国层面首次提出建立"公积金",并将公积金作为建立"个人住房基金"的有效方式。

2. 全国推广阶段(1994—2002)

1994年7月,国务院《关于深化城镇住房制度改革的决定》(国发〔1994〕43号)的发布标志住房公积金制度在全国范围内推广实施。1995年2月,《国家安居工程实施方案》(国办发〔1995〕6号)将住房公积金制度与安居工程挂钩,极大提高了各地建立住房公积金制度的积极性。1998年7月,国务院《关于进一步深化城镇住房制度改革加快住房建设的通知》(国发〔1998〕23号)提出"停止房屋实物分配",住房公积金主要用于职工个人购买、建造、大修理自住住房贷款,不再为单位建造住房发放贷款。1999年4月,《住房公积金管理条例》(国务院令〔1999〕35号)颁布,但存在诸多问题。[②] 2002年,国务院修订并颁布新的《住房公积金管理条例》(国务院令〔2002〕第262号),我国住房公积金制度基本建立。[③]

3. 制度深化发展阶段(2002—2019)

2002年《住房公积金管理条例》颁布后,住房公积金制度进入深化发展阶段。随着我国经济环境的变化和房地产市场的迅速发展,住房公积金制度在实施过程中暴露出许多亟待解决的问题,包括缴存制度不完善,城市之间资金无法融通,资金提取、使用和保值、增值渠道偏窄,管理效率

[①] 《上海市住房制度改革实施方案》规定,实行公积金办法的职工按月缴纳占工资一定比例的公积金;单位亦按月提供占职工工资一定比例的公积金,两者均归职工个人所有。

[②] 2001年10月,建设部、财政部、中国人民银行《关于检查〈住房公积金管理条例〉贯彻执行情况的通报》(建房改〔2001〕206号)指出贯彻国务院令〔1999〕35号的主要问题有:(1)住房公积金体制尚未理顺;(2)县(市)管理中心问题突出;(3)住房公积金归集工作亟待加强;(4)住房公积金使用和管理问题突出;(5)个人住房贷款比例偏低。

[③] 国务院令〔2002〕第262号修订的内容主要有以下5个方面:(1)扩大住房公积金缴存范围,"民办非企业单位、社会团体"也要建立公积金(第2条);(2)设立住房公积金管理委员会,作为住房公积金管理决策机构(第8条);(3)重新定位住房公积金管理中心(第10条);(4)强化建设行政主管部门的职责(第39—41条);(5)增加财政部门的责任,"住房公积金管理中心违反财政法规,由财政部门依法给予行政处罚"(第42条)。

和服务水平不高等。① 早在2009年4月,《关于2009年继续开展加强住房公积金管理专项治理工作的实施意见的通知》(建金〔2009〕68号)就提出"研究修订《住房公积金管理条例》"。不过,由于住房公积金管理设计多部门,协调各方意见难度缴纳,直到2015年11月,《住房公积金管理条例(修订送审稿)》才向社会公开征求意见。②

2019年3月9日,国务院发布《关于修改部分行政法规的决定》(国务院令第710号),时隔17年第二次正式修订了《住房公积金管理条例》,修订内容主要是要求单位办理公积金缴存登记、变更登记和注销登记,并为本单位职工办理住房公积金账户的设立、转移或封存手续。此次修订主要是为了进一步深入推进"互联网＋政务服务"和政务服务"一网通办",并未吸收2015年《修订送审稿》中的绝大多数内容。

值得注意的是,2002年以来,我国陆续颁布多项政策,解决住房公积金制度实施过程中暴露出的问题,《修订送审稿》中的许多措施实际上已经"落地"。具体而言:

第一,缴存范围扩大。《修订送审稿》扩大缴存主体至"无雇工的个体工商户、非全日制从业人员、其他灵活就业人员"(第2条)。2005年1月,《关于住房公积金管理若干具体问题的指导意见》(建金管〔2005〕5号)规定,"有条件的地方,城镇单位聘用进城务工人员,单位和职工可缴存住房公积金"。2017年11月,住建部《关于在内地(大陆)就业的港澳台同胞享有住房公积金待遇有关问题的意见》(建金〔2017〕237号)明确规定在内地(大陆)就业的港澳台同胞可享受住房公积金待遇。

第二,缴存基数"限高保低"。《修订送审稿》规定缴存基数"不低于职工工作地设区城市上一年度单位就业人员平均工资的60%,不得高于职工工作地设区城市上一年度单位就业人员平均工资的3倍"。《关于住房公积金管理若干具体问题的指导意见》规定"缴存住房公积金的月工资基数,原则上不应超过职工工作地所在设区城市统计部门公布的上一年度

---

① 住房城乡建设部《关于〈住房公积金管理条例(修订送审稿)〉的说明》。
② 与2002年《住房公积金管理条例》相比,《修订送审稿》主要有以下变化:(1)放宽缴存范围;(2)完善决策机制;(3)对机构设置再作调整;(4)放宽提取条件;(5)增强资金流动性;(6)拓宽资金保值增值渠道;(7)删除增值收益用于建设城市廉租住房补充资金的规定;(8)调整受托银行委托方式;(9)强化监督检查。

职工月平均工资的 2 倍或 3 倍"。

第三,缴存比例"限高保低"。《修订送审稿》规定"职工和单位住房公积金的缴存比例均不得低于 5%,不得高于 12%"。《关于住房公积金管理若干具体问题的指导意见》规定"单位和职工缴存比例不应低于 5%,原则上不高于 12%"。2016 年 7 月,《关于规范和阶段性适当降低住房公积金缴存比例的通知》(建金〔2016〕74 号)规定,凡住房公积金缴存比例高于 12%的,一律予以规范调整;阶段性适当降低住房公积金缴存比例,从 2016 年 5 月 1 日起实施,暂按两年执行;生产经营困难企业除可以降低缴存比例外,还可以申请暂缓缴存住房公积金。"截至 2016 年末,全国缴存比例上限已全部规范至 12%;申请降低缴存比例和缓缴的企业 1.3 万家,减少企业缴存资金 153 亿元。"①

第四,规定可同时提取配偶的住房公积金情形。《修订送审稿》规定购买、建造、大修、装修自住住房的,可同时提取配偶的住房公积金。《关于住房公积金管理若干具体问题的指导意见》规定"职工本人及其配偶在购建和大修住房一年内,可以凭有效证明材料,一次或者分次提取住房公积金账户内的存储余额"。

除此之外,住建部等有关部门还通过"补丁"解决了实践出现的其他问题。包括:

第一,改变存款利率计算方式。2016 年 2 月,《关于完善职工住房公积金账户存款利率形成机制的通知》(银发〔2016〕43 号)将职工住房公积金账户存款利率,由活期和三个月定期存款基准利率,调整为一年期定期存款基准利率执行。调整后,"全年缴存职工存款利息收入较上年增加 262.26 亿元"。②

第二,放宽提取住房公积金支付房租条件。2015 年 1 月,《关于放宽提取住房公积金支付房租条件的通知》(建金〔2015〕19 号)规定,职工连续足额缴存住房公积金满 3 个月,本人及配偶在缴存城市无自有住房且租赁住房的,可提取夫妻双方住房公积金支付房租。此前,提取公积金支付房租还需要提交租金发票、完税证明等。

---

① 《全国住房公积金 2016 年年度报告》,第 22 页。
② 《全国住房公积金 2016 年年度报告》,第 21 页。

第三,全面推行异地贷款和转移接续。2014年10月,《关于办理住房公积金个人住房贷款业务的通知》(建金〔2014〕148号)要求推进异地贷款业务,实现住房公积金缴存异地互认和转移接续。2015年9月,住建部《关于住房公积金异地个人住房贷款有关操作问题的通知》(建金〔2015〕135号)要求细化异地贷款办理流程,要求建立全国住房公积金异地贷款业务信息交换系统。随后,《关于切实提高住房公积金使用效率的通知》(建金〔2015〕150号)提出全面推行异地贷款。2017年7月,全国住房公积金转移接续平台如期建成并开通,实现"账随人走,钱随账走"。截至2019年年末,212个设区城市基本建成综合服务平台,147个设区城市实现业务系统与转移接续平台直连,平台全年共办结转移接续业务38万笔、转移接续资金108亿元。①

第四,发放保障性住房项目贷款。在国务院《关于进一步深化城镇住房制度改革加快住房建设的通知》叫停项目(单位)贷款10年后,2008年11月,国务院办公厅《关于促进房地产市场健康发展的若干意见》(国办发〔2008〕131号)提出"开展住房公积金用于经济适用住房等住房建设的试点"。2009年《关于利用住房公积金贷款支持保障性住房建设试点工作的实施意见》(建金〔2009〕160号)颁布,住房公积金发放保障性住房建设项目贷款试点正式实施。

4. 深化改革时期(2020年至今)

公积金的存废之争早已有之。2020年"两会"召开前(也是疫情后经济复苏关键时期),因重庆市原市长黄奇帆、北京大学金融学刘俏和张峥教授、格力总裁董明珠和财政部原部长楼继伟等人的论战,公积金的存废问题再次成为热点话题。废除派的主要观点有:取消公积金制度,可以为企业减负;住房公积金已经完成历史使命,其使用率不高,购房主要靠商业贷款。② 改革派则认为,取消住房公积金不仅不能在"非常时期"真正给企业减负,反而会给经济生活带来不必要的负面冲击;住房公积金贷款为职工缓解住房难发挥了重要作用,其历史使命并未完结,住房公积金应

---

① 《全国住房公积金2018年度报告》,第22页。
② 参见黄奇帆:《新冠肺炎疫情下,对经济发展和制造业复工的几点建议》,载《企业观察家》2020年第4期,第99页。

加快改革步伐,而不是因噎废食。①

2020年5月,中共中央、国务院发布《关于新时代加快完善社会主义市场经济体制的意见》。《意见》明确提出要加快建立多主体供给、多渠道保障、租购并举的住房制度,改革住房公积金制度。可见,中央为住房公积金制度的废除之争确定了基调:住房公积金制度将迎来一轮改革,而非废除。

(二)我国现行住房公积金制度

1. 机构设置

根据《住房公积金管理条例》,住建部会同财政部、中国人民银行制定公积金政策,并监督执行(第7条)。自2008年起,住建部设立住房公积金监管司,省(自治区)住建厅设立住房公积金监管处(办),分别负责全国、省(自治区)住房公积金日常监管工作。

直辖市和省、自治区人民政府所在城市以及其他设区的市(地、州、盟)设立住房公积金管理委员会,作为决策机构。住房公积金管理委员会由政府负责人和住房城乡建设、财政、人民银行等有关部门负责人以及有关专家、工会代表、职工代表和单位代表组成(第8条)。

直辖市和省、自治区人民政府所在城市以及其他设区的市(地、州、盟)设立住房公积金管理中心,负责住房公积金的管理运作。住房公积金管理中心是直属城市人民政府的不以营利为目的的独立事业单位(第10条)。

住房公积金管理委员会指定商业银行,作为住房公积金金融业务办理机构(第12条)。目前各城市受委托商业银行主要为工商银行、农业银行、中国银行、建设银行、交通银行等。

2. 缴存制度

根据《住房公积金管理条例》及有关政策规定,住房公积金缴存单位有国家机关、事业单位、国有企业和城镇集体企业等国有企事业单位,以及城镇私营企业及其他城镇企业、外商投资企业、民办非企业单位和其他类型单位。住房公积金缴存人员包括上述企事业单位职工,城镇个体工

---

① 参见刘俏、张峥:《我们为什么反对"取消企业住房公积金制度"的政策建议?》,https://www.gsm.pku.edu.cn/finance/info/1008/2751.htm,最后访问日期:2021年10月7日。

商户、自由职业人员可申请缴存住房公积金。此外,2017年年底起,在内地(大陆)就业的港澳台同胞也可缴存住房公积金,并享有同等权利。①截至2018年年底,有1.24万港澳台同胞纳入住房公积金制度覆盖范围。②

单位和职工每月应分别按不低于职工上一年度月平均工资的5%缴存住房公积金,最高缴存比例为12%。缴存住房公积金的月工资基数,原则上不应超过职工工作地所在设区城市统计部门公布的上一年度职工月平均工资的2倍或3倍。职工住房公积金账户存款利率按一年期定期存款基准利率执行。

单位和职工个人缴存的住房公积金均属于职工个人所有,但职工个人并不直接对住房公积金享有所有权。准确地说,所谓公积金归职工个人所有,是指职工个人公积金账户中的储蓄余额归职工所有。从公积金管理中心的角度分析,职工个人公积金账户中的存储余额,只是公积金管理中心的负债。从理论上讲,公积金管理中心管理的资产,是一个特定目的的基金,缴纳公积金的职工作为该基金的会员,并不直接对基金资产享有所有权。③

3. 提取使用制度

根据《住房公积金管理条例》及相关政策规定,住房公积金提取事由分为住房消费类提取和非住房消费类提取(第24条)。为支持职工住房消费,减轻职工住房消费负担,住房消费类提取占主流。④ 住房消费类提取事由包括三项:(1)购买、建造、翻建、大修自住住房的;(2)偿还购房贷款本息的;(3)房租超出家庭工资收入的规定比例的。非住房消费类提取职工住房公积金的,应当同时注销职工住房公积金账户,提取事由包括三项:(1)缴存职工离休、退休的;(2)缴存职工完全丧失劳动能力,并与单位终止劳动关系的;(3)缴存职工出境定居的。此外,缴存职工死亡或

---

① 《住房城乡建设部关于在内地(大陆)就业的港澳台同胞享有住房公积金待遇有关问题的意见》(建金〔2017〕237号)

② 《全国住房公积金2018年年度报告》,第17页。

③ 楼建波:《公积金支持保障房合法但有风险》,载《经济参考报》2013年11月5日,第8版。

④ 例如,2017年,住房公积金住房消费类提取占当年提取额的79.50%。《全国住房公积金2018年年度报告》,第19页。

者被宣告死亡的,职工的继承人、受遗赠人可以提取职工住房公积金账户内的存储余额;无继承人也无受遗赠人的,职工住房公积金账户内的存储余额纳入住房公积金的增值收益。

2018年住建部、财政部和央行联合发布《关于放宽提取住房公积金支付房租条件的通知》(简称《通知》),取消房租支出占家庭收入比例的限制,规定职工连续足额缴存住房公积金满3个月,本人及配偶在缴存城市无自有住房且租赁住房的,可提取夫妻双方住房公积金支付房租;简化了租房提取的要件,规定租住公共租赁住房的需提供房屋租赁合同和租金缴纳证明,租住商品住房的需提供本人及配偶名下无房产的证明。《通知》对租房提取住房公积金额度进行了规范。租房提取住房公积金额度进行了规范。职工租住公共租赁住房的,可按照实际房租支出全额提取;租住商品住房的,各地住房公积金管理委员会根据当地市场租金水平和租住住房面积,确定租房提取额度。同时,为提高提取审核效率,《通知》规定,提取申请资料齐全的,审核无误后应即时办理。需对申请资料进一步核查的,应在受理提取申请之日起3个工作日内办结。

4. 住房公积金个人住房贷款

根据《住房公积金管理条例》及相关政策规定,缴存职工购买、建造、翻建、大修自住住房,可以申请住房公积金贷款。住房公积金个人住房贷款按照"保一限二禁三"①的原则发放个人住房贷款,旨在促进房地产市场健康稳定发展。此外,为适应城镇化过程中就业人员跨区域流动,住房公积金现已实施异地贷款业务。②

5. 住房公积金保障性住房建设项目贷款

住房公积金可以发放保障性住房建设项目贷款支持保障性住房建设。此外,住房公积金增值收益提取风险准备金和管理费用后的全部,作为公共租赁住房(廉租住房)的补充资金。2019年,提取城市公共租赁住

---

① "保一"是保证购买第一套房产公积金贷款的需求;"限二"是限制购买第二套房产公积金贷款,提高首付比例提高贷款利率到1.1倍;"禁三"是禁止向购买第三套房产发放公积金贷款。

② 住房公积金异地贷款,是指缴存和购房行为不在同一城市的住房公积金个人住房贷款,包括用本市资金为在本市购房的外地缴存职工发放的贷款以及用本市资金为在外地购房的本市缴存职工发放的贷款。

房(廉租住房)建设补充资金588.7亿元,占当年分配增值收益的60.77%。截至2019年年末,累计为城市公共租赁住房(廉租住房)建设提供补充资金3958.86亿元。①

(三)对我国现行住房公积金制度的评析

1. 住房公积金立法滞后

对我国住房公积金作历史考察,可以看到住房公积金领域立法滞后的问题突出。国务院应适时修改《住房公积金管理条例》,将规范性文件中的缴存范围扩大、缴存基数和缴存比例"限高保低"、放宽住房公积金提取要求、办理异地贷款业务、保障性住房建设项目贷款等制度创新上升为行政法规。同时,以修订条例为契机,可以对我国住房公积金制度作一个全面的反思,最终完善我国的住房公积金制度。

2. 住房公积金管理体制存在缺陷

根据《住房公积金管理条例》,我国住房公积金在管理上实行"住房公积金管理委员会决策、住房公积金管理中心运作、银行专户存储、财政监督的原则"(第4条)。住房公积金管理中心与商业银行签订委托合同,委托其办理住房公积金金融业务(第12条)。住房公积金贷款的风险,包括支持保障性住房建设项目贷款风险,均由住房公积金管理中心承担(第26条)。

但是,我国住房公积金管理中心为"直属城市人民政府的不以营利为目的的独立的事业单位",其既非有财政支持的政府机构,也非有自有资产的金融机构,根本没有承担责任的能力。因此一旦贷款不能收回,所有风险都将由缴纳住房公积金的个人承担。②

这种体制,既不同于新加坡的中央公积金管理体制,也不同于德国的合同储蓄制度,导致人们担心将住房公积金贷款用于支持保障性住房建设,将使缴纳住房公积金的个人血本无归。作者建议学习德国的做法,把住房公积金管理中心改造成有自有资本、能承担责任的公司制的金融机构。或者让公积金管理中心与发放贷款脱钩,通过购买政府或金融机构

---

① 《全国住房公积金2019年年度报告》,第11、16页。
② 参见楼建波:《公积金支持保障房合法但有风险》,载《经济参考报》2013年11月5日,第8版。

为保障房开发建设发行的债券支援保障房建设。[1]

二、住房置业担保制度

住房置业担保,是指依法成立的住房置业担保公司,在借款人无法满足贷款人要求提供担保的情况下,为借款人申请个人住房贷款而与贷款人签订保证合同,提供连带责任保证,借款人则以其本人或第三人住房向置业担保公司提供反担保的行为。[2]

(一)住房置业担保制度发展历史

1997年4月,为盘活房地产二级市场,解决抵押物处置难、借款人觅保难等问题,上海市率先在长宁区成立住房置换公司,该公司主要从事二手房贷款担保业务,为中低收入者向银行申请个人住房贷款提供担保。

此种金融创新迅速推广至全国:1998年6月,成都市成立全国首家住房置业担保有限责任公司。1999年8月,天津市成立全国首家住房置业担保股份有限公司。2000年5月,《住房置业担保管理试行办法》(建住房〔2000〕108号)颁布,正式确立我国住房置业担保制度的基本框架。[3]同年7月,上海市住房置业担保有限责任公司成立。2001年12月,北京市住房贷款担保中心成立,性质为不以营利为目的的事业单位。

2003年8月,国务院《关于促进房地产市场持续健康发展的通知》(国发〔2003〕18号)提出"完善个人住房贷款担保机制",要求加强住房置业担保机构监管,规范担保行为,建立健全风险准备金制度,鼓励其为中低收入家庭住房贷款提供担保;要求加快完善住房置业担保管理办法,研究建立全国个人住房贷款担保体系。

2019年10月,中国银行保险监督管理委员会(以下简称"银保监会")会同融资性担保业务监管部际联席会议成员单位,联合发布《融资担保公司监督管理补充规定》(银保监发〔2019〕37号),将未取得融资担保

---

[1] 参见楼建波:《公积金支持保障房合法但有风险》,载《经济参考报》2013年11月5日,第8版。
[2] 《住房置业担保管理试行办法》(建住房〔2000〕108号)第2、4条。该规定已于2019年失效,但置业担保制度并未被取消。
[3] 参见吴志宇:《住房置业担保法律制度研究》,西南政法大学2009年博士学位论文,第36页。

业务经营许可证但实际上经营融资担保业务的住房置业担保公司纳入融资担保监管。《住房置业担保管理试行办法》同时废止。自此,住房置业担保的主管部门从住建部变更为银保监会。具体而言:

第一,在该规定印发后继续开展住房置业担保业务的住房置业担保公司(中心),应于 2020 年 6 月前向监督管理部门申领融资担保业务经营许可证;对该规定印发前发生的存量住房公积金贷款担保业务,可不计入融资担保责任余额,但应向监督管理部门单独列示报告。

第二,对该规定印发后不再新增住房置业担保业务,仍有存量住房置业担保业务的住房置业担保公司(中心),可以不申领融资担保业务经营许可证,但应当依法依规履行担保责任,并接受监督管理部门的监管。

第三,对该规定印发后新设立开展住房置业担保业务的融资担保公司,应当向监督管理部门申领融资担保业务经营许可证。监督管理部门不得给予过渡期安排。

(二)我国住房置业担保制度及评析

住房置业担保公司为个人住房贷款提供专业担保,承担连带责任保证义务,并由其负责处分抵押物,最终清偿债务;购房人则以其购买的住房或其他合法房屋,作为抵押标的物,向担保公司作抵押反担保。当购房人无力清偿银行贷款时,则由住房置业担保公司向贷款人清偿,并通过置换等方式,迁出抵押人,依法处分抵押物。这一复杂的交易安排,相比购房人直接向银行抵押房屋获得贷款,是否有画蛇添足的嫌疑?

答案是否定的。住房置业担保在降低购房者贷款成本和银行贷款发放风险等方面发挥了重要作用:一方面,通过住房置业担保,购房者能够获得利息较低的公积金贷款,节约购房贷款资金成本;另一方面,置业担保公司承担贷款中期催、逾等诸多事宜,强化了不良资产的处置力度,使得贷款人可以集中力量抓贷款的审查以及政策的制定。从这个意义上讲,置业担保对服务群众,稳定社会促进发展起到了其他金融单位不可替代的作用。①

置业担保公司既是一个区域性分解消化房贷风险的担保机构,又是加快贷款流程的中介机构的作用。需要强调的是,置业担保公司不能异

---

① 参见彭正钧:《置业担保创新战略与可持续发展》,载《住宅产业》2012 年第 12 期,第 58 页。

化为贷款人转移贷款风险的工具,贷款人不能因为住房置业担保公司提供保证,就放松对购房人贷款资格的审查力度。某种程度上,将住房置业担保公司纳入融资担保公司监管体系,也是为了防范贷款风险。

三、个人住房贷款优惠政策

个人住房贷款优惠政策,是指贷款人向借款人发放用于购买自用普通住房的贷款时,对其中购买首套房的借款人给予房贷首付比例和贷款利率方面的优惠。该政策体现差别化住房信贷政策,有利于满足居民住房刚需,抑制投机性购房需求。

（一）个人住房贷款优惠制度发展历史

2016年2月,"融360"平台考察了我国首付比例演变历史。[1] 下文将在此基础上,进行概括与提炼,并加入2016年2月后的新发展。通过历史梳理,可以发现我国个人住房贷款优惠力度呈现"宽松—收紧"的循环,从1998年住房制度改革至2021年,历经五大阶段。具体而言：

1. 配合房改,大力支持(1998.5—2006.5)

我国个人住房贷款制度建设与1998年住房制度改革基本同步。1998年5月,《个人住房贷款管理办法》(银发〔1998〕190号,已失效)"支持城镇居民购买自用普通住房"[2],无住房补贴的首付比例为30%,有住房补贴的首付比例不低于30%。[3] 贷款利率按法定贷款利率(不含浮动)减档执行。[4] 2003年中国人民银行(以下简称"央行")《关于进一步加强房地产信贷业务管理的通知》(银发〔2003〕121号)规定,首套房贷首付比例为20%,享有利率优惠;二套及以上住房适当提高首付比例,且无利率优惠。

2. 配合调控,逐步收紧(2006.5—2008.10)

2006年5月,《关于调整住房供应结构稳定住房价格的意见》(国办发〔2006〕36号,"国十五条")规定,首套房贷首付比例不得低于30%,其

---

[1] 参见《首付比例演变史 购房首付终降至二成》,https://www.rong360.com/gl/2016/02/02/89277.html,最后访问日期:2018年7月5日。
[2] 《个人住房贷款管理办法》第1条。
[3] 《个人住房贷款管理办法》第5条第4款。
[4] 《个人住房贷款管理办法》第12条。

中套型建筑面积低于 90 m² 的仍为 20%。2007 年 9 月,《关于加强商业性房地产信贷管理的通知》(银监发〔2007〕359 号,"二套房贷新政")规定首套房且套型建筑面积低于 90 m² 的,首付比例不得低于 20%,其他不得低于 30%。二套及以上住房首付比例不低于 40%,利率不得低于基准利率的 1.1 倍,且首付比例和利率水平应随套数增加而大幅度提高。

3. 救助楼市,重新放松(2008.10—2010.4)

为应对国际金融危机对我国造成的不良影响,2008 年 10 月,央行《关于扩大商业性个人住房贷款利率下浮幅度等有关问题的通知》(银发〔2008〕302 号)规定,居民购买首套房和改善型普通自住房的,最低首付款比例下调至 20%,贷款利率的下限扩大至基准利率的 0.7 倍。该政策对普通住房和非普通住房重新定义,实质上放松了二套房政策。此后至 2010 年,首套房贷款打 7 折成为常态,二套房贷款利率也明显下降。

4. 重启调控,持续收紧(2010.4—2014.8)

2010 年 4 月,国务院《关于坚决遏制部分城市房价过快上涨的通知》(国发〔2010〕10 号,"国十条")颁布,首次提出实行"差别化住房信贷政策",首套房贷首付比例不低于 30%;二套房贷款首付比例不低于 50%,贷款利率不得低于基准利率的 1.1 倍;三套及以上房贷首付比例和贷款利率应大幅度提高。

同年 5 月,《关于规范商业性个人住房贷款中第二套住房认定标准的通知》(建房〔2010〕83 号)明确二套房认定以家庭为单位,并执行"认房又认贷"的原则。

同年 9 月,国务院办公厅《关于促进房地产市场平稳健康发展的通知》(国办发〔2010〕4 号,"9.29 新政")所有住房(含首套房)贷款首付比例均为 30%以上,二套房不低于 50%,暂停发放居民家庭购买三套房及以上住房贷款("限贷令")。2011 年 1 月,国务院办公厅《关于进一步做好房地产市场调控工作有关问题的通知》(国办发〔2011〕1 号,"新国八条")再次提高二套房贷首付比例为 60%以上。2013 年,国务院办公厅《关于继续做好房地产调控的通知》(国办发〔2013〕17 号,"新国五条细则")规定,提高房价上涨过快城市二套房贷首付比例和贷款利率。其后一线城市二套房贷利率下限上浮至 1.2 倍,个别城市将首付提高至 70%。

5. 稳定市场,支持改善(2014.8—2017)

2014年9月,《关于进一步做好住房金融服务工作的通知》(银发〔2014〕287号,2014年"9.30"政策)扩大首套房贷款优惠政策适用范围,规定拥有1套住房并已结清相应购房贷款的家庭,为改善居住条件再次申请贷款购买普通商品住房的,也执行首套房贷款优惠政策。同时,取消除北上广深和三亚外其他城市的"限贷令"。

2015年3月,《关于个人住房贷款政策有关问题的通知》(银发〔2015〕98号,2015年"3.30"政策)规定对拥有1套住房且相应购房贷款未结清的家庭,为改善居住条件再次申请商业性贷款购买普通自住房的,最低首付比例不低于40%;首套房住房公积金尾款首付比例为20%;对拥有1套住房并已结清贷款的家庭,为改善居住条件再次申请公积金贷款购买普通自住房的,最低首付比例为30%。

2015年9月,《关于进一步完善差别化住房信贷政策有关问题的通知》(银发〔2015〕305号,2015年"9.30政策")颁布,下调不"限购"的城市首套房商业性贷款首付比例至不低于25%。

2016年2月,《关于调整个人住房贷款政策有关问题的通知》(银发〔2016〕26号,2016年"2.1"政策)再次放松政策,不"限购"的城市首套房商业性贷款首付比例原则为25%,可向下浮动5%;对拥有1套住房且相应购房贷款未结清的居民家庭,为改善居住条件再次申请商业性个人住房贷款购买普通住房,最低首付款比例从原来的40%下调为不低于30%。

6. 再次收紧,发展租赁市场(2017—2021)

2017年以来,全国首套房贷款平均利率稳步增长,仅一年时间,8.5折的首套房利率在市场上几乎绝迹,经过2017年的数度上调后,市场预期也从"利率什么时候降"逐渐转变为"利率还会不会升"。[①] 更重要的是,在"房住不炒""租购同权"的宏观政策指引下,在房地产信贷额度紧张、按揭贷款利率水涨船高的大环境下,四大行相继推出了住房租赁贷款,加大对房地产企业租赁业务的信贷支持。[②]

---

① 《银行房贷利率未松动 2018年楼市严控基调不变》,https://baijiahao.baidu.com/s?id=1591248362242307563&wfr=spider&for=pc,最后访问日期:2018年7月5日。

② 参见宋易康:《房贷利率上浮,房企融资收紧,银行热度移至租房市场》,https://www.yicai.com/news/5398027.html,最后访问日期:2022年5月3日。

2020年年底,央行、银保监会发布《关于建立银行业金融机构房地产贷款集中度管理制度的通知》(银发〔2020〕322号),决定建立银行业金融机构房地产贷款集中度管理制度,要求银行业金融机构(不含境外分行)房地产贷款余额占该机构人民币各项贷款余额的比例(以下简称"房地产贷款占比")和个人住房贷款余额占该机构人民币各项贷款余额的比例(以下简称"个人住房贷款占比")不得高于央行、银保监会确定的房地产贷款占比上限和个人住房贷款占比上限。进一步收紧对住房贷款的发放。

(二)我国现行个人住房贷款优惠制度

我国现行个人住房贷款优惠政策,是在2014年"9.30"政策、2015年"3.30"政策、2015年"9.30"政策和2016年"2.1"政策基础上,各地遵循"因地制宜、分类指导"原则制定的。

1. 首套房认定

我国现行首套房认定采用"认贷不认房"标准,而此前为"认房又认贷"标准。前者是指,只要借款人在银行征信系统无住房贷款记录,即可认定为"首套房";后者是指,只有借款人在当地房屋登记系统中既无房产,在银行征信系统又无住房贷款记录,才能认定为"首套房"。根据2014年9月30日人民银行发布的房贷政策("9.30"政策),对拥有一套住房并已结清相应购房贷款的家庭,为改善居住条件再次申请贷款购买商品房,可执行首套房贷款政策。这意味着第二套改善型住房购买家庭只要还清首套贷款,再次贷款也将按首套房认定。

另外,首套房、二套房的认定,以家庭为单位,婚姻情况、子女情况等均会影响房屋套数认定。

2. 首付比例

对住房贷款有最低首付比例的要求,是商业银行审慎监管的应有之义。央行、中国银行业监督管理委员会(以下简称"银监会")《关于加强商业性房地产信贷管理的通知》(银发〔2007〕359号)明确规定商业银行应提请借款人按诚实守信原则,在住房贷款合同中如实填写所贷款项用于购买第几套住房的相关信息。对购买首套自住房且套型建筑面积在90平方米以下的,贷款首付款比例(包括本外币贷款,下同)不得低于20%;对购买首套自住房且套型建筑面积在90平方米以上的,贷款首付款比例不得低于30%;对已利用贷款购买住房、又申请购买第二套(含)以上住房的,贷款首付款比例不得低于40%。

这种区别对待的政策延续下来。根据贷款方式和住房类型,银行对首套房首付比例采取不同优惠力度。个人住房商业性贷款优惠力度小于住房公积金委托贷款;在"认贷不认房"政策下,"首次购买住房"优惠力度大于"二套房认定为首套房"。具体而言,根据央行、银监会《关于调整个人住房贷款政策有关问题的通知》(银发〔2016〕26号),即2016年"2.1"政策的规定,在不限购的城市,首套房的商业性贷款最低首付比例原则上为25%,最低可至20%;二套房认定为首套房的(未结清),最低首付比例不低于30%。而根据央行、住建部、银监会《关于个人住房贷款政策有关问题的通知》(银发〔2015〕98号),即2015年"3.30"政策的规定,首次购买普通住房申请住房公积金贷款的,最低首付比例为20%;二套房认定为首套房的(已结清),最低首付比例为30%;但对拥有1套住房且相应购房贷款未结清的居民家庭,为改善居住条件再次申请商业性个人住房贷款购买普通自住房,最低首付款比例不低于40%。

3. 贷款利率

适用差别化的贷款利率促进房地产宏观调控,为合理的住房需求提供资金融通,是我国房地产金融的长期政策。央行、银监会《关于加强商业性房地产信贷管理的通知》中即明确对已利用贷款购买住房、又申请购买第二套(含)以上住房的,贷款利率不得低于央行公布的同期同档次基准利率的1.1倍,而且贷款首付款比例和利率水平应随套数增加而大幅度提高,具体提高幅度由商业银行根据贷款风险管理相关原则自主确定,但借款人偿还住房贷款的月支出不得高于其月收入的50%。

随着利率市场化改革的进展,个人住房贷款的利率确定方式相应地发生了变化。根据央行于2019年8月25日发布的《关于明确个人住房贷款利率调整相关事项的公告》(中国人民银行公告〔2019〕第16号),自10月8日起,新发放商业性个人住房贷款利率以最近一个月相应期限的贷款市场报价利率(LPR)为定价基准加点形成。① 之后,央行在《关于存量浮动利率贷款的定价基准转换为LPR的公告》(中国人民银行〔2019〕

---

① 参见《央行发布公告:新发放商业性个人住房贷款利率政策将调整》,http://www.gov.cn/xinwen/2019-08/26/content_5424413.htm,最后访问日期:2021年1月7日。

第30号)中,要求金融机构应与存量浮动利率贷款客户(包括住房贷款客户)就定价基准转换条款进行协商,将原合同约定的利率定价方式转换为以 LPR 为定价基准加点形成(加点可为负值),加点数值在合同剩余期限内固定不变;或者转换为固定利率。但定价基准只能转换一次,转换之后不能再次转换。

利率定价基准的改变并不意味着住房贷款利率政策的改变。央行在《关于明确个人住房贷款利率调整相关事项的公告》中明确要"坚决贯彻落实'房子是用来住的,不是用来炒的'定位和房地产市场长效管理机制,在改革完善贷款市场报价利率(LPR)形成机制过程中,确保区域差别化住房信贷政策有效实施",并具体要求"首套商业性个人住房贷款利率不得低于相应期限贷款市场报价利率,二套商业性个人住房贷款利率不得低于相应期限贷款市场报价利率加60个基点。"

(三)对我国现行个人住房贷款优惠制度的评析

作为一种住房间接保障方式,我国个人住房贷款优惠制度承载着更为重要的宏观调控目的。短短二十年间,该政策依据宏观经济发展状况几经更迭,缺乏政策可预期性,导致首次购房者或满足条件的二次购房者或焦急观望、或疯狂入市,不利于满足刚需主体的住房需求。或许更优的做法是将个人住房贷款制度作为一种长期政策执行,对购买首套自住普通商品房、保障性住房或第二套改善型首套住房者实行更稳定的优惠政策。至于调控房市的目标,则通过抑制投机购房需求、落实差别化信贷政策等方式实现。

四、保障性住房开发贷款优惠政策

(一)我国保障性住房开发贷款历史沿革及现行政策

保障性住房开发贷款,是指金融机构向借款人发放的用于经济适用住房、公共租赁住房、棚户区改造等项目开发建设的贷款。目前,商业银行贷款是保障性住房开发贷款的主要来源。相较普通商品住房和商业用房开发贷款,保障性住房开发贷款在项目资金本、贷款期限和贷款利率上存在特殊规定。此外,政策性银行通过抵押补充贷款(Pledged Supplementary Lending,以下简称"PSL"),向棚户区改造发放低成本专项贷款。

1. 项目资本金

房地产开发项目资本金,是指在建设项目总投资中,由投资者认缴的出资额(所有者权益)。房地产开发企业申请银行贷款时,其自有资金应不低于开发项目总投资的一定比例。

早期,我国统一规定商品房和保障性住房项目资本金比例,部分银行甚至对后者要求更高比例的自有资金。《城市房地产开发经营管理条例》(国务院令〔1998〕第248号)要求房地产开发项目建立资本金制度,且资本金占项目总投资比例不低于20%。1998年5月,《中国银行房地产开发贷款管理办法》(中银信管〔1998〕214号)规定房地产开发贷款项目的自有资金比例一般为30%,国家安居工程贷款项目的自有资金比例为60%。

直到2009年,我国才实行差别化信贷政策,给予保障性住房开发贷款优惠。国务院《关于调整固定资产投资项目资本金比例的通知》(国发〔2009〕27号)规定保障性住房和普通商品住房项目的最低资本金比例为20%,其他房地产开发项目的最低资本金比例为30%。

现行保障性住房项目资本金政策体系由《经济适用住房开发贷款管理办法》(银发〔2008〕13号)、《廉租住房建设贷款管理办法》(银发〔2008〕13号)和《国务院关于调整和完善固定资产投资项目资本金制度的通知》(国发〔2015〕51号)构成。其中,保障性住房最低资本金比例为20%,经济适用住房和改建廉租住房开发贷款资本金不低于项目总投资的30%,新建廉租住房项目不低于20%。

此外,行业规定和地方法规也对保障性住房项目资本金有所规定。例如,《中国工商银行城市棚户区改造贷款管理办法(试行)》要求棚户区改造项目资本金不低于项目总成本的30%;《西安市国家开发银行棚户区改造专项贷款资金管理办法》(西安市政发〔2014〕22号)规定国开行棚户区改造专项贷款资本金比率不低于20%,过桥贷款占资本金比率不超过50%。

2. 贷款期限

房地产开发贷款期限一般不超过3年(含3年)[①],但保障性住房开发

---

① 参见中国人民银行武汉分行:《金融名词:房地产开发贷款》,http://wuhan.pbc.gov.cn/wuhan/2929354/123527/2650827/index.html,最后访问日期:2018年7月11日。

贷款期限较长。根据《经济适用住房开发贷款管理办法》(银发〔2008〕13号)、《关于认真做好公共租赁住房等保障性安居工程金融服务工作的通知》(银发〔2011〕193号)和《关于进一步做好住房金融服务工作的通知》(银发〔2014〕287号),我国经济适用住房开发贷款期限一般为3年,最长不超过5年;廉租住房最长不超过5年;公共租赁住房和棚户区改造最长不超过25年,公廉并轨后廉租住房最长也不超过25年。

在此基础上,行业规定和地方法规存在细微调整。例如,《中国工商银行城市棚户区改造贷款管理办法(试行)》要求城市棚户区改造贷款期限原则上不超过2年;西安市规定国开行棚户区改造过桥贷款(可用作资本金)期限9年,中长期贷款期限15年。①

3. 贷款利率

保障性住房开发贷款实行利率优惠政策。根据《经济适用住房开发贷款管理办法》和《关于认真做好公共租赁住房等保障性安居工程金融服务工作的通知》,经济适用住房和政府投资建设的公共租赁住房项目贷款利率按贷款基准利率执行,可在10%比例内适当下浮;廉租住房建设贷款利率应按贷款基准利率下浮10%执行;其他公共租赁住房项目,各银行业金融机构可按照商业原则发放贷款。

4. 抵押补充贷款(PSL)

抵押补充贷款(PSL)是指由商业银行或政策性银行提供贷款资产作为抵押,从中央银行获得贷款的一种储备政策工具。②

2014年4月,央行创设PSL为国家开发银行(以下简称"国开行")支持棚户区改造提供长期稳定、成本适当的资金来源。③ 同年10月,PSL对象扩大至国家开发银行、中国农业发展银行(以下简称"农发行")、中国进出口银行(以下简称"进出口银行"),主要用于支持三家银行发放棚户

---

① 《西安市国家开发银行棚户区改造专项贷款资金管理办法》(市政发〔2014〕22号)。
② 参见中国人民银行长沙中心支行:《抵押补充贷款为湖南株洲薄弱环节注入活力》,http://changsha.pbc.gov.cn/changsha/130084/2927615/3314999/index.html,最后访问日期:2018年7月10日。
③ 参见中国人民银行货币政策司:《2014年4月—2015年5月抵押补充贷款开展情况》,http://www.pbc.gov.cn/zhengcehuobisi/125207/125213/2161446/2161457/2812562/index.html,最后访问日期:2018年7月10日。

区改造贷款、重大水利工程贷款、人民币"走出去"项目贷款等。[①]

PSL贷款适用《中国人民银行抵押补充贷款管理办法(试行)》(银发〔2016〕101号),其发放对象为三大政策性银行以及经国务院批准的其他金融机构,其发放遵循"特定用途、专款专用、保本微利、确保安全"的原则。PSL贷款用途根据金融机构业务范围不同而不同:(1)国开行专项用于发放棚户区改造贷款和城市地下综合管廊建设贷款等两类贷款;(2)进出口银行专项用于发放"黑字还流"(境外人民币贷款)、军品贷款、国际产能合作和装备制造合作(含核电、铁路)、"一带一路"等四类贷款;(3)农发行专项用于发放重大水利工程过桥贷款(国家172项重大水利工程)、水利建设贷款、棚户区改造贷款、农村公路贷款等四类贷款。PSL贷款期限为1年,可以展期,展期金额和展期次数由央行确定。PSL贷款利率由央行确定,并适时作出调整;金融机构利用PSL发放的特定贷款利率实行在PSL利率基础上加点确定,加点幅度及调整由央行确定。

国开行和农发行的PSL资金主要用于支持棚户区改造。根据中信建投证券房地产研究团队的调研数据,这两家银行的PSL资金绝大多数转化为棚户区改造支出。[②] 具体操作流程如下:央行通过PSL向国开行和农发行发放贷款,后者通过棚户区改造专项贷款向地方政府发放贷款,地方政府通过货币化安置再向棚户区居民发放补偿款,地方政府拆迁卖地后偿还国开行贷款,国开行偿还央行贷款,形成资金流的闭环(如图3-4所示)。

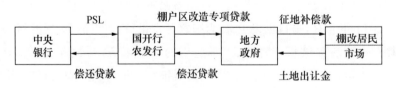

图3-4　PSL支持棚户区改造资金流闭环

---

① 参见中国人民银行货币政策司:《2015年10月抵押补充贷款开展情况》,http://www.pbc.gov.cn/zhengcehuobisi/125207/125213/2161446/2161457/2971463/index.html,最后访问日期:2022年5月3日。

② 参见宋兴国:《棚改项目贷款变奏:三四线楼市面临新拐点》,http://money.163.com/18/0630/07/DLHJS971002581PP.html,最后访问日期:2018年6月30日。

由于棚户区改造货币化安置规模的收紧,从 2018 年中开始,PSL 投放量明显减少。① 2019 年以来,地方政府开始更加积极地探索其他融资渠道,鼓励社会资本参与棚户区改造。②

(二)对我国保障性住房开发贷款优惠政策的评析

保障性住房开发贷款优惠政策有助于引导金融机构在风险可控的基础上支持保障性住房开发建设,发挥金融机构在解决中低收入家庭住房困难方面的作用。但我国现行保障性住房开发贷款优惠政策仍存在以下几方面的问题。

1. 融资渠道较为单一,以银行商业贷款为主

银监会城镇化课题研究组 2015 年的调研数据显示,保障性住房开发主要依靠地方财政直接投入和银行体系的商业贷款方式,其中银行贷款在全部保障性住房融资中占比约 60%—70%,很少利用债券、保险、基金和社会机构直接投资等多元融资渠道来筹措资金。由于保障性住房所需资金量大且期限长,过分依赖银行这一间接融资渠道,行业风险集聚在银行体系内,不能得到有效分散。一旦收缩银根,资金供给可能受到较大影响。③ 课题组建议保障性住房开发应当积极创新融资渠道——除银团贷款、公积金贷款、委托贷款、信托等表内外融资工具外,还可尝试私募债、保险资金、融资租赁、资产收益类理财产品、BT 等融资模式,积极引导和调动社会资金支持保障性住房建设。④

2. 激励政策欠缺,商业银行信贷投放意愿不强

相较普通住房开发贷款和商业用房开发贷款,保障性住房开发项目利润率较低,收益较小,且贷款期限较长,风险相对偏高。在国家对房地产行业进行持续调控,房地产开发商资金链趋紧的形势下,商业银行支持

---

① 参见《6 月央行开展 610.3 亿元 SLF 操作,PSL 净增加 605 亿元》,http://rmb.xinhua08.com/a/20180702/1767350.shtml,最后访问日期:2018 年 7 月 5 日;靳毅、严米佳:《棚改货币化知多少》,http://opinion.jrj.com.cn/2017/12/27100523856362.shtml,最后访问日期:2018 年 6 月 30 日;张玥、吕晶:《棚改拧紧资金 楼市绷紧神经》,http://www.infzm.com/content/137162,最后访问日期:2018 年 7 月 5 日。

② 参见楼建波、陈陶:《大陆棚户区改造的经验与反思》,载《财产法暨经济法》2019 年 9 月第 57 期,台湾法学基金会 2019 年 9 月出刊,第 30 页。

③ 参见刘平、王会雨、罗文农:《金融支持保障性住房建设的问题与政策研究》,载《金融监管研究》2015 年第 1 期,第 35 页。

④ 同上书,第 42 页。

保障性住房开发意愿不强。① 为此有必要颁布激励政策,从考核机制、贷款规模和监管政策等方面给予政策倾斜,激励商业银行主动发放保障性住房贷款。例如,在考核机制上,降低保障性住房贷款的资本计量系数,减少商业银行关于保障性住房贷款的经济资本占用;在贷款规模上,单独对商业银行核定保障性住房贷款额度,不占用商业银行的新增贷款规模;在房地产监管政策上,单独统计保障性住房贷款,独立于房地产贷款统计口径之外,对于保障性住房贷款增长较快的商业银行,适当予以奖励。②

3. 租金回报率低,租赁型保障性住房贷款吸引力小

租金回报率,是指租金与让渡使用权财产的市场价值的比率,可以用来衡量投资回报率(但投资回报不局限于租金回报,因为所有人还可通过财产增值取得投资回报)。③ 目前,金融机构发放的保障性住房开发贷款以经济适用住房开发贷款、棚户区改造贷款为主,基本不涉及租赁型保障性住房开发贷款。④ 其中一个重要原因是,产权型保障性住房可上市交易,项目资金在较短时间内可回笼;租赁型保障性住房的资金回笼周期长,单纯依靠租金收入普遍存在收入难以覆盖本息的问题。⑤ 目前我国租金回报率普遍偏低,以2017年北京市租房市场为例,北京市整体市场月平均租金为84.8元每平方米使用面积,整体租售比达1:806,住房销售平均价格为68348.8元每平方米建筑面积,租金回报率约为1.4%,比现行1年以内(含1年)贷款基准利率(4.35%)低2.95%,比1至5年(含5年)贷款利率(4.75%)低3.35%,比5年以上贷款利率(4.90%)低3.50%。⑥

为鼓励金融机构支持公共租赁住房开发建设,需要创新信贷方案。

---

① 参见刘平、王会雨、罗文孜:《金融支持保障性住房建设的问题与政策研究》,载《金融监管研究》2015年第1期,第40页。
② 参见魏晓燕:《商业银行保障房贷款探析》,载《银行家》2011年第11期,第55—56页。
③ 参见尹伯成编著:《大众经济学》,复旦大学出版社2013年版,第115页。
④ 参见陈怡:《我国保障性住房金融支持研究》,浙江大学2011年硕士学位论文,第49页。
⑤ 同上注,第81页;魏晓燕:《商业银行保障房贷款探析》,载《银行家》2011年第11期,第55—56页。
⑥ 关于北京市租房市场的数据,参见《2017北京市租房市场报告》,http://house.china.com.cn/newscenter/view/1500602.htm,最后访问日期:2018年7月5日;关于现行基准利率,参见"人民币贷款基准利率表",http://www.pbc.gov.cn/zhengcehuobisi/125207/125213/125440/125838/125885/125896/2968998/index.html,最后访问日期:2018年7月5日。

例如,在委托代建(BT)项目中,可采用应收账款质押方式解决抵押担保不足问题;又如,商业银行可以通过与当地相关管理部门和企业协商,综合调配保障性住房建设的其他资金,用于按期归还银行贷款,解决短期租金收入无法支付贷款本息的问题。① 当然,根本的解决之道,也许在于公共租赁住房REITs等金融创新。

五、税收优惠制度

(一)我国现行住房保障税收优惠制度

我国现行房地产税制复杂,包括增值税、房产税、耕地占用税、土地增值税、契税、印花税和城镇土地使用税。刘剑文教授将我国房地产行业土地和房产课税情况总结如下表②:

表3-11 房地产行业土地和房产课税情况汇总表

类别	项目	应纳税种
土地	土地使用权转让	契税、印花税、土地增值税、城市建设维护税、企业所得税、个人所得税
	土地使用权租赁	印花税、增值税、城市建设维护税、企业所得税、个人所得税
房产	房产转让	契税、印花税、土地增值税、城市建设维护税、企业所得税、个人所得税
	房产租赁	印花税、增值税、城市建设维护税、房产税、企业所得税、个人所得税
	房产持有	房产税

良好的税收政策应当体现社会公平,符合量能课税原则。在住房保障领域,量能课税原则体现为对保障性住房及土地实行税收优惠,以保障个人生存权和住房权。我国住房保障领域税收优惠的政策文件包括《关于完善住房租赁有关税收政策的公告》(财政部、税务总局、住房城乡建设部公告2021年第24号)、《关于公共租赁住房税收优惠政策的公告》(财政部、税务总局公告〔2019〕61号)、《关于加快培育和发展住房租赁市场的若干意见》(国办发〔2016〕39号)、《关于公共租赁住房税收优惠政策的

---

① 参见魏晓燕:《商业银行保障房贷款探析》,载《银行家》2011年第11期,第55—56页。
② 参见刘剑文:《财税法学(第三版)》,高等教育出版社2017年版,第254页。

通知》(财税〔2015〕139号)、《关于企业参与政府统一组织的棚户区改造有关企业所得税政策问题的通知》(财税〔2013〕65号)、《关于棚户区改造有关税收政策的通知》(财税〔2013〕101号)以及《关于廉租住房经济适用住房和住房租赁有关税收政策的通知》(财税〔2008〕24号)[①],这些文件几乎囊括上表全部税种。

1. 所得税

所得税,也称收益税,是指以纳税人在一定期间内的纯所得额或者总所得额为征税对象的一类税的统称,包括个人所得税和企业所得税。所得税具有直接调解收入分配的功能,实行量能课税,被誉为"良税"。[②]

根据《关于加快培育和发展住房租赁市场的若干意见》《关于公共租赁住房税收优惠政策的通知》《关于企业参与政府统一组织的棚户区改造有关企业所得税政策问题的通知》和《关于廉租住房经济适用住房和住房租赁有关税收政策的通知》,我国对住房保障的所得税优惠政策包括:(1)企业捐赠租赁型保障性住房,在年度利润总额12%以内的部分,准予扣除;(2)企业参与棚户区改造并符合规定条件的支出,准许扣除[③];(3)个人捐赠租赁型保障性住房,在其申报的应纳税所得额30%的部分,准予扣除;(4)低收入住房保障家庭领取的住房补贴、个人取得的拆迁补偿款,免征个人所得税;(5)个人出租住房租金收入,减半征收个人所得税。

除了上述住房保障领域专门的所得税税收优惠外,我国还出台了针对住房领域的税收优惠法律,为居民购置或租赁住宅减轻税负。2017年新修订的《企业所得税法》允许纳税人将本年度超过规定限额以外的公益性捐赠向后结转,因此,企业捐赠租赁型保障性住房,在年度利润总额

---

① 该通知中"有关廉租住房税收政策的规定"已被财政部、国家税务总局《关于促进公共租赁住房发展有关税收优惠政策的通知》(财税〔2014〕52号)废止,废止日期为2014年8月11日;第2条第4项"对企事业单位、社会团体以及其他组织按市场价格向个人出租用于居住的住房,减按4%的税率征收房产税"的规定已被财政部、税务总局、住房城乡建设部《关于完善住房租赁有关税收政策的公告》(财政部、税务总局、住房和城乡建设部公告2021年第24号)废止,废止日期为2021年7月15日。

② 参见刘剑文:《财税法学(第三版)》,高等教育出版社2017年版,第173页。

③ 财政部、税务总局《关于企业参与政府统一组织的棚户区改造有关企业所得税政策问题的通知》(财税〔2013〕65号)第2条。

12%以内的部分,准予当年税前扣除;剩余部分,准予向以后年度结转扣除,但结转年限自捐赠发生年度的次年起计算最长不得超过3年。2018年8月修订的《个人所得税法》将住房公积金列为专项扣除,将住房贷款利息和住房租金支出为专项附加扣除,对居民合理减负意义重大。无独有偶,我国台湾地区"所得税法"中也将"购屋借款利息"和"房屋租金支出"作为列举扣除额,准许纳税义务人择一扣除[①],其立法理由为鼓励购置自用住宅及减轻中低收入者税负。[②]

2. 增值税

自2016年5月1日起,我国营业税改增值税试点改革在全国范围内全面推开,建筑业、房地产业、金融业、生活服务业等全部营业税纳税人纳入试点范围。[③] 增值税对商品与服务的消费课税,由最终的消费者承担,本质上是对个人消费课征的间接税。[④]

根据国务院办公厅《关于加快培育和发展住房租赁市场的若干意见》(国办发〔2016〕39号),个人出租住房的,以5%的征收率减按1.5%计算缴纳增值税;个人出租住房月收入不超过3万元的,2017年年底之前可免征增值税;房地产中介机构提供住房租赁经纪代理服务,适用6%的增值税税率;一般纳税人出租在实施营改增试点前取得的不动产,允许选择适用简易计税办法,按照5%的征收率计算缴纳增值税。为落实房住不炒和租购并举,鼓励住房租赁企业发展,《关于完善住房租赁有关税收政策的公告》规定自2021年10月1日起,住房租赁企业向个人出租住房适用简易计税方法,按照5%征收率减按1.5%缴纳增值税。对利用非居住存量土地和非居住存量房屋(含商业办公用房、工业厂房改造后出租用于居住的房屋)建设的保障性租赁住房,取得保障性租赁住房项目认定书

[①] 我国台湾地区"所得税法"第17条规定"……5.购屋借款利息:纳税义务人、配偶及受扶养亲属购买自用住宅,向金融机构借款所支付之利息,其每一申报户每年扣除数额以三十万元为限。但申报有储蓄投资特别扣除额者,其申报之储蓄投资特别扣除金额,应在上项购屋借款利息中减除;纳税义务人依上述规定扣除购屋借款利息者,以一屋为限。6.房屋租金支出:纳税义务人、配偶及受扶养直系亲属在中华民国境内租屋供自住且非供营业或执行业务使用者,其所支付之租金,每一申报户每年扣除数额以十二万元为限。但申报有购屋借款利息者,不得扣除。"

[②] 林雅琪:《社会政策目的之租税优惠——以社会保险、老年化、住房面向为例》,载刘剑文主编:《财税法学前沿问题研究:经济发展、社会公平与财税法治》,法律出版社2013年版,第100页。

[③] 《营业税改征增值税试点实施办法》(财税〔2016〕36号)。

[④] 参见刘剑文:《财税法学(第三版)》,高等教育出版社2017年版,第133页。

后,住房租赁企业向个人出租上述保障性租赁住房的,也按照5%征收率减按1.5%缴纳增值税。

3. 财产税

财产税是以纳税人拥有或者支配的某些财产为课税对象的一类税的统称。课税财产主要指土地、土地改良物(人造不动产)和动产(有形资产和无形资产)。[①] 我国现行房地产财产税体系中,属于保有环节的有房产税、城镇土地使用税和印花税,属于交易环节的有契税、土地增值税、耕地占用税和印花税。[②] 正在酝酿中的房地产税[③]也属于财产税的一种。

就房地产保有环节的财产税而言,根据《关于完善住房租赁有关税收政策的公告》《关于公共租赁住房税收优惠政策的公告》和《关于棚户区改造有关税收政策的通知》,我国关于住房保障财产税优惠政策包括:(1)经济适用住房、租赁型保障性住房建设用地、棚改安置房建设用地、个人出租住房用地免征城镇土地使用税;(2)公共租赁住房免征房产税;(3)廉租住房按规定取得的租金收入免征房产税;(4)个人出租住房按4%的税率征收房产税;(5)租赁型保障性住房租赁协议、个人出租或承租住房签订的租赁合同,免征印花税;(6)企事业单位、社会团体以及其他组织向个人、专业化规模化住房租赁企业出租住房或取得项目认定书的保障性租赁住房的,减按4%税率征收房产税。

就房地产交易环节财产税而言,根据《关于完善住房租赁有关税收政策的公告》《关于公共租赁住房税收优惠政策的公告》和《关于棚户区改造有关税收政策的通知》,我国关于住房保障财产税优惠政策包括:(1)建设、管理、购买租赁型保障性住房,免征印花税;(2)建设、管理、购买棚改安置房,免征印花税;(3)回购经济适用住房、棚改安置房继续作为经济适用住房、改造安置房源,购买住房作为租赁型保障性住房,免征契税;(4)个人首次购买90 m²以下改造安置住房,按1%的税率计征契税;(5)个人首次购买超过90 m²,但符合普通住房标准的改造安置住房,按

---

① 参见刘剑文:《财税法学(第三版)》,高等教育出版社2017年版,第228页。
② "印花税属于房地产交易环节的税收,但在房地产保有环节的租赁时也需要课征,因此也列入广义的房地产保有环节税收。"刘剑文:《财税法学》(第三版),高等教育出版社2017年版,第254页。
③ 参见习近平:《扎实推动共同富裕》,载《新长征(党建版)》2021年第11期,第4—7页。该文是习近平总书记2021年8月17日在中央财经委员会第十次会议上讲话的一部分。习近平总书记在讲话中明确指出"要积极稳妥推进房地产税立法和改革,做好试点工作"。

法定税率减半计征契税；(6)个人因房屋被征收而取得货币补偿并用于购买改造安置住房，或因房屋被征收而进行房屋产权调换并取得改造安置住房，按有关规定减免契税；(7)企事业单位、社会团体以及其他组织转让旧房作为经济适用住房、租赁型保障性住房、棚改安置房房源，且增值额未超过扣除项目金额20%的部分，免征土地增值税。

(二)对我国现行住房保障税收优惠制度的评析

1. 缺乏统一的税收优惠规定

我国住房保障税收优惠政策采用"以房定优惠"的模式，不利于间接保障长效机制的建立。目前我国针对保障性租赁住房、公共租赁住房、棚改安置房、经济适用住房、廉租住房分别出台部门规范性文件，规定税收优惠的做法，至少有两个缺点：

其一，不利于及时清理过时文件。例如，《关于公共租赁住房税收优惠政策的公告》未考虑公廉并轨最新动态，仅就公共租赁住房税收优惠政策加以规定，导致部分新增内容①是否适用于廉租住房存有疑义。

其二，其他解决居民住房困难的形式无法直接享受针对特定住房保障形式的税收优惠。除列举的五类保障性住房外，我国还有限价商品住房、共有产权保障性住房等实物保障形式，以及目前正在大力倡导发展的长期租赁市场、利用集体土地建设租赁住房等解决居民住房问题的方式。这些保障形式的税收优惠，需要另行规定。每新出一种保障形式，就需要规定一次税收优惠的做法，增加了税收立法成本和征管成本。

从这一意义上说，《个人所得税法》最新修订案将住房贷款利息和住房租金等支出纳入专项附加扣除代表了发展方向：一方面，它提高了住房保障税收优惠制度的立法位阶，有助于建立我国住房间接保障长效机制；另一方面，它突破"以房定优惠"的路径依赖，统一规定住房贷款利息和住房租金支出作为专项附加扣除，实现了路径创新。

2. 税收优惠效果不尽人意

第一，现行所得税的税收优惠主要体现在公益性捐赠、企业参与棚户区改造、征收补偿或补贴款、个人租金收入和住房公积金等的税收待遇

---

① 例如，根据计税依据不同，房产税可分为从价计征和从租计征。财政部、税务总局《关于公共租赁住房税收优惠政策的公告》(财政部、税务总局公告2019年第61号)规定公共租赁住房免征房产税，而财政部、税务总局《关于廉租住房、经济适用住房和住房租赁有关税收政策的通知》(财税〔2008〕24号)则规定廉租住房租金收入免征房产税。

上,但对开发建设保障性住房的企业而言,除建设比例正常免征城镇土地使用税及印花税外,所得税方面的优惠非常有限。① 即使在享受所得税优惠的领域,也仍有改进的空间。例如,由于公益性捐赠所得税前扣除仅适用间接捐赠,不鼓励直接捐赠,企业和个人均须通过公益性社会团体或者县级以上政府及其部门捐赠租赁型保障性住房,直接捐赠则不能享受税前扣除。② 而且,捐赠者必须从接受捐赠的社会团体和国家机关处取得相应捐赠证明,才能享受相应的税收优惠。繁琐的行政手续不免打击部分捐赠者积极性。③ 此外,个人超过税前扣除额度的捐赠额不能结转扣除的规定,不利于一次性捐赠较多租赁型保障性住房者。④

第二,就商品税而言,增值税税收优惠主要应用于租赁型保障性住房。由于增值税具有易转嫁的特点,对开发商很难构成事实上的税负,对租赁型保障性住房的供给者的激励效果有限。⑤

第三,就财产税而言,税收优惠主要体现在城镇土地使用税、房产税、印花税、契税和土地增值税。在建设开发环节,税收优惠主要集中在城镇土地使用税、印花税和契税,优惠力度较小,引导性偏弱;在经营管理环节,税收优惠主要集中在城镇土地使用税、房产税、印花税和契税,优惠力度有所加大,但通过租金收入难以实现快速收回投资成本的要求。⑥

3. 需要与税收法律统筹兼顾

2021年9月1日《契税法》正式实施,原住房保障中的契税优惠应当与新法做好衔接。同时,目前房地产税试点即将开展进行,但鲜见围绕保障性住房是否为征税对象的讨论,未来房产税立法时也应当将其与住房保障统筹兼顾。

---

① 参见林春英:《保障性住房税收优惠政策研究》,载《湖北科技学院学报》2015年第11期,第15页。
② 参见《个人所得税法实施条例》第24条、《企业所得税法实施条例》第6条。
③ 参见赵海益、史玉峰:《我国个人公益性捐赠所得税优惠政策研究》,载《税务研究》2017年第10期,第45页。
④ 不同于2017年修订的《企业所得税法》,《个人所得税法》未规定本年度超过限额以外的公益性捐赠向后结转。
⑤ 参见肖叶:《公共租赁房税收政策效应分析——以重庆公租房项目为例》,载《吉林工商学院学报》2015年第6期,第64页。
⑥ 同上注,第65页。

第四节　棚户区改造、老旧小区改造和农村危房改造

棚户区改造和农村危房改造是 2010 年国务院办公厅《关于促进房地产平稳健康发展的通知》（国办发〔2010〕4 号）中规定的保障性安居工程的组成部分，2020 年国务院办公厅《关于全面推进城镇老旧小区改造工作的指导意见》将城镇老旧小区改造纳入保障性安居工程，目前棚户区改造和老旧小区改造都属于城市更新项目。本节将对这三个制度的基本内容进行介绍。

一、棚户区改造

（一）概念和性质

棚户区是指建筑密度大、结构简陋、安全隐患多、使用功能不完善、基础设施不配套的住房较为集中的区域。[1]目前，我国把棚户区分为城市棚户区、国有工矿棚户区、国有林园棚户区和国有垦区危房改造四大类。[2]棚户区改造是政府为改造城镇危旧住房、改善困难家庭住房条件而推出的一项民心工程。[3]

尽管棚户区改造制度设计的初衷是"解危救困"，但是随着 2010 年改造范围深入城市内部[4]，棚户区改造制度客观上具有了推动"城市更新"的崭新含义，并与我国的城镇化发展以及城市建设联系到了一起。除深圳实施"市场主导、政府引导"的"城市更新"模式外，在我国其他地区，"政府主导、市场参与"的棚户区改造在事实上承担了城市更新功能。

---

[1] 参见住房与城乡建设部等七部门《关于加快推进棚户区（危旧房）改造的通知》（建保〔2012〕190 号）。在东北三省的地方治理阶段，辽宁省政府曾对棚户区的特征进行过总结：居住环境十分恶劣，相关的市政设施和公共服务配套匮乏；多数属于低收入或最低收入群体，没有能力通过市场解决自身的住房；多数在建设之初即为简易住房，不能通过改造实现功能的完善。参见尚教蔚：《辽宁棚户区改造：改变居住环境的综合整治与完善配套》，载《经济社会体制比较》2012 年第 5 期，第 93—94 页。

[2] 参见李莉、张辉编著：《中国新型城镇化建设进程中棚户区改造理论与实践》，中国经济出版社 2014 年版，第 1 页。

[3] 参见《国务院常务会议：名词解释——棚户区改造》，https://news.sohu.com/20081109/n260529152.shtml，最后访问日期：2022 年 4 月 30 日。

[4] 2010 年 1 月，国务院办公厅《关于促进房地产市场平稳健康发展的通知》（国办发〔2010〕4 号）发布，提出全面启动城市和国有工矿棚户区改造工作，并继续推进中国国有林区（场）棚户区（危旧房）、国有垦区危房、中央下放地方煤矿棚户区改造。

(二)棚户区改造的任务规划

棚户区改造制度与其他保障性安居工程相比,更加重视规划建设。"十三五规划"(2016—2020)提出,到2020年"基本完成城镇棚户区和危房改造任务。将棚户区改造与城市更新、产业转型升级更好结合起来,加快推进集中成片棚户区和城中村改造,有序推进旧住宅小区综合整治、危旧住房和非成套住房改造,棚户区改造政策覆盖全国重点镇。完善配套基础设施,加强工程质量监管"。

从已经公布的数据看,棚户区改造取得显著成果。2018—2020年1500万套的棚户区改造攻坚计划,已经完成941万套,还剩559万套。下表总结了不同类型棚户区改造的任务目标和完成情况:

表 3-12 棚户区改造计划和完成情况

棚户区改造目标	文件名	计划完成情况
用3年时间基本解决城市低收入住房困难家庭住房及棚户区改造问题	国务院办公厅《关于促进房地产市场健康发展的若干意见》(国办发〔2008〕131号)	2008年至2012年全国改造各类棚户区1260万户
2013年至2017年改造各类棚户区1000万户	国务院《关于加快棚户区改造工作的意见》(国发〔2013〕25号)	2008—2017年,全国棚改累计开工3896万套,帮助约1亿人"出棚进楼",其中,截至2017年底,全国累计开工改造林区棚户区166万套、垦区危房238万套、国有工矿棚户区305万套;②
到2020年基本完成城市棚户区改造的任务	《中华人民共和国国民经济和社会发展第十三个五年(2016—2020年)规划纲要》	2018年全国各类棚户区改造开工626万套,顺利完成年度目标任务,完成投资1.74万亿元;③
2018年到2020年3年棚改攻坚计划,再改造各类棚户区1500万套	2017年国务院常务会议①	2019年全国棚改计划新开工289万套,1—11月,已开工约315万套,占年度目标任务的109%,完成投资1.16万亿元④

---

① 参见《我国未来三年将改造棚户区1500万套》,http://www.gov.cn/zhengce/2017-05/24/content_5196561.htm,最后访问日期:2022年5月3日。
② 参见《最新定调!棚改不搞一刀切,货币安置条件从严,专项贷款确有收紧》,https://www.sohu.com/a/240906802_391478,最后访问日期:2018年7月12日。
③ 参见《住建部:2018年全国各类棚户区改造开工626万套》,http://house.people.com.cn/n1/2019/0221/c164220-30852914.html,最后访问日期:2019年7月12日。
④ 参见《2019年棚改已开工315万套,投资1.16万亿》,https://www.sohu.com/a/362239575_482521,最后访问日期:2020年11月29日。

在中央层面重视任务规划的总基调下,各地也纷纷制订棚改任务。以北京市为例,"十三五"时期,北京市累计完成棚户区改造约14.9万户,超额完成30%,"十三五"时期具体的数据为:2016年全年新开工棚户区改造安置房4.48万套,实现棚户区改造3.92万户,完成全年3.5万户任务的112%;2017年全年新开工4.3万套,实现棚户区改造4.95万户,超额完成年度改造计划;2018年完成棚户区改造4.95万户,完成年度改造计划的138%;2019年完成棚户区改造1.63万户,完成1.15万户年度任务的142%;2020年完成棚户区改造1.08万户,完成0.87万户年度任务的124%。①

各级政府对棚户区改造专门制订规划任务,既体现了大力推进棚户区改造的决心,也体现出政府意识到了棚户区改造与典型意义上的住房保障存在差异,没有将棚户区改造简单归入住房保障制度。

(三)补偿安置

棚户区改造旨在改造城镇危旧住房,改善困难家庭住房条件。因此,该制度的核心是如何妥善安排被划为棚户区改造范围的居民的后续住房安置。在我国,棚户区改造主要采取两种补偿安置手段:实物安置和货币化安置。

1. 实物安置

实物安置是指政府组织修建统一的安置住房,原地或者异地解决原棚户区居民的住房问题。实物安置是棚户区改造最主要的补偿安置手段,对切实改善居民住房条件发挥了重要作用。

(1)基本原则

国务院《关于加快棚户区改造工作的意见》为实物安置确立了以下基本原则:棚改安置房实行原地和异地建设相结合,优先考虑就近安置;异地安置的,要充分考虑居民就业、就医、就学、出行等需要,合理规划选址,尽可能安排在交通便利、配套设施齐全地段。要贯彻节能、节地、环保的原则,严格控制套型面积,落实节约集约用地和节能减排等各项措施。

在此基础上,各地纷纷出台细则,落实实物安置政策。例如,北京市出台《关于加快棚户区改造和环境整治工作的实施意见》(京政发〔2014〕

---

① 参见2017年至2021年历年的《北京住房和城乡建设发展白皮书》。

18号)要求对于居民安置要实行原地和异地建设相结合,尽可能保障就地安置,异地安置要保证医疗、教育、就业等基本待遇。[①]

(2) 用地供应

修建安置住房的第一要素在于保证用地供应。《关于进一步加强棚户区改造工作的通知》从四个方面对于棚户区改造用地的供应作了规定:第一,制订用地供应计划。市、县人民政府应当依据棚户区改造规划与棚改安置房建设计划,结合改造用地需求、具备供应条件地块的具体情况和实际拆迁进度,编制棚改安置房用地供应计划。第二,地块落实。地方各级住房城乡建设、自然资源部门要共同商定棚户区改造用地年度供应计划,并根据用地年度供应计划实行宗地供应预安排,将棚户区改造和配套设施年度建设任务落实到地块。第三,供应条件。市、县规划部门应及时会同自然资源部门,严格依据经批准的控制性详细规划,确定棚户区改造区域全部拟供应宗地的开发强度、套型建筑面积等规划条件,涉及配套养老设施、科教文卫设施的,还应明确配建的设施种类、比例、面积、设施条件,以及建成后交付政府或政府收购的条件等要求,作为土地供应的条件。第四,监督检查。市、县自然资源部门应及时向社会公开棚户区改造用地年度供应计划、供地时序、宗地规划条件和土地使用要求,接受社会监督。省级自然资源部门应对市、县棚户区改造用地年度供应计划实施情况进行定期检查,确保用地落实到位。

(3) 质量监督

《关于进一步加强棚户区改造工作的通知》从在建工程和入住检查两个方面对于棚户区安置房的质量验收作出了要求。具体而言:第一,强化在建工程质量安全监管,对勘察、设计、施工、监理等参建单位执行工程建设强制性标准情况进行监督检查,对违法违规行为坚决予以查处。第二,开展已入住安置住房的质量安全检查,重点检查建成入住时间较长的安置住房,对有安全隐患的要督促整改、消除隐患,确保居住安全。

(4) 配套设施和社区服务

配套设施建设方面,《关于进一步加强棚户区改造工作的通知》作了三方面要求:第一,市、县人民政府应当编制详细的棚户区改造配套基础

[①] 《北京市人民政府关于加快棚户区改造和环境整治工作的实施意见》(京政发〔2014〕18号)。

设施年度建设计划。第二,棚改安置房小区的规划设计条件应当明确配套公共服务设施的种类、建设规模和要求等,相关用地以单独成宗供应为主,并依法办理相关供地手续;对确属规划难以分割的配套设施建设用地,可在招标拍卖挂牌出让商品住房用地或划拨供应保障性住房用地时整体供应,建成后依照约定移交设施、办理用地手续。第三,配套设施建成后验收合格的,要及时移交给接收单位。接收单位应当在规定的时限内投入使用。

完善社区服务方面,《关于进一步加强棚户区改造工作的通知》作了三方面要求:第一,新建安置住房小区要及时纳入街道和社区管理。第二,安置住房小区没有实施物业管理的,社区居民委员会应组织做好物业服务工作。第三,要发展便民利民服务,加快发展社区志愿服务。鼓励邮政、金融、电信等公用事业服务单位在社区设点服务。

2. 货币化安置

货币化安置是指政府对被安置居民再次购房进行货币补贴,被安置居民自主选择购买商品住房,不再由政府统一安置。相较实物安置,货币化安置具备灵活性强、满足安置家庭多样化住房需求等特点,并在一定程度上能够促进不同收入群体混合居住,促进社会融合。

货币化安置从 2015 年起成为棚户区改造中的主要补偿手段。2014 年《关于进一步加强棚户区改造工作的通知》提出"探索货币化安置手段","十三五规划"要求"在商品房库存较大地区,稳步化解房地产库存,扩大住房有效需求,提高棚户区改造货币化安置比例",2016 年国务院《关于深入推进新型城镇化建设的若干意见》(国发〔2016〕8 号)明确提出"进一步提高城镇棚户区改造以及其他房屋征收项目货币化安置比例"。从 2014 年的 9.0% 到 2015 年的 29.9%,再到 2016 年占比 48.5%,货币化安置比例迅速攀升。①

但从 2018 年起,以货币化安置为主的局面开始出现变化。"大力推进货币化安置"的表述从政府工作报告等官方文件中退出。住建部在 2018 年明确了收紧货币化安置的政策导向:"对于商品住房库存不足、房价上涨压力较大的地方,应有针对性地及时调整棚改安置政策,更多采取

---

① 参见《国新办就房地产和棚户区改造有关情况举行新闻发布会》,http://www.scio.gov.cn/XWFBH/xwbfbh/wqfbh/35861/36282/index.htm,最后访问日期:2022 年 4 月 30 日。

新建棚改安置房的方式;商品住房库存量较大的地方,可以继续推进棚改货币化安置"。①

与此相适应,作为货币化安置主要资金来源的"棚改贷款"也逐渐收紧。"住建部强调,2016年以来针对部分库存不多地区货币化安置比例仍高的问题,已经采取了明确措施,包括开会督促其调整棚改安置政策,要求其控制棚改货币化安置比例,对该类地区仍主要采取货币化安置的2018年新开工棚改项目,国开行、农行棚改专项贷款不予支持。"②部分城市此前已经对棚改政策作出了调整。例如,2018年6月28日,安徽省马鞍山市表示,今年推进棚户区改造工作,一方面要强化棚改成本控制,另一方面要因地制宜确定棚改安置方式。全市将扩大实物住房安置比例,减少棚改货币化安置比例。③ 2018年10月8日的国务院常务会议明确指出,因地制宜调整完善棚改货币化安置政策,商品住房库存不足、房价上涨压力大的市县要尽快取消货币化安置优惠政策。

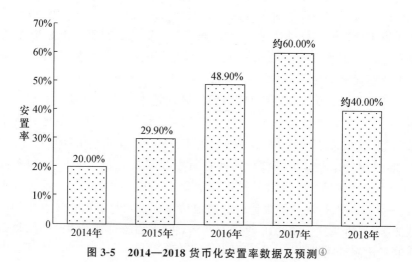

图 3-5　2014—2018 货币化安置率数据及预测④

---

① 《最新定调!棚改不搞一刀切,货币安置条件从严,专项贷款确有收紧》,https://www.sohu.com/a/240906802_391478,最后访问日期:2018 年 7 月 12 日。
② 同上。
③ 参见《马鞍山市将严控棚改货币化安置比例》,http://ah.ifeng.com/a/20180628/6686799_0.shtml,最后访问日期:2022 年 5 月 3 日。
④ 参见《几张图快速看懂棚改贷款、PSL 投放历程》,https://www.sohu.com/a/237887272_99958743,最后访问日期:2018 年 6 月 30 日。

（四）资金筹集

1. 财政资金投入

《关于进一步加强棚户区改造工作的通知》对各级政府在棚户区改造资金投入上应承担的职责作了原则性规定：（1）市、县人民政府要切实加大棚户区改造资金投入，落实好税费减免政策。（2）省级人民政府要进一步加大对本地区财政困难市县、贫困农林场棚户区改造的资金投入，支持国有林区（林场）、垦区（农场）棚户区改造相关的配套设施建设，重点支持资源枯竭型城市、独立工矿区和三线企业集中地区棚户区改造。（3）中央继续加大对棚户区改造的补助力度，对财政困难地区予以倾斜。（4）建立健全地方政府债券制度，加大对棚户区改造的支持。

2. 开发性金融投资

《关于进一步加强棚户区改造工作的通知》提出"进一步发挥开发性金融作用"后，棚户区改造的资金来源迅速扩张，形成了多层次、多元化的棚户区改造融资体系。

一方面，以国开行和农发行为主的政策性银行不断加大对棚户区改造的专项信贷支援。2015年8月，住建部、国开行出台《关于进一步推进棚改货币化安置的通知》（建保〔2015〕125号），同年9月，住建部、农发行发布《关于加大棚户区改造贷款支持力度的通知》（建保〔2015〕137号），均明确要积极支持棚户区改造的货币化安置。有数据显示，中央和地方财政拨款约占货币安置的资金来源的13%，而政策性银行的贷款占比达80%以上，其中，2016、2017年国开行棚改贷款占总投资额比重分别为66%和48%。[1] 央行于2014年创设的PSL，是国开行和农发行发放棚改专项贷款的重要资金来源。根据中信建投证券房地产研究团队的研究数据显示，2014—2016年PSL占国开行和农发行棚改贷款总额的比例分别为90%、90%和82%，2018年一季度为64%。[2]

另一方面，棚户区改造在资金筹集上积极推进棚改债券。首先，政策

---

[1] 参见侯润芳、顾志娟：《国开行棚改项目审批权回收总行 专家称：可能是暂时性的》，http://finance.sina.com.cn/roll/2018-06-27/doc-ihencxtu8035621.shtml，最后访问日期：2018年7月5日。

[2] 参见宋兴国：《棚改项目贷款变奏：三四线楼市面临新拐点》，http://finance.sina.com.cn/roll/2018-07-02/doc-ihespqry7250698.shtml，最后访问日期：2018年6月30日。

为企业通过发债融资方式筹措棚改化资金给予大力支持。例如,《关于进一步加强棚户区改造工作的通知》要求"支持承担棚户区改造项目的企业发行债券,优化棚户区改造债券品种方案设计,研究推出棚户区改造项目收益债券;与开发性金融政策相衔接,扩大'债贷组合'用于棚户区改造范围;适当放宽企业债券发行条件,支持国有大中型企业发债用于棚户区改造"。在政策支持下,从2015年开始发改委批复用于棚改化的企业债券项目增加。根据发改委公布的数据,2015年至2017年间,发改委共批复棚改化相关企业债172只,其中江苏省发行的用于棚改化的企业债数量最多,共38只,浙江省紧随其后,发行28只,其余省份发行数量均在20只以下。① 其次,政策为省级地方政府发行棚改专项债券给予大力支持。2018年4月,财政部、住建部联合发布《试点发行地方政府棚户区改造专项债券管理办法》(财预〔2018〕28号),棚改专项债券成为继土地储备、政府收费公路专项债券后的又一个全国性"市政收益债"品种。Wind数据显示,2018年棚改专项债券发行3155亿,占全部专项债券发行规模的23%;2019年发行7172亿,占比为33%。② 2020年,棚改专项债券发行总量呈下降趋势。例如,2020年7月30日,湖北省政府公布专项债券发行结果,其中包括2020年全国首批棚改专项债券157.06亿元③;9月2日,河南省政府公布专项债券发行结果,其中包括棚改专项债券331.79亿元④;11月24日,记者从山东省财政厅获悉,山东省政府共发行棚改专项债券422.7亿元⑤。

2020年棚改专项债券发行量减少,与政策转向有密切关系。具体而言,2020年3月,监管部门要求专项债券不得用于土地储备、棚改等房地

---

① 参见姜超、于博:《棚改货币化安置:地产销售的幕后功臣!》,https://finance.ifeng.com/a/20170505/15340845_0.shtml,最后访问日期:2022年4月30日。
② 参见杨志锦:《21观债丨2020年首批棚改专项债来了》,https://baijiahao.baidu.com/s?id=1673993924640326109&wfr=spider&for=pc,最后访问日期:2021年10月7日。
③ 参见《【专项债】2020年首批棚改专项债券来了》,https://zhuanlan.zhihu.com/p/165338710,最后访问日期:2022年5月9日。
④ 参见《356.31亿!河南拟发行专项债,用于366个棚改和交通项目》,https://baijiahao.baidu.com/s?id=1676867924593342474&wfr=spider&for=pc,最后访问日期:2022年5月9日。
⑤ 参见李金清:《山东发行专项债券422.7亿元,支持棚改项目267个》,https://baijiahao.baidu.com/s?id=1684228862551439930&wfr=spider&for=pc,最后访问日期:2022年5月9日。

产相关领域,导致棚改在建项目缺乏后续资金支持;5月,为了防止形成"半拉子"工程,监管部门明确,棚改专项债券可以恢复发行,但投资的棚改项目需属于在建项目且已纳入国家棚改计划,且棚改专项债券资金不得用于偿还棚改债务、不得用于货币化安置、不得用于政策性补贴;5月22日十三届全国人大三次会议确定全年的专项债券额度3.75万亿,扣除提前批2.29万亿额度后,剩余1.46万亿专项债额度中部分可投向棚改领域①;7月,财政部发布《关于加快地方政府专项债券发行使用有关工作的通知》(财预〔2020〕94号),对因准备不足短期内难以建设实施的项目,允许省级政府及时按程序调整用途,优先用于党中央、国务院明确的"两新一重"、城镇老旧小区改造、公共卫生设施建设等领域符合条件的重大项目。②

根据2014年3月发布的《国家新型城镇化规划(2014～2020年)》,2020年要基本完成棚户区改造任务。因而,2020年被称为棚户区改造的"收官之年"③,棚改专项债券发行量因之减少乃情有可原。受到2020年政策转向的影响,2021年棚改专项债券发行量亦呈下降趋势。有数据显示,我国地方专项债券发行量达74898亿元,其中新增专项债券发行量达35844亿元;在随机抽取的726只新增专项债券中,棚改专项债券的发行量达2840亿元,占发行量的15.09%。④ 由此可见,2021年棚改专项债券的发行量明显低于2018年和2019年的发行量。相较于PSL,虽然"债贷组合"专项债券提供的资金规模有限,但仍然扩展了棚改货币化安置的资金来源。更重要的是,随着以PSL为支撑的专项贷款的萎缩,专项债券在棚改融资中的地位将愈发重要。2018年7月2日,央行公布数据显示,6月PSL投放605亿元,环比5月减少近200亿元。⑤ 2019年前5个

---

① 参见《【专项债】2020年首批棚改专项债券来了》,https://zhuanlan.zhihu.com/p/165338710,最后访问日期:2022年5月9日。
② 财政部发布《关于加快地方政府专项债券发行使用有关工作的通知》(财预〔2020〕94号)第4条。
③ 参见《2020——棚户区改造的"终结之年",新政策对你有新的影响》,https://zhuanlan.zhihu.com/p/110440765,最后访问日期:2022年5月9日。
④ 参见李东升、黄立超:《2021年全国地方政府新增专项债券项目初步分析》,载《债券》2022年第4期,第35页。
⑤ 参见《6月央行开展610.3亿元SLF操作,PSL净增加605亿元》,http://rmb.xinhua08.com/a/20180702/1767350.shtml,最后访问日期:2018年6月30日。

月央行累计发放PSL贷款1530亿元,4—5月则是零投放。截至5月末,PSL贷款余额为3.53万亿,环比下降85亿元。有分析表明PSL收缩,一是因为棚改放缓,二是因为中央对地方隐性债务的管制导致的棚改融资方式转变,新增棚改项目主要通过棚改专项债券融资,不得再通过政府购买公共服务模式融资。①

3. 鼓励社会资金参与

在棚户区改造实施过程中,尤其在实物安置的棚改项目中,政府通过多种方式,吸引社会资金参与投资和运营棚户区改造项目。

(1)准入支持

国务院《关于加快棚户区改造工作的意见》在资金筹集上明确提出鼓励民间资本参与、加大企业改造资金投入;鼓励和引导民间资本通过直接投资、间接投资、参股、委托代建等多种方式参与棚户区改造,积极落实民间资本参与棚户区改造的各项支持政策,消除民间资本参与棚户区改造的政策障碍,加强指导监督。《关于进一步加强棚户区改造工作的通知》强调要通过投资补助、贷款贴息等多种方式,吸引社会资金,参与投资和运营棚户区改造项目;并要求在市场准入和扶持政策方面对各类投资主体同等对待。

(2)税收优惠政策

《关于加快棚户区改造工作的意见》强调落实税费减免政策,扩大优惠范围。财政部和税务总局颁布系列文件,细化相关政策。例如,《关于企业参与政府统一组织的棚户区改造有关企业所得税政策问题的通知》(财税〔2013〕65号)规定,企业参与政府统一组织的工矿(含中央下放煤矿)棚户区改造、林区棚户区改造、垦区危房改造并同时符合一定条件的棚户区改造支出,准予在企业所得税前扣除。《关于棚户区改造有关税收政策的通知》(财税〔2013〕101号)明确棚改安置房可在城镇土地使用税、开发安置房屋的印花税、土地增值税、契税以及购买安置住房的印花税、

---

① 参见《棚改降温,PSL历史首次连续两月零投放 或扩容支持民企与小微》,https://new.qq.com/cmsn/20190605/20190605000891.html,最后访问日期:2022年5月3日。

契税和个人所得税上享受税收优惠。①

(五) 制度评析

考察我国棚户区改造的历史②,不难发现棚户区改造被赋予了三层功能:首先是住房保障功能,通过改造棚户区提高被安置居民的住房条件;其次在实践中棚户区改造承担了城市更新的功能,通过改造棚户区助力以人为核心的新型城镇化;最后是拉动经济增长的功能,棚户区改造制度中补偿安置形式的变化反复,货币化安置与房地产去库存任务挂钩,体现出棚户区改造的政策走向与我国房地产市场的宏观调控政策的一致性,棚户区改造由此具有了推动经济发展的第三层功能。

作者认为,"货币化还是实物",作为一种金融政策,短时期内可以进行调整。③ 但政府借由棚户区改造进行宏观调控的做法直接影响了棚户区改造制度的基本定位,导致其发展规模的波动受制于经济发展态势和政府对房地产市场的扶持,并在一定程度上偏离了其本身"住房保障"和"城市更新"的功能。

棚户区改造应当回归其"住房保障"的落脚点。安置补偿形式应当更加尊重被安置居民的意愿,在货币补偿和实物补偿中根据自身实际情况进行择优选择,而不能由政府限制只能选择实物安置或者货币安置。虽然住房保障与住房制度紧密结合,但试图通过住房保障环节撬动整个宏观调控政策是不现实的,棚户区改造的制度安排应回归其"提高被安置居民的住房条件"的根本目标上来。

---

① 具言之:(一) 对改造安置住房建设用地免征城镇土地使用税。对改造安置住房经营管理单位、开发商与改造安置住房相关的印花税以及购买安置住房的个人涉及的印花税予以免征。在商品住房等开发项目中配套建造安置住房的,依据政府部门出具的相关材料、房屋征收(拆迁)补偿协议或棚户区改造合同(协议),按改造安置住房建筑面积占总建筑面积的比例免征城镇土地使用税、印花税。(二) 企事业单位、社会团体以及其他组织转让旧房作为改造安置住房房源且增值额未超过扣除项目金额20%的,免征土地增值税。(三) 对经营管理单位回购已分配的改造安置住房继续作为改造安置房源的,免征契税。(四) 个人首次购买90平方米以下改造安置住房,按1%的税率征收契税;购买超过90平方米,但符合普通住房标准的改造安置住房,按法定税率减半计征契税。(五) 个人因房屋被征收而取得货币补偿并用于购买改造安置住房,或因房屋被征收而进行房屋产权调换并取得改造安置住房,按有关规定减免契税。个人取得的拆迁补偿款按有关规定免征个人所得税。

② 具体参见本书第二章第五节。

③ 参见《棚改货币化安置需兴利除弊 避免政策走样》,https://baijiahao.baidu.com/s?id=1604490946744550963&wfr=spider&for=pc,最后访问日期:2021年12月27日。

二、老旧小区改造

（一）概念与性质

根据《关于全面推进城镇老旧小区改造工作的指导意见》（国办发〔2020〕23号），老旧小区，是指城市或县城（城关镇）建成年代较早、失养失修失管、市政配套设施不完善、社区服务设施不健全、居民改造意愿强烈的住宅小区（含单栋住宅楼）。

老旧小区改造内容可分为基础类、完善类、提升类三类：(1) 基础类内容改造旨在满足居民安全需要和基本生活需求，主要是市政配套基础设施改造提升以及小区内建筑物屋面、外墙、楼梯等公共部位维修等。(2) 完善类内容改造旨在满足居民生活便利需要和改善型生活需求，主要是环境及配套设施改造建设、小区内建筑节能改造、有条件的楼栋加装电梯等。(3) 提升类内容改造旨在丰富社区服务供给、提升居民生活品质、立足小区及周边实际条件积极推进的内容，主要是公共服务设施配套建设及其智慧化改造。

老旧小区和棚户区改造一样都具有城市更新的功能，但不同于棚户区改造，老旧小区改造较少涉及大拆大建，更加侧重保障性。2020年《关于全面推进城镇老旧小区改造工作的指导意见》规定要按照"保基本"的原则，重点支持基础类改造内容。2021年，针对城市更新推进过程中的大拆大建、急功近利、过度房地产化、随意拆除老房和砍伐老树等问题，住建部发布《关于在实施城市更新行动中防止大拆大建问题的通知》（建科〔2021〕63号），释放了让包括老旧小区改造、棚户区改造在内的城市更新回归保障属性的信号。

（二）老旧小区改造的任务规划

当前老旧小区改造对地方财政依赖较高，各地需要摸清既有老旧小区底数，科学编制老旧小区改造规划和年度改造计划，避免盲目举债。自2015年12月中央城市工作会议首次提出加快老旧小区改造以来，我国老旧小区改造从启动试点到全国推行，按照专项改造规划和计划稳步推进。

2017年底，住建部宣布在厦门、广州等15个城市启动改造试点，

2018年试点城市共改造老旧小区106个,惠及5.9万户居民。① 2019年我国各地改造老旧小区1.9万个、352万户居民受益。②

"在各部门、各地共同的努力下……2019—2020年,全国累计新开工改造城镇老旧小区5.9万个,惠及1088万户居民。2021年,计划新开工改造的老旧小区5.3万个,涉及居民900多万户,截至7月底,已开工建设4.22万个小区,涉及764万户,占整个年度目标的78.2%。从实际效果看,实施城镇老旧小区改造,完善了水电路气信等配套基础设施,因地制宜增加了养老、托育、便利店等公共服务设施,消除了大量的安全隐患,改善了老旧小区居民的居住条件和生活环境。"③

(三) 资金筹措

老旧小区改造高度依赖财政资金,较难吸引社会融资。受新冠疫情影响,各地财政收支矛盾突出,老旧小区推行更加需要在改造资金上开源节流。为此,国务院办公厅《关于全面推进城镇老旧小区改造工作的指导意见》提出老旧小区改造资金应当建立政府与居民、社会力量合理共担机制。具体而言:(1)合理落实小区居民出资责任,按照谁受益、谁出资原则,积极推动居民出资参与改造。(2)要加大政府支持力度,将老旧小区改造纳入中央财政专项资金支持,地方各级人民政府也要相应做好资金支持,支持各地通过发行地方政府专项债券筹措改造资金。"从2019年以来,中央财政一共下达了补助资金超过2450亿元。"④(3)加强老旧小区改造的金融支持力度和质效,但要做好风险和债务防范,杜绝新增地方政府隐性债务。(4)推动社会力量参与,鼓励原产权单位、公房产权单位和专业经营单位出资改造,吸引各类专业机构等社会力量投资参与,支持以"平台+创业单元"方式发展养老、托育、家政等社区服务新业态。(5)落实税费减免政策。

在老旧小区改造资金筹措上,北京市劲松北社区打造的"劲松模式"

---

① 参见陈磊:《老旧小区改造纳入政府公共服务》,https://baijiahao.baidu.com/s?id=1638899637090575688&wfr=spider&for=pc,最后访问日期:2021年8月28日。
② 参见王优玲:《住房城乡建设部:2020年计划改造城镇老旧小区3.9万个》,http://www.gov.cn/xinwen/2020-04/17/content_5503272.htm,最后访问日期:2021年8月28日。
③ 参见《国新办举行"努力实现全体人民住有所居"新闻发布会》,http://www.scio.gov.cn/m/xwfbh/xwbfbh/wqfbh/44687/46680/index.htm,最后访问日期:2021年10月7日。
④ 同上。

值得借鉴。劲松北社区在全国率先引入社会资本(3000万元),共同推进老旧小区改造,授权企业对社区低效空间进行改造和长期运营,通过收取停车管理费、物业服务费和未来可能落地的养老、托幼、健康等社区服务新业态,实现一定期限内的投资回报平衡,形成老旧小区改造"微利可持续"的市场化机制。①

（四）居民参与机制

老旧小区改造不仅是民生工程和发展工程,而且是一项重要的基层治理工程。老旧小区改造的对象是居民私有财产,涉及社区居民委员会、业主委员会、产权单位、物业服务企业等多个主体,改造过程中极易引发邻里纠纷乃至群体性事件,因此需要健全动员居民参与机制,将老旧小区改造与加强基层党组织建设、居民自治机制建设、社区服务体系建设有机结合。目前我国各地在推进老旧小区过程中,都很强调建设居民参与机制,并总结先行地区在发动群众参与共建、多渠道筹措改造资金、加装电梯等方面的创新实践,推广可复制可推广的经验和做法,整体提高全国老旧小区改造工作水平。例如,根据北京市《2020年老旧小区综合整治工作方案》,北京市老旧小区改造实施"六治七补三规范"②,采用"菜单式"改造模式,是否进行老旧小区改造由小区居委会、业委会或物管会在征求居民意愿基础上,向街道申请,改造的项目也由居民协商确定。又如,杭州市拱墅区和睦新村在老旧小区改造之初就建起了"和睦议事港"的居民议事机制,议定改造相关事宜。通过共谋共建共管共评共享的改造模式,"要我改"变成"我要改",提高居民的参与积极性,也能减少改造过程中的矛盾和冲突。③

---

① 参见《规划科普:"劲松模式"6大关键词》,https://life.gmw.cn/2021-02/10/content_34614522.htm,最后访问日期:2021年8月28日。
② "六治"是指治危房、治违法建设、治开墙打洞、治群租、治地下空间违规使用、治乱搭架空线;"七补"是指补抗震节能、补市政基础设施、补居民上下楼设施、补停车设施、补社区综合服务设施、补小区治理体系、补小区信息化应用能力;"三规范"是指规范小区自治管理、规范物业管理、规范地下空间利用。
③ 参见蔡婧竞:《和睦牵手"新管家"助力改后老旧小区"新颜"常驻》,https://zj.zjol.com.cn/news/1606794.html,最后访问日期:2021年8月28日。

三、农村危房改造

（一）概念与性质

农村危房是指依据住建部颁布的《农村危险房屋鉴定技术导则（试行）》（以下简称"《导则（试行）》"）鉴定属于整栋危房（D级）或局部危险（C级）的房屋。农村危房改造是指对属整栋危房（D级）的房屋进行拆除重建，属局部危险（C级）的进行修缮加固的工程。

2014年《社会救助暂行办法》（国务院令〔2014〕649号）规定"住房救助通过配租公共租赁住房、发放住房租赁补贴、农村危房改造等方式实施"，从概念上将农村危房改造明确为"社会救助"，即针对贫困群众提供资金补助的农村危房改造具有"解危就困"的功能。

2015年底的中央扶贫开发工作会议之后，中央和地方层面均将农村危房改造工作与扶贫工作紧密联系起来，通过精准扶贫等战略措施加快推进农村危房改造，针对四类重点贫困群众"建档立卡"，进一步明确了其作为社会救助形式，提供社会救济的性质。

全面实施脱贫攻坚农村危房改造以来，乡村面貌发生巨变，我国已历史性解决了农村贫困群众的住房安全问题。根据住建部统计数据，截至2021年8月31日，已有790万户、2568万贫困群众的危房得到改造，1075万户农村低保户、分散供养特困人员、贫困残疾人家庭等贫困群体得到危房改造支持，全国2341.6万户建档立卡贫困户实现住房安全有保障。[①]

随着脱贫攻坚战的胜利和农村整体居住环境的改善，未来危房改造对象的范围可能根据中央和各地有关情况变化适时调整，或与新农村建设、乡村振兴等相结合，届时可能突破狭义的住房保障范畴。

（二）保障形式

农村危房改造实行农户自愿申请、村民会议或村民代表会议民主评议、乡（镇）审核、县级审批，一般情况下由政府设立的临时性的组织机构（政府危房改造工作领导小组或办公室）来组织实施，指导农民或集体组

---

① 参见《国新办举行"努力实现全体人民住有所居"新闻发布会》，http://www.scio.gov.cn/m/xwfbh/xwbfbh/wqfbh/44687/46680/index.htm，最后访问日期：2021年10月7日。

织翻新或维修危房。政府对改造工程进行一定补助,保障形式主要是建设指导和资金补助。

1. 建设指导

2013年住建部发布了《农村危房改造最低建设要求(试行)》(建村〔2013〕104号),规范农村危房工程,从选址、建筑面积、门窗、墙体、梁柱、抗震能力等各方面明确了危改房的建设要求,对农村危房改造的验收规定了细致的标准。2018年3月,住建部公布了《农村危房改造基本安全技术导则》(建办村函〔2018〕172号)(以下简称"《导则》"),取代了2012年颁布的《导则(试行)》,从农房重建、农房加固维修以及施工和验收三个方面制定了详细的技术标准。

除工程质量外,农村危房改造工程建设一直在推进农房建筑节能工作的开展,住建部在2009年颁布的《关于扩大农村危房改造试点建筑节能示范的实施意见》(建村函〔2009〕167号)要求各地开发符合当地实际的农房建筑节能适宜技术,研究提出本地区设计、建材、施工等方面的节能措施和工作指南,建立面向农村居民及技术人员的宣传、技术指导、工匠培训等农房建筑节能推广机制。

《导则(试行)》和《导则》以及住建部发布的各类专业技术指导文件从标准层面为工程建设的开展推进和质量验收制定了详细的标准,并对施工过程中的监督检查和完工后的验收规定了工作流程。这些文件针对不同类型需要维修或重建的房屋,从门窗墙板厚度到房屋分区设计以及抗震能力标准都作出了事无巨细的规定,既是农村危房改造建设在技术安全上的详细指导,也是安全底线。

2. 政府补贴

中央财政对于符合保障条件的农村低收入群体的危房改造提供专项资金补助。[①] 除中央财政补助外,地方政府也会提供适当的补助,例如,北京市在2018年7月出台的《北京市农村4类重点对象和低收入群众危房改造工作方案(2018—2020年)》(京建发〔2018〕303号)中除明确市级

---

① 中央财政的具体补助标准由住建部每年发布的指导文件确定,2009年是每户5000元,2010年和2011年是每户6000元,2012年及之后基本稳定在每户7500元。2019年,中央财政按照对四类重点对象在全国户均1.4万元的基础上每户提高2000元,对其他危房户户均补助1万元的标准,单列"三区三州"等深度贫困地区农村危房改造补助资金。

财政按照差异化补助标准对各区农村危房改造工作给予补助[①]外,还要求区级积极安排补助资金,进一步加大对农村危房改造的补助力度[②]。

2011年6月,为规范和加强中央农村危房改造补助资金管理,切实提高农村危房改造补助资金使用效益,财政部、发展改革委、住建部出台《中央农村危房改造补助资金管理暂行办法》(财社〔2011〕88号,已失效),规定补助资金要实行专项管理、专账核算、专款专用,并按有关资金管理制度的规定严格使用,健全内控制度,执行规定标准,严禁截留、挤占和挪用。一些地方也相继出台各地的农村危房改造补助资金管理办法,严格各级农村危房补助资金的管理。2016年12月,为进一步规范和加强中央财政农村危房改造补助资金管理,财政部、住建部制定的《中央财政农村危房改造补助资金管理办法》(财社〔2016〕216号附件,部分修改)取代了《中央农村危房改造补助资金管理暂行办法》。

(三)资金筹集

农村危房改造强调改造资金"以农民自筹为主,政府补助为辅"为原则,危房翻新或维修的主体仍然是农民自身。政府采用多种方式帮助农民自筹资金,充分发挥农民的主体作用,通过投工投劳和互助等降低改造成本,同时积极发动社会力量捐赠和资助,构建农民自筹为主、政府补助引导、银行信贷和社会捐助支持的多渠道农村危房改造资金投入机制。

目前,对于贫困户、低保户、农村分散供养特困人员和贫困残疾人家庭这4类农村危房改造的重点对象,政府提供资金补助,以提供基本住房保障为要旨,确保其危房改造任务及时推进。对于不属于"4类重点对象"的农村危房改造,地方实践中明确原则上以农户自筹资金、自行改造为主,对少数自身改造能力不足的农户,政府给予适当扶持。[③]

(四)信息管理

2009年7月,住建部发布了《关于建设全国扩大农村危房改造试点

[①] 北京市级财政对生态涵养区(门头沟、怀柔、平谷、密云、延庆)按照4.7万元/户的标准给予补助;对其他郊区(房山、通州、顺义、昌平、大兴)按照4.1万元/户的标准给予补助;对城区(朝阳、海淀、丰台)按照3.4万元/户的标准给予补助。

[②] 市区两级财政补助原则上应达到6.8万元/户以上,对于拆除重建、加固维修实际投入低于6.8万元的改造对象,区级可根据实际自行制定补助标准。各区推进农村危房改造工作必要的危房改造评定费用、工程监督管理费用等工作经费由区级财政负责保障。

[③] 云南省人民政府办公厅《关于推进非4类重点对象农村危房改造的指导意见》(云政办发〔2018〕48号)。

农户档案管理信息系统的通知》,开始逐步建立统一的农村危房改造信息管理平台。一方面完善纸质档案,加强信息管理。另一方面设计开发网络信息录入平台,"全国扩大农村危房改造试点农户档案管理信息系统"于2009年年末正式上线,并成为全国农村危房改造工作的统一信息平台。

《关于建设全国扩大农村危房改造试点农户档案管理信息系统的通知》的目标,通过建立农村危房改造试点农户档案管理信息系统,按户登记、动态录入危房改造农户数据,实现对危房改造农户相关信息的快速查询、汇总数据的实时生成和有关统计指标的动态分析,及时掌握试点工作进展,有效监督政策执行情况,为完善相关政策提供依据。为了更好地开发与运营该系统,须遵循四项原则,即信息资源共享原则、格式统一原则、纸质档案表与信息化需求相一致原则、实时动态原则。在建立农村危房改造试点农户档案管理信息系统的同时,各地推进农村危房改造试点要同步建立农村危房改造农户纸质档案管理制度,实行一户一档,确保批准一户、建档一户。其中,危房改造农户纸质档案必须包括档案表、农户申请、公示、审批、协议等相关资料。全国扩大农村危房改造试点农户档案管理信息系统设计完成并正式运行后,省级住房城乡建设部门要组织和督促本地区县级以上住房城乡建设部门,及时准确地将农村危房改造农户纸质档案表录入管理信息系统,完成纸质档案表的信息化上报。

2020年4月24日,住建部官网发布通知,按照2020年全国村镇建设工作会议部署,住建部升级了全国农村危房改造脱贫攻坚三年行动农户档案信息检索系统(以下简称"新版信息系统"),并于2020年4月正式上线。新版信息系统是为了完成贫困户住房安全有保障目标任务,统筹掌握所有建档立卡贫困户住房安全保障信息而建立的综合数据信息系统。新版信息系统增加了建档立卡贫困户住房安全保障信息模块,可录入所有建档立卡贫困户的住房安全保障途径、具体保障方式信息及佐证材料等,并进行汇总、统计与分析。所有建档立卡贫困户基本信息和采用易地扶贫搬迁方式保障贫困户住房安全的信息由国务院扶贫办提供并已导入系统。对实施农村危房改造的建档立卡贫困户,可通过新版信息系统直接查询、录入相关信息。为确保信息数据的时效性、完整性、安全性,新版信息系统数据继续存储于各省级农村危房改造数据中心,并在住房和城乡建设部信息中心同步备份。①

第五节 人才住房政策

人才住房政策是指地方为了吸引和留住人才而出台的住房优惠和补助政策。本节所指人才住房政策主要指 2016 年以后各地出台的保障人才在引进地住房的政策，主要包括人才引进政策、人才公寓政策、租购房补贴政策等。

一、人才住房政策的产生

党的十九大报告提出："人才是实现民族振兴、赢得国际竞争主动的战略资源。要坚持党管人才原则，聚天下英才而用之，加快建设人才强国。"近年来各地的人才引进政策普遍呈现强调人才安居的趋势。以杭州、西安、武汉、南京为代表的 15 个"新一线"城市陆续出台了新的人才吸引政策，"抢人大战"战火在各地熊熊燃烧，各地的人才落户门槛不断再创新低。② 为了解决人才住房问题，各地采取了降低落户门槛、提供人才公寓、租（购）房补贴等方式。

将人才政策与住房政策联系起来并不是新创造的人才引进方式。早在 2008 年 12 月 17 日，广州市就出台了《关于鼓励海外高层次人才来穗创业和工作的办法》(穗字〔2008〕18 号)，规定在广州市没有住房的海外高层次人才可以成本价租住临时周转房，并可购买限价商品房。2008 年 12 月 31 日，宁波市出台《关于加强住房保障促进房地产市场稳定健康发展的若干意见》(甬政发〔2008〕113 号)，提出要积极开展人才公寓建设，解决引进人才的住房问题。2010 年 6 月，深圳市印发《关于实施人才安居工程的决定》(深发〔2010〕5 号)，努力解决人才住房的后顾之忧。2010 年底，上海市普陀区印发《关于进一步加强人才激励和保障工作的若干意见（试行）》，对符合条件的青年人提供租房补贴。2011 年上海市杨浦区

---

① 参见《新版农村危房改造农户档案信息系统上线》，https://m.thepaper.cn/baijiahao_7138156，最后访问日期：2022 年 5 月 10 日。
② 参见子长：《"抢人大战"再思考》，载《南方日报》2019 年 2 月 27 日，第 A04 版。

出台《杨浦区重点产业领域高层次人才租房补贴办法》，要求按照与用人单位1：1匹配的原则，区专项资金为人才提供每月500至1000元租房补贴的规定。但放眼全国，直到2017年，各地政府才将人才住房问题作为热点问题进行看待，并出台了一系列人才住房政策。

万科高级副总裁谭华杰认为，中国的城市化进入第二阶段后，城市群和都市圈发展成为主轴，沿轨道交通所发展的城市带，是中国未来人口主要的流动地，也是未来整个房地产行业的主战场。[①] 为了成为城市带中的核心城市，新的一轮城市竞争开始，一批"新一线"城市、"特大城市"正在崛起。为了在新一轮城市竞争中抢占先机，各地自然需要吸引更多人才、留住更多人才。在目前推出力度大的人才吸引政策的城市中，天津、成都、武汉、南京等都被认为具有"新一线"城市的潜力。[②]

2017年初，时任武汉市委书记的陈一新发出"五年留下百万大学生"的豪言，出台了40岁以下大专本科、硕博不作年龄限制的近乎零门槛的人才落户政策，并配有大学生买房、租房全八折的优惠政策。一年内武汉落户大学生人数暴增30万人，成为最受大学生青睐的二线城市之一。2018年6月9日，第一批八折安居房392名购房人已经摇号产生。[③] 成都市2016年起不断出台人才新政，2015年成都市户籍人口仅有1228.05万人[④]，2016年增至户籍人口1398.93万人[⑤]，增幅高达14%。2017年成都出台"人才新政12条"：面试补贴1000元、求职免费住7天、租住公寓住满5年可以低于入住当年市场价的价格购入该公寓[⑥]，让成都的吸引力大幅度提升。《郑州市人才落户政策实施办法（暂行）》将落户学历降低至中专；《青岛市关于加快推进农业转移人口市民化的意见》中提出租房就能

[①] 参见佚名：《高效城市聚变：中国城市发展新阶段》，http://www.sohu.com/a/100829118_124745，最后访问日期：2018年7月29日。

[②] 参见《2017中国城市商业魅力排行榜》，http://www.mrcjcn.com/n/226485.html，最后访问日期：2018年8月12日。

[③] 参见《武汉市首批"八折房"正式发售392个家庭正式落户临空港》，https://3g.163.com/dy/article/DK1P75LG0518U2A1.html，最后访问日期：2022年5月3日。

[④] 参见《成都市2015年常住人口146.75万人》，http://www.cdstats.chengdu.gov.cn/htm/detail_27966.html，最后访问日期：2022年5月3日。

[⑤] 参见《成都市统计局关于2016成都市主要人口数据的公告》，http://www.cdstats.chengdu.gov.cn/htm/detail_51267.html，最后访问日期：2022年5月3日。

[⑥] 《关于创新要素供给培育产业生态提升国家中心城市产业能级的人才安居工程的实施细则》（成房法〔2017〕101号）第6条。

落户;太原市甚至出台了先落户后就业的政策①,不断降低门槛吸引更多人才;2019年有更多的城市加入了升级版"抢人大战",各级别城市基本全面开花,人才标准继续下移,在一些地方很大程度已经开始变成劳动力之争。特别是西安、南京等城市,在2018年政策力度空前的基础上,继续加码人才政策。②

各地的人才住房政策让我们看到了对人才的渴求与重视,但部分城市过于宽松的人才标准也让人们产生了一定的疑虑。2018年"五一"前后,住建部约谈天津、西安、成都等十二市,重申"房住不炒"的方向定位,而此前十二市的房价上涨较快,且各市均有人才引进相关政策。③ 在就业难④的背景下,对抢人大战的质疑声音并不罕见:部分城市过低的人才引进门槛不禁让人怀疑其是否有足够岗位来让人才真正发挥作用,也有观点认为人才住房政策的真正目的是去库存、兴楼市。⑤

二、各地人才住房政策的具体规定

本部分将从人才的认定标准、人才住房政策的体系定位和具体政策等三个方面对各地人才住房政策进行梳理。

(一)人才认定标准

人才安居政策中对人才的规定主要有以下三种:人才落户的基本门槛、给予补贴等优惠政策时的分层次划定、区县政府进行认定的特殊人才。各地人才落户的基本门槛差异较大,二三线城市往往要求较为宽松,一线城市要求较为严格。其中天津市正式对外发布"海河英才"计划之后

---

① 参见《太原市人才落户新规出台:先落户再就业,全家可随迁》,https://finance.sina.com.cn/other/lejunews/2018-06-13/doc-ihcwpcmp9543115.shtml,最后访问日期:2022年5月3日。
② 参见梁慧恩:《2019年,各地"抢人大战"又打响了》,http://www.sohu.com/a/296393437_120025878,最后访问日期:2019年7月29日。
③ 参见王优玲等:《已有6城作出回应!住建部约谈12城释放什么房地产调控信号?》,http://www.gov.cn/xinwen/2018-05/17/content_5291690.htm,最后访问日期:2021年2月19日。
④ 参见教育部曾发布数据,2018届全国普通高校毕业生预计将达820万人,就业创业形势复杂严峻。参见邓晖:《2018届全国普通高校毕业生预计达820万人》,载《光明日报》2017年12月7日,第12版。
⑤ 参见《二三线城市购房政策微调,有城市正为去库存而焦虑》,http://house.qianlong.com/shoudufangchan/2018/0122/2344555.shtml,最后访问日期:2022年5月3日。

的 20 小时内,就有 30 万人在"天津公安"APP 上提交了落户申请[1],此后该政策被迅速明确细化,人才新政七日就实现了从史上最低落户门槛到坚决杜绝户口空挂的转变。[2]

表 3-13　部分城市人才落户基本门槛(截至 2020 年 11 月底)[3]

城市	落户门槛
长沙市	本科生 35 周岁以内凭学历即可落户,大专毕业生凭劳动合同或长沙社保记录(无时限要求)即可落户
成都市	45 周岁以内全日制大学本科毕业生
郑州市	中专以上学历
沈阳市	35 周岁以内中专、大专院校毕业生;45 周岁以下,具有本科学历的;55 周岁以下,具有硕士研究生以上学历的
合肥市	全日制中专及以上学历
武汉市	研究生以上学历或学位;40 周岁以下普通高校专科、本科学历或学位;40 周岁以下非普通高校本科学历或学位
南京市	研究生以上学历或 40 周岁以内本科生,中级以上专业技术和三级以上国家职业资格类人才
深圳市	35 周岁以内全日制大专以上院校毕业生,本科生 45 周岁以内
天津市	本科生 40 周岁以内;硕士生 45 周岁以内;博士不受年龄限制

针对高层次人才,各地采取了较为精细的分类。如《杭州市高层次人才分类目录》将人才分为 5 个层次,分别是:国内外顶尖人才、国家级领军人才、省级领军人才、市级领军人才、高级人才。各地对高层次人才的购房限制较为宽松,高层次人才往往可不以落户为前提购房。《南京市人才安居办法适用对象(目录)》将人才分为六层次,分别是:国际杰出人才、国家领军人才、地方拔尖人才、高端人才、高级人才、中初级人才。其中,中初级人才涵盖了 25 周岁以下大学毕业生、30 周岁以下硕士毕业生和 35 周岁以下博士毕业生等。杭州、西安、长沙等城市也有由区、县人才办进

---

[1] 参见赵新培:《天津人才新政一天吸引 30 万人》,http://epaper.ynet.com/html/2018-05/18/content_288134.htm?div=0,最后访问日期:2018 年 7 月 22 日。

[2] 参见王晖:《天津引才新政先落档后落户　杜绝"户口空挂"》,http://news.cnr.cn/native/gd/20180521/t20180521_524241533.shtml,最后访问日期:2022 年 5 月 3 日。

[3] 北京、上海等城市采取积分落户的政策,规定较为复杂,故未列入本表。

行高端人才认定的规定。

(二)各地人才住房政策的体系定位

在解决人才住房问题时,有将人才住房纳入市场住房供应体系、纳入保障性住房体系和建设专门的人才住房体系三种方案。

1. 货币补贴:沟通人才住房与市场的桥梁

将人才住房纳入市场住房供应体系,往往通过发放货币补贴完成。人才获得住房补贴后,可以自行选择租赁或购买房屋,这既减轻了政府提供实物房源的负担,也方便人才及时更换居住房屋,实现职住平衡。但由于土地资源紧缺,新增住房供应较少,将人才住房完全纳入市场住房供应体系,可能会导致人才住房供应量不足。

2. 北京市:将人才住房纳入保障性住房体系

将人才住房纳入保障性住房体系,有利于人才住房共享保住房保障资源,从而得到快速发展。《北京市关于优化住房支持政策服务保障人才发展的意见》(京建法〔2018〕13号)中就采取了将人才住房纳入保障性住房的管理运营模式。供应人才的公共租赁住房按照规定组织建设筹集,面向住房、就业等情况符合本区(园区)人才公共租赁住房申请条件的人才家庭配租,由保障性住房专业运营管理机构、园区管理机构或所属专业企业持有运营,实行严格的退出和监管机制,促进房源循环使用。供应人才的共有产权住房按照规定组织建设筹集,面向符合本市共有产权住房申请条件且符合就业等要求的人才家庭配售,后续实行内部封闭管理,循环使用。但保障房属"救济政策",而人才房属"激励政策",两者交集运作,如果按保障的标准,难以满足人才住房需求。反之,以人才住房需求提高保障房标准,则违反了保障房"保基本"的政策,也存在保障房"福利化"的问题。

3. 深圳市:建设专门的人才住房体系

深圳市将人才住房体系从保障性住房体系中剥离,实施人才住房与保障性住房双轨并行,探索单独建立人才住房保障体系。《深圳市人民政府关于深化住房制度改革加快建立多主体供给多渠道保障租购并举的住房供应与保障体系的意见》(深府规〔2018〕13号)将住房类型划分为市场商品住房、人才住房、安居型商品房和公共租赁住房,只有公共租赁住房面向符合条件的基本住房保障对象。可见,基本住房保障是深圳政府提供的一项基本公共服务,属于"保基本"范畴,而人才安居则成为该市贯彻人才优先发展战略的一项激励政策,目的在于通过吸引和留住人才,提升城市综合竞争力和长期发展驱动力,属于"促发展"范畴。此前深圳通过大力实施人才安居政策,"租售补"相结合惠及约34万人才①,但也存在诸多不足,如安居政策实施主体比较单一,未充分发挥市场的能动作用;人才住房标准单一,多为65平方米以下户型,难以满足人才多层次的住房需求等。

为发展人才住房,深圳市委、市政府注资300个亿组建了国有独资的深圳市人才住房专营机构——市人才安居集团,负责深圳市人才住房的建设筹集、投融资及运营管理等业务,实现人才住房全过程一体化建设运营管理。为满足高层次人才的住房需求,深圳的人才住房面积可以超过90平方米。

为杜绝通过人才住房牟利,使人才住房更好地体现安居属性,并实现人才安居全范围、全流程监管,防止人才重复享受公共资源,深圳市建立了人才住房封闭运作、内部流转机制——"出售的人才住房和安居型商品房在一定年限内实行封闭流转。封闭流转期间,因另购市场商品住房等法定事由或自身原因需要转让的,应当面向其他符合申购条件的对象转让,或由政府按规定回购。购房人自购房之日起累计在深缴纳社保满15年,或者年满60周岁且购房满10年,符合深圳市人才安居办法、安居型商品房建设和管理办法等规定条件的,其所购人才住房或安居型商品房经政府批准后可以进入市场流转,但应当向政府缴纳一定比例的增值收益。"②

(三)具体政策

为解决人才住房问题,各地采取的具体措施有放开限购门槛、提供人才住房租赁、给予货币补贴等。在实际操作中,各地通常采取多种措施并用的方式。

---

① 参见李舒瑜:《"十三五"期间深圳市人才住房不少于30万套》,载《深圳特区报》2017年11月2日,第A04版。
② 深圳市人民政府《关于深化住房制度改革加快建立多主体供给多渠道保障租购并举的住房供应与保障体系的意见》(深府规〔2018〕13号)第5条第5项"建立人才住房和安居型商品房封闭流转制度"。

1. 放开限购门槛

各地普遍对高层次人才购房放开了户籍限制。郑州、武汉、珠海、成都和长沙等更是对所有的人才放开了限购门槛。郑州市规定,非郑州户籍人才购房政策在限购审查时只审查学历、职称和教育、人社部门的认定证明,以及购房人就业状况,不再审核社保和个税证明的缴纳期限。① 武汉市规定,留汉大学毕业生年龄不满40周岁的,可凭毕业证申请登记为武汉市常住户口,硕士研究生、博士研究生不受年龄限制。非武汉市户籍个人凭房票(人才住房券)可在武汉市范围内购买首套住房,使用房票所购住房取得不动产权证满5年后才可上市交易。② 珠海市规定:在珠海创新创业的港澳台和外籍人才,以及非本市户籍的优秀企业家、高层次人才、博士后、博士、青年优秀人才、重点产业发展急需的专业技术和管理人才等,可在本市购买住房,不需提供纳税和社保证明。③ 成都市规定,人才安居方式包括人才购房支持、人才公寓租赁和购买、产业园区配套住房(青年房)租赁、自建人才公寓或倒班房租赁等方式。经过人才认定后,购买住房不受户籍、社保缴纳时间的限制。④ 长沙市规定,在长沙工作、具有专科及以上学历或技师及以上职业资格的人才,首套购房不受户籍和个税、社保缴存限制。⑤

放开限购门槛的政策一定程度上会导致城市房价的上涨,政策本身可能含有提振当地房地产市场的考量。

2. 提供人才租赁住房

人才租赁住房的政策被各地普遍采纳。如深圳市采取人才安居实行以租为主、租售补相结合的原则,符合人才住房政策条件的各类人才,通过租赁或购房人才住房或领取人才住房货币补贴等方式,享受人才住房

---

① 《郑州市青年人才首次购房补贴发放及非郑户籍人才购房实施办法(暂行)》(郑政办〔2017〕130号)第3条第2项"政策待遇"。
② 参见廖君:《武汉拟推人才"房票" 非本地户籍个人可持票购房》,http://www.gov.cn/xinwen/2017-12/25/content_5250288.htm,最后访问日期:2021年12月27日。
③ 《关于实施"珠海英才计划"加快集聚新时代创新创业人才的若干措施(试行)》第10条"实施安居工程"。
④ 《成都市新都区人才安居工程实施细则》(新房〔2017〕182号)第5条"购房支持"。
⑤ 《长沙市人才购房及购房补贴实施办法(试行)》(长发〔2017〕10号)第2条。

政策。① 天津市人才公寓为过渡性周转用房,按照属地化管理和"轮候租赁、只租不售"的原则,由各区、委办局负责制定本区域、系统人才公寓管理实施细则。经审批入住人才公寓的高层次领军人才,由人才发展专项资金全额补贴房租。其他人才由区人才发展专项资金按照应缴纳房租的50%补贴,支付给人才公寓提供方。② 秦皇岛市安居工程以"人才公寓"为主要载体,分为产权型和租赁型两种,以租赁型为主。针对急需的较高层次的A类人才,安居面积标准为180平方米左右,在秦工作、生活期间可免费使用,租金由政府负担。B类人才租住人才公寓的租金,由政府和用人单位各负担50%。③

3. 提供人才住房货币补贴

货币补贴包括租房补贴和购房补贴。如大连市人才租住人才公寓或在市场上自行租赁住房,政府给予租金补贴,租赁期限为五年。④ 海南省针对拔尖人才,政府每月提供5000元租房补贴;其他类高层次人才,政府每月提供3000元租房补贴;40岁以下全日制硕士生,政府每月提供2000元租房补贴;35岁以下全日制本科生,政府每月提供1500元租房补贴。⑤ 苏州市以安家补贴为主,各区补贴金额有所差异。以吴江区为例,入选科技领军人才计划的创业人才可给予50万元的购房补贴;紧缺专业技术人才可给予30万元至50万元的购房补贴。"名校优生"可给予一次性资助金2万至5万元。⑥

4. 多种措施共同保障人才安居

在实践中,各地往往同时采用多种人才住房保障措施。例如,西安市针对在本市工作不满1年的享受人才安居政策的人才首年原则上以货币化补贴为主,但也提供人才安居房,包括政府人才公寓、人才公租房(E

---

① 《深圳市关于完善人才住房制度的若干措施》(深发〔2016〕13号)第1条第5项"关于完善人才住房制度的若干措施"。
② 《天津市人才公寓管理暂行办法》第3条。
③ 《秦皇岛市人才安居工程实施办法(试行)》(秦政发〔2017〕40号)第5条。
④ 《大连市解决引进人才住房办法》(大委发〔2015〕8号)第4条。
⑤ 《百万人才进海南行动计划(2018—2025年)》。
⑥ 《关于实施新一轮苏州市吴江区人才"55352"工程推进大众创业万众创新的若干意见》(吴发〔2016〕19号)第2条。

类)和用人单位自建人才安居房等。① 南京市人才安居采取实物配置和货币补贴两种方式。实物配置包括提供共有产权房、人才公寓、公共租赁住房,视房源情况接受申请;货币补贴包括购房补贴和租赁补贴(补贴标准根据经济社会发展适时调整),在宁工作不满 1 年的,享受政策的首年原则上以租赁补贴为主。② 杭州市针对高层次人才的不同住房需求,把业绩贡献作为解决人才住房问题的重要依据,按照货币补贴和住房租赁相结合的原则,多渠道解决高层次人才住房问题。③

表 3-14　各地安居政策统计表

城市	人才住房配租	人才住房配售	货币补贴	放开限购门槛
长沙				√
大连	√		主要	
杭州	√			
海口			√	
南京	√		√	
秦皇岛	主要	√		
深圳	主要	√		
苏州			√	
天津	√		√	
武汉				√
北京	主要	√	√	
上海	√	√	√	
西安	√		主要	
郑州				√
珠海				√

由于上海市各区政策差别较大,单独列表如下:

---

① 《西安市人才安居办法》(市办字〔2017〕212 号)第 4 条。
② 《南京市人才安居办法(试行)》(宁政发〔2017〕99 号)第 7 条。
③ 《杭州市高层次人才住房保障实施意见》(市委办发〔2014〕77 号)第 1 条"总体要求"。

表 3-15　上海市安居政策统计表

政策		具体内容
黄浦区	黄浦区《人才公寓实施办法（试行）》（黄人社发〔2015〕5号） 黄浦区《高端服务业人才公寓管理实施细则》（黄人社发〔2016〕32号）	根据不同条件入住不同档次人才公寓,居家式高端人才公寓租金以周边同类房源市场租金标准的70%确定;舒适型一般控制在市场价格的90%,另由区人才发展资金给予20%的租金资助补贴;经济型酒店式不高于市场同类房屋,区人才发展资金给予30%的租金资助补贴
徐汇区	徐汇区《人才租房补贴实施细则（试行）》（徐委组〔2017〕79号）	1500、1000、800元/月三档租房生活补贴（在行业核定额度内,由行业主管部门自行确定人员标准）
长宁区	长宁区《关于进一步推进实施人才安居工程的若干意见》（长府〔2016〕056号）	根据行业、层次等提供不同的购房和租房补贴,公租房作为人才公寓优先配租采取"企业集中申请、房源轮后配租"的方式
静安区	静安区《优秀人才住房综合保障实施细则（试行）》（2018.05）	采取先租赁后补贴的方式,住房保障以人才公寓为主,住房补贴为辅。根据经济情况和实际需要,由区人才办确定每年补贴的金额总额
普陀区	普陀区《人才公寓及租房补贴实施办法（试行）》（普人社规范〔2016〕9号）	每人每月1200元。人才公寓补贴至公寓管理运营方,租房补贴至个人。事业单位人员只能申请人才公寓
虹口区	虹口区《人才公寓建设三年行动计划》（2018.05）	未来三年将通过多种渠道筹措房源,为符合条件的人才提供1000套左右的公寓住房,还将出台企业申请人才公寓的管理办法
杨浦区	杨浦区《人才公寓申请指南》（2017.03）	符合申请条件的,可以折扣价格入住人才公寓,不同公寓价格略有差异。需由单位统一办理
宝山区	宝山区《新引进优秀人才安居资助办法》（2017.09）	划分为五类,在本类范围内提供安家或租房补贴,其中A类可突破最高资助额度,实行"一人一策、一事一议"
闵行区	闵行区《关于高层次人才购房补贴的操作细则》（2016.04） 闵行区《关于人才公寓的操作细则》（2016.04）	购房补贴50—100万元,如租房以3年租期折算,仍按单位补贴的1:1配套,但最高补贴不超过3年租期折算款;中途购房的补足差额款。人才公寓根据学历和职业资格,每人每月补贴500—1000元

(续表)

	政策	具体内容
嘉定区	嘉定区《人才公寓建设和管理实施意见（试行）》（2015.09） 嘉定区《优秀人才购房货币化补贴实施办法（试行）》（2016.04）	人才公寓补贴金额＝实际入住套数×实际居住月×补贴标准。其中：一室户补贴标准为 300 元/套·月；二室户补贴标准为 400 元/套·月；三室户补贴标准为 500 元/套·月； 人才公寓的出租价格低于市场同类房屋的租赁价格，租金基准价一年一定
金山区	金山区《人才安居暂行办法（试行）》（2017.07）	购房补贴金额为每人 60 万元； 人才公寓入住期限不超过三年。租住合同一年一签，期满经审批可续租
松江区	松江区《优秀人才购房补贴实施细则》（2017.10）	国家级人才、行业领军人才、专家、带头人补贴 20—100 万元（要求年收入不低于本市社会平均工资 3 倍）
青浦区	青浦区《人才开发激励办法（试行）》（青委办〔2017〕49号）	购房补贴 100—150 万元，购房补贴总额分十年按月发放。租房补贴 3000—4000 元，按月发放，最长不得超过五年
崇明区	崇明区教育局《关于加强世界级生态岛建设人才发展与激励的实施方案（2017—2021）》（2018.01）	工作满五年可分别享受 400 万元、200 万元购房补贴。对符合条件的创新创业人才，崇明区最高给予 100 万元购房补贴，还优先安排人才公寓，或连续五年最高给予每月 1200 元的租房补贴
浦东新区	浦东新区《关于支持人才创新创业促进人才发展的若干意见》（2018.04）	人才租房由实物配租为主调整为租金补贴为主
奉贤区	奉贤区《人才购房补贴实施办法》（2014.07 发布）	高端人才"一事一议"讨论确定；其他情况购房补贴为 40—60 万元。当地工作的硕士一次性补贴 10 万元，本科 6 万元
临港地区	临港地区《人才租房补贴实施办法》（2018.01）	A 类人才，每人每月 1600 元；B 类人才，每人每月 1200 元；C 类人才，根据情况每人每月 400—1000 元

三、人才住房政策评析

目前，全国许多城市已经开始实施人才住房政策。由于人才住房政策出台时间较短，且没有国家的统一规定，故各地方的政策存在一定差异。一方面,人才引进体现了地方政府对人才的重视和对本地未来发展的期盼;另一方面地方政府在引进人才时,应当考虑城市就业岗位和人口的容纳限度,在能接收的范围内吸引人才,而非盲目引进。总的来看,人才住房政策体现了地方对人才的渴求,在一定程度上能够解决地方人才"引得进,留不住"的难题。

从人才住房政策的构建上看,无论是将人才住房单独作为一项制度,还是将其纳入保障性住房体系或是市场住房体系中,都有可行之处。但是,需要明确的是,人才住房并不是狭义的保障性住房,人才住房难以用收入或家庭财产情况作为是否提供住房支持的依据。人才住房更多的是促发展,而非保基本,因此要更加注重不同层次人才的不同需求。人才安居房与保障性住房既有联系又有区别:两者同属于公共住房,属于"大保障"的概念;人才安居房又相对独立于保障性住房。针对各地方的人才住房政策,要严格坚持人才分类的原则,针对不同层次的人才提供不同程度的住房优惠,避免人才住房福利化。

在具体运行上,人才住房应与市场做一定隔离。要重视人才住房的后期管理,建立人才信用机制,严格监管将人才住房非法转租、骗取住房补贴等问题,避免人才住房资源被滥用;要严格规范人才住房的退出,如采取年限限制、封闭体系运行等。

第六节 我国有关集体租赁住房的法律规定

集体租赁住房(以下简称"集租房")是指以市场化方式在集体土地上建设的政策性租赁住房,包括公寓、职工集体宿舍和成套租赁住房等。所谓"市场化",是指集租房项目的建设运营遵循市场运行机制,政府不以公权力强制干预;"政策性"则表现为,在坚持市场化开发建设的前提下,存在鼓励将集租房用于公租房、保障性租赁住房、人才房等保障性住房的政策导向。本节将在介绍集租房政策历史的基础上,以集租房先行试点城市——北京市的实践与政策为蓝本,介绍集租房政策的具体规定,并加以评析。

一、集租房试点的产生与发展

早在 2011 年年底,国土资源部就批复北京市和上海市试点利用集体建设用地建设公共租赁住房。在该轮试点中,北京市分两批启动了五个利用集体土地建设公共租赁住房项目,即昌平区海鹠落村项目、海淀区唐家岭项目、温泉镇 351 地块项目、西北旺镇 4-1-021 地块项目,以及朝阳区平房乡项目。不过,当时集租房被定位为"公共租赁住房",纳入保障性住房管理序列。

2017 年,中共十九大报告明确了"坚持房子是用来住的,不是用来炒的"定位,提出"加快建立多主体供应、多渠道保障、租购并举的住房制度"。在此背景下,全国分两批共计 18 个城市启动了集体土地上建设租赁住房试点,以解决人口净流入的大中城市住房租赁市场需求旺盛、发展潜力大,但租赁房源总量不足、市场秩序不规范、政策支持体系不完善的问题。

2017 年 8 月,国土资源部会同住建部发布《利用集体建设用地建设租赁住房试点方案》(国土资发〔2017〕100 号),确定北京、上海、沈阳、南京、杭州、合肥、厦门、郑州、武汉、广州、佛山、肇庆、成都等 13 个城市为首批集租房试点城市。该文概括性地规定了集租房试点地区的项目审批程序、建设和运营环节、监测监管机制和承租人基本公共服务权利的获取等四个方面的内容,并在建设和运营环节明确了建设运营模式:包括村镇集体经济组织自行开发运营和通过联营、入股等方式与国有企业合作。

2019 年 1 月,自然资源部办公厅、住建部办公厅发布《关于福州等 5 个城市利用集体建设用地建设租赁住房试点实施方案意见的函》(自然资办函〔2019〕57 号),福州、南昌、青岛、海口、贵阳等 5 个城市获批试点,集租房试点城市扩容到 18 个。下表梳理了部分试点城市集租房的建设目标和建设进度:

表 3-16 部分试点城市建设目标及进度

	建设目标	建设进度
北京	计划从 2017 年至 2021 年五年内供应 1000 公顷集体土地用于建设租赁住房	截至 2020 年 9 月底,已有 39 个集租房项目开工,可提供房源 5.3 万余套,已有 2 个项目投入运营
上海	松江区共有 5 个项目纳入集体土地入市建设租赁住房项目	松江区泗泾站社区项目已于 2019 年 6 月开工,2021 年 3 月,华润置地有巢公寓泗泾站社区开业,推出 825 套租赁住房
杭州	在萧山区、余杭区、富阳区、临安区、大江东产业集聚区范围内分别确定 1—2 个地块开展试点	首宗集体建设用地建设租赁住房试点项目 2019 年初在萧山区衙前镇开工
南京	初步确定浦口区 24 亩的试点地块。到 2020 年年底,建成一批利用集体建设用地建设租赁住房试点项目,建设集体租赁住房总建筑面积 30 万平方米左右	无
武汉	在东湖高新区、江夏区、黄陂区、蔡甸区四个区先行开展试点工作	首个集体用地建设租赁住房项目武地丰和园 U 里公寓已于 2020 年 6 月结构封顶,项目建设 252 套租赁住房
合肥	目前共盘活集体建设用地总面积 225.64 亩,建设租赁住房总建筑面积 32.1 万平方米,租赁房屋 3996 套	首个利用集体建设用地建设租赁住房缤纷公寓项目已于 2020 年 10 月底正式试运营
郑州	初步选定龙子湖北部区域和白沙园区域设立 5 个项目开展利用集体建设租赁住房试点	郑东新区金光集体土地租赁房项目约 1000 套租赁房已动工
成都	已确定在天府新区、青白江区、金堂县和浦江县四个地方现行试点,编制了 5 个试点项目	无
福州	将晋安区、仓山区等 5 个地块纳入首批试点	位于晋安的战峰村长租公寓建设项目已于 2019 年初开工
厦门	试点范围在重点产业集聚区和功能区、岛外新城等区域,建议各区在 2018 年至少推进实施 1 个试点项目,2019 年全面开展试点工作	无
广州	从 2018 年开始每年利用集体用地建设 100 万平方米租赁住房,预计 2020 年将建成 300 万平方米租赁住房	无

(续表)

	建设目标	建设进度
佛山	南海区集体用地建设租赁住房试点项目已在南海桂城、丹灶等地铺开	已建成集体土地公租房项目20个,建筑面积43.6万平方米,建设公租房9700多套
肇庆	已建成利用集体建设用地建设租赁住房政策体系,计划首批确定全市范围内2—3个试点项目,目标是到2020年成功建设运营首批集体租赁住房项目	无
海口	琼山区上丹村利用集体建设用地建设租赁房项目被确定为海南唯一的试点项目	2020年8月已开工,将于2022年9月完工
沈阳	首期试点拟选择1—2个地块,将邀品牌房地产商参与联合开发	无

作为最早的试点城市,北京为全国其他城市提供了可供借鉴的经验。相较其他试点城市,北京市租金收入比失衡尤其显著①,面向中低收入人群的中小户型住宅和宿舍的租赁住房供应严重不足。② 在此背景下,集租房成为北京市应对住房租赁市场供需失配、房租大幅上扬的突破口。北京市住房租赁市场的现状,也决定了其投入市场的集租房将主要面向中低收入家庭,其中很大一部分将用于与公共租赁住房、保障性租赁住房和人才住房等保障性住房衔接。下文主要以北京市为例介绍集租房的具体政策及其与保障性住房的衔接机制。

---

① 2015年北京房租收入比达到58%,高于深圳的54%、上海的48%和广州的38%。扣除通胀因素,2016年1月至今北京平均月租三年内再上涨32%。2018年10月,在全国33个重点城市中,北京平均月租金已经突破90元大关,达到93.67元/平方米。房屋总量上,北京只有750万套住宅,套均2.1间,合计约1570万间,对应于约2200万人,住房刚性缺口630万间。北京800多万人存在租赁需求,但只有200万套左右的房子可供租赁。参见邵挺、田莉、陶然:《中国城市二元土地制度与房地产调控长效机制:理论分析框架、政策效应评估与未来改革路径》,载吴敬琏主编:《比较》(2018年第6辑),中信出版社2018年版,第116—149页。

② 根据北京市房地产中心租赁室提供的数据:(1)2018年从市场上租赁整套房屋的承租人平均年龄为33岁,分租的承租人平均年龄为26岁,分租的平均年龄明显低于整租。大部分承租群体处在事业发展初期。(2)租赁住房中整租占35%,分租占65%,从套均面积看,整租房屋的套均面积为70.7平方米,并随租金上涨有减少迹象,分租稳定在每间13平方米左右。可见承租群体难以负担大户型住房。

二、集租房试点的具体政策：以北京市为例

北京市集租房试点政策既贯彻落实了国家政策,又结合北京市的情况进行了适度创新。下文将从集租房项目选址供地、开发建设、后期管理等方面介绍北京市集租房试点的具体政策。

(一)供地选址

根据《北京市住房与城乡建设白皮书2020》,截至2019年年底,北京市集租房项目累计开工29个、房源4.2万套,其中2019年建设筹集集租房29617套,占该年建设筹集的政策性租赁住房的59%。截至2020年11月,全市已有39个集租房项目开工,可提供房源5.3万余套。2020年7月北京市在全国范围内率先投入运营成寿寺项目,后来又有丰台花乡项目投入运营。①

就供地属性而言,北京市集租房项目所使用的集体土地,既可以是存量土地,也可以是通过"增减挂钩"得到的增量土地。②

(二)开发建设

北京市的相关政策确立了集租房项目的五种开发建设模式:(1)集体经济组织自主开发建设;(2)集体经济组织与国有企业协议合作开发;(3)集体经济组织与国有企业新设实体合作开发建设;(4)由集体经济组织以外的其他主体(土地竞得者)进行开发建设;(5)集体经济组织以项目经营权出租的方式与社会资本合作。各种模式的具体情况如下表所示。

表3-17 集租房开发建设模式(截至2019年6月)

模式	集体经济组织控制程度	项目主体	已有实践
集体经济组织自主开发建设	100%	集体经济组织	海淀区集租房项目等18个

---

① 参见吴云艳、苏志勇、柴铎:《试点3年,集体土地建租赁住房艰难探路》,载《中国房地产报》2020年11月15日。

② 北京市集租房项目建设所使用的集体土地,在鼓励优先使用存量建设用地的基础上,对建设过程中确需占用耕地的,可在程序合规的前提下结合"拆除腾退"和减量发展要求,由区政府通过开展城乡建设用地增减挂钩项目落实。根据部分项目公示材料,通州区梨园镇大稿村集租房项目涉及农转用土地,朝阳区、石景山区等集租房项目涉及北京市绿隔产业用地。

（续表）

模式	集体经济组织控制程度	项目主体	已有实践
合作开发建设合作协议,不新设企业	由合作协议约定,部分参与	集体经济组织	顺义区木林镇沿头村项目等10个
合作开发建设新设企业	由合作协议、公司章程约定,部分参与	新设企业	丰台区花乡葆台村项目等4个
项目经营权出租租赁合同,不新设企业	0%	集体经济组织	暂无
企业竞得后进行项目建设（仅限北京市大兴区）	0%	竞得企业	大兴区西红门镇、黄村镇项目

（三）后期管理

1. 资产管理

北京市明确由市农委负责指导集租房资产管理,要求通过加强财务核算监管,严格履行民主决策程序,依据集体经济组织章程完善分配收益机制,定期公布账目、接受村集体成员监督等方式"严格集租房资产监管"。这些措施能够让政府或集体组织成员通过查阅账目等途径及时发现对外出售或以租代售等违规情形,杜绝变相开发小产权房。由于集租房资产管理属于农村集体资产管理的下位概念,所以《北京市农村集体资产管理条例》（以下简称"《集体资产条例》"）也是集租房资产管理的重要法源和依据。

2. 物业管理

北京市"鼓励将集租房委托给专业化运营企业进行管理和运营,提高租赁业务和物业管理的标准化、专业化水平"。

从北京市2011年试点的五个集体土地上的公租房项目看：(1) 均由物业服务公司提供专业的物业服务。有的项目由集体经济组织自行成立物业服务公司（具有专业能力）,有的则从市场引入物业公司。(2) 物业费均由选聘主体直接缴纳,而非承租人。

3. 租赁管理

(1) 现行集租房租赁管理政策

北京市的试点政策对集租房的租金价格及支付方式、租赁年限、单次租赁期限等事项作了具体规定:"项目建成后,在符合相关规定前提下,租赁住房的租金水平可统筹考虑区位、配套、市场需求等因素,并参考周边市场物业水平,与房屋租赁市场接轨。农村集体经济组织应制订出租方案,经民主决策后公开进行。租赁年期、租金价格及支付方式等事项由相应的出租方与承租人协商确定,并可依法约定租金调整方式。除承租人另有要求外,单次租赁期限不低于3年;承租人要求承租3年或以内的,出租机构不得拒绝。"①

相关政策文件还要求将集租房配租运营管理纳入全市统一的住房租赁监管平台,签订租赁合同,依法办理租赁备案登记,建立健全租金监测监管机制。

另外,根据房屋用途,集租房住房租赁也适用相应的援引性规定。对于政府趸租直接用于公租房的集租房,应当参照适用《公共租赁住房管理办法》;对于市场租赁的集租房,应该遵循《城市房屋租赁管理办法》、最高人民法院《关于审理城镇房屋租赁合同纠纷案件具体应用法律若干问题的解释》和北京市《关于加快发展和规范管理本市住房租赁市场的通知》等规范性文件;对于用作租赁型职工集体宿舍的集租房,应当援引《关于发展租赁型职工集体宿舍的意见(试行)》。

(2) 北京市住房租赁监管平台和服务平台

"北京市住房租赁监管平台和服务平台"按照"1+N"的模式建立②,提供线上线下的专门接口,为住房租赁当事人提供住房租赁登记备案服务工作。其中线上接口是指租赁合同双方自行上传信息的在线端口,线

---

① 《北京市规划和国土资源管理委员会关于进一步加强全市利用集体土地建设租赁住房工作的有关意见》(市规划国土发〔2017〕376号)。

② "1"是指监管平台,由北京市住房城乡建设委牵头搭建,通过相关政府部门的信息共享和数据集成,完成主体认证、房源查验、合同备案等工作;"N"即服务平台,是指市场服务主体建立的住房租赁网络交易平台,通过数据接口与监管平台对接,运用互联网大数据、云计算和人工智能技术等,为百姓提供租赁信息发布、网上签约、登记备案申请、资金监管、市场主体信用信息查询、信用评价等服务。

下接口是指各区住房城乡建设部门的网签服务窗口。

三、集租房与保障性住房衔接的可能路径

根据北京市规划和自然资源委员会对外发布的数据,北京市 2022 年拟供租赁住房用地项目约 307 公顷,其中集租房项目约 115 公顷,占比 37%。[①] 其中很大一部分将以公租房或保障性租赁住房的方式供应。虽然在时序上集租房与住房保障的衔接是在集租房开发建设完成后才发生的,但两个制度的匹配从选址、建设时起就已经开始,并影响最后的衔接效果。

保障性租赁住房属于住房保障家庭中的新成员,实践和政策都有待丰富。这里我们将结合北京市相关政策规定的集租房的运营模式,重点讨论集租房和公租房的衔接路径。具体而言,集租房可以通过直接租住、直接经租、政府趸租、代理经租和单位趸租五种模式和公租房衔接。直接租住,是指公租房保障人群以市场租金标准自行从集租房项目主体或趸租集租房的社会单位处承租集租房后,依规申请政府租金补贴;直接经租,是指经政府批准具备公租房运营资格的集租房项目主体,其直接经租的集租房被认定为公租房后,以公租房租金水平面向公租房保障人群配租,并从政府处取得租金补贴;政府趸租,是指政府以市场租金标准整体租赁集租房作为公租房房源,在趸租期内将房屋纳入全市保障性住房筹集计划,以公租房租金水平面向公租房保障人群配租;专业机构代理经租,是指经政府批准具备公租房运营资格的专业化运营企业以市场租金标准整体租赁集租房,其代理经租的集租房在租赁期内被认定为公租房后,以公租房租金水平面向公租房保障人群配租,并从政府除取得租金补贴;单位趸租,是指一般社会单位以市场租金标准整体租赁集租房,其趸租的集租房在租赁期内被认定为公租房后,以公租房租金水平面向本单位符合公租房转入条件的职工配租。下表是对不同衔接路径的整理:

[①] 参见《北京发布租赁住房用地项目信息 将缓解租赁市场结构性供给不足》,http://www.gov.cn/xinwen/2022-03/31/content_5682753.htm,最后访问日期:2022 年 5 月 14 日。

表 3-18 集租房与公租房可能的衔接路径

运营模式		衔接时点	衔接路径	保障人群
自主运营	自行出租	运营租赁	直接经租（租金补贴）	公租房保障人群
				单位集体租赁
	委托出租	住房租赁	直接租住	公租房保障人群（市场租赁补贴）
政府趸租		运营租赁	政府趸租	公租房保障人群
				单位集体租赁
委托专业机构运营		住房租赁	直接租住	公租房保障人群（市场租赁补贴）
		运营租赁	代理经租（租金补贴）	公租房保障人群
				单位集体租赁
单位趸租		住房租赁	直接租住	公租房保障人群（市场租赁补贴）
		运营租赁	单位趸租（租金补贴）	公租房保障人群

四、对集租房制度的评价

集租房的市场化定位决定了其并非狭义的保障性住房，集租房需要通过与公共租赁住房、保障性租赁住房衔接，达到解决住房保障对象住房困难的目的。考虑到集租房的市场化定位，各地应当因地制宜决定衔接的必要性和衔接方式。

作为集租房的先行试点城市，北京市目前正在研究集租房与住房保障的衔接机制。作者认为，在进行这种衔接时，要区分住房租赁和运营租赁两层租赁关系；处理好政府、集体经济组织、其他运营主体和保障人群间的利益关系，既要维护集体经济组织和其他运营主体的利益，又要让保障对象租住集租房时享有租住国有土地上公共租赁住房或保障性租赁住房一样的权益。

第七节 本章小结

我国住房保障的形式经历了从单一到丰富再到统筹整合的变化。如果说过去我国直接保障形式从以产权型保障性住房为主发展到产权型和租赁型并重,产权型保障性住房从经济适用住房发展到形式多样的具有保障功能的政策性住房是在做加法,那么如今提倡建设以"公共租赁住房、保障性租赁住房和共有产权住房为主体的住房保障体系"就是在做减法。这种"加加减减"不仅是对住房保障经验教训的经验总结,更是应时顺势、贯彻落实"房住不炒"所作的调整。

我国产权型保障性住房包括经济适用住房和具有保障功能的政策性住房。经济适用住房制度在历史上发挥过纾解户籍中低收入家庭住房困难的重要作用,各地发展出来的具有保障功能的政策性住房大多脱胎于经济适用住房制度,是在吸收借鉴经济适用住房制度的基础上,加入新的元素形成的,是对经济适用住房的继承、发展与替代。

租赁型保障性住房包括廉租住房、公共租赁住房和保障性租赁住房三种形式。其中,廉租住房和公共租赁住房属于狭义住房保障范畴,是对城镇户籍中低收入住房困难人群的兜底保障。公廉并轨后,"廉租住房"逐渐成为一个历史概念,但公廉并轨不等于"公廉同一",廉租住房和公共租赁住房在保障力度、保障范围、轮候与配租制度上仍有所不同。保障性租赁住房则是缓解大城市新市民、年轻人住房压力的普惠性保障。保障性租赁住房以市场为主导,政府提供政策支持,对保障对象不设收入限制,具有和公共租赁住房完全不同的内在运行机理。

我国住房间接保障形式包括住房公积金、置业担保在内的住房金融制度,首套房购买者在首付比例和贷款利率上的优惠制度、保障性住房开发建设贷款优惠制度以及保障性住房建设、经营环节各种税收优惠政策。

棚户区改造、老旧小区改造和农村危房改造是我国保障性安居工程的组成部分。三者均着力于"解危救困",但棚户区改造和老旧小区改造还有推动城市更新的内涵。针对城市更新在推进过程中出现的大拆大建、急功近利的倾向,2021年住建部发文要求城市更新回归公益性和保障性。农村危房改造属于社会救助,面向农村低保、低收入家庭、分散供养的特困人员和享受定期抚恤补助的优抚对象家庭。但是,随着脱贫攻坚战的胜利和农村整体居住环境的改善,未来危房改造对象的范围可能有所扩大。

除上述直接保障和间接保障之外,一些地方为了吸引和留住人才而出台的住房上的优惠和补助政策,包括人才引进政策、人才公寓政策、租购房补贴政策等,也具有住房保障的色彩。需要明确的是,人才住房虽然也属于政策性住房,属于"大保障"的范畴,但其有别于狭义的保障性住房,构成相对独立的体系。

集租房是以市场化方式在集体土地上建设的政策性租赁住房,兼具市场性和政策性。集租房的市场性是指集租房项目的建设、运营遵循市场运行机制,政府不以公权力强制干预;政策性则表现为,在坚持市场化开发建设的前提下,政策上鼓励将集租房用于公共租赁住房、保障性租赁住房和人才住房等保障性住房。在集租房与住房保障衔接过程中,要区分住房租赁和运营租赁,处理好政府公共资源和市场私有资源的关系,平衡集体经济组织、市场主体和承租人的利益。

第四章 我国现行住房保障的制度考察

本章紧接第三章,将对我国现行住房保障制度作纵向考察,即沿着住房保障计划制订到后期管理这一主线,提取计划制订、管理体制、开发建设、准入与分配、后期管理与法律责任等公因式,统合介绍不同保障形式在各个环节上的制度特点、优点及其不足之处(详见图4-1)。

图4-1 住房保障纵向考察分析框架

本章分为六节:第一节从综合与专项、长期与年度、中央与地方三个维度介绍我国住房保障计划的制订,揭示现行住房保障计划制订中存在的问题;第二节从负责机构的权责分配关系、中央与地方政府间的关系以及政府机构与社会力量的关系三个视角介绍我国住房保障管理体制,并分析现行管理体制存在的问题;第三节从土地供应、建设实施和资金筹措等三个方面介绍我国保障性住房的开发建设,并指出现行住房保障开发建设环节存在的问题;第四节从保障范围、准入条件、审核程序和轮候分配介绍我国住房保障的准入与分配制度,并指出现行住房保障准入与分配环节存在的问题;第五节从资产管理、行政管理、合同管理、物业管理和退出管理五个方面介绍我国住房保障的后期管理和法律责任,并分析现行住房保障后期管理存在的问题;最后一节是本章小结。

需要说明的是,保障性住房建设运营的各个环节都可能产生法律责任,而且一些责任不是住房保障专有的,如政府机关及其工作人员在保障房建设过程中的渎职责任,保障房开发建设工程的质量责任等。考虑到法律责任是后期管理制度正常运行的后盾和底线,本章将在第五节后期管理中讨论法律责任,而不讨论其他环节可能出现的一般性的渎职责任或工程质量责任。

第一节 住房保障计划的制订

住房保障计划类型多样,本节将从综合性规划与专项规划、长期规划与年度计划、中央层面的规划与地方层面的规划等三个方面讨论住房保障计划的制订及其他相关问题。

一、综合性规划与专项规划

综合性规划是指根据对未来一定时期经济社会发展水平的判断和预测,就全国或某一地区一定时期的国民经济和社会发展所作的规划和计划,具有宏观性和整体性。综合性规划中的住房保障内容即属于对住房保障工作的综合性规划。例如,"五年规划""城镇化规划""政府工作报告"等政府文件涉及住房保障工作时,会将其置于经济社会发展整体水平下考虑。而专项计划一般是在综合性规划所确定的住房保障的任务目标的基础上制订的,是综合性规划在住房保障领域的具体落实。

(一) 综合性规划

在我国实践中,综合性规划主要包括"五年规划""政府工作报告""新型城镇化规划",这些综合性规划中往往会提及住房保障。

以"五年规划"为例。"五年规划"是对未来五年国家重大建设项目、生产力分布和国民经济重要比例关系作出的整体规划,为国民经济发展远景规定目标和方向,对各项工作都具有引领和指导意义。"五年规划"中对保障性住房建设的规划,对于住房保障制度的建设和工作的开展起到纲领性作用。

首个规定保障性住房建设的五年规划是"十二五"规划,其将保障性住房建设规定为政府的基本公共服务,以解决低收入家庭的住房问题。[①]"十二五"规划提出要将保障性住房在整个住房体系中的比重提高到20%,明确规定五年内城镇保障性安居工程建设3600万套(包括保障性住房建设和各类棚户区改造建设)的目标任务。《国家新型城镇化规划(2014—2020年)》以党的十八大报告和"十二五"规划等文件和中央城镇化工作会议精神为指导,提出了棚户区改造行动计划,并明确要求加快推进集中成片城市棚户区改造,逐步将其他棚户区、城中村改造统一纳入城市棚户区改造范围,到2020年基本完成城市棚户区改造任务。2014年《政府工作报告》中对城镇棚户区改造也有提及,报告指出今后一个时期要着重解决好现有"三个1亿人"问题,其中包括改造约1亿人居住的城镇棚户区和城中村。

在"十二五"规划的指导下,"十二五"期间我国城镇保障性安居工程建设完成4013万套。[②] 在"十二五"期间住房保障工作成果的基础上,《中华人民共和国国民经济和社会发展第十三个五年规划纲要》("十三五"规划)又明确了城镇棚户区住房改造2000万套的约束性指标任务。国务院《关于印发"十三五"推进基本公共服务均等化规划的通知》(国发〔2017〕9号)落实"十三五"规划,要求围绕实现约1亿人居住的城镇棚户

---

① 第六次全国人口普查显示,2010年年底全国城镇有各类棚户区、危旧房及无管道自来水、无厨房或厕所的不成套住房约5000万户,设施简陋环境较差且部分存在安全隐患,住户多为低收入家庭。参见周江:《中国住房保障理论、实践和创新研究——供应体系·发展模式·融资支持》,中国经济出版社2018年版,第87页。

② 《中华人民共和国国民经济和社会发展第十三个五年规划纲要》。

区、城中村和危房改造目标,实施棚户区改造行动计划和城镇旧房改造工程,基本完成城镇棚户区和危房改造任务,其中包括完成棚户区住房改造2000万套的任务。

(二) 专项规划

住房保障专项规划包括"廉租住房保障规划""棚户区改造规划"等。例如,住房和城乡建设部(以下简称"住建部")《关于做好2014年住房保障工作的通知》(建保〔2014〕57号)明确2014年全国城镇保障性安居工程计划新开工700万套以上,其中各类棚户区470万套以上;计划基本建成480万套。又如,中央政府制定的廉租住房保障目标以全国城市低收入住房困难家庭的总需求为基础,根据地方实际状况和政府财政承受能力确定各省级政府的年度计划。以"2009—2011年廉租住房保障规划"为例,其根据截至2008年年底全国共有747万户城市低收入住房困难家庭亟须解决基本住房问题,其中2008年第四季度已开工建设38万套的情况,秉持实现廉租住房制度"应保尽保"的制度目标,确定了三年内新增廉租住房518万套、新增发放租赁补贴191万户的总目标;并在综合考虑经济社会发展水平、城市低收入住房困难家庭数量、住房困难程度、住房支付能力和财政承受能力等因素后,分解为各地各年度的具体建设年度计划。[1]

专项规划制订中的主要问题是各地方政府的保障任务由中央住房保障部门分配到省,再由省级主管部门分解到下面的市县。为完成中央下达的指标,在实践中,保障性住房需求主要在大中城市,相当多的建设计划却安排在县里[2],保障性住房的需求和供给并未合理匹配。

二、长期规划与年度计划

"五年规划""新型城镇化规划"既是住房保障领域的综合性规划,也是对住房保障的长期规划,对年度住房保障计划具有一定的统领作用。如"十三五"规划确定了未来五年内我国城镇棚户区住房改造2000万套

---

[1] 住房和城乡建设部、发展改革委、财政部《关于印发2009—2011年廉租住房保障规划的通知》(建保〔2009〕91号)。

[2] 参见周江:《中国住房保障理论、实践和创新研究——供应体系·发展模式·融资支持》,中国经济出版社2018年版,第83页。

的约束性指标任务,以此为依据,住房保障管理部门将2000万套棚户区改造计划分解到五个年度。由于住房保障同时追求调节房价、促进经济增长的政策目标,因此住房保障管理部门在制订每个年度计划时,一般会根据经济社会发展状况进行调整,而非将五年规划中的目标量平均分配到五个年度。如2016年《政府工作报告》明确城镇棚户区改造600万套的年度任务,就超过了400万套的平均值。

长期规划的执行离不开年度计划的制订,年度计划往往在长期规划的基础上根据某一年度的具体情况而确定该年度的具体执行计划。一般来讲,一定时期内年度计划的建设总和应该与长期规划相一致,但在实践中,也可能出现对长期规划的调整和修改。如"十三五"规划确定了五年内完成2000万套棚户区改造任务,在2016年建设600万套,2017年建设607万套,合计完成1207万套之后,国务院常务会议又确定了2018至2020年3年棚改攻坚计划,计划再改造各类棚户区1500万套。[①] 根据调整后的计划,"十三五"期间棚户区改造数量将达到2700余万套,远超过"十三五"初期确定的2000万套的目标。

需要指出的是,国务院大幅度调整住房保障年度计划,会损害住房保障计划的统一性和稳定性,不利于地方政府住房保障长期规划的执行。

三、中央层面的规划与地方层面的规划

中央层面的住房保障规划既包括长期规划,也包括年度计划。为贯彻落实中央的规划、计划,地方层面也制订住房保障长期规划和年度计划。如住建部《关于做好2014年住房保障工作的通知》(建保〔2014〕57号)要求市县人民政府结合实际合理界定棚户区改造范围,摸底棚户区底数,抓紧完成2013—2017年棚户区改造规划编制,分解到年度、落实到项目,在报省级人民政府批准后再报住建部备案,同时对2018—2020年棚户区改造任务安排合理展望。可见,地方政府制订住房保障长期规划时,根据中央政策的原则性规定结合本区域内的实际情况,可以较为自主地确定一定时期内的发展规划,但市级政府的规划需要省级政府批准,充分

---

① 参见《我国未来三年将改造棚户区1500万套》,http://www.gov.cn/zhengce/2017-05/24/content_5196561.htm,最后访问日期:2022年5月4日。

体现了住房保障"省级负总责"的特征。①

地方政府住房保障年度计划的制订过程,呈现出上级政府层层分解任务、下达指标的特征。例如,2018年广东省政府与国家保障性安居工程协调小组签订25897套棚户区改造目标责任书后,广东省住房和城乡建设厅将任务分解落实到各地级市政府,其中深圳市2018年新开工棚户区改造安置住房7636套。② 深圳市在国家制定"十三五"规划后,结合自身社会发展和住房保障领域的实际情况,相继制定了《深圳市国民经济和社会发展第十三个五年规划纲要》和《深圳市住房保障发展规划(2016—2020)》。深圳市保障性安居工程建设指挥部按照广东省下达给深圳市的安居工程任务目标以及依据《深圳市住房保障发展规划(2016—2020)》,制定了2018年度安居工程计划。③ 地市级政府制订的住房保障年度计划在明确保障性住房的总供给目标之外,还会详细划分各类保障性住房的数量及各区县政府的建设数量,并明确保障性住房的建设用地安排和资金安排(如中央、省级财政补助、市级财政、区财政、政府投资平台和社会资本各自所占比例),以推动计划落实和执行。

四、住房保障计划制订中存在的问题

我国住房保障工作在各类住房保障计划的指导下取得了优异的成绩,如在"2009—2011年廉租住房保障规划"的指导下,我国的廉租住房建设实现了"应保尽保"的政策目标,基本解决了低收入家庭的住房问题;在各类棚户区改造计划的指导下,棚户区改造实现了帮助约1亿人"出棚进楼"的目标。但我国住房保障计划的制订过程仍存在以下问题。

(一)住房保障目标不明确影响住房保障计划的制订

住房保障目标是指政府制定住房保障政策所希望达到的目的,住房

---

① 在2011年的全国保障性安居工程大会中,时任国务院副总理的李克强指示,在城镇棚户区住房改造目标确定后,受国务院委托,保障性安居工程协调小组与各省级人民政府签订年度保障性安居工程工作目标责任书。按照中央政府要求,各地实施保障性安居工程,实行省级政府负总责、市县政府抓落实的工作责任制度。参见李克强:《大规模实施保障性安居工程逐步完善住房政策和供应体系》,载《求是》2011年第8期,第8页。

② 参见《广东省2018年城镇棚户区改造等计划任务明细表》,http://zfcxjst.gd.gov.cn/xxgk/jhgh/content/post_1394701.html,最后访问日期:2022年5月4日。

③ 《深圳市安居工程2018年度计划》(深保指办〔2018〕4号)。

保障的计划应当服务于住房保障的目标。但是,目前我国住房保障的目标缺乏延续性,住房保障政策在不同阶段被赋予不同的目标,如将住房保障政策与宏观经济调控、稳定房价联系在一起。不明确的住房保障目标在一定程度上不利于住房保障计划的制订,容易导致制订的计划随意被更改。而且,中央政府出于其他政策目标的考量调整住房保障发展规划后,地方政府已经制定的住房保障发展规划也要随之进行调整,这在一定程度上干扰了给地方政府住房保障规划的制订和执行。

(二) 住房保障计划的制订缺乏足够的信息支持

住建部住房保障司是我国编制住房保障发展规划和年度计划并监督实施的主体,但其在制订计划时一般以"五年规划""政府工作报告"等中央层面涉及住房保障的规划为依据,而缺乏对其他制订依据的详细说明。这导致在中央政府的整体规划下,住房保障部门所拟定的具体计划是否经过科学论证,是否有足够的住房统计信息予以支撑,均无法从公开资料得到验证。例如"十二五"规划提出要实现保障性住房比例占比达20%的目标,但这一目标的依据何在,就很难找到相关说明。

(三) "自上而下"的单向计划制订过程不利于计划的执行和落实

中央层面住房保障计划的贯彻落实离不开地方政府的住房保障计划的制订和实施。如前所述,省级政府的计划制订以其与中央住房保障部门(如保障性安居工程协调小组)所签订的年度保障性安居工程工作目标责任书为依据,地市级政府的计划制订以省级政府下达的住房保障任务为依据。① 这种中央政府确定全国总计划后再层层分解落实到地方计划的"自上而下"的计划制订形式,一方面导致一些地区保障性住房建设资金筹集困难,另一方面导致部分地区住房保障需求和供给不平衡,造成人、财、物等资源的错配和浪费。

作者理解"自上而下"的计划制订模式的初衷,是为了克服地方政府

---

① 在省级政府的住房保障计划里,计划的制订通常表述为省政府与国家住房保障部门签订的住房保障工作目标责任书,如湖南省住房和城乡建设厅等五部门《关于下达2018年保障性安居工程建设计划和项目的通知》(湘建保〔2018〕18号)提到"根据省人民政府与国家保障性安居工程协调小组签订的2018年住房保障工作目标责任书要求,经省人民政府同意,现将我省2018年保障性安居工程任务分解下达给你们";而省级以下政府的住房保障计划通常提到完成上级政府下达的目标,如《深圳市安居工程2018年度计划》(深保指办〔2018〕4号)提到"全力完成广东省下达我市2018年安居工程任务目标"。

不作为导致住房保障工作进展缓慢甚至停滞的问题。但如果计划的制订能结合"自下而上"和"自上而下"两种模式,就既能体现各地区不同的住房保障需求,发挥地方的能动性,又能体现中央政府的目标任务,发挥其统筹性和强制性。这样制订的计划才能契合地方的需求,有利于地方政府对计划的执行和落实。

第二节 住房保障管理体制

住房保障管理体制是指政府为实现住房保障目标而建立的包括政策制定、政策执行在内的计划组织协调控制机制,在住房保障制度中发挥核心功能。住房保障管理体制不仅影响住房保障政策"顶层设计"的科学性与合理性,还事关保障性住房的建设和后期管理等工作,关系着住房保障公平正义目标的实现。本节通过考察横向的住房保障负责部门和机构的协调关系、纵向的中央与地方政府间的权责分配关系以及政府主导与社会参与的关系,梳理我国现在的住房保障管理体制的现状,揭示现行管理体制存在的问题,进而提出完善住房保障管理体制的建议。

一、住房保障管理体制的现状梳理

（一）中央层面

根据中共中央办公厅、国务院办公厅《关于住房和城乡建设部主要职责内设机构和人员编制规定的通知》（国办发〔2008〕74号），保障城镇低收入家庭住房的工作主要由住建部负责,住建部在住房保障方面的具体职责包括:拟定住房保障相关政策并指导实施;拟定廉租住房规划及政策,会同有关部门做好中央有关廉租住房资金安排,监督地方组织实施;编制住房保障发展规划和年度计划并监督实施。上述职责主要由住建部住房保障司具体负责。

住房保障是一项繁杂的系统工程,涉及土地供应、资金调度、价格确定、税收减免、信贷支持等诸多事项,为加强不同部门间的联系和沟通,共同推进住房保障政策的制定和实施,国务院于2009年成立了保障性安居工程协调小组。① 保障性安居工程协调小组由住建部牵头,发改委、财政部、民政部、国家民委、监察部(现职能并入国家监察委员会)、国土部(现自然资源部)、环境保护部(现生态环境部)、交通部、水利部、农业部、卫生部、人民银行、审计署、林业局、银监会(现银保监会)、扶贫办(现国家乡村振兴局)等16个单位参加,组长由住建部部长担任,副组长由参加单位的副职领导担任,协调小组办公室设在住建部,承担协调小组的日常工作。协调小组的主要职能包括:研究提出廉租住房建设、棚户区改造和农村危房改造试点的政策措施,协调有关事项;研究制定各类保障性住房的试点规划和年度工作计划,并组织实施;研究提出中央补助投资(资金)需求规模的建议;组织检查保障性安居工程的质量、实施进度等情况,并指导地方做好实施和质量保障等有关工作。在保障性安居工程协调小组中,各个部门负责住房保障与各自部门职权相关的事项,其中住建部负责保障性住房的整体规划,发改委负责编制投资计划,财政部负责编制中央财政补助资金计划,民政部负责制定低收入家庭认定办法,国土部(现自然资源部)负责保障性住房的土地供应计划,人民银行和银监会职责为保障性安居工程项目提供金融支持。②

此外,国家政策性银行承担着为保障性住房建设提供资金贷款支持的职责,如2014年国家开发银行成立住宅金融事业部,重点支持棚户区改造及城市基础设施等工程建设;2015年8月,国家开发银行出台《关于进一步推进棚改货币化安置的通知》(建保〔2015〕125号);同年9月,住建部和农业发展银行发布《关于加大棚户区改造贷款支持力度的通知》(建保〔2015〕137号)。

(二)地方层面

1. 省级层面

与中央层面由住建部负责住房保障工作相对应,省级层面由住房和城乡建设厅(以下简称"住建厅")或者住房和城乡建设委员会(以下简称"住建委")负责本区域内的住房保障工作。其作为住房保障的主管部门和牵头部门,负责研究政策计划,组织、指导和推动全省住房保障工作的

---

① 《国务院关于同意成立保障性安居工程协调小组的批复》(国函〔2009〕84号)。
② 同上。

实施。此外，与中央层面的保障性安居工程协调小组相类似，省级层面亦成立了省级保障性安居工程协调小组。在组织领导上，保障性安居工程协调小组一般由住建厅或住建委、省发展和改革委员会（以下简称"发改委"）、民政厅、财政厅、国土资源厅（现自然资源厅）等部门组成，由省政府分管领导担任组长，加强对全省住房保障工作的组织领导和协调指导。省级住房保障领导小组的办公室一般设在住建厅或住建委。

2. 市县层面

地市级政府不仅要贯彻落实省级政府下达的各项目标任务，同时还要指导本区域内区县级政府的住房保障建设管理工作，在落实住房保障工作上起着关键作用。地级市政府负责住房保障的专门管理机构一般设置在住房和城乡建设局下，由其负责具体的实施工作。

在区县层面，区县政府往往也相应成立区县住房保障领导小组，组建区县住房保障专门机构，负责住房保障政策的执行和落实——包括住房建设、资金筹集、申请审核、分配房屋、后期管理等各项具体工作。

地方政府对保障性住房具体建设和运营，需要住房保障部门、自然资源部门、财政部门、民政部门、街道办事处以及公安部门、税务部门、公积金管理部门等多个部门在各自职责范围内相互配合。

二、我国住房保障管理体制的优势

（一）中央统一政策与地方因地制宜

在中央政府与地方政府的关系上，我国的住房保障管理机制呈现出"国家统筹定计划，省级负总责，市县抓落实"的特征。中央层面的住房保障协调机构或负责机关根据我国的经济和社会发展水平，合理确定住房保障人群并制定相应的住房保障政策和配套支持政策，同时还负责监督计划的执行，确保住房保障工作的顺利开展。

地方层面的分工是"省级负总责，市县抓落实"。省级层面的住房保障领导小组及住房保障部门在中央政府的统一安排下根据本行政区域内的具体情况制定省级层面住房保障政策，同时承担统筹组织协调各地级市住房保障工作的职责。地级市政府按照省级政府下达的建设指标任务，编制具体详细可操作的保障性住房计划，并承担保障性住房的建设管理工作。

此外,中央政府注重激发地方政府在住房保障上的创新性和自主性。中央政府确定住房保障政策的原则性问题和总体发展思路。在该统一框架内,地方政府可以根据实际情况因地制宜制定住房保障政策。例如,国务院《关于解决城市低收入家庭住房困难的若干意见》(国发〔2007〕24号)就允许"有条件的地方,比照经济适用住房建设的相关优惠政策,政府引导,市场运作,建设符合农民工特点的住房,以农民工可承受的合理租金向农民工出租"。这既为地方政府的创新留下空间,也为央地政府共同努力创建既统一又多元的住房保障体制提供了条件。

(二)住房保障协同工作机制

我国形成了由住建部门统筹负责,其他部门在职权范围内相互配合的住房保障协同工作机制。这一工作机制有以下优势:

首先,由住建部门统筹负责住房保障工作,有利于将住房保障工作纳入整个住房制度下通盘考虑。因为住建部门也承担着推进住房制度改革、规范住房和城乡建设管理秩序、规范房地产市场秩序、监督管理房地产市场等责任。[1]

其次,考虑到住建部门和财政、税收、自然资源等部门都是同级政府领导下的同级部门,并无行政隶属关系,国务院成立了保障性安居工程协调小组,地方也有类似的安排,确立了住房保障领域部门间的协同工作机制,以协同的方式推动住房保障所涉及的各项职能的整合,促进部门间的合作。这种类似于部际联席会议的协同模式,协调小组既不是领导岗位,也不是实体组织,而仅是一种工作机制,具有"临时性"。总体来看,以住建部门为统筹,由其他部门在各自职权范围内相互配合的协同工作机制,对我国住房保障工作的开展发挥了积极作用。

三、住房保障管理体制存在的问题

我国住房保障工作在现有住房保障管理体制下取得了巨大的成就,建成了世界上最大的住房保障体系[2],但仍存在住房保障政策选择性执

---

[1] 参见《住房和城乡建设部主要职责内设机构和人员编制规定》(国办发〔2008〕74号)第2条。

[2] 参见《国新办举行"努力实现全体人民住有所居"新闻发布会》,http://www.scio.gov.cn/m/xwfbh/xwbfbh/wqfbh/44687/46680/index.htm,最后访问日期:2021年9月11日。

行、保障性住房建设供需关系不匹配、建设质量不达标等问题,折射出现行住房保障管理体制仍有待完善。

(一)纵向关系中住房保障权责划分不合理

纵向机制依赖于中央与地方政府的良性互动,中央政府制定住房保障政策,地方政府执行住房保障政策。理论上,上下级政府间垂直、单向的管理模式体现出明显的规制性和强制性[①],地方政府服从极具权威的中央政府的安排,中央政策在地方执行顺畅。但事实却并非如此——地方政府常出现象征性执行、曲解性执行和搪塞性执行的住房保障政策执行阻滞问题。[②]

地方政府执行不力既与中央和地方政府决策出发点不一致有关,也与地方政府欠缺足够资源支撑有关。一方面,在住房保障政策制定过程中,中央决策选择的价值是公共利益最大化,最大程度地满足低收入家庭的住房需求。地方政府本应是中央政策的执行者,但基于地方经济发展与地方官员个人的政治前途的考虑,地方政府更倾向于从个体理性出发,实现地方效用最大化。[③] 如地方政府建设廉租住房,不仅失去了收取土地出让金的机会,而且需要长期投入,这导致其建设廉租住房的动力不足。[④] 另一方面,中央政府以命令和强制的方式传达信息,与地方签订住房保障工作目标责任书,向地方下达保障性住房建设任务,却不能为地方政府提供足够的资源支持。据统计,2012年全国保障性住房建设资金总需求达到2万亿元,而中央只能提供2100亿元的资金支持。[⑤] 住房保障主要由地方政府负责提供资金和土地,地方承担的资金压力巨大。而且在分税制下,中央与地方事权和财权不对称[⑥],地方政府的财政收入很大

[①] 参见谭羚雁、娄成武:《保障性住房政策过程的中央与地方政府关系——政策网络理论的分析与应用》,载《公共管理学报》2012年第9期,第52—63页。

[②] 参见谭禹:《委托—代理视角的保障性住房政策地方执行阻滞分析》,载《城市发展研究》2014年第21期,第31—37页。

[③] 参见谭羚雁、娄成武:《保障性住房政策过程的中央与地方政府关系——政策网络理论的分析与应用》,载《公共管理学报》2012年第9期,第52—63页。

[④] 参见符启林等:《住房保障法律制度研究》,知识产权出版社2012年版,第244页。

[⑤] 参见吴宾、徐萌、张春军:《整体性治理视角下住房保障管理跨部门协同机制研究》,载《山东农业大学学报(社会科学版)》2017年第19期,第100—106页。

[⑥] 参见李龙、卫小强、关显阳、刘成:《论我国保障性住房政策——基于土地财政视角》,载《湖北经济学院学报(人文社会科学版)》2013年第10期,第62—63页。

一部分来自土地出让以及土地税收及费用,地方政府建设保障性住房还会导致地方财政收入减少。

建议明确中央和地方就住房保障的事权和财权划分。住房保障工作需要巨额资金和土地供应,缺少中央政府的财政支持将难以实现;住房保障的公共品特征决定了地方政府在负责具体实施工作时也应分担部分成本。① 同时,建议在立法中明确规定政府的住房保障责任,从而对各级政府形成约束。

(二)横向关系中部门间协调机制不健全

横向关系上我国设立了保障性安居工程协调小组促进各部门在住房保障事项上的合作。目前,协调小组存在权威性不足、组织化不足和制度化不足的问题。具体而言,国务院《关于同意成立保障性安居工程协调小组的批复》(国函〔2009〕84号)规定协调小组不刻制印章,不正式行文,根据工作需要不定期召开会议,把协调小组的功能严格限制在协调上。② 住建部门负责住房保障工作,而保障任务的完成主要需要财政部门的资金支持和自然资源部门的土地供应保障。但是,不同部门在保障性住房决策中的利益不一致,协调小组权威性不足和责任制度不健全,使其不能真正发挥协同功能。实践中,各部门的一致意见的达成仍然依赖于上一级权威③,这与协调小组的设立初衷相悖。而且,由于住房保障是一项长期工作,协调小组机制从临时性组织走向常态化,增强权威性和规范性。

(三)社会力量参与不足

作为社会保障的重要组成部分,我国现行住房保障制度中也存在"政府主导并负责管理的基本保障'一枝独大',而市场主体和社会力量承担的补充保障发育不够"④的问题。在现有住房保障管理体制下,政府几乎包揽了住房保障管理中的所有工作——从计划制订、规划选址到资金筹

---

① 参见郑思齐、符育明、任荣荣:《住房保障的财政成本承担:中央政府还是地方政府?》,载《公共行政评论》2009年第2期,第109—125页。

② 参见王洛忠、李帆、常慧慧:《我国保障性住房政策过程中政府协同行为研究》,载《中国行政管理》2014年第2期,第102—106页。

③ 参见周志忍、蒋敏娟:《中国政府跨部门协同机制探析——一个叙事与诊断框架》,载《公共行政评论》2013年第6期,第91—117页。

④ 习近平:《促进我国社会保障事业高质量发展、可持续发展》,载《中国人力资源社会保障》2022年第5期,第5页。

集,从准入分配到后期管理都由政府负责。在住房保障的各个环节中,企业仅能介入开发建设环节,社会力量参与明显不足。

理想的政企、政社关系下,政府应将住房保障管理的具体细节交由私人组织和非营利组织,努力为私人组织和非营利组织的参与营造良好的政策环境和互动机制。政府应当定位于政策制定和土地、财政的相应支持,而私人组织应该在保障性住房的融资、建设和运营管理等环节发挥作用。

第三节 保障性住房开发建设

目前,我国"房地产开发"有广、狭义之分。广义上的房地产开发,又称为"大开发",是指根据《城市房地产管理法》第 2 条的规定,在取得国有土地使用权的土地上进行基础设施、房屋建设的行为。狭义上的房地产开发,又称为"小开发"或"房地产开发经营",是指根据《城市房地产开发经营管理条例》第 2 条的规定,房地产开发企业在城市规划区内国有土地上进行基础设施建设、房屋建设,并转让房地产开发项目或者销售、出租商品房的行为。由下表观之,无论是"大开发"还是"经营性开发",都不十分契合具有公益性、社会性和救助性的保障性住房开发,二者为一般与特殊的关系。

表 4-1 房地产开发与保障性住房开发异同之处

	大开发	经营性开发	保障性住房开发
土地性质	国有建设土地		国有建设土地和集体建设土地
建设主体	未规定	房地产开发企业	政府、房企、事业单位
建设范围	基础设施建设和房屋建设		房屋建设

如果说产权型保障性住房,尤其是具有保障功能的政策性住房(如限价商品房、共有产权住房、棚户区改造安置住房等),尚能套用经营性开发的定义。那么对于租赁型保障性住房而言,尤其是由政府集中建设和在集体土地上建设的公共租赁住房,倘若生搬硬套经营性开发的概念,将无异于削足适履。因此,作者认为,有必要重新在广狭两义房地产开发之外,重新界定"保障性住房开发"的内涵。结合保障性住房开发建设实践,我们可将其定义为,政府、房地产开发企业或事业单位在取得国有或集体

土地使用权的土地上进行保障性住房建设,并依法向适格对象配售、配租的行为。

房地产开发涵盖从投资决策分析、依法取得土地使用权、可行性研究、前期准备(包括资金筹措)、实施和销售等六个阶段。[1] 保障性住房开发建设也不例外,但各个阶段的侧重和经营性房地产开发不尽相同。由于决策分析、可行性研究前期准备属于前面介绍的计划制订环节的事宜,配租配售在后文有所介绍,因此本节着重对保障性住房开发建设中土地使用权获取、建设实施和资金筹措等三方面进行讨论。

一、土地供应

获取土地使用权是保障性住房开发建设的关键,没有土地,开发保障性住房将成为空中楼阁。保障性住房土地供应与我国的土地使用权制度改革密切关联。我国土地所有权的最大特征在于城乡土地所有权的二元化结构,包括国有土地所有权和集体土地所有权,二者之间,现行法律允许集体土地向国有土地单向非交易性流动。[2] 在二元制土地所有权之上,我国建立了国有土地使用权和集体土地使用权制度。目前正在深化土地使用权制度改革,国有土地使用权制度从划拨向出让制度全面转轨,从协议出让向公开交易过渡,形成以"招标、拍卖、挂牌出让国有土地使用权"为核心的城市土地使用制度。[3] 集体土地使用权亦在深化改革,在总结集体经营性建设用地使用权流转试点的基础上[4],2019年修订的《土地管理法》正式确立了集体经营性建设用地使用权入市流转制度。随着我国土地制度改革的深化,保障性住房的土地供应也越来越多元化。

---

[1] 参见谭术魁主编:《房地产开发与经营(第二版)》,复旦大学出版社2008年版,第9页。
[2] 《宪法》第10条。
[3] 我国国有土地使用权制度大致分为四个阶段:计划经济下的传统城市土地使用制度阶段,土地从划拨向出让转变(1982—2001),协议出让向公开交易过渡阶段(2001—2004),土地新政全面实施阶段(2004年至今)。参见刘露军:《土地招拍挂与竞买——土地竞买理论与案例详解》,清华大学出版社2008年版,第10—16页。
[4] 中共中央《关于全面深化改革若干重大问题的决定》提出"建立城乡统一的建设用地市场";中共中央国务院《关于全面深化农村改革加快推进农业现代化的若干意见》提出"深化农村土地制度改革","引导和规范农村集体经营性建设用地入市","在符合规划和用途管制的前提下,允许农村集体经营性建设用地出让、租赁、入股,实行与国有土地同等入市、同权同价,加快建立农村集体经营性建设用地产权流转和增值收益分配制度"。

(一) 土地性质

依据不同分类标准,土地可以分为国有建设用地和集体建设用地,划拨土地和出让土地,以及商业用地和居住用地。实践中,不同类型的保障性住房可利用的土地类型是不同,具体而言:

第一,保障性住房均可在国有建设用地上开发建设,共有产权住房和租赁型保障性住房还能在集体建设用地上建设。

长期以来,我国保障性住房建设用地均为国有建设用地。根据原《土地管理法》第 43 条,集体建设用地只能用于兴办乡镇企业、乡(镇)村公共设施和公益事业,以其他目的将集体土地用于建设的,必须先转化为国有土地。

随着农村集体土地制度的深化改革,利用集体土地建设租赁型保障性住房成为可能。2011 年,国土部批准北京、上海开展利用集体土地建设租赁住房的试点城市,北京和上海进行了多个项目的实践,取得了一定的试点经验。[①] 2017 年 4 月,住建部和国土部共同印发《关于加强近期住房及用地供应管理和调控有关工作的通知》(建房〔2017〕80 号),明确要求增加租赁住房有效供应,允许在租赁住房供需矛盾突出的超大和特大城市开展集体建设用地建设租赁住房试点。同年 8 月,国土部、住建部印发《利用集体建设用地建设租赁住房试点方案》(国土资发〔2017〕100 号),扩大试点范围,确定北京、上海、沈阳等 13 个城市作为第一批试点,利用集体建设用地建设租赁住房。2018 年 1 月,国土部、住建部《关于沈阳等 11 个城市利用集体建设用地建设租赁住房试点实施方案意见的函》(国土资厅函〔2018〕63 号),表明利用集体土地建设租赁住房在这 11 个试点城市进入实施阶段。2019 年 1 月 11 日,自然资源部、住建部《关于福州等 5 个城市利用集体建设用地建设租赁住房试点实施方案意见的函》(自然资办函〔2019〕57 号)确立第二批共 5 个集体土地租赁住房试点城市。尽管租赁住房并非保障性住房,但北京市 2017 年颁布的《关于进一步加强利用集体土地建设租赁住房工作的有关意见》(市规划国土发〔2017〕376 号)"鼓励趸租集体租赁住房作为公租房房源,面向公租房备案家庭或人才配租",这将有效增加公共租赁住房房源。

2019 年修订的《土地管理法》,删去了原《土地管理法》第 43 条,并在第 63 条对集体经营性建设用地使用权出让、出租作了规定。但集体经营

---

① 吴永高:《集体土地建设租赁住房政策解析》,https://house.focus.cn/zixun/1a764bffce71aaeb.html,最后访问日期:2022 年 5 月 4 日。

性建设用地用于建设产权型保障性住房尚存在两大障碍。一方面,同样是在集体土地上建造房屋,保障房业主可以取得产权,而存量小产权房却是违法建筑,这会导致存量小产权房问题的解决变得更加棘手,至少需要更多的解释。另一方面,修订后的《土地管理法》第 63 条第 1 款规定可以入市的是"土地利用总体规划、城乡规划确定为工业、商业等经营性用途,并经依法登记的集体经营性建设用地",并未明确规划为住宅用地的集体土地能否入市。

第二,除经济适用住房和廉租住房等保障性住房以划拨方式供应土地外,其他保障性住房均以出让方式供应土地。

根据取得土地使用权的方式不同,可将国有土地使用权划分为划拨土地使用权和出让土地使用权。前者是指县级以上人民政府依法批准,在土地使用者缴纳补偿、安置等费用后将该幅土地交付其使用,或者将土地使用权无偿交付给土地使用者使用,划拨土地使用权没有固定的使用期限。① 后者是指国家将国有土地使用权在一定年限内出让给土地使用者,由土地使用者向国家支付土地使用权出让金。②

目前,我国土地使用权制度从无偿、无期限阶段过渡到有偿、有期限阶段。城市土地存在着土地配置的双轨制,即市场机制与政府行政划拨并存。③ 我国保障性住房土地使用权制度也实行双轨制,且正在经历由划拨向出让的转变。具体到各种类型的保障性住房:(1) 经济适用住房和廉租住房为划拨用地;(2) 限价商品住房、安居商品房、共有产权住房等具有保障性质的政策性住房为出让用地;(3) 公共租赁住房可采取出让、划拨、出租、作价入股等多种形式供地④,但部分地方规定公共租赁住房中供原廉租住户租住的仍采用行政划拨方式⑤;(4) 棚户区改造安置住房中涉及的经济适用住房、廉租住房和符合条件的公共租赁住房建设项目可以通过划拨方式供地⑥;(5) 人口净流入的大城市和省级人民政府确

---

① 《城市房地产管理法》第 23 条。
② 《城市房地产管理法》第 8 条。
③ 参见谭术魁主编:《房地产开发与经营》(第二版),复旦大学出版社 2008 年版,第 85 页。
④ 参见汪汀:《公共租赁住房和廉租住房并轨七问——访住房城乡建设部政策研究中心副主任张锋》,载《中国建设报》2013 年 12 月 9 日,第 1 版。
⑤ 《广州市公共租赁住房保障办法》(穗府办规〔2016〕9 号)第 11、44 条。
⑥ 国务院《关于加快棚户区改造工作的意见》(国发〔2013〕25 号)。

定的城市,保障性租赁住房用地可采取出让、租赁或划拨等方式供应。[①]

第三,保障性住房均在居住用地上建设,商业用地上闲置房屋只能转化为租赁型住房(含租赁型保障性住房),禁止"以租代售"或者用于出售。

根据土地用途,可将城市土地划分为商业用地和居住用地。土地使用者需要改变土地用途的,应当征得出让方同意并经有关部门批准,重新签订土地使用权出让合同,调整土地使用权出让金,并办理登记。这意味着,土地性质决定开发建设方向——居住用地用于建设住房(包括一般商业住房和保障性住房),商业用地用于开发商业。要想改变开发方向,应当先改变土地用途。

但这一单向模式正在改变。党的十九大以来,在房住不炒定位下,为建立多主体供给、多渠道保障、租购并举住房制度,培育和发展住房租赁市场,实现全体人民住有所居的目标,2016年6月国务院办公厅发布《关于加快培育和发展住房租赁市场的若干意见》(国办发〔2016〕39号),允许将商业用房等按规定改建为租赁住房,土地使用年限和容积率不变,土地用途调整为居住用地,调整后用水、用电、用气价格按照居民标准执行。需特别强调的是,土地用途调整为居住用地后,原商业用地上的房屋只能用作出租住房,决不能"以租代售"或者变相销售,否则将违背"加快培育和发展住房租赁市场"的政策初衷。表4-2总结了不同类型保障性住房的土地供应。

表4-2 不同类型保障性住房土地供应

保障性住房类型		国有建设用地	集体建设用地	划拨用地	出让用地	居住用地	商业用地
产权型保障性住房	经济适用住房	√	×	√	×	√	×
	限价商品住房	√	×	×	√	√	×
	棚户区改造安置住房	√	×	√	×	√	×
	共有产权住房	√	√	×	√	√	×
租赁型保障性住房	供应廉租保障对象的公共租赁住房	√	√	√	√	√	√
	其他公共租赁住房	√	×	√	√	√	√

---

① 国务院办公厅《关于加快发展保障性租赁住房的意见》(国办发〔2021〕22号)。

(二) 供应方式

我国现阶段实行土地供应双轨制：一是政府划拨国有土地，二是通过市场化手段出让国有土地，目前主要包括协议出让、招标、拍卖、挂牌等四种方式。鉴于保障性住房的社会救助性质，行政划拨作为政府配置土地资源的一种手段还将在经济适用住房和廉租住房中继续存在。但随着替代经济适用住房的政策性住房的发展，以及城市低收入住房困难家庭"应保尽保"的完成，行政划拨范围和划拨土地数量将逐步减小。可以预见，未来我国保障性住房土地供应将主要采取出让方式。另外，随着土地二级市场的放开，保障性住房用地也会越来越多地通过转让、出租、作价入股等方式获得。①

因此，本部分将重点介绍土地一级市场中的三种土地供应方式，即产权型政策性住房用地的"限房价、竞地价"出让方式，集体土地租赁住房供地方式和企业自持租赁住房用地出让方式，以及土地二级市场中租赁型保障性住房用地供应模式的未来发展。②

1."限房价、竞地价"出让方式

土地出让拍卖方式是最激烈的方式，往往导致较高的成交价；当土地市场过热时，挂牌方式会因存在多个竞买人而演变为现场拍卖，也可能导致土地价格上涨过快。③ 相比之下，招标方式由政府在市场组织评标委员会确定投标者，且不公开底价，有利于防止地价增长过快。④ 因此，北京从2006年下半年开始，住宅用地基本采用招标方式出让。⑤

"限房价、竞地价"是为平抑房价和解决夹心层住房困难问题，对传统招拍挂模式的进一步创新。2006年5月，国务院办公厅《转发建设部等

---

① 2017年2月，国土资源部《关于完善建设用地使用权转让、出租、抵押二级市场的试点方案》(国土资发〔2017〕12号)对全面开展完善建设用地使用权转让、出租、抵押二级市场试点作出部署，其中28个地区开展国有土地二级市场试点，6个地区开展国有和集体土地二级市场试点。

② 土地一级市场，是指土地使用权出让的市场；土地二级市场，是指土地使用权出让后的再交易市场。

③ 参见刘露军：《土地招拍挂与竞买——土地竞买理论与案例详解》，清华大学出版社2008年版，第33页。

④ 参见谭术魁主编：《房地产开发与经营》(第二版)，复旦大学出版社2008年版，第87页。

⑤ 参见刘露军：《土地招拍挂与竞买——土地竞买理论与案例详解》，清华大学出版社2008年版，第50页。

部门关于调整住房供应结构稳定住房价格意见的通知》(国办发〔2006〕37号)首次在中央层面提出要求土地供应"应在限套型、限房价的基础上,采取竞地价、竞房价的办法,以招标方式确定开发建设单位"。换言之,"限房价、竞地价",是指政府事先限定将来房屋销售的最高价格,作为土地使用权出让的前置性条件,再由房地产开发企业竞拍按出价最高者获得土地使用权。这使开发商向上竞地价,向下竞房价,既能够抑制房价过高,又能让政府获得较好的土地出让收益。

在"两限两竞"的基础上,北京市探索实行"控地价、限房价"[①],深圳市则实行"定房价、竞地价"和"定地价、竞房价"两种模式[②],但三者本质相同,都是政府在对开发商的开发成本和合理利润进行测算后,再设定土地出让的价格范围,从源头上对房价进行调控。起初,"限房价、竞地价"仅适用于限价商品房。现在这一模式成为安居型商品房、共有产权住房乃至普通商品住房土地供应的标配。以北京为例,2017年以来,北京市"限房价、控地价"住宅用地成交呈主流,未来北京新房绝大多数将采用这一出让方式。[③]

2. 集体租赁住房用地供应方式

根据《利用集体建设用地建设租赁住房试点方案》和《关于福州等5个城市利用集体建设用地建设租赁住房试点实施方案意见的函》的规定,目前我国有18个利用集体建设用地建设租赁住房的试点城市。其中北京市试点较早,经验丰富,无论是推进进度还是效果,都是一马当先。[④]因此,本节以北京市为例介绍集体租赁住房用地取得方式。

北京市集体租赁住房用地供应方式有三种:第一种是农村经济组织将土地使用权通过出让方式交由单位建设租赁住房;第二种是农村经济组织以入股、联营方式流转土地使用权,与国有企业联合开发建设;第三

---

① 北京市《关于促进本市房地产市场平稳健康发展的若干措施》(京政办发〔2016〕46号)第3条规定:"在严控地价的同时,对项目未来房价进行预测,试点采取限定销售价格并将其作为土地招拍挂条件的措施,有效控制房地产价格快速上涨。"

② 《深圳市安居型商品房建设和管理暂行办法》(深圳市人民政府令〔2011〕228号)第12条。

③ 《明后年的北京楼市被"限价房"承包了!?》,https://baijiahao.baidu.com/s?id=1586217548029783834&wfr=spider&for=pc,最后访问日期:2022年6月29日。

④ 吴云艳、苏志勇、柴铎:《试点3年,集体土地建租赁住房艰难探路》,载《中国房地产报》2020年11月16日,第11版。

种是农村集体经济组织不流转土地使用权,而是以项目经营权出租方式与社会企业合作开发建设。由于新修订的《土地管理法》及其实施条例并未明确规划为住宅用地的集体经营性建设用地能否直接入市[①],且北京市尚未出台更新的实施办法,因此现阶段只有大兴区这一北京市唯一的"三块地"改革试点[②]可以通过第一种方式供应集体租赁住房用地,其他区县需要通过第二种或第三种方式合作开发建设集体土地租赁住房。

根据北京市大兴区人民政府《关于印发大兴区农村集体经营性建设用地入市试点工作方案的通知》(京兴政发〔2015〕32号),大兴区集体经营性建设用地可以通过协议出让、招拍挂出让、租赁和作价入股等方式入市,由土地竞得者进行开发建设。如表4-3所示,不同于国有经营性建设用地禁止采用协议出让方式[③],大兴区的集体经营性租赁住房用地采用协议出让方式流转的比例很高。考虑到集体经营性建设土地一级市场尚未完全放开,集体租赁住房也处于初步试点阶段,政府持谨慎态度、采用协议出让方式选择合格建设者是有必要的。随着集体租赁住房制度的成熟和农村集体土地改革的深化,预计未来集体经营性土地的流转方式也会更加市场化。

表4-3 北京市大兴区集体经营性建设用地利用情况表(截至2022.4)

公告时间	地块名称	交易文件编号	利用方式
2015.12.10	西红门镇2号地小B(2-004)	京土集使挂(兴)〔2015〕001号	挂牌出让
2017.12.28	黄村镇狼垡集体租赁住房项目	京土集使协(兴)〔2017〕001号	协议出让
2017.12.28	瀛海镇租赁住房项目	京土集使作(兴)〔2017〕001号	作价入股

---

① 《土地管理法》(2019修正)第63条规定:"土地利用总体规划、城乡规划确定为工业、商业等经营性用途,并经依法登记的集体经营性建设用地,土地所有权人可以通过出让、出租等方式交由单位或者个人使用……"《土地管理法实施条例》(2021修订)第38条规定:"国土空间规划确定为工业、商业等经营性用途,且已依法办理土地所有权登记的集体经营性建设用地,土地所有权人可以通过出让、出租等方式交由单位或者个人在一定年限内有偿使用。"

② 国土资源部《关于北京市大兴区农村集体经营性建设用地试点实施方案的批复》(国土资函〔2015〕384号)。

③ 北京市人民政府办公厅转发市国土房管局等部门《关于停止经营性项目国有土地使用权协议出让有关规定的通知》(京政办发〔2004〕4号)。

(续表)

公告时间	地块名称	交易文件编号	利用方式
2017.12.28	西红门3号地C地租赁住房项目用地	京土集使协（兴）〔2017〕002号	协议出让
2017.12.28	旧宫镇集体土地建设租赁住房项目（JG03-40地块）	京土集使协（兴）〔2017〕003号	协议出让
2017.12.28	瀛海镇集体经营性建设用地入市试点（一期）地块	京土集使协（兴）〔2017〕004号	协议出让
2018.10.23	瀛海镇集体经营性建设用地入市试点（一期）YZ00-0803-0011地块F81绿隔产业用地	京土集使挂（兴）〔2018〕001号	挂牌出让
2018.12.12	西红门2号地C地块（2-006-1)租赁住房项目用地	京土集使挂（兴）〔2018〕002号	挂牌出让
2019.6.28（已暂停）	瀛海镇 YZ00-0803-2009、2012A、2012B、2015地块	京土集使挂（兴）〔2018〕003号	挂牌出让
	瀛海镇 YZ00-0803-2010、2013A、2013B、2014、2016地块	京土集使挂（兴）〔2018〕004号	挂牌出让
	瀛海镇 YZ00-0803-2003、2004、2005A、2005B、2008地块	京土集使挂（兴）〔2018〕005号	挂牌出让
2021.11.11	北臧村镇集体土地租赁住房项目 DX00-0508-0074地块	京规自集使协（兴）〔2021〕001号	协议出让
2021.11.11	北臧村镇集体土地租赁住房项目 DX00-0508-0076地块	京规自集使协（兴）〔2021〕002号	协议出让
2021.11.11	长子营镇集体土地租赁住房项目 DX14-0100-6001地块	京规自集使协（兴）〔2021〕003号	协议出让
2022.3.22	黄村镇狼垡地区集体产业用地2号地 DX00-1002-L05地块	京规自集使协（兴）〔2022〕001号	协议出让
2022.4.7	黄村镇狼垡地区集体产业用地2号地 DX00-1002-L07地块	京规自集使协（兴）〔2022〕002号	协议出让

大兴区以外的其他北京市区由于未纳入"三块地"改革试点,目前只能采用第二种方式(通过入股、联营等方式与国有企业联合开发建设集体租赁住房)或者第三种方式(以项目经营权出租方式与社会资本合作)利用集体租赁住房用地。第二种方式,北京市最初对农村集体经济组织的控股地位和保底分红有硬性规定,后来为了鼓励社会资本,不再作硬性规定。具体而言,根据2017年《关于进一步加强利用集体土地建设租赁住房工作的有关意见》,由农村集体经济组织以土地使用权入股、联营的方式,与国有企业联合开发建设的,集体经济组织在新成立企业的持股比例不得低于51%,且应有保底分红。但是2018年《关于我市利用集体土地建设租赁住房相关政策的补充意见》(京规自发〔2018〕64号)不再提保底分红的要求,而且农村集体经济组织持股比例可以在区政府监督指导下,由双方协商确定。该补充意见还规定土地使用权入股、联营期限不得超过50年,合作期满后双方按照合同约定和届时有关规定执行。国有企业在作价入股(联营)成立的新企业中所持股份转让、变更的,需提前告知农村集体经济组织,变更方案要报区政府批准。农村集体经济组织享有优先受让股份的权利,股权变更不得改变集体土地租赁住房原用途。

第三种方式由2018年《关于我市利用集体土地建设租赁住房相关政策的补充意见》所增加,将集体租赁住房的合作开发建设主体从国有企业拓宽到社会企业,有利于激发社会资本的积极性,推进集体土地租赁住房项目落地。根据该意见,采取以项目经营权出租方式的,应报区政府按有关集体资产管理程序审定。社会企业取得项目经营权后,应整体持有并持续出租运营,不得将经营权转租给其他单位。

3. 企业自持租赁住房用地出让方式

2017年北京市在全国首创"企业自持租赁住房"出让方式,即在土地出让时,招拍挂交易文件中明确要求房地产开发企业自持商品住房出租的土地出让方式。根据《关于本市企业自持商品住房租赁管理有关问题的通知》(京建发〔2017〕145号)的规定,企业自持商品住房应全部用于对外租赁,禁止"以租代售"或者变相销售。此外,对土地用途的限制是一种"对物限制",即自持租赁用地经项目转所在区政府同意后整体转让后,不得改变自持商品住房规划用途,并应继续用于出租。

虽然企业自持租赁住房本质上仍为商品房,实行市场化机制,不限定承租主体和租金价格。但是如同"限房价、竞地价"方式从限价商品房拓展到共有产权房一样,企业自持租赁方式未来也有可能从商品租赁住房拓展到公共租赁住房,成为公共租赁住房项目吸引民间资本参与建设的重要手段。

4. 土地二级市场放活土地流转

土地二级市场,是指土地使用权再交易市场,是在土地使用权出让的基础上,土地使用权在土地使用者之间的横向转移,包括转让、出租、作价入股等。目前,我国产权型保障性住房和租赁型保障性住房建设用地主要通过土地一级市场出让方式取得,土地二级市场发展较为不充分和滞后。

2018年1月,时任国土部部长姜大明提出"探索土地市场多主体供应机制""政府不再是居住用地唯一供应者"等表述,成为土地供应领域贯彻落实党的十九大"多主体供应、多渠道保障、租购并举的住房制度"的重要措施。"土地市场多主体供应"既指开发土地一级市场,让农村集体建设用地进入住房租赁市场,也指开拓土地二级市场,放活租赁用地流转。

目前,我国正在探索放活租赁型保障性住房土地二级市场。根据《关于加快发展公共租赁住房的指导意见》(建保〔2010〕87号),公共租赁住房建设用地可以采用出让、租赁或作价入股等方式有偿使用。根据住建部、国家发改委、财政部等《关于在公共服务领域推广政府和社会资本合作模式指导意见的通知》(国办发〔2015〕42号),保障性安居工程项目不符合划拨用地条件的,可以采用租赁方式、作价出资或者入股方式取得土地使用权。但至今为止,针对保障性住房建设用地使用权土地二级市场,并未出台更具操作性的规定,诸如土地收入补缴政策、不动产登记手续、差别化税费政策等尚未明确。但从城乡统一建设用地市场发展趋势和目前建设用地使用权二级市场试点情况来看,未来土地二级市场将成为租赁型保障性住房用地的重要来源。

(三)保障性住房土地供应存在的问题

通过统筹运用国有土地和集体土地、划拨用地和出让用地、商业用地和居住用地,我国保障性住房土地供应来源越来越宽,极大缓解了土地供应压力。保障性住房建设进入加速建设和大规模发展时期——2008年至2012年全国新建各类保障性住房1800多万套,棚户区改造住房1200

多万套①;2013年至2018年棚户区住房改造2600多万套,农村危房改造1700多万户②。

在2012年的一份报告③中,作者指出我国保障性住房用地供应存在以下四方面问题:(1)土地计划供应量与实际供应量之间存在缺口。从计划供应量转化为实际供应量,涉及拆迁安置和补偿,成本高、难度大、周期长,因此很大一部分的计划供应量难以在短期内落到实处。(2)土地供应的质与量不协调。虽然整体上的计划供应量(甚至部分地区的实际供应量)达到了保障房建设的用地需求,但所供应的土地的品质却远远不能满足保障房建设的需要,如有些保障房供应土地处于城市边缘地区或城乡结合地区,基础设施薄弱,交通不便,不能满足就业、就医和教育等基本需求。(3)土地供应结构不合理。一方面,不同地区的用地指标分布不合理。北上广等中心城市的用地指标相对较少,而一些根本不需要建保障性住房的三、四线城市也有建设任务,钢没用在刀刃上。另一方面,不同性质的住房用地结构不合理。棚户区改造的比重大,但50%以上的棚户区改造用地建了商品房,而且主要解决存量人口的住房问题。廉租房、公租房的用地比例很小,2011年全国公租房的住房用地仅6000公顷,占用地总量的比例不到3%。(4)土地供应时序不匹配。各地拿到用地指标的时间不统一,很多地区拿到用地指标的时间过晚,当年便无法顺利开工建设。

经过多年发展,上述问题均得到不同程度的改善,但均未完全解决。除此之外,目前我国保障性住房土地供应方面还有以下两方面问题亟待解决:(1)租赁用地的独立性问题。租赁地块属于居住用地,在我国土地分类中并不具有独立地位。④ 在租购并举背景下,租赁型保障性住房和住房租赁市场越来越受到重视,租赁地块也越来越具有独立性。例如,商业用地可以通过将闲置房屋用于住房租赁,转变为居住用地;在传统招拍

---

① 《2013年政府工作报告》。
② 《2018年政府工作报告》。
③ 参见楼建波:《中国住房保障供应体系法律制度研究提要》,亚洲开发银行技术援助赠款支持(TA7313-PRC),住房和城乡建设部2012年印发,第56页。
④ 参见《国土空间调查、规划、用途管制用地用海分类指南》(2020)。

挂方式外,创设"企业自持租赁住房"出让方式等。这使得如何防止"以租代售"或变相销售,如何公示土地用途限制等问题越来越受到关注。在居住用地之外,专门设置租赁用地,或许可以解决租赁地块的登记、公示、转让等问题。(2)集体土地租赁住房土地使用权入股问题:① 如何建立集体建设用地使用权价值评估和确定机制,包括如何评估土地使用权入股价值、以建设用地使用权入股的股权转让是否适用出让土地使用权转让的限制、如何确定评估依据和选择评估机构等;② 如何实现融资机制和金融产品创新,特别是 2017 年《关于进一步加强利用集体土地建设租赁住房工作的有关意见》要求农村集体经济组织以集体土地使用权入股或联营的方式,与国有企业合作的,其"在新成立企业的持股比例不得低于51%,且应有保底分红"。简单强制农村集体经济组织的控股地位与享有保底分红,增加了社会资本的资金压力,不利于激发社会资本的积极性,因此被 2018 年颁布的《关于我市利用集体土地建设租赁住房相关政策的补充意见》所取消。但取消该硬性规定后,如何保护集体经济组织的利益,需要进一步研究。

二、建设实施

在依法取得土地使用权,做好包括资金筹措在内的前期准备后,保障性住房开发进入实施阶段。我国保障性住房开发建设和普通商品住房开发建设在建设主体和建设模式有所不同;同为保障性住房,产权型保障性住房和租赁型保障性住房开发建设在建设主体和建设模式也存在差异。

(一)建设主体

关于保障性住房开发建设主体模式,贾淑军在其 2012 年的论文[①]中总结了四种模式,即政府直接供应模式、政府和企业共建模式、企业独建模式和单位自建模式,详见表 4-4。

---

① 参见贾淑军:《保障性住房投融资机制与建设模式分析》,载《河北学刊》2012 年第 3 期,第 189—190 页。

表 4-4　保障性住房开发建设模式

		特点	缺点
政府直供模式		政府设立公司负责建设管理； 政府负责筹集资金； 政府划拨土地	财政负担重； 后期管理难度大
政企共建模式	配建	政府以配建为条件出让土地； 开发商负责筹集资金； 保障房移交给政府或由其回购	投资回报率低； 后期管理难度大； 配建数量较少
	BT	政府全权委托建设； 投资方负责筹集资金； 政府负责过程监管； 保障房移交给政府或由其回购； 投资方不具有经营性收益权	企业存在资金； 周转不灵等风险
	代建	政府招标产生代建人； 政府负责筹集资金； 代建人负责实施管理； 代建人获得代建管理费和项目投资节余奖励	财政负担重； 开发商利润率低
企业独建模式	限价模式	政府以"限价"方式出让土地； 开发商负责筹集资金； 限价房限价、限对象、限标准； 限价房属于商品房	企业投资回报率低
	信托基金模式	社会资本发起； 以市价获得土地； 委托专业公司代建； 租赁型保障性住房为主； 委托专业公司经营管理； 以经营收益为投资者回报	投资回报率低； 政府监管力度弱
单位自建模式		事业单位负责筹集资金； 利用自由土地或危房改造用地； 房屋向本单位职工销售	成为变相福利房

根据作者的检索，实践中 BT 模式和信托基金模式较为少见。因此，本节重点介绍其他常见的建设模式。

目前，政府直接供应模式和政企共建模式主要适用于供原廉租住户租住的公共租赁住房，企业独建模式和事业单位自建模式则适用于经济适用住房、共有产权住房和其他类型的公共租赁住房。具体而言:(1)尽管《经济适用住房管理办法》(建住房〔2007〕258号)规定经济适用住房的建设模式有政府开发建设、企业开发建设和单位集资合作建房三种,但实践中,经济适用住房多为企业代建或配建,建成后亦不移交政府,而是由开发商自行配售给符合规定条件的低收入住房困难家庭。例如,北京市规定经济适用住房采取集中建设和配建相结合,前者通过公开招标确定项目法人或代建单位,但未规定由政府回购。① (2)廉租住房和公共租赁住房既可以由政府直接建设,也可以由政府委托代建。此外,公共租赁住房可以由政府投资,也可以由政府提供政策支持、社会力量投资,也可以通过长期租赁方式筹集。公廉并轨后,为实现低收入住房困难家庭"应保尽保",多地在实践中对政府投资公共租赁住房作出硬性规定。例如,公廉并轨前,北京市曾规定市、区政府全额投资建设、收购的仍旧登记为"廉租住房",并优先供应廉租住房保障家庭;其他廉租住房则统一登记为"公共廉租住房",实行统一配租。②

(二)建设方式

保障性住房建设采用集中建设和配套建设相结合的方式。一般而言,采用集中建设的保障性住房多为政府直接建设或政府通过招标选择企业代建。在"土地财政"的驱动下,地方政府倾向于将保障性住房项目安排在地价便宜的城市边缘区域。采用配套建设的保障性住房多为房地产开发企业建设,且多在商品住房项目中配建,建成后,配建的保障性住房无偿移交给政府或由政府按成本价回购。

集中建设可能导致选址偏远,边缘化的居住安排使低收入群体难以在城市交通和公共服务等空间资源分配中受益,加剧低收入群体聚集的负外部性及社会阶层的居住分异,导致贫困过度集中和社会分割问题。③相反,配套建设模式有助于低收入群体获得更多元的就业机会和更便捷

---

① 《北京市经济适用住房管理办法(试行)》(京政发〔2007〕27号)第12条。与同时期颁布的《北京市城市廉租住房管理办法》(京政发〔2007〕6号)第13、15条对比,后者规定配建的廉租住房由政府回购,并按规定的租金标准向符合条件的家庭出租,不足部分可采取集中建设方式。

② 北京市人民政府《关于加强本市公共租赁住房建设和管理的通知》(京政发〔2011〕61号)第1条。

③ 参见郑思齐、张英杰:《保障性住房的空间选址:理论基础、国际经验与中国现实》,载《现代城市研究》2010年第9期,第18—22页。

的公共服务机会,并可充分利用已有的市政基础设施和配套公建社区服务机构,减少保障房单独建设的财政成本和运营管理的社会负担。① 因此,近年来,保障性住房配套建设模式受到推广。

(三)保障性住房建设实施存在的问题

总体而言,我国保障性住房开发建设制度正朝着积极方向发展。开发建设主体从以政府为主到引入市场力量,开发建设模式从以集中建设为主到引入配套建设,无一不有助于增强住房保障的实际福利效果。但是现行开发建设实施仍存在一些问题,并且这些问题不仅仅是制度本身造成的,更是相关配套制度不健全的结果。具体而言:

第一,对房地产开发企业等民间资本激励不够。保障性住房具有公益性和救助性,开发建设的利润空间较窄,与房地产开发企业逐利性相悖。为鼓励房地产开发企业建设保障性住房,应当完善各种优惠政策,通过土地供应、资金补贴、税收优惠、城市基础设施配套费等多种形式吸引民间资本参与保障性住房建设。

第二,集中建设模式对于解决城市低收入家庭住房困难问题仍有必要,但应优化保障性住房选址。选址偏远虽然和低收入者入住对周边产生的负外部性有关,但主要归因于地方政府的土地财政。数据显示,2018年上半年,地方政府性基金预算本级收入29315亿元,其中国有土地使用权出让收入达26941亿元,占比91.9%,同比增长43%②,卖地收入仍在不断上涨。要根治选址问题,需要采取综合措施,包括改变我国土地财政现状,改变以GDP和财政收入为核心的政绩考核压力等。但这种"治本"的方法,牵涉许多方面的变革,短期内难以实现。因此现阶段,可以通过加大中央政府对保障性住房的财政支持,激励地方政府改善保障性住房空间选址。

第三,配套建设模式既能增加保障性住房房源,又能防止居住隔离问

---

① 参见樊颖、杨赞、吴璟:《谁在为配建保障性住房项目"买单"?——基于北京市微观数据的实证分析》,载《经济评论》2015年第2期,第3—4页。

② 参见《2018年上半年财政收支情况》,http://gks.mof.gov.cn/tongjishuju/201807/t20180717_2962605.htm,最后访问日期:2022年5月5日。

题,但其本身存在一些问题。在实践中,部分配建小区保障性住房配套设施与商品住房配套设施相去甚远,满足不了住户的基本生活需求,住户有很大的心理落差。① 如何实现配建小区资源融合共享,防止制造新的矛盾,是政府的一大难题。另外,由于配套建设的保障性住房最终由政府回购或无偿收回,而政府提供的回购价格难以支撑保障性住房建安成本和配套设施费用,配建保障性住房限制了项目的成本利润率,从而可能激发开发商对于同项目商品住房部分的溢价动机,将保障性住房的建设成本转嫁给同项目商品住房的消费者。② 如何妥善解决这一成本分担问题,也需要进一步研究。

三、资金筹措

(一) 保障性住房开发建设资金筹措的特殊性

房地产开发资金筹措,是指房地产开发企业为满足房地产开发投资的要求,根据房地产开发项目总投资和其资金投入量的需要,运用各种资金筹集方式,经济有效地筹集项目开发建设资金的过程。③ 房地产开发资金筹措方式主要有股权融资(上市和项目公司融资)、债权融资(直接融资和间接融资)、合作开发④和通过预售获得预付款等。

房地产开发离不开资金。现阶段我国房地产开发企业开发资金来源主要为自筹资金(含自有资金)、定金及预收款、国内贷款(主要为银行贷

---

① 参见袁业飞:《"贫富混居",为何"里外不是人"? 聚焦配建保障房带来的混居现象》,载《中华建设》2015年第11期,第6—13页;福卡智库:《你家门口有保障房吗? ——配建政策制造的"人民内部矛盾"》,https://house.focus.cn/zixun/1a8cb1132b4c92d2.html,最后访问日期:2018年6月7日;许永红、郭敏敏:《"一地两房"矛盾迭起 配建小区如何实现融合共享?》,http://finance.sina.com.cn/roll/2018-01-20/doc-ifyqtwzu9817320.shtml,最后访问日期:2018年6月7日。
② 参见樊颖、杨赞、吴璟:《谁在为配建保障性住房项目'买单'? ——基于北京市微观数据的实证分析》,载《经济评论》2015年2月,第4页。
③ 参见瞿富强:《房地产开发与经营》,化学工业出版社2006年版,第85页。
④ 最高人民法院《关于审理涉及国有土地使用权合同纠纷案件适用法律问题的解释(2020修正)》(法释〔2020〕17号)第12条规定:"本解释所称的合作开发房地产合同,是指当事人订立的以提供出让土地使用权、资金等作为共同投资,共享利润、共担风险合作开发房地产为基本内容的合同。"合作开发的形式包括合作各方以股东名义出资设立房地产开发项目公司(项目公司型合作开发),以及不设立项目公司而直接由合作各方共同开发(非项目公司型合作开发)。

款)和个人按揭贷款。据国家统计局统计,2019年全国房地产开发企业到位资金合计178608.59亿元,其中第一大资金来源为来源是"定金及预收款",达61358.88亿元,占比34.4%;第二大资金来源为"自筹资金",达58157.84亿元,占比约32.6%;第三大资金为个人按揭贷款,达27281.03亿元,占比约15.3%;第四大资金为国内贷款,达25228.77亿元,占比约14.1%。四项合计占比约96.3%。①

相较房地产开发融资,保障性住房开发融资方式有其特殊性。具体而言:

第一,从融资主体来看,保障性住房开发融资筹措主体不仅包括房地产开发企业,还包括地方政府部门。这是因为保障性住房属于公共物品,政府负有一定建设义务。在政府直接供应或选择企业代建两种模式下,政府是投资主体,需投入建设资金。此外,如表4-5所示,保障性住房或政策性住房开发建设资金主要来源根据住房类型不同而不同,廉租住房、公共租赁住房、棚户区改造和农村危房改造主要依靠政府财政支持,经济适用住房、限价商品住房和共有产权住房则主要由房地产开发企业筹措资金。2021年6月24日,国务院提出的保障性租赁住房较为特殊,从文件上看,其资金来源包括中央财政补助、商业银行贷款、金融债券、公司信用类债券、住房租赁担保债券和商业保险资金。② 2021年6月29日,国家发展改革委提出开展基础设施REITs试点工作,要求将符合条件的项目分类纳入全国基础设施REITs试点项目库③,并在《基础设施领域不动产投资信托基金(REITs)试点项目申报要求》中,将保障性租赁住房(包括各直辖市及人口净流入大城市的保障性租赁住房项目)作为试点行业进行列举④,为保障性租赁住房REITs作为融资渠道提供了可能。因此,保障性租赁住房的资金来源不仅包括前述几种情形,还包括保障性租赁住房REITs。

---

① 参见《中国统计年鉴2020》中"表19-7 房地产开发企业实际到位资金",http://www.stats.gov.cn/tjsj/ndsj/2020/indexch.htm,最后访问日期:2021年1月7日。
② 国务院办公厅《关于加快发展保障性租赁住房的意见》(国办发〔2021〕22号)。
③ 国家发展改革委《关于进一步做好基础设施领域不动产投资信托基金(REITs)试点工作的通知》(发改投〔2021〕958号)。
④ 《基础设施领域不动产投资信托基金(REITs)试点项目申报要求》规定:"(二)试点主要包括下列行业:……8.保障性租赁住房。包括各直辖市及人口净流入大城市的保障性租赁住房项目。"

表 4-5　保障性住房资金筹措渠道

经济适用住房	开发建设资金由房地产开发企业筹集
限价商品住房	房地产开发企业可享受税费优惠政策
共有产权住房	
廉租住房	中央专项补助资金、省市县财政预算、不低于10%土地出让净收益、租金收入、公共租赁住房REITs、社会捐赠及其他方式筹集的资金
公共租赁住房	
棚户区改造	中央财政补助、地方政府资金投入、商业银行贷款、政策性银行抵押补充贷款(PSL)、企业债权融资等
农村危房改造	中央财政补助、省级财政补助、市县财政预算等
保障性租赁住房	中央财政补助、商业银行贷款、金融债券、公司信用类债券、住房租赁担保债券、商业保险资金和保障性租赁住房REITs

根据中国人民银行和中国银行业监督管理委员会《关于认真做好公共租赁住房等保障性安居工程金融服务工作的通知》(银发〔2011〕193号)及《关于进一步做好住房金融服务工作的通知》(银发〔2014〕287号)的规定,对于不同主体投资建设的公共租赁住房项目,贷款发放对象和发放条件不同,开发贷款优惠政策也不同。具体如下表所示：

表 4-6　不同主体投资建设的公共租赁住房项目开发建设贷款政策

投资建设主体	贷款发放对象	还款主体	开发贷款优惠政策
政府	政府	政府	1. 最低资本金比例为20%； 2. 利率下浮下限为基准利率的0.9倍； 3. 对公共租赁住房和棚户区改造的贷款期限可延长至不超过25年
直辖市、计划单列市、省会(首府)城市政府	政府融资平台公司一城只有一平台承贷	政府融资平台公司还款,本级或省级政府负一般保证责任	
地级市政府	地级市政府融资平台须总行评估		
其他市县政府	由省级政府指定一家省级融资平台公司按规定统一借款		
其他机构	按照商业原则发放贷款		

第二,从融资方式来看,保障性住房开发融资主要渠道为地方财产资金和银行贷款。中国银监会城镇化课题组2015年的调研结果显示,实践

中保障性住房融资主要依靠银行体系的商业贷款方式（占比约60%—70%），很少利用保险、基金和社会机构直接投资等多元融资渠道来筹措资金。① 此外，我国现行政策对保障性住房的最低资本金要求（20%）低于其他房地产开发项目（不含普通商品住房项目）（25%）②，故保障性住房开发资金中的自有资金比例低于普通房地产开发。

第三，从开发贷款支持力度来看，保障性住房开发贷款增速持续高于其他各类开发贷款。房地产开发贷款是指向借款人发放的用于开发、建造向市场销售、出租等用途的房地产项目的贷款③，包括房产开发贷款和地产开发贷款，前者又分为保障性住房开发贷款和其他房产开发贷款④。如图4-2⑤所示，自2013年起，全国保障性住房开发贷款规模逐年上升，增速虽有起伏，但持续高于其他类别的房产开发贷款。特别是在2016年，保障性住房开发贷款增量占同期房产开发贷款增量的113.5%，首次超过同期房产开发贷款增量。在房地产融资渠道全面收紧的背景下，这体现了"有保有压，分类监管"的精神。⑥

(二) 保障性住房开发融资主要形式

1. 财政资金

如上文所述，目前，廉租住房、公共租赁住房、棚户区改造和农村危房改造主要依靠政府财政资金投入。经过多年发展，我国通过加大财政投入、拓宽财政资金渠道和提高财政资金使用率，逐步缓解保障性住房资金

---

① 参见中国银监会城镇化课题组：《金融支持保障性住房建设的问题与政策研究》，载《金融监管研究》2015年第1期，第35页。

② 国务院《关于调整和完善固定资产投资项目资本金制度的通知》（国发〔2015〕51号）规定："房地产开发项目：保障性住房和普通商品住房项目维持20%不变，其他项目由30%调整为25%。"

③ 《商业银行房地产贷款风险管理指引》（银监发〔2004〕57号）第2条。

④ 这是中国人民银行在《金融机构贷款投向统计报告》中的分类。此外，还可将房地产开发贷款分为一般房地产开发贷款和政策性房地产贷款，前者包括住房开发贷款、商业用房开发贷款和其他房地产开发贷款，后者是指保障性住房开发贷款。

⑤ 自2011年起，中国人民银行开始单独统计保障性住房开发贷款发放情况。中国指数研究院曾对2013年至2017年三季度的保障性住房开发贷款发放情况作出统计。参见《融资渠道遭围堵，看房企如何玩转资金地图》，http://www.sohu.com/a/163362844_758508，最后访问日期：2018年7月21日。此后的2017年三季度和四季度，以及2018年一季度与二季度的同比增长率分别是37.9%、32.6%、37.9%和37.4%。图4-2根据上述资料制作。

⑥ 参见《融资渠道遭围堵，看房企如何玩转资金地图》，http://www.sohu.com/a/163362844_758508，最后访问日期：2018年7月21日。

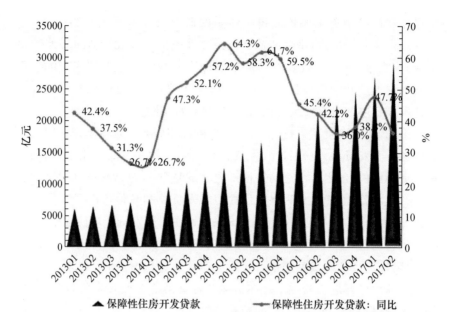

图 4-2 保障性住房开发货款发放情况(2013—2017 年第二季度)

不足难题。

首先,保障性住房财政资金来源拓宽,数额增大。以廉租住房为例。截至 2005 年年底,全国累计投入廉租住房资金仅 47.4 亿元;2007 年全国投入廉租住房资金达 77 亿元,超过历年累计安排资金的总和;2009 年,中央加大对财政困难地区廉租住房保障补助力度;"十一五"期间,中央安排保障性安居工程专项补助资金为 1336 亿元。[①] 廉租住房的资金来源也从最开始的市县财政预算,拓宽至中央专项补助资金、省市县财政预算和不低于 10% 土地出让净收益。

其次,保障性住房财政资金使用效率提高。2014 年以前,我国保障性住房资金除廉租住房资金可有条件地运用于公共租赁住房项目外[②],

---

[①] 参见王优玲:《努力实现让全体人民住有所居——我国住房保障成就综述》,http://www.gov.cn/xinwen/2019-08/13/content_5420986.htm,最后访问日期:2022 年 5 月 5 日。

[②] 《中央补助廉租住房保障专项资金管理办法》(财综〔2012〕42 号,已失效)第 5 条规定:"专项资金在优先满足发放廉租住房租赁补贴的前提下,可用于购买、改建或租赁廉租住房支出。……在完成当年廉租住房保障任务的前提下,经同级财政部门批准,可以将专项资金用于购买、新建、改建、租赁公共租赁住房。"

其余均实行专款专用,严格限定在各自使用范围。① 2014年《中央财政城镇保障性安居工程专项资金管理办法》(财综〔2014〕14号,已失效)将公共租赁住房、廉租住房和棚户区改造三类中央专项资金归并为保障性安居工程专项资金,统筹用于支持发放租赁补贴、城市棚户区改造及公共租赁住房建设。在此基础上,各省也实现不同类型保障性安居工程资金并轨。这有利于统筹利用财政拨款,提高资金使用效益。2022年财政部、住建部印发《中央财政城镇保障性安居工程补助资金管理办法》(财综〔2022〕37号)延续这一改革,规定补助资金统筹用于支持公租房、保障性租赁住房等租赁住房保障、城镇老旧小区改造、城市棚户区改造。

2. 银行贷款

我国保障性住房开发贷款分为商业银行贷款和政策性银行抵押补充贷款两大类,前者可用于支持经济适用住房、公共租赁住房、棚户区改造和保障性租赁住房等项目开发建设,后者目前专项支持棚户区改造。

保障性住房开发贷款在项目资本金、贷款期限和贷款利率方面有优惠政策:(1)项目资本金。一般房地产开发项目(不含普通商品住房项目)的最低资本金比例为25%,保障性住房最低资本金比例为20%。②作为例外,经济适用住房和改建廉租住房的项目资本金不低于项目总投资30%。③(2)贷款期限。一般房地产开发贷款中,住房开发贷款最长不超过3年,商业用房和其他房地产开发贷款不超过5年。而保障性住房开发贷款期限普遍较长,经济适用住房开发贷款期限一般为3年,最长不超过5年④,公共租赁住房和棚户区改造最长不超过25年⑤。(3)贷款利率。经济适用住房和政府投资建设的公共租赁住房项目贷款利率按贷款

---

① 《中央补助公共租赁住房专项资金管理办法》(财综〔2010〕50号,已失效)第2条规定:"公租房补助资金的补助范围为……公共租赁住房项目,不包括廉租住房项目";《中央补助城市棚户区改造专项资金管理办法》(财综〔2012〕60号,已失效)第2条规定:"城市棚改补助资金的补助范围……城市棚户区改造项目,不包括城市规划区内的煤矿、垦区和林区棚户区改造项目"。

② 国务院《关于调整和完善固定资产投资项目资本金制度的通知》(国发〔2015〕51号)规定:"房地产开发项目:保障性住房和普通商品住房项目维持20%不变,其他项目由30%调整为25%。"

③ 《经济适用住房开发贷款管理办法》(银发〔2008〕13号)第4条,《廉租住房建设贷款管理办法》(银发〔2008〕355号)第4条。

④ 《经济适用住房开发贷款管理办法》(银发〔2008〕13号)第6条。

⑤ 《关于进一步做好住房金融服务工作的通知》(银发〔2014〕287号)。

基准利率执行,可在10%比例内适当下浮①;廉租住房建设贷款利率应按贷款基准利率下浮10%执行②。

3. 政策性银行抵押补充贷款(PSL)

抵押补充贷款(PSL)是棚户区改造的重要资金来源之一。目前,棚户区改造所需的 PSL 资金主要由国家开发银行和中国农业发展银行投放。③ 关于 PSL 的定义、贷款期限、贷款利率以及 PSL 支持棚户区改造的具体流程,参见本书第三章。

4. 住房公积金贷款

除银行贷款外,目前我国住房公积金也可以发放保障性住房建设项目贷款支持保障性住房建设。根据建设部、财政部、国家发展改革委等2009年《关于利用住房公积金贷款支持保障性住房建设试点工作的实施意见》(建金〔2009〕160号),住房公积金贷款支持保障性住房建设须遵循以下规则:(1)贷款范围。定向用于经济适用住房、列入保障性住房规划的城市棚户区改造项目安置用房、特大城市政府投资的公共租赁住房建设,禁止用于商品住房开发和城市基础设施建设;(2)贷款规模。在优先保证职工提取和个人住房贷款、留足备付准备金的前提下,可将50%以内的住房公积金结余资金贷款支持保障性住房建设;(3)贷款利率。按照五年期以上个人住房公积金贷款利率上浮10%执行。

此外,住房公积金增值收益提取风险准备金和管理费用后的全部,作为公共租赁住房(廉租住房)的补充资金。截至2017年年末,提取城市公共租赁住房(廉租住房)建设补充资金占当年增值收益的59.43%,累计为373个保障性住房建设项目提供贷款871.69亿元,支持建设保障性住房7127.28万平方米,可以解决约120万户职工家庭住房困难。④

---

① 《经济适用住房开发贷款管理办法》(银发〔2008〕13号)第7条,中国人民银行、中国银行业监督管理委员会《关于认真做好公共租赁住房等保障性安居工程金融服务工作的通知》(银发〔2011〕193号)第3条。

② 《廉租住房建设贷款管理办法》(银发〔2008〕355号)第8条。

③ 参见《棚改项目贷款变奏:三四线楼市面临新拐点》,http://money.163.com/18/0630/07/DLHJS971002581PP.html,最后访问日期:2018年6月30日。

④ 参见住房和城乡建设部:《全国住房公积金2017年年度报告》,中国建筑工业出版社2018年版,第20页。

5. 地方政府融资平台①债务

为筹集社会资金解决保障性住房建设的资金瓶颈,2011年6月,国家发改委办公厅《关于利用债券融资支持保障性住房建设有关问题的通知》(发改办财金〔2011〕1388号),要求地方政府投融资平台公司发行企业债券优先用于保障性住房建设,并且规定地方政府融资平台公司从事保障性住房建设的,如果符合国家规定,可申请通过发行企业债券的方式进行保障性住房建设项目的融资;从事或承担保障性住房建设项目的其他企业,也可在政府核定的保障性住房建设投资额度内,通过发行企业债券进行项目融资。根据此通知,各地纷纷建立保障性建设融资平台,例如北京市设立"北京市保障房建设投资中心",负责保障性住房的投融资、建设和运营管理。②

尽管地方融资平台公司为保障性住房建设提供大量资金,但这一方式存在以下问题:(1)地方融资平台可能"以新还旧",掩盖原有债务风险;(2)保障性住房(尤其是公共租赁住房)建设周期长、收益低,收益难以还本付息,进一步增加政府财政担保风险。③ 因此自2014年起,地方政府融资平台通过银行信贷体系进行融资受到严格限制。2014年4月,国务院转批《国家发展和改革委员会关于2014年深化经济体制改革重点任务的意见》(国发〔2014〕18号)要求建立以政府债券为主体的地方政府举债融资机制,剥离融资平台公司政府融资职能,对地方政府债务实行限额控制,分类纳入预算管理。同年10月,国务院《关于加强地方政府性债务管理的意见》(国发〔2014〕43号)赋予地方政府依法适度举债权限,再

---

① 根据国务院《关于加强地方政府融资平台公司管理有关问题的通知》(国发〔2010〕19号),地方政府融资平台是指由地方政府及其部门和机构、所属事业单位等通过财政拨款或注入土地、股权等资产设立,具有政府公益性项目投融资功能,并拥有独立企业法人资格的经济实体,包括各类综合性投资公司,如建设投资公司、建设开发公司、投资开发公司、投资控股公司、投资发展公司、投资集团公司、国有资产运营公司、国有资本经营管理中心等,以及行业性投资公司,如交通投资公司等。
② 参见楼建波:《中国大陆住房保障制度的路径依赖与路径创新——兼论住房保障立法的急迫性》,载《月旦财经法杂志》2011年9月,第12页。
③ 参见赵珩:《慎为保障房建设配置"保障性债务"》,载《中国政协报》2011年6月28日,B1版。该文作者尖锐地指出:"在要求地方政府从土地出让收益中拿出一定比例用于保障房建设的要求一再被地方政府拖延应付之后,中央政府下决心为雄心勃勃的保障房建设计划另辟融资渠道。遭遇了今年1000万套保障房上半年开工率不足30%的尴尬后,明知地方融资平台债务风险尚未有效清理,也不得不将其作为保障房建设的融资渠道。"

次强调剥离融资平台公司政府融资职能,融资平台公司不得新增政府债务。在严控地方政府债务的今天,通过地方债务融资平台举债为住房保障融资将逐渐退出。

6. 房地产信托投资基金(REITs)

2005年,越秀房地产投资信托基金(REITs)在香港交易所上市,标志着中国大陆首单房地产信托投资基金(REITs)上市。2014年,作为我国首单类REITs产品的中信启航REITs成功发行,并在深圳证券交易所综合协议交易平台挂牌转让。此后,房地产信托投资基金(REITs)在中国摸索前行。2020年8月7日,证监会正式发布《公开募集基础设施证券投资基金指引(试行)》(中国证券监督管理委员会公告〔2020〕54号),标志着中国公募REITs正式拉开帷幕。[①] 2021年3月11日,十三届全国人大四次会议表决通过《中华人民共和国国民经济和社会发展第十四个五年规划和2035年远景目标纲要》("十四五"规划),明确提出"推动基础设施领域不动产投资信托基金(REITs)健康发展,有效盘活存量资产,形成存量资产和新增投资的良性循环",标志着基础设施REITs已成为提升投资效率、促进投资合理增长的重要手段[②],为公共租赁住房REITs提供了强有力的政策保障。2021年8月18日,北京保障房中心簿记发行全国首单公共租赁住房类REITs产品——国开—北京保障房中心公租房资产支持专项计划。该专项计划由国家开发银行和北京金控集团担任统一协调人,北京保障房中心担任专项计划资产服务机构,底层资产为北京保障房中心持有的远洋沁山水公共租赁住房。该次发行提升了公共租赁住房依靠自身价值融资的空间,拓展了北京保障房中心创新融资渠道,为公共租赁住房合法合规开展类REITs融资进行了有益探索,也对公共租赁住房REITs的推进起到了重要的引导作用。[③]

2021年6月24日,国务院办公厅《关于加快发展保障性租赁住房的

---

① 参见黄沁思等:《从类REITs到公募REITs:我国REITs发展的历史考察》,https://mp.weixin.qq.com/s/AC16WnBGAtjkokyc4Dj-Yw,最后访问日期:2021年8月29日。

② 参见余力:《稳步推进公募REITs试点 深化资本要素市场化改革》,https://www.163.com/dy/article/G52O54K30530P452.html,最后访问日期:2021年8月29日。

③ 参见《北京发行全国首单公共租赁住房类REITs产品 发行总额4亿元》,https://new.qq.com/omn/20210819/20210819A07WTX00.html,最后访问日期:2021年8月29日。

意见》(国办发〔2021〕22号)作为组合拳,旨在解决"三高一低"的行业痛点("三高"是指资产价格高、融资成本高、税收负担高,"一低"是指收益率低),为保障性租赁住房REITs创造了条件。① 2021年7月2日,国家发改委发布《关于进一步做好基础设施领域不动产投资信托基金(REITs)试点工作的通知》(发改投资〔2021〕958号),首次将保障性租赁住房(包括各直辖市及人口净流入大城市的保障性租赁住房项目)纳入试点申报项目名单,为保障性租赁住房REITs的蓬勃发展提供了可能。

(三)保障性住房开发建设资金筹措存在的问题

随着保障性住房财政投入的增加和财政资金利用效率的提高,银行保障性住房贷款的提高,加上其他融资渠道的开通,我国保障性住房开发资金筹措难题得到一定缓解,促进了保障性住房建设。

但是我国保障性住房开发资金来源仍面临渠道单一、数量不稳定、资金回笼速度慢、开发建设贷款期限较短等问题。具体而言:(1)现有财政资金难以满足保障性住房建设需要。财政预算安排用于保障性住房建设资金有限,同时国家也没有明确预算安排的比例,实际操作难落实;土地出让净收益数量较少且不稳定,地方政府往往通过将城市基础设施建设费用打入土地出让成本使土地出让净收益为零(甚至为负数)。此外,过去地方政府融资平台是较为重要的筹资渠道。通过地方政府融资平台公司举债融资,是地方政府建设保障性住房的主要资金来源。但随着中央对地方融资平台公司的清理整顿,地方政府融资平台之门基本关闭。(2)金融支持政策仍未落实。尽管理论界早在2006年就提出"将廉租房建设融资由僵化的政府直接主导型融资方式转化为政府引导下的商业化运作方式",并提出实施房地产证券化、房地产信托投资基金(REITs)、政府与社会资本合作(PPP)模式等多种金融创新工具,但这些创新的效果尚待观察。(3)保障性住房资金回收缓慢,开发建设贷款期限较短。目前,银行发放的保障性贷款主要用于经济适用住房和廉租住房,基本不涉及租赁型保障性住房。② 其中一个重要原因是,与商品住房开发不同,保

---

① 参见《保障性租赁住房REITs先行先试,住房租赁市场迎来重大发展契机!》,https://baijiahao.baidu.com/s?id=1704422108785717087&wfr=spider&for=pc,最后访问日期:2021年8月29日。

② 参见陈怡:《我国保障性住房金融支持研究》,浙江大学2011年硕士学位论文,第49页。

障性住房(特别是租赁型保障房)资金回收期较长,而商业银行开发建设贷款期限较短,保障房建设资金无法在2—3年的借款期限内收回,实践中常常"借新还旧"。目前我国仅规定公共租赁住房和棚户区改造开发建设贷款期限为不长于25年,这一规定应该适用于其他保障性住房。

第四节　准入和分配

"公平分配是关系保障性安居工程成败及可持续发展的'生命线',要把确保公平分配放在更重要的位置,按照保障基本、公正程序、公开过程的原则,科学确定保障范围,规范和阳光操作,切实保障中低收入住房困难家庭的基本住房需求。"[1]作为住房保障政策实施中的核心环节,保障性住房的分配机制直接关系着住房保障政策的公平性和政策效果。[2] 保障性住房的准入政策和分配机制应当合理划定保障范围及准入条件,最大程度保障中低收入住房困难家庭的基本住房需求,并确保保障性住房的有效利用和住房保障政策的有效执行。

一、保障范围及准入条件

(一)保障范围

确定住房保障范围是政府制定住房保障政策、确定保障性住房的建设规模和保障方式的前提,是进行保障性住房分配的依据。

住房保障的保障对象被规定在不同的国家政策文件中。国务院《关于解决城市低收入家庭住房困难的若干意见》规定城市廉租住房制度是解决低收入家庭住房困难的主要途径,对符合住房困难条件、申请廉租住房租赁补贴的城市低保家庭基本做到应保尽保,并逐步将保障范围由城市最低收入住房困难家庭扩大到低收入住房困难家庭。经济适用住房供应对象为城市低收入住房困难家庭,并与廉租住房保障对象衔接。《关于加快发展公共租赁住房的指导意见》规定公共租赁住房的主要保障对象

---

[1]　《李克强:把好公平分配保障性住房发展的生命线》,http://www.scio.gov.cn/37236/37262/Document/1599593/1599593.htm,最后访问日期:2022年5月5日。

[2]　参见蔡荣生、吴崇宇:《我国城镇住房保障政策研究》,九州出版社2012年版,第152页。

包括城市中等偏下收入住房困难家庭及新职工和外来务工人员。《经济适用住房管理办法》[①]、国务院办公厅《关于保障性安居工程建设和管理的指导意见》(国办发〔2011〕45号)[②]、《公共租赁住房管理办法》(住房和城乡建设部令〔2012〕第11号)[③]、国务院办公厅《关于加快发展保障性租赁住房的意见》(国办发〔2021〕22号)[④]等文件也对保障对象作了具体规定。总体来看,保障对象主要根据住房困难程度、户籍、收入和资产等方面的指标确定。但是,由于不同地区在经济发展水平、人口密度和住房条件上存在显著差别,各地住房保障的具体准入标准并不完全一致。更重要的是,地方政府为了解决本区域内的具体住房问题和实现其他政策目标,在实践中不断创新和丰富保障形式,在传统保障形式基础上发展出限价房、共有产权住房、人才住房等具有保障性质的政策性住房,从某种程度上扩大了保障范围,放宽了住房困难、收入和资产标准,一些地方甚至不再设置户籍、收入和资产标准。

目前,我国保障对象的范围大致可以分为以下三类:一是具有本地城镇户籍的中等偏下和低收入住房困难家庭。二是新就业无房职工和在城镇稳定就业的外来务工人员。如重庆市规定大中专院校及职校毕业后就业和进城务工及外地来主城区工作的无住房人员可申请公共租赁住房。[⑤] 2021年国务院推出的保障性租赁住房,其保障对象是符合条件的

[①] 《经济适用住房管理办法》(建住房〔2007〕258号)第2条规定:"本办法所称经济适用住房,是指政府提供政策优惠,限定套型面积和销售价格,按照合理标准建设,面向城市低收入住房困难家庭供应,具有保障性质的政策性住房。"

[②] 国务院办公厅《关于保障性安居工程建设和管理的指导意见》(国办发〔2011〕45号)指出,力争使城镇中等偏下和低收入家庭住房困难问题得到基本解决,新就业职工住房困难问题得到有效缓解,外来务工人员居住条件得到明显改善。

[③] 《公共租赁住房管理办法》(住房和城乡建设部令〔2012〕第11号)第3条规定:"本办法所称公共租赁住房,是指限定建设标准和租金水平,面向符合规定条件的城镇中等偏下收入住房困难家庭、新就业无房职工和在城镇稳定就业的外来务工人员出租的保障性住房。"

[④] 国务院办公厅《关于加快发展保障性租赁住房的意见》(国办发〔2021〕22号)规定:"保障性租赁住房主要解决符合条件的新市民、青年人等群体的住房困难问题,以建筑面积不超过70平方米的小户型为主,租金低于同地段同品质市场租赁住房租金,准入和退出的具体条件、小户型的具体面积由城市人民政府按照保基本的原则合理确定。"

[⑤] 《重庆市公共租赁住房管理实施细则》(渝国土房管发〔2011〕9号)规定:"申请人应年满18周岁,在主城区有稳定工作和收入来源,具有租金支付能力,符合政府规定收入限制的无住房人员、家庭人均住房建筑面积低于13平方米的住房困难家庭、大中专院校及职校毕业后就业和进城务工及外地来主城区工作的无住房人员。但直系亲属在主城区具有住房资助能力的除外。"

新市民、青年人等群体。① 三是其他保障对象。其他保障对象由地方政府根据当地实际情况确定,一般包括符合条件的特殊专业人才和劳模等住房困难群体。如重庆市规定市、区政府引进的特殊专业人才和在主城区工作的全国、省部级劳模、全国英模、荣立二等功以上的复转军人住房困难家庭在申请公共租赁住房时不受收入限制。② 北京市规定产业园区管理机构确定申请条件并报区县人民政府批准后,引进人才和园区就业人员住房困难可申请产业园区公共租赁住房。③ 经市级人才主管部门备案引进的非京籍优秀人才及境外个人(含港澳台居民),家庭成员在本市均无住房的,可申请购买一套共有产权住房。④

(二)不同类型住房保障的准入条件

我国目前存在经济适用住房、公共租赁住房、共有产权住房、保障性租赁住房、限价商品住房、棚户区改造安置房等不同的保障性住房或政策性住房。不同的保障类型有不同的准入条件,不同地区就相同的保障形式规定的准入条件也不尽相同。

1. 经济适用住房

《经济适用住房管理办法》第 25 条规定:城市低收入家庭申请购买经济适用住房应同时符合下列条件:(1) 具有当地城镇户口;(2) 家庭收入符合市、县人民政府划定的低收入家庭收入标准;(3) 无房或现住房面积低于市、县人民政府规定的住房困难标准。许多地方根据本区域内的具体情况对这三个条件予以细化。具体而言:

第一,在户籍方面,不同城市的规定存在差异:(1) 部分城市规定家庭成员具有本市户籍,同时在本市居住或工作,如天津市规定具有本市中

---

① 国务院办公厅《关于加快发展保障性租赁住房的意见》(国办发〔2021〕22 号)。
② 《重庆市公共租赁住房管理实施细则》(渝国土房管发〔2011〕9 号)规定:"市、区政府引进的特殊专业人才和在主城区工作的全国、省部级劳模、全国英模、荣立二等功以上的复转军人住房困难家庭不受收入限制。"
③ 《北京市公共租赁住房申请、审核及配租管理办法》(京建法〔2011〕25 号)规定:"产业园区公共租赁住房主要用于解决引进人才和园区就业人员住房困难,具体申请条件由产业园区管理机构确定并报区县人民政府批准后实施,并报市住房保障工作领导小组办公室备案。"
④ 北京市住建委、北京市人才工作领导小组、北京市发改委《关于优化住房支持政策服务保障人才发展的意见》(京建法〔2018〕13 号)。

心城区(外环线以内)非农业常住户籍;①广州市强调申请人及共同申请的家庭成员具有本市市区城镇户籍,并在本市工作或居住②。(2)部分城市规定须取得当地城镇户籍满一定年限方可申请,如北京市规定申请人须取得城镇户籍时间满3年,同时对单身家庭申请人年龄规定为年满30周岁③;上海市自2012年放宽户籍标准,要求家庭成员在本市实际居住,具有本市城镇常住户口连续满3年,且在提出申请所在地的城镇常住户口连续满2年④。(3)部分城市则允许不具有当地户籍但符合一定条件的常住人口可以申请购买经济适用住房,如海口市规定不具有该市城镇常住户口,但在市辖区内依法注册登记的单位(包括各类经济实体、其他组织)连续工作并依法缴交各项社会保险满8年的,可以申请购买经济适用住房⑤。此外,在申购经济适用住房时一般以家庭为单位申请购买经济适用住房,要求家庭成员之间具有法定的赡养、抚养或者扶养关系且共同生活。

第二,在收入和资产标准上,各地的要求和全国性的规定一致,均要

---

① 天津市人民政府《关于印发天津市经济适用住房管理办法的通知》(津政发〔2008〕40号)第23条规定:"购买定向销售经济适用住房的家庭须同时具备以下条件:(一) 具有本市中心城区(外环线以内)非农业常住户籍……"

② 《广州市经济适用住房制度实施办法(试行)》(穗府〔2007〕48号)第6条规定:"申请购买经济适用住房的家庭应当同时符合以下条件:(一) 申请人及共同申请的家庭成员具有本市市区城镇户籍,并在本市工作或居住……"

③ 《北京市经济适用住房管理办法(试行)》(京政发〔2007〕27号)第5条规定:"申请购买经济适用住房的家庭应符合下列条件:(一) 申请人须取得本市城镇户籍时间满3年,且年满18周岁,申请家庭应当推举具有完全民事行为能力的家庭成员作为申请人。单身家庭提出申请的,申请人须年满30周岁。(二) 申请家庭人均住房面积、家庭收入、家庭资产符合规定的标准。城八区的上述标准由市建委会同相关部门根据本市居民收入、居住水平、住房价格等因素确定,报市政府批准后,每年向社会公布一次;远郊区县的上述标准由区县政府结合实际确定,报市政府批准后,每年向社会公布一次。"

④ 《上海市试点区域城镇居民家庭申请购买经济适用住房准入标准和供应标准(暂行)》(沪房管保〔2009〕434号,已失效)规定:"同时符合下列标准的本市城镇居民家庭,可以申请购买经济适用住房:(一) 申请家庭成员在本市实际居住,具有本市城镇常住户口连续满7年,且在提出申请所在地的区(县)城镇常住户口连续满5年……"此后,《上海市共有产权保障住房(经济适用住房)准入标准和供应标准》(沪府发〔2014〕53号),规定:"同时符合下列标准的本市城镇居民家庭,可以申请购买共有产权保障住房:(一) 家庭成员在本市实际居住,具有本市城镇常住户口连续满3年,且在提出申请所在地的城镇常住户口连续满2年……"

⑤ 《海口市经济适用住房管理暂行办法》(海口政府令-2009-73号)第16条规定:"申请购买经济适用住房应当同时符合以下条件:(一) 具有本市城镇常住户口的,或在本市辖区内依法注册登记的单位(包括各类经济实体、其他组织)连续工作并依法缴交各项社会保险满8年的,……"

求同时符合家庭收入标准和家庭资产标准才能申购经济适用住房。根据《城市低收入家庭认定办法》(民发〔2008〕156号),家庭收入是指家庭成员在一定期限内拥有的全部可支配收入,包括扣除缴纳的个人所得税以及个人缴纳的社会保障支出后的工薪收入、经营性净收入、财产性收入和转移性收入等。家庭资产是指家庭成员拥有的全部存款、房产、车辆、有价证券等财产。上海市2014年规定申购经济适用住房的3人及以上家庭人均年可支配收入应低于7.2万元(含7.2万元)、人均财产应低于18万元(含18万元);2人及以下家庭人均年可支配收入和人均财产标准按前述标准上浮20%,即人均年可支配收入应低于8.64万元(含8.64万元)、人均财产应低于21.6万元(含21.6万元)。① 北京市在2007年制定了经济适用住房家庭收入、住房、资产准入标准,分别对家庭人数为1人到5人等不同情况予以明确规定,如1人家庭年收入在22700元及以下及家庭资产在24万元及以下;5人及以上家庭年收入在60000元及以下,家庭资产在48万元及以下。根据规定,家庭年收入、人均住房使用面积、家庭总资产净值需每年公布调整一次。

表4-7 2007年北京市经济适用住房家庭收入、住房、
资产准入标准(适用城八区城市居民)

家庭人口	家庭年收入	人均住房适用面积	家庭总资产净值
1人	22700元及以下	10 m² 及以下	24万元及以下
2人	36300元及以下	10 m² 及以下	27万元及以下
3人	45300元及以下	10 m² 及以下	36万元及以下
4人	52900元及以下	10 m² 及以下	45万元及以下
5人及以上	60000元及以下	10 m² 及以下	48万元及以下

资料来源:《关于印发北京市廉租住房、经济适用住房家庭收入、住房、资产准入标准的通知》(京建住〔2007〕1129号)。

第三,在住房困难的认定上,《经济适用住房管理办法》规定住房困

---

① 《上海市共有产权保障住房(经济适用住房)准入标准和供应标准》(沪府发〔2014〕53号)规定同时符合下列标准的本市城镇居民家庭,可以申请购买共有产权保障住房:(1)家庭人均住房建筑面积低于15平方米(含15平方米);(2)3人及以上家庭人均年可支配收入低于7.2万元(含7.2万元)、人均财产低于18万元(含18万元);2人及以下家庭人均年可支配收入和人均财产标准按前述标准上浮20%,即人均年可支配收入应低于8.64万元(含8.64万元)、人均财产低于21.6万元(含21.6万元);(3)家庭成员在提出申请前5年内未发生过住房出售行为和赠与行为,但家庭成员之间住房赠与行为除外。

难是指"住房或现住房面积低于市县政府规定的住房困难标准"。地方政府在制定具体标准认定住房困难时亦存在不同做法:(1)部分城市以人均住房面积低于某一水平认定住房困难的标准,如北京市和广州市住房困难均指人均住房使用面积在10平方米及以下①;上海市住房困难标准相对宽松,指人均住房建筑面积在15平方米及以下②。(2)部分城市对申请人的住房困难标准认定较为严格,以申请人完全没有任何形式的住房为条件,如深圳市要求申请人在国内无任何自有形式的住房和建房用地③,但也规定随着住房保障水平的提高,将逐步放宽住房困难标准,从"无房"到"有房但住房困难"④。(3)部分城市在住房面积和有无房屋标准之外,还将在申请之前的一定期间内没有出售或赠与住房作为条件,如上海市规定家庭成员在提出申请前5年内未发生过住房出售行为和赠与行为,但家庭成员之间住房赠与行为除外⑤。

2. 公共租赁住房

《公共租赁住房管理办法》第7条规定申请公共租赁住房,应当符合以下条件:(1)在本地无住房或者住房面积低于规定标准;(2)收入、财产低于规定标准;(3)申请人为外来务工人员的,在本地稳定就业达到规定年限。各地对这些条件的细化也呈现了一定的差异性,概括起来:

第一,在收入、资产标准的确定方面,存在两种做法:(1)由住房保障部门会同房产管理、统计、民政等部门共同确定收入和资产标准,一般每年调整一次,如北京市规定3口及以下家庭年收入10万元(含)以下,4

---

① 北京市建设委员会、北京市统计局、国家统计局北京调查总队等《关于印发北京市廉租住房、经济适用住房家庭收入、住房、资产准入标准的通知》(京建住〔2007〕1129号),《广州市经济适用住房制度实施办法(试行)》(穗府〔2007〕48号)第6条规定:"……(三)无自有产权住房,或现自有产权住房人均居住面积低于10平方米……"

② 《上海市共有产权保障住房(经济适用住房)准入标准和供应标准》(沪府发〔2014〕53号)。

③ 《深圳市保障性住房条例》(深圳市第六届人民代表大会常务委员会公告第200号)第22条规定:"住房困难家庭或者单身居民申请购买保障性住房应当符合下列条件:……(四)家庭成员或者单身居民在本市和国内其他地区无任何形式的住宅建设用地或者自有住房……"

④ 《深圳市住房保障制度改革创新纲要》(深府〔2012〕145号)规定:"……(二)改革思路。一是保障对象从户籍低收入家庭扩大到户籍无房家庭,以安居型商品房、公共租赁住房解决户籍无房家庭住房困难;二是保障范围从户籍住房困难家庭向非户籍住房困难人才家庭延伸,以公共租赁住房、租房补贴解决非户籍人才家庭住房困难……"

⑤ 参见《上海市共有产权保障住房(经济适用住房)准入标准和供应标准》(沪府发〔2014〕53号)。

口及以上家庭年收入13万元(含)①;(2)收入标准与上年度本区域人均可支配收入挂钩,以低于人均可支配收入的一定比例为标准,如常州市规定家庭人均年收入低于上年度市区人均可支配收入的可申请公共租赁住房②。

第二,在住房困难标准上,存在以下做法:(1)部分城市规定具有本地户口的,一般要求人均居住面积低于一定标准(如北京市规定家庭人均住房使用面积15平方米及以下);非本地户口的,一般要求本人及家庭成员在本市均无住房(如北京市)。(2)部分城市设置的标准更为严格,将申请者在本市没有任何形式的住房作为申请条件,如深圳市规定家庭成员或者单身居民在本市无任何形式的住宅建设用地或者自有住房③;常州市也将户籍居民无房作为申请条件④。

第三,与经济适用住房将城镇户籍作为申请条件不同,公共租赁住房制度的保障对象包括外来务工人员和新就业职工。如北京市规定不具有本市户口的外省市来京人员,在连续稳定工作一定年限,具有完全民事行为能力,家庭收入符合上款规定标准,能够提供同期暂住证明、缴纳住房公积金证明或社会保险证明以及本人及家庭成员在本市均无住房的,同样可以申请公共租赁住房。但也有部分城市将户籍作为申请条件,如深圳市仍将具有本市户籍作为申请租赁保障性住房的条件,其规定家庭申请的,家庭成员中至少一人具有本市户籍;单身居民申请的,应当具有本市户籍⑤;

---

① 《北京市公共租赁住房申请、审核及配租管理办法》(京建法〔2011〕25号)第4条规定:符合下列条件之一的,可以申请公共租赁住房:"……(二)申请人具有本市城镇户籍,家庭人均住房使用面积15平方米(含)以下;3口以下家庭年收入10万元(含)以下、4口以上家庭年收入13万元(含)以下……"

② 《常州市市区公共租赁住房管理办法》(常政规〔2013〕16号)第21条规定:"同时具备下列条件的城市中等偏下收入住房困难家庭可以申请承租政府投资的公共租赁住房:(一)具有本市市区户籍三年以上,实际居住三年以上;(二)家庭人均年收入低于上年度市区人均可支配收入;(三)家庭财产低于规定标准(具体标准由市住房保障和房产管理部门会同相关部门另行制订,报市人民政府批准后实施);(四)无房……"

③ 《深圳市保障性住房条例》(深圳市第六届人民代表大会常务委员会公告第200号)第21条规定:"住房困难家庭或者单身居民申请租赁保障性住房应当符合下列条件:(一)家庭申请的,家庭成员中至少一人具有本市户籍;单身居民申请的,应当具有本市户籍;(二)家庭人均年收入或者单身居民年收入在申请受理日之前连续两年均不超过本市规定的租赁保障性住房的收入线标准;(三)家庭财产总额或者单身居个人财产总额不超过本市规定的租赁保障性住房的财产限额;(四)家庭成员或者单身居民在本市无任何形式的住宅建设用地或者自有住房……"

④ 《常州市市区公共租赁住房管理办法》(常政规〔2013〕16号)第21条。

⑤ 《深圳市保障性住房条例》(深圳市第六届人民代表大会常务委员会公告第200号)第21条。

常州市规定具有本市市区户籍3年以上,实际居住3年以上方可申请[①]。

3. 共有产权住房

2014年,住房和城乡建设部《关于做好2014年住房保障工作的通知》提出确定北京、上海、深圳、成都、淮安、黄石为共有产权住房试点城市。2017年住房和城乡建设部《关于支持北京市、上海市开展共有产权住房试点的意见》(建保〔2017〕210号)肯定了北京、上海两地的共有产权试点,并要求共有产权住房向符合规定条件的住房困难群体供应,优先供应无房家庭,具体供应对象范围由两市人民政府确定。

试点地方实践过程中,确定了如下几种准入条件:(1)只规定住房困难标准,不限定户籍和收入资产条件。如北京市规定符合北京市限购条件且家庭成员在本市均无住房的家庭,单身年满30周岁的个人可以申购共有产权住房。[②](2)同时规定住房困难标准、户籍、以及收入资产标准。如上海市规定本市城镇常住户口达规定年限,住房面积、可支配收入和财产收入低于规定限额,且规定年限内非因住房转让而造成住房困难的可以申请。[③] 淮安市共有产权经济适用住房的规定亦是如此。[④] 上海和淮安要求户籍和收入资产标准,与其将共有产权住房限定为保障性住房(经济适用住房)在逻辑上是一致的。

[①] 《常州市市区公共租赁住房管理办法》(常政规〔2013〕16号)第21条。

[②] 《北京市共有产权住房管理暂行办法》(京建法〔2017〕16号)第9条。

[③] 《上海市共有产权保障住房管理办法》(2019修正)(上海市人民政府令第26号)第19条规定:"同时符合下列条件的本市城镇户籍家庭或者个人,可以申请购买共有产权保障住房:(一)具有本市城镇常住户口达到规定年限,且户口在提出申请所在地达到规定年限;(二)住房面积低于规定限额;(三)可支配收入和财产低于规定限额;(四)在提出申请前的规定年限内,未发生过因住房转让而造成住房困难的行为;(五)市人民政府规定的其他条件。前款所称的家庭由具有法定的赡养、抚养或者扶养关系且共同生活的成员组成;个人是指具有完全民事行为能力且年龄符合规定标准的单身人士。非本市户籍家庭同时符合居住证持证和积分、住房、婚姻、缴纳社会保险、缴纳个人所得税、收入和财产等条件的,可以申请购买共有产权保障住房。第一款、第二款、第三款规定的具体条件和标准,由市人民政府确定,并向社会公布。"

[④] 《淮安市共有产权经济适用住房管理办法(试行)》(淮政发〔2010〕208号)第14条规定:"市区中低收入住房困难家庭申请购买共有产权房,应当同时符合下列条件:(一)具有市区两年以上城市户口;(二)家庭收入符合政府划定的中低收入家庭认定标准;(三)无房或现住房面积低于政府规定的住房困难标准;(四)家庭成员之间具有法定的赡养、抚养、扶养关系,且共同生活。中低收入住房困难家庭的认定,按照市民政局《淮安市城市低收入家庭认定办法》(淮民〔2009〕160号)规定办理。共有产权房供应对象的家庭收入标准和住房困难标准,由市住房保障工作领导小组根据本市经济适用住房供应量和低收入线标准、居住水平等因素确定,实行动态管理,定期向社会公布。"

4. 保障性租赁住房

国务院办公厅《关于加快发展保障性租赁住房的意见》规定:"保障性租赁住房主要解决符合条件的新市民、青年人等群体的住房困难问题,以建筑面积不超过70平方米的小户型为主,租金低于同地段同品质市场租赁住房租金,准入和退出的具体条件、小户型的具体面积由城市人民政府按照保基本的原则合理确定"。① 相信随着保障性租赁住房实践的推进和制度的完善,中央和地方的准入条件都会根据保基本的原则具体细化。

二、审核程序

在确定住房保障对象的准入标准后,下一步便是确定保障对象资质审核程序,即应当依照什么程序审查住房保障对象是否符合准入标准。审核程序事关保障性住房的公平分配,是住房保障的"生命线"。② 申请人从提交申请到获得保障性住房的配租或配售一般需经过申请、审核、公示、轮候、分配等程序步骤。但在具体的资质审核程序过程中,依据审核与公示的层级数目不同,各个地方政府的规定不尽相同,具体而言:

北京市经济适用住房和公共租赁住房都遵循"三级审核、两级公示"制度。③ 具体程序如下:(1)申请。申请家庭向户口所在地街道办事处或乡镇政府提出申请。(2)初审。街道办事处或乡镇政府通过审核材料、入户调查、组织评议、公示等方式对申请家庭的收入、住房、资产等情况进行初审,提出初审意见,并将符合条件的申请家庭报区县住房保障管理部门;在组织评议程序中,街道办事处组织社区代表、居民代表、民警代表、民政科、住保办组成小组,对保障房进行资格审核,严格根据申请人的收入、资产、家庭成员等情况来评议,所有材料提前入库,进行背对背、无记名投票。(3)一次公示。由街道办事处或乡镇政府对符合条件的人员予以公示,人户分离家庭在户口所在地和实际居住地同时进行公示。

---

① 国务院办公厅《关于加快发展保障性租赁住房的意见》(国办发〔2021〕22号)。
② 《李克强:把好公平分配保障性住房发展的生命线》,http://www.scio.gov.cn/37236/37262/Document/1599593/1599593.htm,最后访问日期:2022年5月5日。
③ 《北京市经济适用住房管理办法(试行)》(京政发〔2007〕27号)第17条中规定:对申请购买经济适用住房的家庭实行三级审核、两级公示制度。《北京市公共租赁住房申请、审核及配租管理办法》(京建法〔2011〕25号)第7条中规定:公共租赁住房资格申请、审核按照本市现行的保障性住房"三级审核、两级公示"制度执行。

(4)复审。区县住房保障管理部门对申请家庭进行复审。(5)第二次公示。符合条件的,由区县住房保障管理部门将申请家庭的情况进行公示,无异议的,报市建委。(6)市建委对区县住房保障管理部门上报的申请家庭材料通过信息比对的方式,会同公积金、社保、税务等部门对资料进行复核,符合条件的,市建委予以备案。区县住房保障管理部门为经过备案的申请家庭建立市、区县共享的住房需求档案。

深圳市同样实行"三级审核,两次公示",其终审环节更加详细,对申请家庭户籍、车辆、住房、保险、个税、存贷款、证券、残疾等级及是否优抚对象等情况更是实行"九查九核"制度。①

上海市对共有产权保障住房(经济适用住房)实行"两级审核、两次公示"。② 具体程序如下:(1)申请。申请购买共有产权保障住房的,申请人应当向户籍所在地的乡(镇)人民政府或者街道办事处提出申请;非本市户籍家庭申请购买共有产权保障住房的,应当向工作单位注册地所在的乡(镇)人民政府或者街道办事处提出申请。(2)初审。乡(镇)人民政府、街道办事处应当进行初审。其中,申请人的户口、婚姻、居住证持证和积分、缴纳社会保险、缴纳个人所得税等状况由公安、民政、人力资源社会保障、税务等行政管理部门协助核查;住房状况由住房保障实施机构协助核查;收入和财产状况由居民经济状况核对机构协助核查。(3)一次公示。本市城镇户籍家庭或者个人申请的,应当在申请人的户口所在地和实际居住地公示 7 日;非本市户籍家庭申请的,应当在申请人的工作单位注册地和实际居住地公示 7 日。(4)复审。公示期间无异议,或者虽有异议但经异议审核不成立的,应当报区(县)住房保障实施机构复审。(5)二次公示。经复审符合条件的,应当向社会公示 5 日。公示期内无异议,或者虽有异议但经异议审核不成立的,应当以户为单位予以登录,出具登录证明。

厦门市经济适用住房实行"五级审核、两级公示"。③ 具体程序如下:

---

① 参见杜宇:《住房城乡建设部坚定不移推进保障性安居工程建设》,http://www.gov.cn/jrzg/2009-06/03/content_1331397.htm,最后访问日期:2021 年 12 月 27 日。
② 《上海市共有产权保障住房管理办法》(沪府令〔2016〕39 号)第 20、21 条。
③ 《厦门市人民政府办公厅转发市建设与管理局关于厦门市经济适用住房配售管理办法的通知》(厦府办〔2009〕206 号)第 14 条。

(1)申请。申请人凭户口簿、身份证向户籍所在地社区居委会提出申请。(2)一次审核。各社区居委会组织人员对申请人户口、收入、资产、住房等情况进行调查核实。(3)一次公示。社区居委会将申请人家庭人口、现居住地点、住房状况、家庭收入、家庭资产、工作单位等情况在社区进行公示,公示时间不少于7日。(4)二次审核。街道办事处(镇人民政府)对申请材料及申请家庭收入、资产、家庭住房状况是否符合规定条件进行审查。(5)三次审核。区人民政府有关部门对低收入家庭的资格进行认定后,将申请材料和审查结果报送市住宅办。(6)四次审核。公安、房产、工商、金融等相关部门协助市住宅办对申请家庭的户籍、住房、收入、资产等信息进行核查。(7)五次审核。市住宅办审核后报给市建设与管理局进行审核。(8)二次公示。市建设与管理局审核合格后,将审核结果通过报纸、网站公示15日。

海口市经济适用住房则实行"一级审核、两级公示"制度。① 具体程序如下:(1)申请。申请人向户口所在地的区住房保障主管部门提出申请,填写《海口市城镇居民购买经济适用住房申请表》并提交相关材料。(2)一次审核。区住房保障主管部门应会同街道办事处(镇政府)、居委会在受理申请材料后30个工作日内通过审核材料、入户调查、组织评议等方式对申请人的家庭收入情况和住房情况等进行调查核实。(3)一次公示。经调查符合购买经济适用住房条件的申请人名单,由区住房保障主管部门在申请人工作单位、家庭户籍所在地和实际居住地的街道办事处(镇政府)所在地公示10日。(4)二次公示。经第一次公示无异议的,再次通过媒体发布公告的形式进行二次公示,公示的时限为15日。(5)批准。经两次公示无异议的,由区住房保障主管部门批准。

虽然各地的审核程序不尽相同,但总体的审核流程趋同,大多数以街道办事处为审核起点,再往上及部门层层审核。此外,在街道办事处的具体审核过程中,居委会发挥着重要作用,社区居民委员会根据街道办事处或者乡镇人民政府的委托,承担城市低收入家庭收入核定的日常服务工作。②

---

① 《海口市经济适用住房管理暂行办法》(海口政府令〔2009〕73号)第20条。
② 《城市低收入家庭认定办法》(民发〔2008〕156号)。

三、轮候分配

在经过审核公示程序后,符合条件的申请者即获得配租配售的资格。但由于保障性住房资源的稀缺性,保障性住房并不能一次性满足所有本区域内符合条件的申请者的需求。为解决供不应求的问题,政府一般设置轮候期制度,以保证在一定的期间内解决申请者的住房需求。本部分主要介绍公共租赁住房、经济适用住房和共有产权住房等三种保障性住房的轮候分配制度。

(一)公共租赁住房

《公共租赁住房管理办法》规定,对经过审核程序的申请人登记为公共租赁住房轮候对象,地方政府应根据本地区经济发展水平和公共租赁住房需求,合理确定公共租赁住房轮候期,轮候期一般不超过5年;在公共租赁住房房源确定后,由市、县级人民政府住房保障主管部门采取综合评分、随机摇号等方式,确定配租对象与配租顺序;对轮候对象中享受国家定期抚恤补助的优抚对象、孤老病残人员等,可以优先安排公共租赁住房。[①] 各地实践中,一般采取随机摇号确定配租顺序、按备案时间先后顺序排队、分类轮候配租等分配形式:(1)随机摇号确定配租顺序。北京市规定区县住房保障管理部门每年组织保障性住房备案家庭进行公开摇号,确定选房顺序,并根据公共租赁住房配租方案,组织意向登记、监督产权单位顺序选房。[②] (2)按备案时间先后顺序排队。北京市规定对于公开摇号分配后的公共租赁住房剩余房源,产权单位可以发布房源公告,由获得配租资格的申请家庭按照"先到先得"的备案登记顺序申请配租,配租产权单位按照收到备案家庭申请的先后顺序进行配租。经过公开摇号及"先到先得"方式配租后,仍剩余的公租房房源则将面向社会单位进行集体租赁。[③] (3)分类轮候配租制度。北京市规定廉租住房、经济适用住房和限价商品住房轮候家庭优先配租;申请家庭成员中有60周岁(含)以上老人、患大病或做过大手术人员、重度残疾人员、优抚对象及退役军人、

[①] 《公共租赁住房管理办法》(住房和城乡建设部令〔2012〕第11号)第9、10、13、15条。
[②] 北京市住建委《关于进一步加强公共租赁住房分配管理的通知》(京建法〔2014〕21号)。
[③] 《北京市公共租赁住房申请、审核及配租管理办法》(京建法〔2011〕25号)第14条第4项。

省部级以上劳动模范、成年孤儿的优先配租。① 常州市规定政府投资的公共租赁住房实行分类轮候配租制度,符合公共租赁住房配租条件的劳动模范、有突出贡献和特殊技能的人员、从事艰苦岗位作业的人员、享受国家定期抚恤补助的优抚对象以及孤老病残人员,应当优先配租;已建立住房公积金制度的用人单位,在同等条件下也可以优先申请配租。②

（二）经济适用住房

《经济适用住房管理办法》规定对审核公示通过的家庭,可以按照收入水平、住房困难程度和申请顺序等因素进行轮候。各地实践中,一般采取随机摇号确定顺序、按备案时间先后顺序排队、按照得分高低确定分配顺序等分配形式:(1)通过摇号随机确定顺序。海口市住房保障主管部门组织对已取得《选房通知书》的申请人按排序号顺序公开进行电脑随机选购住房,申请人可在多个备选房源中选购一套住房。③ (2)按照备案时间先后顺序排队。厦门市规定取得购房资格的申请家庭按轮候登记号先后顺序轮候选房、配售,对低保户、孤寡老人及优抚对象在轮候是予以适当优先分配,同时还对居住在危房的、落实政策房的以及确定拆迁且不符合安置条件的家庭予以单列分配。④ (3)按照得分高低确定分配顺序。积分排队是指住房保障部门根据一定规则对申请家庭的困难程度等因素进行评估打分,申请家庭按照积分高低选择保障性住房。广州市房改办住建办对取得购房资格的申请人按照得分高低排列轮候顺序;分数相同的,通过摇珠方式确定轮候的先后顺序。接到配售通知的轮候人可根据配售项目房源情况选择购房或继续轮候。选择购房的,申请人可挑选住房3次。⑤

（三）共有产权住房

共有产权住房的轮候分配一般按照公开摇号或抽签的方式进行,但也存在根据一定的考核标准而确定不同优先次序的分组摇号,在分配上更加突出对部分特殊群体的政策倾斜。例如,北京市就规定区住房城乡

---

① 《北京市公共租赁住房申请、审核及配租管理办法》(京建法〔2011〕25号)第13条。
② 《常州市市区公共租赁住房管理办法》(常政规〔2013〕16号)第33条。
③ 《海口市经济适用住房管理暂行办法》(海口政府令-2009-73号)第20条第6款。
④ 《厦门市经济适用住房配售管理办法》(厦府办〔2009〕206号)第17—19条。
⑤ 《广州市经济适用住房制度实施办法(试行)》(穗府〔2007〕48号)第9条。

建设委(房管局)应按照职住平衡、家庭人口等因素进行优先次序分组,确定共有产权住房摇号家庭名单,对符合条件的申请家庭进行公开摇号,确定选房顺序。申请家庭按照摇号确定的顺序选房,家庭放弃选房的,由后续家庭依次递补。此外,北京市还规定共有产权住房摇号、选房过程和结果应由公证机构依法全程公证,主动接受人大代表、政协委员及新闻媒体监督,并可以邀请社会公众现场监督。① 上海市住房保障部门则采用公开摇号、抽签等方式对已登录的申请人进行选房排序,并建立和及时更新轮候名册。②

另外,为吸引人才,特定共有产权住房项目的分配也可能向人才倾斜。如北京市海淀区中铁碧桂园共有产权住房项目的分配政策更加突出了人才的考量,明确符合共有产权住房申购条件的"海英人才"及高新技术企业科技人才优先配售。③

四、保障性住房准入与分配政策的趋势及存在的问题

(一)住房准入和分配政策演变趋势

我国住房保障准入和分配政策呈现如下趋势:

第一,收入资产条件逐渐放宽。在保障范围和准入标准的划定上,早期政策主要考量住房困难和收入资产两项标准,住房困难通常以没有住房或人均住房面积低于一定标准认定,收入资产一般规定为家庭总资产和家庭收入低于一定标准。这一双标准模式既保障了住房困难群体的基本住房需求,又能将具有一定经济实力的家庭排除在外,避免其占用稀缺的保障性住房资源。

但随着经济社会和城市化进程的发展,不断高企的房价导致越来越多收入和资产在标准线上的家庭也无力通过市场满足住房需求,部分城市开始关注城市中虽然收入或资产水平较高却没有住房的家庭,新制定的人才住房或共有产权住房等非传统住房保障形式不再限定收入资产标准。收入资产标准的取消,既有目前我国在家庭收入和资产等相关信息

---

① 《北京市共有产权住房管理暂行办法》(京建法〔2017〕16号)第13、15条。
② 《上海市共有产权保障住房管理办法》(2019修正)(上海市人民政府令26号)第23条。
③ 《海淀区中铁碧桂园共有产权住房第二批次申购登记公告》,http://www.bjhd.gov.cn/hdy/tzgg/201810/t20181027_3887885.htm,最后访问日期:2022年5月6日。

收集上的缺失而导致的信息核查困难方面的考量,亦有在人口流动背景下政府在更大范围内保障城市中新就业的住房困难群体的住房需求的现实考量,同时也与地方政府保障性住房资源的积累和增加有关。作者认为,放宽准入标准是地方政府因时因地制宜地解决住房问题的政策调整,对于住房保障具有积极的作用。

第二,保障对象在不同保障形式间流动,形成梯度保障。虽然经济适用住房等产权型保障形式和廉租住房等租赁型保障形式在准入标准上,均考量住房困难和收入资产等两方面的因素,但具体的要求存在差异。一般情况下,保障对象只能选择一种保障形式,不同保障形式之间难以形成有效的流动,如经济适用住房的申请者无法申请廉租住房。随着住房保障制度的发展和地方在保障形式方面的创新,这一藩篱正在被打破。例如北京市就规定已通过廉租住房、经济适用住房、限价商品住房资格审核尚在轮候的家庭亦可以申请公共租赁住房。这样,就在一定程度上解决了部分其他类型保障对象在轮候期内的住房问题,形成了不同形式之间的有效衔接,更加凸显了住房保障政策"以人为本"的价值取向。

第三,户籍条件逐渐放宽。城镇户籍仍是认定保障对象的标准之一,但公共租赁住房和部分城市的共有产权住房、人才住房逐渐取消户籍条件,开始将非户籍常住人口纳入保障范围。城乡二元结构下的户籍制度一直是居民身份的符号,我国在推行保障性住房政策时也避不开户籍制度的影响,将保障对象的覆盖范围局限在本地城镇户籍人口。但同样在人口流动的影响下,城市中的非户籍常住人口所占城市总人口的比例不断扩大,非户籍常住人口的住房问题凸显。公共租赁住房将外来务工人员和新就业职工等纳入保障范围,既能解决住房困难群体的基本住房需求,也能吸引他们为城市建设出力;共有产权住房、人才住房等具有保障性质的政策性住房将非户籍常住人群纳入保障范围,旨在满足该部分人群购置住房的需求以吸引和留下这些人为城市发展做出贡献。

第四,特殊群体的保障。传统的住房保障以切实保障中低收入住房困难家庭的基本住房需求为目的,突出"保基本"的政策取向。但随着我国近二十年住房保障工作所取得的巨大成就,低收入住房困难家庭的住房问题已基本解决,但同时城市化、房价上涨和人口流动带来了新的住房难题,非传统意义上的住房保障对象亦面临住房问题,因而部分城市在传统的保障形式之外探索出人才房、共有产权住房等具有保障性质的政策性住房,以保障这些群体的住房需求。地方政府对诸如人才在内的特殊群体的住房政策支持,除了保障其住房需求之外,还具有吸引与留住与本地区发展规划相契合人群的作用,具有多重政策效果。最近加入住房保障序列的保障性租赁住房重点解决大中城市新市民、青年人等群体的住房困难问题,也属于对特殊人群的保障。

(二)住房保障准入和分配机制的问题

住房保障的准入和分配机制虽然在不断完善,但仍存在下述问题:

第一,住房保障信息支持系统缺失,信息共享机制不健全。受客观条件的限制,我国在执行保障性住房分配过程中缺乏一套有效的住房保障信息支持系统,如住房档案系统、个人征信系统、个人收入信息等。目前,家庭收入日益多元化、隐蔽化[①],由于缺乏完善的个人收入信息和个人征信信息,家庭收入难以被准确核实。一些较高收入者通过隐瞒收入、伪造证明或寻租等方式,达到符合经济适用住房准入标准的目的,而申请人单位在缺乏监督机制约束下难以证实本单位员工的收入是否符合申请条件;加之政府审批程序不严,收入、资产等信息分散在银行、房管、车管、税务、证券等多个部门,信息查询没有突破部门和地域的限制[②],信息核查存在不小阻碍。这些都导致现行准入政策无法发挥实际作用,不少经济适用住房流入高收入者和投资者手中,出现了"开着宝马住经适房"的情况。[③]

健全的住房保障信息管理系统和个人征信体系是确保保障性住房公平合理分配的基础。由于收集上述信息涉及多部门的全方位配合,建立住房保障信息支持系统需要多部门的共建和共享,政府应当从制度层面推进住房保障信息支持系统的建设。此外,政府也应当加快建设个人收入申报制度和个人信用制度,以确保申请人提供信息的真实性。

第二,准入标准滞后,动态调整机制尚未形成。北京市于2007年制定了保障性住房准入标准,按照规定应该每年根据具体情况调整一次。

---

① 参见江泽林主编:《城镇住房保障理论与实践》,中国建筑工业出版社2012年版,第191页。

② 参见李光、徐燕:《保障性住房"退出难"的破解之道》,载《上海房地》2012年第2期,第30—31页。

③ 参见余宇等:《我国经济适用住房政策的效果评估与发展前景研究》,中国发展出版社2012年版,第59页。

但在实践中,准入标准的动态调整机制尚未形成,家庭收入、住房、资产的准入标准在 2007 年制定后仅在 2010 年调整过一次,将家庭收入标准从原规定的家庭人均月收入低于 697 元调整为 960 元,调整变化不大。以 2007—2012 年为例,北京市商品住房均价从 8500 元/m^2 上涨到 20000 元/m^2,人均可支配收入从 2.1 万增加到 3.6 万,家庭收入、住房、资产的准入标准调整显然不能适应时代的发展,与实际情况存在较大的脱节。[①] 据作者了解,北京市住建委已经开始对租金补贴进行动态调整,根据经济发展水平和收入状况而实施的动态调整更能维护保障对象的相应权益,这一做法值得肯定。各地方政府应当根据当地经济社会的发展,切实履行准入条件年度调整工作,合理设定住房保障对象的住房困难标准和家庭财产收入标准,形成动态调整机制。

第五节　保障性住房后期管理与法律责任

保障性住房后期管理包括资产管理、合同管理、行政管理和物业管理等四方面。虽然准入和审核机制逻辑上也可归入(保障性住房建成后的)后期管理范畴,但本章第四节已详细阐述,故本节不再介绍。此外,退出制度包括自愿退出、不符合条件退出和违规退出,内容分属于行政管理与合同管理,但基于退出制度作为一个整体在住房保障后期管理中的重要地位,本节将单独介绍。

一、资产管理

保障性住房作为一种有形资产,对于产权人而言均有资产管理的问题。被保障家庭取得的保障性住房——例如经济适用住房、限价商品房、共有产权房个人持有份额——的产权的行使,本质上属于私法自治范畴,不在本节讨论范畴。保障性住房的使用、上市交易等方面的限制,一般通过保障性住房购买合同、租赁合同等约定,也不在本节讨论。

本节所讨论的资产管理,专指政府部门或事业单位(以下简称"行政事业单位")作为产权人或共有产权人时,对保障性住房的经营和使用,以

[①] 参见张跃松:《住房保障政策——转型期的探索、实践与评价研究》,中国建筑工业出版社 2015 年版,第 128 页。

及组织、指挥、协调、监督和控制。① 我国现阶段保障性住房资产管理的客体,主要是政府持有的共有产权房份额和政府投资建设的公共租赁住房。考虑的共有产权住房尚处于试点阶段,本部分将重点讨论公共租赁住房的资产管理。

(一)政府持有的保障性住房资产的管理原则

类型不同的国有资产管理遵循不同的原则。我国现行立法以国有资产占有使用主体为标准,将其划分为企业国有资产、行政事业单位国有资产和资源性国有资产。理论上通常以国有资产的性质为标准,将其划分为经营性国有资产、非经营性资产和资源性国有资产。由于历史原因,行政事业单位国有资产与经营性国有资产部分重合。但从法理上看,"行政事业单位国有资产主要配置于社会的非生产领域,其使用不应以营利为目的,而只能以服务为根本目标"。② 因此,未来国有资产将趋向"经营性国有资产、非经营性国有资产、资源性国有资产"三分法。下文将以此作为讨论基础。

经营性国有资产,是指国家作为出资人投入商品性生产、流通、服务等领域,以营利为主要目的,由国有企业等依法经营或使用的国有资产;非经营国有资产,是指不投入生产经营,而由国家机关、事业单位和社会团体用于国家公务和社会公益事业的国有资产,以及尚未启用的国有资产。③ 下表对经营性国有资产和非经营性国有资产进行了比较:

表 4-8　经营性国有资产与非经营性国有资产的区别

	经营性国有资产	非经营性国有资产
用途	生产经营	国家公务和社会公益事业
特点	营利性	非营利性
配置方式	以市场配置为主	以行政方式配置
占有使用主体	国有企业	行政事业单位
经营管理目标	保值增值 追求最大限度利润	提高利用效率 提供公共服务

---

① 参见刘玉平:《国有资产管理(第三版)》,中国人民大学出版社 2016 年版,第 2 页。"国有资产管理,是指对所有权属于国家的各类资产的经营和使用,以及组织、指挥、协调、监督和控制的一系列活动的总称。国有资产管理既有一般经济管理的普遍特征,又有其特殊性。"

② 李松森、孙晓峰编著:《国有资产管理(第二版)》,东北财经大学出版社 2013 年版,第 232 页。

③ 参见李曙光:《经济法学(第二版)》,中国政法大学出版社 2013 年版,第 371 页。

政府持有的保障性住房显然属于上表中的非经营性国有资产,应该适用非经营性国有资产管理原则。具体而言,政府持有共有产权房份额的目的,既不在于通过转让该份额获得收益,也不在于分享共有产权人出售房屋后的增值收益,而在于通过共有产权房半封闭或全封闭运行,抑制投机需求,满足刚需群体住房需求。同理,政府持有公共租赁住房的目的,也不在于收取租金为财政创收,而在于解决住房困难家庭的住房问题,减少公共租赁住房不必要的资产残损和流失。

(二)公共租赁住房资产管理

2018年12月25日,《公共租赁住房资产管理暂行办法》(财资〔2018〕106号)颁布,成为我国首部国家层面的保障性住房资产管理法规。该办法规定了公租房资产的范围、公租房资产管理机构职责划分、管理原则、资产配置、资产使用、资产处置、资产财务管理、资产报告和监督管理等内容。具体而言:

第一,公租房资产仅指地方政府住房保障部门持有的公共租赁住房及其配套设施,企业所有的公租房及行政事业单位持有的非保障性质的住房不属于公租房资产。

第二,公租房资产管理的原则有三:(1)所有权和使用权相分离;(2)合理配置、高效使用、规范处置;(3)资产管理与预算管理、绩效管理、财务管理相结合。

第三,公租房资产配置方式包括建设(含改扩建)、购置、调剂、接受捐赠等。接受捐赠的公租房资产,应纳入公租房体系统一管理和使用。捐赠人对捐赠房产有指定要求的,住房保障主管部门按指定要求管理使用。公租房资产配置的依据主要有城镇保障性安居工程规划或年度计划、公租房实际需求、公租房资产存量情况及绩效评价结果、政府财力及债务状况等。地方各级住房保障主管部门应与建设单位在合同中约定,建设单位不得将公租房资产作为融资抵押物。

第四,公租房中的住宅资产只能租赁给保障对象,公租房资产出租收入和罚款收入按照政府非税收入管理和国库集中收缴管理的有关规定缴入同级国库,实行收支两条线管理。通过政府购买服务方式实施的公租房资产运营管理和维护等服务事项,住房保障主管部门应在购买服务合同中约定承接主体相应的运营管理和维护等方面责任和义务,确保公租房资产的合理使用和正常运转。为发挥公租房资产使用效率,应对同一城市不同行政区划的公租房资产建立调剂使用机制。公租房项目配套的非住宅资产对外出租应当通过公开方式进行招租。地方各级住房保障主管部门不得以公租房资产进行担保。

第五,公租房资产可以依法在不同行政单位之间进行划转,因不可抗力、市政规划或危房等原因可依法进行拆除。公租房资产处置收入,按照政府非税收入管理和国库集中收缴管理的有关规定缴入同级国库,实行收支两条线管理。

第六,地方各级住房保障主管部门应按照国家统一的会计制度规定,及时对公租房资产进行会计核算。公租房资产分为主卡片和子卡片,主卡片按公租房项目建立(样式如下),主卡片下建立相应的子卡片。

表 4-9 公共租赁住房资产主卡片

卡片编号		住宅套数	套
资产名称		账面价值	元
产权所有人		累计折旧	元
产权证编号		账面余额	元
位置		项目总投资	元
建设日期		总建筑面积	平方米
竣工决算日期		占地面积	平方米
交付使用日期		保养维护单位	平方米
备注			

(各单位还可在该卡片样式基础上自行增加管理需要的资产信息内容)

第七,公租房资产管理情况纳入行政事业性国有资产年度报告,地方各级住房保障主管部门应定期公开本级政府公租房资产存量、变动和使用情况等信息。

第八,公租房资产管理建立监督机制。各级财政部门、住房保障主管部门及其工作人员,应认真履行公租房资产监管职责,依法维护资产的安全、完整。地方各级住房保障主管部门应对保障对象使用公租房资产情况和保障对象家庭人口、住房、经济变化情况进行监督,对违反保障性住房政策和合同约定使用资产的,按照合同约定收回资产,并按照有关规定追究责任。

(三)保障性住房资产管理存在的问题

有学者曾在2014年总结过租赁型保障性住房资产管理存在的诸多问题:(1)资产管理主体不明确,管理基础工作薄弱;(2)保障性住房闲置率高;(3)盘活运作机制尚未建立,资产价值效能难以有效发挥;(4)资产运行不便利,后续建设乏力。[1] 这些问题,是否能通过《公租房资产管理暂行办法》得以解决,尚待实践的检验。

目前我国尚无统一的共有产权住房国有资产管理办法。随着共有产权住房保障制度的深入发展,政府持有的共有产权份额的资产管理问题将越来越凸显。我们应当深化相关研究,并尽早制定相关规范。

二、行政管理

保障性住房行政管理,包括准入和审核管理、住房保障信息管理制度和租赁型保障性住房复核管理以及定期入户检查制度。准入和审核管理已在前面介绍,本部分重点对后面三个制度。

(一)保障性住房信息管理制度

目前,我国住房保障领域有两套信息管理系统:一是地方住房保障管理系统,适用于省、市、县三级产权型保障性住房和租赁型保障性住房信息管理;二是全国扩大农村危房改造试点农户档案管理系统,适用于全国范围农村危房改造信息管理。

地方住房保障管理系统一开始适用于廉租住房,后扩大到公共租赁住房,2012年铺开至整个住房保障领域。2006年8月,《城镇廉租住房档案管理办法》(建住房〔2006〕205号)颁布,标志我国住房保障档案制度的起步。2012年5月,《公共租赁住房管理办法》要求直辖市和县政府住房保障主管部门建立公共租赁住房管理信息系统建设,建立和完善公共租赁住房管理档案。2013年1月,《住房保障档案管理办法》(建保〔2012〕158号)颁布,《城镇廉租住房档案管理办法》被废止,表明我国包括租赁型保障性住房在内的住房保障制度实施统一档案管理制度。根据《住房保障档案管理办法》的规定,住房保障对象档案按照"一户一档"、住房保

---

[1] 参见唐家霖:《规范保障房资产管理初探》,载《商业会计》2014年第13期,第100页。

障房源档案按照"一套一档"建立。

全国扩大农村危房改造试点农户档案管理系统于 2009 年年末上线,是迄今为止住房保障领域唯一全国性的信息管理系统。[①] 建立全国农户档案管理系统的主要目的是消除信息不对称,即"消除上下级之间、扶持单位与对象之间的信息鸿沟"。[②] 作为一项扶持工程,农村危房改造主要依靠财政资金。除江浙等富裕地区外,我国农村危房改造对象大多处于地处偏远、交通不便和远离政治中心农村地区,信息不对称问题严重。农村危房改造试点农户档案管理系统的建立,可以保证国家财政扶持资金落实到位,防止基层部门通过虚报项目规模和对象等方法侵吞资金。另外,作为扶贫攻坚战的重要一环[③],该系统也有利于"精准扶贫"目标的实现。

(二)租赁型保障性住房复核管理

复核审查制度,是指租赁型保障性住房承租人定期向主管部门申报住房、收入、人口及资产变动情况,或者向主管部门如实申报重大变动情况,主管部门会同有关部门对其申报情况进行复核,并按照复核结果,调整租房补贴金额或者实物配租面积。复核管理结果应当及时录入住房保障信息管理系统,实行动态管理。

上海市租赁型住房复核管理经验较为成熟,并专门制定了《上海市廉租住房保障家庭复核管理试行办法》(沪房管规范保〔2012〕21 号),对配租期满后廉租住房保障资格的复核和配租期间重大情况变更的复核加以规范,主要内容如下:

第一,配租期满后廉租住房保障资格的复核。(1)廉租家庭的资格复核原则上每三年进行一次,复核时点与补贴协议或租赁合同相衔接;(2)经复核,申报家庭仍符合廉租住房申请条件的,可以继续实物配租或发放租赁补贴。但根据复核结果,可能调整补贴额度或住房面积,也可能

---

① 有关信息,参见"全国扩大农村危房改造试点农户档案管理信息系统"官网:http://wfgz.mohurd.gov.cn/,最后访问日期:2021 年 9 月 21 日。
② 仇保兴:《住房和城乡建设部仇保兴副部长在 2009 年农村危房改造试点工作会上的讲话(二〇〇九年五月十三日)》,载《小城镇建设》2009 年第 8 期,第 10—15 页。
③ 根据《关于加强建档立卡贫困户等重点对象危房改造工作的指导意见》(建村〔2016〕251 号),2016 年,中央将农村危房改造工作纳入扶贫工作的重点,加快推进贫困地区农村危房改造。

在实物配租和租金补贴两种补偿方式之间相互转化;(3)经复核,申报家庭不符合廉租住房申请条件的,应当在申报家庭补贴协议或者租赁合同期满后退出。

第二,配租期间重大情况变更的复核。(1)廉租家庭应当在补贴协议或者租赁合同有效期每满1年的第一个月内,向主管部门申报住房、收入、人口及资产重大情况变更;(2)申报有重大情况变更并核实的,申报家庭应当按照有关规定及时退出廉租住房保障;(3)申报无重大情况变更的,继续按照补贴协议或者租赁合同的约定,给予廉租住房保障。

第三,法律责任。(1)配租期满后逾期申报复核的,视为自愿放弃住房保障资格;发生重大情况变更逾期申报的,应当自规定的申报期限后,中止发放廉租住房租金配租或者实物配租的租金补贴,直至廉租家庭填报申报表为止;(2)隐瞒虚报或拒不配合住房保障机构复核审查工作的,应当根据不同情节和程度,采取立即取消其廉租住房保障资格、通报隐瞒虚报行为、取消5年内申请各类保障性住房的资格、记录其不良信用信息和追究司法行政责任等措施;(3)因住房保障机构的工作原因,复核决定延迟的,在迟延期间,廉租家庭可以按照原补贴协议或者租赁合同的约定,继续享受廉租住房保障。

(三)租赁型保障性住房定期入户检查制度

除上述被动接受复核申报外,产权单位还对租赁型保障性住房开展入户检查。通过入户检查,产权单位能够掌握承租家庭人员变化、房屋使用、室内设备设施状况,并能及时制止承租家庭违规行为,实行动态监管。

三、合同管理

保障性住房合同管理,是指依据保障性住房购房或租赁合同,对购房人或承租人进行管理。产权型保障性住房的合同管理包括使用管理和上市交易管理;租赁型保障性住房的合同管理包括使用管理、租金收缴和补贴发放、房屋调换与承租人变更、以及续租管理。

(一)产权型保障性住房合同管理

1. 使用管理

产权型保障性住房取得完全产权前,产权人须遵循使用管理的规定。

根据《经济适用住房管理办法》的规定,对经济适用住房的使用管理限制只有"不得用于出租经营",但未规定擅自出租的后果。根据《关于试点城市发展共有产权性质政策性商品住房的指导意见》(建保〔2014〕174号),政策性商品住房应当用于承购人自住,除符合规定情形并报请有关部门同意之外,不得擅自出租转借、长期闲置或改变用途。承购人要按有关规定和合同约定使用政策性商品住房,不得改变房屋结构,影响房屋质量安全和使用功能。该文件的使用管理限制规定的更加细致,但也未规定违反的后果。

综合北上广深现行法规政策,产权型保障性住房的产权人和居住人在使用房屋时,应当遵循以下规定:(1)产权型保障性住房在取得完全产权前,只能自住,不得用于出租或出借以及从事居住以外的任何活动,也不得无正当理由闲置6个月以上;(2)产权型保障性住房在取得完全产权前,不得设定除产权型保障性住房购房贷款担保以外的抵押权;(3)不得擅自改变保障性住房使用功能;(4)不得有违反其他法律、法规、规章的情形。如果违反上述使用规则,深圳市[①]和广州市[②]规定了书面通知改正、要求支付违约金、在指定媒体通报、记录不良信用、解除合同回购房屋、追回出租出借所得租金、禁止5年内再次申请经济适用住房等处理方式。

2. 上市交易管理

根据现行法规政策,产权型保障性住房的上市交易限制主要包括有限产权模式和封闭运行模式。二者的共同点是均设定限售期(5年、10年或15年),在限售期内原则上不得转让,有特殊情况的,可以向政府申请回购。二者的不同点是,有限产权模式下保障性住房可以转化为商品房,封闭运行模式下保障性住房始终为保障性住房。从各地实践情况来看,我国经济适用住房和限价商品房采取有限产权模式,北京市共有产权住房采取封闭运行模式[③],其他地方共有产权住房仍采用有限产权模式。

[①]《深圳市保障性住房条例》(深圳市第六届人民代表大会常务委员会公告第200号)第45条。
[②]《广州市经济适用住房制度实施办法(试行)》(穗府〔2007〕48号)第35条。
[③]《北京市共有产权住房管理暂行办法》(京建法〔2017〕16号)第25条。

(二)租赁型保障性住房合同管理

1. 使用管理

和《经济适用住房管理办法》的模糊规定不同,《城镇最低收入家庭廉租住房管理办法》(建设部等令〔2003〕第 120 号,已失效)和《公共租赁住房管理办法》明确规定承租人只能自住,不得将租住房屋转租、转借或利用其从事居住以外的任何活动。具体而言,承租人不得有下列行为:(1)转借、转租或者擅自调换所承租公共租赁住房;(2)改变所承租公共租赁住房用途;(3)破坏或者擅自装修所承租公共租赁住房,拒不恢复原状;(4)在公共租赁住房内从事违法活动;(5)无正当理由连续 6 个月以上闲置公共租赁住房。

2. 租金缴纳和补贴发放

租赁型保障性住房的承租人应当按照约定缴纳租金。承租人缴纳的租金标准为市场租金的一定比例,特别困难的承租人为公共租赁住房租金的一定比例。承租人累计 6 个月以上拖欠租金的,应当腾退所承租的公共租赁住房;拒不腾退的,公共租赁住房的所有权人或者其委托的运营单位可以向人民法院提起诉讼,要求承租人腾退公共租赁住房。另外,为体现保障属性,深圳市规定租赁保障性住房的住房困难家庭或者单身居民,因经济原因缴纳租金确有困难的,可以申请缓缴、减缴或者免缴租金。① 除通过"实物配租"解决住房问题外,申请人还可以通过领取租房补贴的方式解决住房困难问题。我国采取的实物配租和租房补贴二选一的保障方式,领取额租房补贴者只能到市场上租赁住房。②

3. 房屋调换与承租人变更

承租人不得擅自调换公共租赁住房,因就业、子女就学等原因需要调换公共租赁住房的,经公共租赁住房所有权人或者其委托的运营单位同意,承租人之间可以互换所承租的公共租赁住房。北京市的调换流程如下:(1)承租家庭向管理服务站提出调换申请;(2)产权单位核定登记并发布房源信息;(3)双方达成调换协议,分别结清现居住房屋各项费用,

---

① 《深圳市保障性住房条例》(深圳市第六届人民代表大会常务委员会公告第 200 号)第 24 条。
② 《城镇最低收入家庭廉租住房管理办法》(建设部等令〔2003〕第 120 号,已失效)第 5 条。

并签订《房屋调换协议书》;(4)双方分别与产权单位重新签订租赁合同,其中租赁期限为原房屋租赁合同剩余期限;(5)互换完成,如有租金补贴,产权单位协助承租家庭及时申请办理补贴领取手续。①

另外,北京市还规定申请家庭成员间可以变更承租人。承租家庭向产权单位租赁服务站提出申请,服务站收齐材料后报送申请所在区县住房保障部门。住保部门对符合条件的公示10日,公示无异议的15日内反馈给服务站,服务站收到反馈后5日内办理变更手续。如不符合条件,则取消保障资格。②

4. 续租管理

租赁期届满需要续租的,承租人应当在租赁期满3个月前向市、县级人民政府住房保障主管部门提出申请。市、县级人民政府住房保障主管部门应当会同有关部门对申请人是否符合条件进行审核。经审核符合条件的,准予续租,并签订续租合同。未按规定提出续租申请的承租人,或者提出续租申请,但经审核不符合续租条件的,租赁期满应当腾退公共租赁住房;拒不腾退的,公共租赁住房的所有权人或者其委托的运营单位可以向人民法院提起诉讼,要求承租人腾退公共租赁住房。

(三)保障性住房合同管理存在的问题

首先,产权型保障性住房合同管理法律法规存在漏洞。为最大程度优化公共资源配置,理想状态是在购房人取得完全产权前,其只能用于自住,不得出售、赠与、出租、出借或闲置,也不得用于设定除该住房购房贷款以外的抵押权。但是现行全国性的法规只规定了政策性商品住房不得擅自出租转借、长期闲置或改变用途,未规定抵押权限制,也未规定违规使用后果。另外,既然有使用的限制,就应该有相应的检查或抽查制度,否则相关的限制将形同虚设。

其次,产权型保障性住房上市交易有限产权模式难以抑制投资投机需求。除北京市共有产权住房实行封闭运行模式外,现行经济适用住房、限价商品房和共有产权住房制度规定保障对象在购房后一定年限后,补

---

① 《关于北京市公共租赁住房调换及调整试点工作的通知》(京建发〔2014〕453号)。
② 北京市住房和城乡建设委员会《关于北京市公共租赁住房调换及调整试点工作的通知》(京建发〔2014〕453号)。

齐购房土地出让金等价款,即可上市流通转让。在当今我国房价高企的背景下,转让的利润空间巨大,即使共有产权模式中购房人的利润比拥有单独产权小,也仍可获得较多收益。对此,有两种解决办法:其一,所有产权型保障性住房均采用封闭运行模式;其二,通过延长限售期增加投机风险,抑制投机热度。深圳市就采取了第二种办法,深圳市人民政府《关于深化住房制度改革加快建立多主体供给多渠道保障租购并举的住房供应与保障体系的意见》(深府规〔2018〕13号)虽然未建立全封闭流转制度,但相比2011年《深圳市安居型商品房建设和管理暂行办法》(深圳市人民政府令第228号),其将安居型商品房的限售期从原来的签订买卖合同10年内延长为自购房之日起累计在深缴纳社保满15年,或者年满60周岁且购房满10年。①

四、物业管理

根据《民法典》第284条、第285条、第286条和第937条,物业管理是指业主委托物业服务企业或者其他管理人管理建筑物及其附属设施。物业服务人在物业服务区域内,根据物业服务合同的约定,为业主提供建筑物及其附属设施的维修养护、环境卫生和相关秩序的管理维护等物业服务,接受业主的监督,并及时答复业主对物业服务情况提出的询问。

目前我国没有保障性住房物业管理的专项立法。但是,保障性住房不同于普通商品住房,二者在物业产权、物业服务对象、物业管理费以及物业服务重点等方面有所不同。另外,产权型保障性住房和租赁型保障性住房在保障范围、产权形式、政府介入程度等方面也有所差异,导致二者无法采用统一的物业管理模式。

---

① 深圳市人民政府《关于深化住房制度改革加快建立多主体供给多渠道保障租购并举的住房供应与保障体系的意见》(深府规〔2018〕13号)规定:"建立人才住房和安居型商品房封闭流转制度。出售的人才住房和安居型商品房在一定年限内实行封闭流转。封闭流转期间,因另购市场商品住房等法定事由或自身原因需要转让的,应当面向其他符合申购条件的对象转让,或由政府按规定回购。购房人自购房之日起累计在深缴纳社保满15年,或者年满60周岁且购房满10年,符合我市人才安居办法、安居型商品房建设和管理办法等规定条件的,其所购人才住房或安居型商品房经政府批准后可以进入市场流转,但应当向政府缴纳一定比例的增值收益。"

表 4-10　普通商品房和保障性住房物业管理比较

	普通商品住房	产权型保障性住房			租赁型保障性住房	
		经济适用住房	限价商品房	共有产权住房	政府持有	非政府持有
物业产权	购房人			购房人+政府	政府	产权单位
物业管理模式	市场运作				政府自管或市场运作	市场运作
物业服务对象	所有人	中低收入群体	中等收入群体		低收入群体	中低收入群体等
物业管理费	市场标准	市场标准			政府指导价或政府定价	
物业服务重点	档次高	有针对性地提供服务				
物业管理范围	常规内容	常规内容+辅助协助监管义务				

目前我国对保障性住房的物业管理研究不够充分,实践中重视程度也不够。例如,2014年河北省多数城市租赁型保障性住房后期运营管理采取政府主导模式,连基本的物业管理都没有启动。[①] 以下将从管理模式选择、业主权利行使和物业费用收取等三个方面对保障性住房的物业管理进行讨论。

(一)管理模式选择及其存在的问题

根据国务院办公厅《关于保障性安居工程建设和管理的指导意见》,保障性住房小区可以实行住户自我管理与自我服务,也可以聘请专业机构提供物业服务。根据《公共租赁住房管理办法》,公共租赁住房的所有权人及其委托的运营单位应当负责公共租赁住房及其配套设施的维修养护,确保公共租赁住房的正常使用。根据《关于试点城市发展共有产权性质政策性商品住房的指导意见》,政策性商品住房小区原则上应实行市场化的物业管理。可见,产权型保障性住房的物业管理遵循市场原则,由购房人自行管理或自行选聘物业公司管理,而租赁型保障性住房,特别是政府持有的公共租赁住房,则由政府或其委托的运营单位负责物业管理。

---

① 参见郭林:《租赁型保障性住房后期运营管理的现状与破解之道——基于河北省的经验分析》,载《苏州大学学报》2014年第5期,第26页。

具体而言:

其一,经济适用住房、限价商品住房和共有产权住房均属于广义上的产权型保障性住房,但经济适用住房具有更强的保障性,其销售对象是中低收入家庭,具有较弱的支付能力,因此其虽然适用市场化的物业管理模式,但要适当降低物业管理费。而限价商品住房和共有产权住房属于政策性商品住房,具有普通商品住房的属性,其销售对象为中等收入家庭,具有一定支付能力,故二者的物业管理应等同于普通商品住房的物业管理。另外,对于集中建设的产权型保障性住房小区,由业主通过业主大会自行选择物业服务企业。对于在商品房小区中配建的产权型保障性住房,则统一纳入所在小区的物业管理。

其二,对于政府或其他产权单位集中建设的租赁型保障性住房,政府或其他产权单位作为业主,可以自行管理或委托物业服务企业管理。对于政府或其他产权单位配建的租赁型保障性住房,则统一纳入所在小区的物业管理。

从实践来看,政府持有的租赁型保障性住房主要采取政府直接管理模式,而非市场化管理模式,即由租赁型保障性住房所在街道成立物业管理公司,由他们提供物业管理服务。这种模式在社会稳定方面有一定优势,但也存在运营效率低下、不利于公共资产的维护等弊端,为后期管理带来隐患。① 其他保障性住房主要采取市场运作模式。但通过市场招标选聘的物业公司,往往以追求利润为目标,而物业公司通过提供高标准的物业服务,又完全超出了保障对象的支付能力。② 保障性住房的公益性与物业服务企业追求利益形成不可调和的矛盾,最终导致有些物业服务企业不得不通过减少服务项目、降低服务标准来减少开支、控制成本,让住户认为物业服务公司服务质量差而拒缴物业管理费,形成恶性循环。③

(二) 业主权利行使及其存在的问题

根据《民法典》第278条,业主享有选聘和解聘物业服务企业或其他

---

① 参见李俊杰、张建坤、刘娟:《保障性住房物业管理模式研究——以南京市为例》,载《现代城市研究》2012年第27期,第33—34页。
② 参见陈淑云、彭银:《保障性住房物业管理模式重构与优化》,载《物业管理》2015年第24期,第60页。
③ 参见邓李侠:《保障性住房物业管理模式探讨》,载《长春教育学院学报》2013年第16期,第66页。

管理人的权利、专项维修资金管理和使用权、监督权和知情权等权利。经济适用住房和限价商品住房的业主是房屋所有权人,由其行使上述权利自然不存在障碍。共有产权住房和政府所有的租赁型保障性住房中,政府是部分产权人或全部产权人,政府需要委托政府部门工作人员行使业主权利,或者授权共有产权购房人和租赁型保障性住房承租人行使其享有的业主权利。如果采取委托制,物业管理事务实际上转变为政府职能,既加重政府社会管理工作,也违背"大社会小政府"的发展趋势。或许采取授权制,让共有产权购房人/公共租赁住房承租人参与某些物业管理的决策,是更好的选择。现在一些地方考虑通过委托授权的方式,让保障性住房承租人代表业主参与某些物业管理决策,值得提倡。①

(三)物业管理费用收取及其存在的问题

保障性住房的物业收费问题是个长期难题。物业企业运营压力与住户收入水平之间的矛盾,需要政府适当介入。② 产权型保障性住房的物业费,由购房人交付。租赁型保障性住房的物业费,政府或产权人才是业主,但由于承租人才是实际居住人,物业管理费通常由承租人承担。政府集中建设的公共租赁住房的物业管理收费标准实行政府定价或政府指导价,收费标准若低于市物价部门制定的政府指导价,政府给予物业服务公司适当补贴。③ 对于入住政府建设筹集的租赁型保障性住房的户籍中等偏下收入住房困难家庭,政府可给予适当物业管理费补贴。④ 尽管物业管理费用低廉,但其收缴存在一定困难。根据学者调研情况,南京市2012年物业费收缴率大部分只能达到40%—50%,有些保障性住房小区甚至存在收缴不到物业管理费的情况。这一方面是因为部分业主或承租人确实紧急困难,无法支付物业管理费。另一方面也是因为物业服务公司提供的服务质量较差,业主或承租人不愿意支付费用。"物业服务企业是自主经营,自负盈亏的市场主体……决不能简单摊派物业服务企业承

---

① 参见楼建波:《中国大陆住房保障制度的路径依赖与路径创新——兼论住房保障立法的急迫性》,载《月旦财经法杂志》2011年第26期,第18页。
② 参见吴剑平、姚剑雄、陈德豪:《保障性住房物业管理财政补贴机制研究——以广州JS保障房小区为例》,载《中国房地产》2015年第27期,第80页。
③ 《广州市公共租赁住房保障办法》(穗府办规〔2016〕9号)第35条。
④ 《广州市公共租赁住房保障办法》(穗府办规〔2016〕9号)第36条。

担住房保障中的政府职能。"[①]

五、退出管理

保障性住房退出管理,是指依据法律规定和合同约定,产权型保障性住房购房人出售住房,向政府申请回购以及再次购房或者因违规被腾退,租赁型保障性住房承租人自愿退出、不符合承租条件退出或者因违规被腾退,以及不同种类保障性住房之间的退出衔接管理。

(一)产权型保障性住房退出管理

根据《经济适用住房管理办法》,经济适用住房的退出分为自愿退出、不符合条件退出和违规被腾退:(1)自愿退出,是指购房人在购房满5年后,得上市交易转换为商品住房或向政府交纳地价款等价款转为完全产权住房,或者向政府申请回购,住房性质不变。不满5年的,原则上不得上市交易,但因特殊原因确需转让的,可以申请政府回购,住房性质不变。(2)不符合条件退出,是指因承购人购买其他住房,原经济适用住房由政府回购。(3)违规被腾退,是指骗购经济适用住房的,由政府回购经济适用住房,且住房性质不变。

限价商品房、共有产权房和经济适用住房的退出制度类似,如上海市规定取得共有产权保障住房不动产权证未满5年,购房人或同住人购买商品住房、购房人和同住人的户口全部迁出上海市或全部出国定居、非本市户籍购房人和同住人的居住证全部被注销(但因户口迁入本市导致的除外)、以及购房人和同住人均死亡,应当腾退房屋。[②] 但北京市共有产权住房采取了封闭运行的做法。根据北京市的规定,共有产权住房购房人取得不动产权证满5年的,可按市场价格转让所购房屋产权份额。购房人向原分配区住房城乡建设委(房管局)提交转让申请,明确转让价格。同等价格条件下,代持机构可优先购买。代持机构放弃优先购买权的,购房人可在代持机构建立的网络服务平台发布转让所购房屋产权份额信息,转让对象应为其他符合共有产权住房购买条件的家庭。新购房人获

[①] 安世锦:《城镇住房保障政策模式及实证研究》,首都师范大学出版社2012年版,第148页。
[②] 《上海市共有产权保障住房管理办法》(2019修正)(上海市人民政府令第26号)第33条。

得房屋产权性质仍为"共有产权住房",所占房屋产权份额比例不变。

一些地方通过地方性立法对租赁型保障性住房和未取得完全产权的产权型保障性住房的退出作了统一规定。例如,深圳市则将违约使用行为,如擅自出租、互换、出借等作为收回出租型保障性住房和强制回购产权型保障性住房的事由。① 此外,深圳市还规定了人性化退出机制,即承购人应自收到解除合同或者终止合同通知之日起 30 日内搬迁,并办理相关手续;但承购人有正当理由可以申请临时延期(至多 60 日),并按照同期市场租赁指导价缴纳租金;无正当理由拒不搬迁的,主管部门应责令其搬迁,并按照同期市场租赁指导价收取逾期租金;拒不执行的,主管部门可以依法申请人民法院强制搬迁。②

(二) 租赁型保障性住房退出管理

退出问题是租赁型保障性住房的"老大难"问题。租赁型保障性住房的退出形态包括停发租赁补贴或者退回住房,逾期不退回的,则按调整租金等方式处理并可申请法院强制执行。由于政府可主动停发或强制收回租赁补贴,故租赁性保障性住房"退出难"主要是指实物配租退出难。根据《公共租赁住房管理办法》,租赁型保障性住房退出方式可以分为承租人自愿退出、不符合承租条件退出或者因违规被腾退廉租住房:(1) 承租人无过错但因收入、人口、住房等情况发生变化不再符合保障条件的,适用享受"合理搬迁期"待遇。③ 不符合保障条件的情形包括:① 按期提出续租申请但经审核不符合续租条件;② 租赁期内,获得其他住房并不再符合公共租赁住房配租条件;③ 租赁期内,承租或者承购其他保障性住房。(2) 承租人存在违规行为或过错行为的,不能享受"合理搬迁期",应当立即腾退租赁住房并且按市场价格补交以前房租。④ 违规和过错行为包括:① 转借、转租或者擅自调换所承租公共租赁住房;② 改变所承租公共租赁住房用途;③ 破坏或者擅自装修所承租公共租赁住房,拒不恢复

---

① 《深圳市保障性住房条例》(深圳市第六届人民代表大会常务委员会公告第 200 号)第 45 条。
② 《深圳市保障性住房条例》(深圳市第六届人民代表大会常务委员会公告第 200 号)第 46 条。
③ 《公共租赁住房管理办法》(住房和城乡建设部令〔2012〕第 11 号)第 31 条。
④ 《公共租赁住房管理办法》(住房和城乡建设部令〔2012〕第 11 号)第 27、29、30 条。

原状;④ 在公共租赁住房内从事违法活动;⑤ 无正当理由连续6个月以上闲置公共租赁住房;⑥ 承租人累计6个月以上拖欠租金;⑦ 承租人未按规定提出续租申请;⑧ 以欺骗等不正手段获得公共租赁住房。

地方层面的退出制度在惩罚与激励机制、人性化退出机制等方面有所创新。具体包括:(1) 惩罚措施包括道德谴责和法律谴责,前者指记录不良信用信息,后者指设置禁申期、没收违法所得、处以罚款和收取违约金;(2) 激励措施指赋予优先购买经济适用住房权利;(3) 人性化退出机制包括设置过渡期和提供中转住房。

(三) 不同种类的保障性住房之间的退出衔接

目前,国家层面的政策仅在租赁型保障性住房范围内探索退出管理并轨,尚未形成完善的保障性住房退出衔接管理机制。根据住房和城乡建设部《关于并轨后公共租赁住房有关运行管理工作的意见》(建保〔2014〕91号),公廉并轨后,廉租住房和公共租赁住房之间形成衔接,对于不再符合城镇低收入住房困难家庭条件但符合公共租赁住房保障对象条件的,可继续承租原住房,同时调整租金。一些地方则开始了租赁型和产权型保障性住房的退出衔接的探索。例如《广州市城市廉租住房保障制度实施办法(试行)》(穗府〔2007〕48号)第32条规定,退出廉租住房保障的家庭,符合经济适用住房申购条件的,经批准可优先购买经济适用住房。

(四) 保障性住房退出管理存在的问题

保障性住房退出难是个老生常谈的问题。现有文献将其原因总结为个人信息平台不健全[1]、退出程序设计不合理[2]、法律法规不完善[3]、监管主体模糊[4]、惩罚激励机制缺乏[5]、保障对象福利固化观念[6]、退出管理机

---

[1] 参见李光、徐燕:《保障性住房"退出难"的破解之道》,载《上海房地》2012年2月,第29—31页。

[2] 参见方永恒、张瑞:《保障房退出机制存在的问题及其解决途径》,载《城市问题》2013年第11期,第79—83页。

[3] 参见张祥标:《建立廉租住房退出机制》,载《发展研究》2008年第4期,第105—106页。

[4] 参见肖伊宁、高珊:《我国保障性住房退出机制:问题及对策》,载《山东行政学院学报》2014年第8期,第51—55页。

[5] 参见邓宏乾、王昱博:《租赁型保障住房退出机制研究——基于进化博弈论的视角》,载《贵州社会科学》2015年第3期,第123—127页。

[6] 参见杜媛媛:《租赁型保障性住房退出机制建构——以衡水市保障房供应为例》,载《人民论坛》2014年第14期,第227—229页。

制陷入恶性循环①等方面。作者认为,解决保障性住房退出难问题,不仅要完善该制度本身,而且要健全信息平台、监管主体、法规建设等各项配套制度。由于本部分仅讨论退出制度,故作者仅研究保障性住房退出管理本身的三大问题,即住房退出机制不完善、缺乏人性化退出制度、衔接制度不完备等不足之处。具体而言:

第一,现行法规政策主要规制租赁型保障性住房,但对产权型保障性住房的政策较为模糊甚至缺失,后者主要适用自愿退出这一种模式。实际上,产权型保障性住房也应当建立和健全不符合条件(如收入超标)的退出和违规使用(如擅自改变保障性住房用途)退出机制,防止浪费保障性住房资源。

第二,目前我国只在公共租赁住房层面区分对待不符合条件的退出和违规违法退出,并给予前者"合理搬迁期"。实际上,由于短期内找到合适的落脚点并不容易,强制搬离可能会造成生活工作的不安定。即便是违规使用退出,也应当给予一定宽限期。更重要的是,目前我国的退出形式较为单一,一旦不符合条件就要搬离,而不能选择支付市场租金继续租住。这既加大退出难度,不利于保障居民住房权,也不利于实现社区融合(继续租住可以实现不同收入阶层的人共同居住)。

第三,我国现行保障制度之间衔接不畅,没有形成完善的退出衔接制度。例如,公共租赁住房只规定了从廉租住房到公共租赁住房的衔接,没有规定从租赁住房到租房补贴的衔接;又如,租赁型保障性住房和产权型保障性住房之间衔接不足。事实上,退出衔接制度不仅能简化退出程序,而且能够激励不符合条件的家庭主动退出保障性住房,是解决"退出难"问题的重要途径。

第六节 本 章 小 结

通过梳理我国保障性住房制度的各个环节,可以发现我国住房保障

---

① 参见毛小平、陆佳婕:《并轨后公共租赁住房退出管理困境与对策探讨》,载《湖南科技大学学报(社会科学版)》2017年第1期,第99—101页。

制度从计划制订到后期管理均形成了一套较为成熟的机制。具体而言：

第一，我国住房保障计划既包括涉及住房保障的综合计划和住房保障专项计划，又包括住房保障长期规划和住房保障年度计划，同时还有中央政府对住房保障的规划和地方政府对住房保障的规划等不同类别、不同层次的计划。各种类型的规划与计划各有侧重，引导住房保障工作的有序开展。

第二，我国住房保障管理实行多部门协同工作机制，有中央和地方两套班子，央地关系呈现"国家统筹定计划，省级负总责，市、县抓落实"以及"中央制定总框架，地方因城施策"的特征。总体而言，以住建部门或住房保障部门为统筹，由其他部门在各自职权范围内相配合的协同工作机制，以中央作宏观政策指导，地方谋具体落实的工作方法，在实践中取得了成效。

第三，产权型保障性住房和租赁型保障性住房在开发建设环节上各有其特点。首先，土地供应越来越多元化，但不同类型保障性住房可利用的土地类型不同。具体而言：（1）保障性住房均可在国有建设用地上开发建设，租赁型保障性住房还能在集体建设用地上建设（北京市集体土地上的共有产权住房可能是一个例外）；（2）除经济适用住房和廉租住房等少数保障性住房以划拨方式供应土地外，大多保障性住房开发建设均通过出让方式供地，保障性租赁住房则可通过出让、租赁或划拨等方式供地；（3）保障性住房均在居住用地上建设，商业用地上闲置房屋只能转化为租赁型住房（含租赁型保障性住房），禁止"以租代售"或者用于出售。另外，除行政划拨和传统的"招拍挂"出让外，住房保障领域发展出诸多独特的土地供应方式，包括产权型政策性住房的"限房价、竞地价"出让和集体土地租赁住房用地的协议出让；（4）企业自持租赁住房土地供应；（5）通过土地二级市场中取得保障性住房用地。其次，不同保障性住房的开发建设实施各有特点。目前，政府直接供应模式和政企共建模式主要适用于供原廉租住户租住的公共租赁住房和保障性租赁住房，企业独建模式和事业单位自建模式则适用于经济适用住房、共有产权住房和其他类型公共租赁住房。采用集中建设的保障性住房多为政府直接建设或政府通过招标选择企业代建，采用配套建设的保障性住房多为房地产开发企业建设，且多在商品住房项目中配建。最后，保障性住房开发建设资金筹措在融资主体、融资方式、开发贷款支持力度等方面与一般房地产开发融资不同,保障性住房开发资金筹措渠道越来越宽,包括财政资金、银行贷款和 PSL、住房公积金贷款、地方融资平台债务资金、金融债券、公司信用类债券、住房租赁担保债券和房地产信托投资基金(REITs)等。

第四,我国现行住房保障准入和分配制度规定得较为细致,不同类型的保障性住房在保障范围、准入条件、审核制度和轮候分配等方面各有其特点。根据现行法规政策,我国保障对象大致可以分为三类:一是具有本地城镇户籍的中等偏下和低收入住房困难家庭;二是新就业住房困难职工和在城镇稳定就业的外来务工人员;三是其他保障对象。不同类型的保障性住房对保障对象的户籍、收入、住房困难程度、稳定就业等要求不同,并且不同城市的具体标准也有差异。总体而言,户籍和收入资产条件逐渐放宽,保障范围逐渐扩大。实践中,住房保障审核程序十分严格,例如,北京市经济适用住房和公共租赁住房采取"三级审核、两级公示"制度,上海市共有产权住房(经济适用住房)实行"两级审核、两级公示"制度,厦门市经济适用住房实行"五级审核、两级公示"制度,海口市经济适用住房实行"一级审核、两级公示"制度。另外,由于保障性住房供不应求,为处理申请者远多于保障性住房数量的问题,政府一般设置轮候期,以保证在一定的期间内解决申请者的住房需求。

第五,我国现行住房保障后期管理包括资产管理、合同管理、行政管理和物业管理等四方面,随着保障性住房的大规模建设,后期管理的重要性凸显。具体而言:(1)资产管理。政府持有的共有产权房份额和政府投资建设的公共租赁住房在性质上属于非经营性国有资产,适用非经营性国有资产管理原则。住建部颁布的《公共租赁住房资产管理暂行办法》在很大程度上弥补了我国保障性住房资产管理立法上的空白。(2)行政管理。我国住房保障领域有两套信息管理系统,即地方住房保障管理系统和全国扩大农村危房改造试点农户档案管理系统;租赁型保障性住房实行复核审查制度,上海市对租赁型住房复核管理经验较为成熟,值得全国其他城市学习;租赁型保障性住房还要接受产权单位的入户检查。(3)合同管理。产权型保障性住房的合同管理包括使用管理和上市交易管理,租赁型保障性住房的合同管理包括使用管理、租金收缴和补贴发放、房屋调换与承租人变更以及续租管理。(4)物业管理。保障性住房物业管理在物业产权、物业管理模式、物业服务对象、物业管理费、物业服务重点和物业管理范围等方面具有特殊性。实践中,保障性住房物业管理模式包括政府直接管理模式和市场运营模式,其中产权型保障性住房的物业管理遵循市场原则,由购房人自行管理或自行选聘物业公司管理,而租赁型保障性住房,特别是政府持有的公共租赁住房,则由政府或其委托的运营单位负责物业管理。另外,由于政府是共有产权住房和租赁型保障性住房的业主,政府如何行使业主权利是个问题。实践中,一些地方采取委托授权方式,由承租人或共有产权住房购房人代表政府参与某些物业管理决策。保障性住房的物业管理费通常由购房人或承租人承担,政府集中建设的公共租赁住房的物业管理收费标准实行政府定价或政府指导价,并根据具体情况给予物业服务企业或承租人适当补贴。(5)退出管理。产权型保障性住房购房人出售住房,向政府申请回购以及再次购房或者因违规被腾退,租赁型保障性住房承租人自愿退出、不符合承租条件退出或者因违规被腾退,以及不同种类保障性住房之间的退出衔接管理,如公廉并轨后廉租住房和公共租赁住房之间的衔接,目前基本有章可循。

但是,我国住房保障制度在各环节仍然存在不完善之处,有些问题是制约住房保障进一步发展的老大难问题,还有一些问题则是随着制度的深化发展新出现的问题。具体而言:

第一,我国住房保障计划的制订,存在住房保障目标不明确、住房保障计划制订缺乏足够信息支持、自上而下的计划制订模式不利于计划执行与落实等问题。住房保障目标的不明确不利于住房保障计划的制订,容易导致计划制订和修改的随意性。中央和省级政府在制订规划时,如果缺乏足够的信息支撑,容易导致住房保障供需不匹配。"自上而下"的计划制订形式,不利于各地根据自己的情况制订符合当地需求的保障性住房供应计划,既导致部分地区保障性住房建设资金的困难,又导致部分地区住房保障需求和供给不平衡。但完全"自下而上"的计划制订模式又可能矫枉过正。

第二,我国住房保障管理体制上存在央地住房保障权责划分不合理、部门协调机制不健全以及社会力量参与不足等问题。首先,地方政府并未完全服从中央政府的安排,常出现象征性执行、曲解性执行和搪塞性执行等情况。地方政府执行不力既与央地政府利益不一致有关,又与地方政府难以获得足够资源支撑有关。其次,保障环节的责任主体繁多,协调难度大,责任主体工作的重叠交叉,加大管理难度。现行住房保障协调小组作为一个临时性议事调停机构,不具有强制性行政权力,难以对相关部门形成有效的约束。最后,未充分发挥市场作用,社会力量参与度不高。在现有住房保障管理体制下,政府几乎包揽了住房保障管理中的所有工作,社会力量参与明显不足,市场发挥资源配置的决定性作用未能显现。

第三,我国住房保障开发建设环节存在如下问题:保障性住房开发建设概念模糊;居住用地划分较为粗糙;集体土地租赁住房土地使用权入股操作不明;集中建设可能导致选址过偏、贫困过度集中和社会分割,配套建设模式可能在商品房业主和保障性住房业主或承租人之间制造新矛盾;保障性住房开发资金来源渠道单一、数量不稳定、资金回笼速度慢、开发建设贷款期限较短;等等。

第四,我国住房保障准入与分配环节存在住房保障信息支持系统缺失、信息共享机制不健全、准入标准动态调整机制尚未形成等问题。

第五,我国住房保障后期管理理论研究不够充分,实践中的问题层出不穷,已成为制约我国住房保障制度实现可持续发展的瓶颈。具体而言:(1)保障性住房资产管理研究不够充实,法律规定不够健全,存在资产管理主体不明确、盘活运作机制尚未建立等问题。(2)尚未建立全国范围内的保障性住房保障信息管理系统;除上海外,其他城市租赁型保障性住房复核管理规定较为粗糙,难以落实租赁型保障性住房动态监管。(3)产权型保障性住房使用管理法律规定较为混乱,而且存在漏洞。(4)保障性住房物业管理研究不够充分,实践中重视程度也不够。就管理模式而言,无论是政府直接管理模式,还是市场运作模式,均存在弊端:前者会导致运营效率低下、不利于公共资产的维护;后者保障性住房的公益性与物业服务企业追求利益容易形成不可调和的矛盾。就业主权利行使方式而言,共有产权住房和政府所有的租赁型保障性住房中,政府作为业主,如何行使投票权等权利,亟待解决。就产权型保障性住房的物业管理费收取而言,由于保障性和营利性的内在冲突,实践中存在物业管理费收缴困难和费用过于低廉的两难问题,而且可能陷入"降低服务标准→拒绝交纳物业管理费→进一步降低服务标准……"的恶性循环。(5)解决保障性住房退出难问题,不仅要完善该制度本身,而且要健全信息平台、监管主体、法规建设等各项配套制度,需要多部门协作。

针对我国现行住房保障制度存在的问题,作者提出了相应的对策与建议。具体而言:

就住房保障计划制订存在的问题,应当明确住房保障目标,使其回归保障住房权的定位;建立健全住房保障信息系统,为计划制订提供大数据支持;采用"自上而下"与"自下而上"相结合的计划制订模式,充分发挥中央和地方两个积极性。

就住房保障管理体制存在的问题,应当通过立法明确央地住房保障职责,平衡央地事权与财权,加大中央政府对地方住房保障事业的财政支持力度;建立健全部门协调机制,并促使协调机制常态化,增强其权威性和规范性;发挥市场主体在住房保障上的作用,引入社会力量参与住房保障工作。

就住房保障开发建设存在的问题,应当在广狭两义房地产开发之外,重新界定"保障性住房开发"的内涵;在居住用地之外,专门设置租赁住房用地;细化集体土地租赁住房土地使用权入股规定,建立集体建设用地使用权价值评估和确定机制;完善各种优惠政策,通过土地供应、资金补贴、税收优惠等多种形式吸引民间资本参与保障性住房建设;改变我国"土地财政"现状,理顺财税关系,加大中央政府对保障性住房的财政支持,激励地方政府改善保障性住房空间选址;优化配建小区成本分担,实现资源融合共享,防止制造新的矛盾;提高保障性住房建设速度,拓宽保障性住房资金回笼渠道,延长保障性住房开发建设贷款期限。

就准入与分配环节存在的问题,应当从制度层面推进住房保障信息支持系统的建设,并加快完善个人收入申报制度和个人信用制度,以保障申请人提供信息的真实性;地方政府应当根据当地经济社会的发展,切实履行准入标准年度调整工作,形成动态调整机制。

就后期管理和法律责任环节存在的问题,应当加大研究力度,增加对资产管理、行政管理、合同管理和物业管理的重视程度;建立健全保障性住房资产管理立法;应当建立全国范围内的保障性住房信息管理系统;推广上海市租赁型保障性住房复核管理的做法;完善产权型保障性住房的使用管理和上市交易管理机制,抑制投资投机需求;创新物业管理模式,明确政府作为业主的行权方式,解决物业管理费收缴难题;从制度本身和配套设施出发,综合解决保障性住房退出难问题。

就最新加入住房保障体系的保障性租赁住房,国务院在保障性租赁住房的保障范围、准入条件、资金筹措和土地供应等方面有明确的导向,但在审核程序、轮候分配和后期管理等方面没有规定。今后,究竟应将保障性租赁住房完全纳入保障性住房体系进行规定,还是应当另行制定具体制度,仍有待研究。

第五章 域外住房保障法律制度

本章重点选取英国、美国、法国、德国、荷兰、新加坡、日本等国家,以及我国香港地区。从保障形式、机构设置、资金筹措、保障范围、准入退出及责任机制等方面对这些国家和地区的住房保障法律制度进行梳理和总结。为便于读者更快捷地了解域外的住房保障法律制度,作者还制作了域外住房保障法律制度的对比总表,放在本章结尾。此外,考虑到我国正在大力推进建设住房租赁市场,作者专门对域外住房租赁市场的法律制度做了介绍,详见第七节。

第一节 住房保障形式

如何改善住房困难群体的居住条件,即应以什么样的保障形式来满足其住房需求,是各个国家和地区共同面临的难题。大部分国家和地区一般都从供需两端着手,一方面通过调动国家、社会和个人的力量在供给端提供充足的房源,另一方面通过租金补贴、税收减免等措施在需求端减轻居民的租房和购房负担,双管齐下共同保障中低收入群体的住房权利。在具体的保障形式上,既包括产权型住房、租赁型住房以及租金补贴等直接保障形式,也包括税收优惠、低息贷款等多种间接保障形式。具体形式见下图:

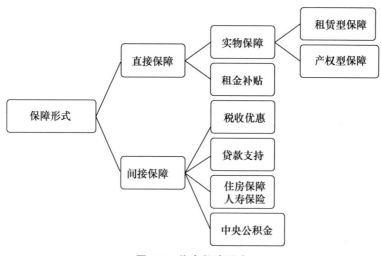

图 5-1 住房保障形式

一、直接保障

（一）实物保障

实物保障是指政府向住房困难群体直接提供住房以满足其住房需求的保障形式，具体包括产权型住房和租赁型住房两种形式。本部分将总结域外实物保障实践中产权型住房保障和租赁型住房保障之间的关系，并对域外筹措保障性住房的方式予以介绍。

1. 租赁型保障和产权型保障的关系

在租赁型保障和产权型保障的关系上，目前域外主要采用"租售并举"和"以租为主"两种模式。顾名思义，"租售并举"模式是指政府既提供租赁型保障性住房也提供产权型保障性住房，住房困难群体可根据自身条件选择租赁或购置保障性住房的模式。如我国香港特别行政区政府推出"廉租屋计划""居者有其屋计划""租者置其屋计划"等多种租购并举的保障政策，中低收入家庭既可以选择租赁公屋，也可以选择购置居屋。①"以租为主"模式是指政府主要以租赁方式满足住房困难群体的住房

---

① 参见香港房屋委员会关于公屋发展历程的介绍，https://www.housingauthority.gov.hk/sc/about-us/public-housing-heritage/public-housing-development/index.html，最后访问日期：2021年12月29日。

需求。

从历史看,域外发达国家和地区一般都经历过从产权型保障向租赁型保障的转变。如德国在早期鼓励居民购置住房①,但在住房资源整体供需平衡后,其便将政策调整为以租赁型保障为主,以解决低收入人群的住房问题②。美国亦采取以租赁方式为主,出售为辅的保障模式,其公共住房和低价住房以面向中低收入人群租赁为主,出售为辅(美国政府曾在部分示范区推行租户购买公共住房政策,但并未形成普遍做法)。③

在租赁型保障和产权型保障之外,英国政府于1998年设立了购房款资助项目(共享产权模式,与我国共有产权住房模式相类似)。该项目针对不同的保障人群又划分为三个不同层次的子项目:

(1) 产权共享项目。该项目以产权共享的形式推动居民分步骤买房,即购房者先以抵押贷款或存款方式购买25%—75%的产权(该部分产权以低于市场的折扣价格出售),其余部分仍继续支付房租。此后购房者可继续购买余下产权份额(按市场价格),直至买下整套住房。

(2) 社会购房项目。该项目的适用人群是不享有优惠购买权的社会房屋租户。根据该项目,5年以上的社会住房租户、房东愿意参与该项目且住房类型符合要求的,租户可以以产权分享形式购买至少25%的产权并享有一定的购买产权优惠金额,其余部分仍付房租。

(3) 直接购房项目。该项目是产权分享的另一种形式。政府和提供房产的开发商共同提供高达房价15%—30%的"权益贷款",帮助首次购房者购买特定的新建住房,剩余的房款需要购房者通过抵押贷款或存款支付。如果该住房被出售,则需要偿还贷款,并且"权益贷款"的提供者和贷款人共同从房产升值中获利。④

---

① 参见〔德〕比约恩·埃格纳:《德国住房政策:延续与转变》,左婷译,郑春荣校,载《德国研究》2011年第26期,第14—23页;杨瑛:《借鉴德国经验——加快建设以公租房为主的住房保障体系》,载《城市发展研究》2014年第21期,第77—82页。

② 参见郑云峰:《德国住房保障:制度构成、特征及启示》,载《北华大学学报(社会科学版)》2016年第17期,第117—120页。

③ 参见穆诗煜、成虎:《从供需角度分析美国住房保障》,载《工程管理学报》2010年第24期,第191—195页。

④ 参见陈杰、曾馨弘:《英国住房保障政策的体系、进展与反思》,载《中国房地产》2011年第8期,第53—65页。

2. 保障性住房的筹措方式

从域外经验看,实物保障的房屋来源主要有政府直接兴建、政府通过国营企业建设、政府通过税收财政等优惠政策鼓励私营企业或非营利组织等社会力量兴建等形式。

我国香港地区采取了政府直接兴建保障性住房的做法。在香港房屋委员会(以下简称"香港房委会")的主导下,政府免费划拨土地和资金支持修建了大量由房委会管理、维护和运营的居屋。香港房委会相继推出了"廉租屋计划""居者有其屋计划",为中低收入家庭提供适宜的住房。①

日本是通过国营企业建设保障性住房的代表。1955年,日本成立了实施大规模住房开发的住宅公团(类似我国的国有房企),住宅公团利用政府提供的低息贷款,建造了大量面向城市中等收入者的公团住宅,并对购买者给予优惠政策。不过,随着日本住宅市场现状的巨大变化,如住宅短缺问题得以解决、供应量相对充足、家庭构成呈现少子女高龄化趋势、住宅市场向存积型转变②,日本开始推行住宅体系市场化政策。住宅公团在1981年被重组到住宅城市整备公团,于1999年被重组到城市基础整备公团,并于2004年被重组到城市再生机构,而新的机构大幅度减少了住宅建设业务。③

英国、德国和美国在通过税收、财政等优惠政策鼓励私营企业、非营利组织等社会力量兴建保障性住房方面都取得了较大的成效。英国政府通过财政补贴支持非营利组织住房协会兴建住房协会社会住房(Housing association homes),出租给符合条件的特定人群。④ 德国政府借助财政补贴、低息贷款、税收优惠等措施鼓励民间资本和企业兴建面向符合条件人群出租的社会保障住房,除少数针对贫困家庭的救济型住房

---

① 参见香港房屋委员会:《迎难而上,增加供应》(香港房屋委员会年度2017/18报告),https://www.housingauthority.gov.hk/mini-site/haar1718/common/pdf/HKHA_Annual_Report_2017-2018.pdf,最后访问日期:2019年8月22日。

② 参见黄修民:《日本公共住宅制度改革及发展趋势研究》,载《日本研究》2010年第1期,第83—86页。

③ 参见〔日〕平山洋介:《日本住宅政策的问题——展望"自有房产社会"的将来》,丁恒译,中国建筑工业出版社2012年版,第25页。

④ 参见英国住房协会关于住房协会社会住房的介绍,https://www.gov.uk/housing-association-homes/types-of-tenancy,最后访问日期:2018年8月14日。

外,政府并不拥有公共住房。德国一些地方政府甚至规定,房地产企业在建造住房过程中,必须预留一定比例的住房,专门卖给或出租给低收入者和特殊群体。如科隆市每年新建的住房数量约3800套,其中1000套必须是面向低收入群体出租的住房。[1] 美国政府也是通过对私营机构提供补贴和低贷款利率的方式来鼓励私营开发商建造低于正常市场租金水平出租的住房。私营开发商为了获得低利率的贷款或税收抵扣,必须在项目中安排一定比例面向中低收入家庭的低价住房。[2]

(二) 租金补贴

梳理域外住房保障制度的历史沿革,不难发现大部分发达国家都经历了从将资金投入建设保障性住房的"补砖头"模式,向将资金直接发放给住房困难群众的"补人头"模式的转变。"补人头"模式可根据补贴对象的不同而分为两种:一种为补贴给出租人,如法国政府通过与个人或社会机构签订合约的方式将其住房用作社会住宅,个人或社会机构可享受国家的优惠政策。其中,个人可享受税收减免、津贴补助等政策;社会机构可享受资金补贴、税收减免以及长期的低息或无息贷款政策。[3] 另一种为补贴租房者(租金补助),这是目前不少域外国家和地区解决低收入居民住房问题的主要保障形式。在面向租房者提供租金补贴的具体措施上,域外一般有三种模式:

一是政府对住房困难家庭租赁支出中高于收入一定比例的部分予以补助。德国《租金补助法》规定当家庭收入不足以租赁合适的住房时,德国公民有权享受住房补贴,以保证低收入人群有足够的支付能力租赁房屋。有需求的贫困人口可以提出"租金补助"申请,德国政府根据租房者的具体家庭人数、家庭收入情况以及所在地的房屋租金价格水平,确定租户可承受租金的水平(一般为收入的25%)和租金补助额,当实际租金高

---

[1] 参见李讯:《德国住房租赁市场发展的主要经验及启示》,载《金融发展研究》2011年第10期,第46—49页。

[2] 参见穆诗煜、成虎:《从供需角度分析美国住房保障》,载《工程管理学报》2010年第24期,第191—195页。

[3] 参见王一、张尚武:《法国〈社会团结与城市更新法〉对中国保障性住房建设的启示》,载《国际城市规划》2015年第30期,第42—48、61页。

于该标准时,由联邦政府和州政府共同承担多出的部分。① 居民在领取房租补贴后,既可以申请社会住房,也可以经政府部门许可后在市场上租赁房屋设施、区位条件相对普通、仅满足基本住房需求的房屋。完善的房租补贴制度和充足的住房资源,使得德国约有 52% 的家庭依靠租房来解决住房问题。②

二是根据家庭人数的不同享受不同的补助项目。法国政府十分注重对低收入群体的资金补助。凡收入微薄者,均有权向"家庭补助管理署"(CAF)申请个人住房补助。有房但经济拮据者,也有权申请该项补助用于部分偿还购房或整修住房的贷款。法国家庭补助管理署还发放"搬家补助",凡在第三个孩子出生时搬家,或者养育至少3个孩子的父母,需要搬家时子女中最小孩子年龄不满2岁的,都有权申请。此外,针对不同的群体和项目,法国地方政府还设置了种类繁多的补助计划,如巴黎地区的居民可以享受巴黎市政房补(Paris Logement)、巴黎家庭房补(Paris logement Familles)、巴黎单亲家庭房补(Paris logement Familles monoparentales)、巴黎家庭能源补助(Paris énergie familles)、预付保证金(Avance Loca-pass)等。③

三是政府发放租房券。美国政府实行租房券计划,发给受保障家庭一定的租房优惠券。租房券与普通住房补贴的最大不同在于,租房券计划赋予租户更大的自主性,当租户租赁的私人房屋的租金低于政府规定的公平市场租金时,允许租户保留未用完的优惠券,以后可继续使用;当租金高于公平市场租金时,租户在使用优惠券冲抵租金后超出的部分,由租户自行承担。④

---

① 参见李讯:《德国住房租赁市场发展的主要经验及启示》,载《金融发展研究》2011 年第 10 期,第 46—49 页。
② 参见郑云峰:《德国住房保障:制度构成、特征及启示》,载《北华大学学报》(社会科学版) 2016 年第 17 期,第 117—120 页。
③ 佚名:《法国人福利:巴黎"房补"有哪些?》,http://m.haiwainet.cn/middle/3541930/2016/0905/content_30292660_1.html,最后访问日期:2022 年 7 月 6 日。
④ 参见孙磊、林楠:《美国公共住房制度对我国廉租房建设的启示》,载《理论界》2009 年第 7 期,第 61—64 页。

二、间接保障

间接保障是指除直接补贴资金或提供住房等形式之外,政府采取诸如税收优惠、贷款支持等措施支持居民实现住房需求的间接保障形式。域外国家或地区实施的间接保障形式包括税收优惠、贷款支持、住房保障人寿保险制度、公积金等多种形式。

(一) 税收优惠

税收减免政策主要包括对建房者的税收减免、对出租人的税收减免和对住房困难群体的税收减免,具体包括建房费用折旧、申请建房贷款的税收减免、住房贷款利息的税后减免、免征地产税等。如德国联邦所得税法曾规定建房费用可在最初使用住宅的 8 年内折旧 40%,从而降低房主应纳税收入;申请建房的贷款可以从应纳税收入中扣除;免征 10 年地产税,并免除购房时的地产转移税。① 扣减的税收额度主要与房产的价格(或建造成本)和受资助人的收入相关,收入越高、造价越昂贵,税收减免额就越多,这导致部分财政支出并未补偿真正需要的低收入群体,所以该政策在政府采取租房补贴后也被逐步取消。② 法国政府在住房税收方面给予居民如下优惠:一是住房储蓄存款利息收入免征所得税;二是住房贷款利息可以作为支出,从所得税税基中扣除;三是私人出租住房的租金收入免征所得税;四是降低出租住房建设增值税。③

美国低收入家庭住房建设税收抵免制度(Low Income Housing Tax Credit,LIHTC)旨在通过向房地产开发商提供税务优惠,补贴房地产开发商在低收入住房开发上的投资,鼓励私营资本投资、建造和运营低收入住房。联邦政府每年为各州提供一定的税收抵免额,州政府再将税收抵免额分配给开发商。不同于直接的财政补贴和税收减免,LIHTC 既允许开发者将税收抵免额用于抵免税收,也允许开发者将税收抵免额度以一

---

① 参见向春玲:《165 岁的德国住房保障制度》,载《城市住宅》2012 年第 3 期,第 30—33 页。

② 参见〔德〕比约恩·埃格纳:《德国住房政策:延续与转变》,左婷译,郑春荣校,载《德国研究》2011 年第 26 期,第 14—23 页。

③ 参见张其光:《法国、荷兰住房政策的考察》,载《中国房地产金融》2000 年第 5 期,第 40—44 页。

定的折扣出售或抵押给投资者以换取资金,由投资者用于抵免纳税。[1]

适用 LIHTC 的工程建设和修缮必须符合以下两个要求:一是工程的目标受众为低收入家庭,判断标准为该项目至少 20% 的住房出租给收入低于都市区平均收入 50% 的低收入者,或该项目至少 40% 的住房出租给收入低于平均收入 60% 的低收入者;二是限制租金和公共设施收费,并且在 30 年内必须保证符合租金和公共设施的限制标准。租金标准被限制为该地区低收入人群最高收入的 30%。[2] LIHTC 在发挥税收减免和财政补贴的基础上,赋予了开发商对税收抵免额的交易权,吸引了更多的私人资本参与开发建设。通过低收入住房税收补贴项目,在 1987 年到 2004 年间,美国共建造或修整了超过 140 万套低收入住房单元。[3]

除了面向建房企业的税收优惠,美国还有面向购房者的住房抵押贷款税收抵扣项目。该项目旨在通过向购房者提供税收抵扣优惠,减轻购房者在其他方面的纳税支出,提高其还贷能力,鼓励低收入者在住房抵押贷款的支持下购置自有房屋。低收入者购房者可以向州和地方政府申请抵押信贷证书,以此获得相关项目的税收抵扣,如允许购房者在计算个人所得税时在应纳税收入中减去该年度支付抵押贷款的利息,允许在应纳税收入中减去该年度的房地产税等。[4]

(二)贷款支持

建造或购置房屋需要投入大量的资金,贷款支持可以有效解决建房者和购房者资金短缺的问题。政府实施的贷款支持既包括对建房者提供的贷款支持,也包括对购房者提供的各类优惠贷款政策。其中,对购房者提供的贷款优惠政策分为购置保障性住房的贷款优惠政策和购置普通商品住房的贷款优惠政策。享受贷款优惠的购房者可按购房款的一定比例

---

[1] 参见楼建波、陈莹:《保障性住房建设可借鉴美国》,http://www.eeo.com.cn/2012/0406/224050.shtml,最后访问日期:2017 年 10 月 21 日。

[2] 参见〔美〕爱德华·L.格莱泽、〔美〕约瑟夫·乔科:《美国联邦住房政策反思——如何增加住房供给和提高住房可支付性》,陈立中、陈一方译,中国建筑工业出版社 2012 年版,第 86—87 页。

[3] 参见〔美〕内斯特·M.戴维森、〔美〕罗宾·保罗·马洛伊:《美国经济适用房与公私合营关系》,吴春岐等译,叶剑平审核,中国建筑工业出版社 2012 年版,第 41 页。

[4] 胡琳琳:《美国住房税收政策及对我国的启示》,载《中国市场》2013 年第 32 期,第 27—28 页。

获得贷款支持,同时该部分贷款的利息享受政策优惠。

美国和德国都有对建房者的贷款支持。在美国,最初私人金融机构按照低于市场的利率向租赁住宅开发商提供抵押贷款的,可以将该抵押贷款按照市场利率的水准出售给联邦抵押协会,差额由联邦政府进行补贴。此后,美国联邦政府又发展出直接对开发商提供贷款支持的政策:公共住房开发商向金融机构贷款时只需承担1%的贷款利息,该优惠利息与市场利息间的差额由联邦政府直接补贴。① 在德国,非营利性建房企业最高可获得建房预算50%的无息贷款,偿还期可长达25年。②

许多国家和地区都有对住房困难群体购置住房的贷款支持,在具体做法上大致分为如下三种:

一是政府对商业金融机构减免购房者贷款利息的部分予以补贴。法国住房贷款主要有三种,即市场利率贷款、住房储蓄贷款和零利率贷款。市场利率贷款是金融机构利用自有资金发放的贷款,贷款的利率、期限和首付款都由金融机构自行决定,政府不予干涉。住房储蓄贷款是利用住房储蓄系统发放的贷款,住房储蓄系统由住房储蓄账户和住房储蓄计划两个子系统构成,两个子系统都遵循专项储蓄、存贷挂钩、低存低贷、国家奖励的运营方式。两个子系统的主要区别在于住房储蓄账户是活期存款,储户可随时支取,而住房储蓄计划是定期存款,储户不能提前支取,且国家对住房储蓄账户的奖励少于住房储蓄计划。零利率贷款主要面向月收入不超过2万法郎的家庭。零利率贷款一般不超过住房价格的20%,贷款期限与家庭收入成反比,收入越高,贷款期限越短。最短期限为7年,最长期限为17年,金融机构减免的利息由政府补贴。③

二是政府设立专门的金融机构为购房者提供贷款支持。日本设立住宅金融公库,为社会中间阶层购买自有房屋提供贷款支持,其贷款利率远低于银行利率。此外,住宅金融公库还创设了一系列有利于取得自有住

---

① 参见马光红、胡晓龙、施建刚:《美国住房保障政策及实施策略研究》,载《建筑经济》2006年第9期,第75—78页。

② 参见向春玲:《165岁的德国住房保障制度》,载《城市住宅》2012年第3期,第30—33页。

③ 参见张其光:《法国、荷兰住房政策的考察》,载《中国房地产金融》2000年第5期,第40—44页。

宅的制度,如分段偿还制度、父母子女两代贷款的继承偿还制度以及特别补贴贷款制度等。[1] 美国联邦政府成立了以联邦国民抵押贷款协会(房利美)、联邦住房抵押贷款公司(房地美)和美国政府全国抵押贷款协会(吉利美)为代表的政府支持企业(government-sponsored enterprises,GSE)。政府授予 GSE 免缴联邦和地方所得税等部分法定特权,旨在构建一个活跃的住房抵押贷款二级市场,既为一级市场扩充房贷资金来源,也通过加大金融支持力度提高借款人尤其是中低收入借款人的购房能力,实现"居者有其屋"的住房目标。[2] 德国政府为帮助低收入居民筹措购建房屋所需的资金而建立了独具特色的专业化住房融资银行机构——住房储蓄银行。住房储蓄银行为居民购建房屋提供低于市场利率的低息固定利率贷款,属于互助性的契约型银行,具有自愿性、互助性、营利性和政策性的特点,其运作机制和产品设计与我国的住房公积金和普通商业银行的抵押贷款模式有较大差异。此外,住房储蓄银行的资金主要来源于居民的储蓄和一定的国家投资,其用途也仅限于提供购房贷款。住房储蓄银行的具体特点如下:(1)先储蓄后贷款。储户根据自身的住房需要及储蓄能力与住房储蓄银行签订储贷合同,储户可以按照合同约定按月定期定额存储或者选择在资金充裕时提前存储,当存满储贷金额的一定比例后,即可取得贷款权。(2)利率较低且固定。德国的住宅储蓄体系是相对独立于德国资本市场的封闭运行的融资系统,存贷款利率差额保持为 2% 左右且规定不变,不因市场供需关系、通货膨胀等因素而变动。(3)专款专用。德国《住房储蓄法》对住房储蓄银行的业务范围和经营原则作了明确规定,银行吸纳的资金和储户的还贷金额必须用于住房贷款,不得用于风险交易,以保证资金体系的运营安全。除此之外,为鼓励低收入居民参与到住宅储蓄体系,德国政府提供给储户储蓄部分最高 10% 的储蓄奖励和贷款总额 14% 的购房奖励。到 2011 年,德国的住房

---

[1] 2007 年住宅金融公库被废止,住宅金融支援机构取而代之。不过,住宅金融支援机构不直接为购房者提供贷款支持(退出住宅直接融资市场),而是致力于住宅贷款的证券化支援业务。参见〔日〕平山洋介:《日本住宅政策的问题——展望"自有房产社会"的将来》,丁恒译,中国建筑工业出版社 2012 年版,第 6 页。

[2] 参见梁建:《美国住房金融体系改革及证券化发展启示》,载《清华金融评论》2014 年第 11 期,第 101—104 页。

融资约 40%来自住房储蓄体系,已累计为住房建设提供资金超过 1 万亿欧元。①

三是政府与金融机构签订保证书为居民贷款提供担保。我国香港地区房屋委员会(房委会)曾先后推出"自置居所贷款计划"和"置业资助贷款计划",为居民购置居屋提供金融贷款支持。如在"置业资助贷款计划"中,房委会与银行及金融机构签订"按揭保证契据",为符合条件的自置居所购买者提供余额 100%的按揭贷款,且还款年限长达 25 年,充分降低了居民获得金融机构贷款的门槛和偿还贷款压力,满足低收入群体的购房需求。② 法国政府成立了住房贷款担保基金(FGAS),旨在打消金融机构对贷款申请人偿债能力的担忧。住房贷款担保基金由政府和发放零利率贷款的银行共同出资组成。所有发放零利率贷款的银行都必须参加且成为基金股东,政府对基金提供反担保,但不作为基金股东。住房贷款担保基金主要向申请零利率贷款的借款人提供担保。但是,基金承担风险的比率是固定的,范围外的风险由银行承担。③

(三)住房保障人寿保险制度

收入水平较低的贷款申请人还会面临金融机构不予贷款的问题。为了解决该问题,法国发展出了颇具特色的住房保障人寿保险制度。

根据《法国住房贷款保险办法》,贷款人在申请住房贷款时,必须同时购买人寿保险公司的人寿保单。如果贷款人在贷款期间因死亡、残疾等丧失还款能力时,由保险公司代为偿还贷款人剩余的全部贷款。保险公司同时还提供由贷款人自愿选择的失业保险,贷款人在失业后由保险公司承担 18 个月的偿还贷款责任。当贷款人不能按期还款时,如果符合保险赔付条件,则由保险公司首先赔付,如果不符合保险赔付条件,由贷款担保人首先赔付。银行只能就保险公司和担保人履行责任后尚未清偿的部分行使抵押权。

---

① 参见梁云凤:《德国经验系列报告之七——德国的保障房制度及对我国的启示》,载《经济研究参考》2011 年第 61 期,第 66 页。

② 参见香港房屋委员会关于自置居所经租置计划购买单位的申请指引,https://www.housingauthority. gov. hk/sc/home-ownership/buying-a-flat-under-tps/application-guide/index.html,最后访问日期:2021 年 1 月 2 日。

③ 参见张其光:《法国、荷兰住房政策的考察》,载《中国房地产金融》2000 年第 5 期,第 40—44 页。

（四）新加坡中央公积金制度

新加坡中央公积金制度是一项全面的强制储蓄制度，规定雇主（不论是私人机构还是国家机关）和雇员都必须以雇员的薪金为基数，按照法定的公积金缴纳率将个人月薪的一部分存入中央公积金局的个人账户，用于退休、住房、医疗、教育、投资增值等诸多方面。在住房保障上，新加坡中央公积金制度提供了公共住宅建设资金，并为公积金会员提供了购房支持。

一方面，雇主和雇员按照一定缴纳比率将公积金储蓄存放在中央公积金局，中央公积金局把公积金归集起来后，除留足会员提款外，其余全部用于购买政府债券；公积金会员动用公积金储蓄购买建屋发展局的政府组屋，以现金支付或抵押支付房款，这又促使更多的款项转入国家手中，为政府建立了强大的资金储备。政府利用部分公积金储备，以贷款和补贴的形式注入建屋发展局的组屋建设，从而使建屋发展局有能力大规模地进行公共住房建设。这样，中央公积金局实际上就为公共住宅建设提供了源源不断的大量资金来源，由此形成了老百姓、政府和建屋发展局三者之间的良性循环。

另一方面，住房公积金保障制度还有效地解决了中低收入家庭无力购房的难题。为鼓励低收入阶层购买住房，1968年9月，中央公积金局推出"公共住屋计划"，规定公积金会员可动用公积金存款购买新的或是转售的建屋发展局组屋。会员购买新组屋，能动用公积金普通户头的存款支付20%的按柜金以及其余的购屋价；会员购买转售组屋，则可在建屋发展局委任的估价师决定的情况下，利用公积金存款来支付组屋购价或是市场价，以价低者为准。在这一计划下，低收入会员可以动用其公积金普通账户的存款作为首期付款之用，不足之数由每月交纳的公积金分期支付。如果普通账户的存款不足支付，还可向建屋发展局贷款，用将来的公积金来偿还。这项规定使低收入者既能购房又不影响生活，极大地促进了低收入者购房的积极性。

该项规定最初只针对最低收入家庭，1975年后政府对中等收入家庭开放。1975年，在"中等入息公寓计划"下，允许中等收入会员申请购买政府组屋。1981年6月，中央公积金局又实施了"私人住宅产业计划"，允许会员使用公积金存款在新加坡购买私人住宅，"会员普通户头现有的存款和未来每月存入这一户口的公积金,都可用以购买住宅产业或摊还产业贷款。①

第二节　管 理 机 制

住房保障管理机制事关住房保障政策的制定和落实,在住房保障法律制度体系中发挥重要作用。域外国家(地区)政府一般都组建了完善的涉及多层次参与主体的住房保障组织体系,既包括中央政府机构和地方政府机构,也包括私营企业和非营利组织等机构。

在中央政府与地方政府的关系上,中央政府一般负责制定住房保障政策和提供部分住房保障资金,地方政府则主要负责住房保障政策的具体落实和执行,如筹集住房保障资金、制定保障房质量和设计标准、建设和管理保障性住房等。美国、日本、英国等国家都存在这样的中央和地方的分工。

在美国,联邦层面的主管机构是联邦住房与城市发展部,负责制定国家公共住房政策,为地方公共住房管理局提供资金支持以及公共住房项目规划、开发、管理等技术和专业指导。在地方层面,由公共住房管理局负责政策的具体执行,公共住房管理局可以根据当地实际情况制定租户选择的标准,确定租户所需缴纳最低、最高租金的数量,并制定各种制度促使公共住房社区中不同收入人群的多样化。② 在日本,中央层面的决策机构为国土交通省。国土交通省的主要职责包括:起草住房政策,健全实施体制;编制住宅预算;分配国家住房建设投资;编制住房建设五年计划;对地方政府机构、公共团体、住宅和城市整备公团、住宅金融公库等进行指导和监督,以及推动和指导民间住宅建设活动等。③ 在地方层面,日本构建了既包括具有政府背景的地方公共团体、住宅公团和住宅金融公库,又包括民间非营利组织住宅供给公社和商业营利组织建设公司在内

---

① 郭伟伟:《"居者有其屋",独具特色的新加坡住房保障制度及启示》,载《当代世界与社会主义》2008年第6期,第164页。
② 参见孙磊、林楠:《美国公共住房制度对我国廉租房建设的启示》,载《理论界》2009年第7期,第61—64页。
③ 参见符启林等:《住房保障法律制度研究》,知识产权出版社2012年版,第138页。

的保障住房管理体系。① 在英国,中央层面的决策机构是社区与地方政府部(Department for Communities and Local Government),地方则由住房与社区局(Homes and Communities Agency)和租户服务管理局(Tenant Services Authority)负责执行住房保障政策。其中,住房与社区局负责融资与保障房复兴计划,租户服务管理局负责监管保障住房、规范注册的社会房东、监督保障住房供应者(住房与社区局和住房协会),以及保障公房租户得到良好的服务。②

域外国家(地区)大多注重非政府机构在住房保障体系中的作用,形成了各具特色的体制机制,如德国的住房合作社制度、英国的注册社会房东制度、我国香港地区的房屋协会以及法国的住房市场中介体系等。

德国的住房合作社是依据《合作社法》设立的非营利组织,其可以联合有住房需求的家庭共同参与房屋的开发建设,并享有从地方政府申请便宜土地或其他优惠政策的优势。建成后,房屋所有权归住房合作社所有,物业的维护、管理和经营也由合作社负责。参与者只需支付规定数目的本金便可享受以优惠价格租赁房屋以及对所居住的房屋优先购买的权利。③

英国的注册社会房东作为受政府资助的非营利机构,承担了为中低收入人群提供保障性社会住房的职责。④ 注册社会房东中的住房协会是英国公房租赁市场的最大供给者。政府提供资金补贴,地方议会提供土地支持,住房协会筹集剩余资金进行项目开发。⑤

我国香港地区房屋协会作为独立于房委会和房屋署的非营利机构,负责策划和兴建一些特别类别的公营房屋,并以住户可以负担的租金或价格,把房屋出售出租或出售给特定类别的人士,如1993年港英当局委

---

① 参见张运书:《日本住房保障制度的法理分析与借鉴》,载《现代经济探讨》2011年第6期,第88—92页。
② 参见陈杰、曾馨弘:《英国住房保障政策的体系、进展与反思》,载《中国房地产》2011年第8期,第53—65页。
③ 参见徐镭、朱宇方:《政策工具的制度属性——以德国住房投资模式为例》,载《经济社会体制比较》2013年第4期,第83—93页。
④ 参见王兆宇:《英国住房保障政策的历史、体系与借鉴》,载《城市发展研究》2012年第19期,第134—139页。
⑤ 参见虞晓芬、傅剑、林国栋:《社会组织参与住房保障的模式创新与制度保障——英国住房协会的运作经验与借鉴》,载《城市发展研究》2017年第24期,第117—122页。

托房屋协会推出"夹心阶层住屋"计划。房屋协会新建房屋的价格略高于政府居屋的价格,但低于市场价格,购置房屋的对象是中低收入与高收入阶层之间,收入超过公屋或居屋申请资格,却没有能力在私人住房市场置业的"夹心层"群体。① 出于管理效率的考虑,房屋署还将部分物业管理工作外包给私人物业公司。与此同时,屋村一线管理者和租户代表组成了屋村管理委员会的民间组织,主要负责向管理者提供有关屋村日常管理的意见,并参与对服务承办商的评核。

法国政府注重发展住房市场的中介服务体系,建立了全国住房信息中心,向公众免费提供有关住房方面的信息和服务,包括提供法律、税收、贷款方面的咨询,计算住房补贴数额,确定贷款计划,发布房源信息等。全国住房信息中心在全国各个城市设立分支机构,相互共享信息。②

第三节 资金来源

总结域外国家和地区住房保障资金筹措的经验,不难发现其资金来源较为多元,且较为关注保障资金的可持续性。总体来看,域外住房保障资金的来源包括政府的财政拨款及政策性贷款、出售、出租保障性住房的收益以及居民自筹资金。其中,我国香港地区的房地产信托投资基金(REITs)值得特别关注。

一、政府财政资金

根据政府财政资金覆盖住房保障资金的程度,逻辑上存在政府完全承担、政府部分承担和政府不承担住房保障资金三种情况。域外实践一般是由政府承担部分住房保障资金,而且政府承担的住房保障资金又可分为由中央政府负担和由地方政府负担。如德国《租金补助法》规定租金

---

① 参见王坤、王泽森:《香港公共房屋制度的成功经验及其启示》,载《城市发展研究》2006第1期,第40—45页。
② 参见张其光:《法国、荷兰住房政策的考察》,载《中国房地产金融》2000年第5期,第40—44页。

补助的费用由联邦政府和州政府的财政各承担一半。① 日本《公营住宅法》规定,中央政府向地方政府修建的租赁用住宅提供补助,其中新建住宅补助费用的 1/2,翻新改建住宅补助费用的 1/3。② 在美国,联邦政府、州政府、县政府将住房补贴所需资金列入各自的年度预算,由三级政府分别拨款,其中联邦政府的拨款占比最高。③ 在财政资金的具体分配方式上,英国 1988 年《住房法》确立了各住房协会提交补贴申请方案竞争分配政府资助资金的做法。对于开发总成本与政府资助的差额,住房协会可以引入私人资金参与公共住房项目,且私人资本对住房协会的资产具有第一求偿权。④ 法国政府每年投资 100 亿资金建设社会住房,中央政府以财政预算拨款、减免土地税、减免增值税等方式进行资助。通常中央政府是福利性住房项目的主要投资方,地方机构以不同额度参与投资。⑤

我国香港地区的做法比较特殊。1988 年 4 月之前,香港房委会除可从香港政府获得直接的建房资金支持,还可以从政府发展贷款基金处获得贷款。但此后,房委会由受政府资助部门转变为自负盈亏的财政独立机构,政府仅房委会提供免费拨地及其他优惠政策。⑥ 2014 年,由于香港特别行政区政府的《长远房屋策略》计划在未来 10 年供应 20 万个出租公屋和 9 万个资助出售单位,房委会面临巨大的资金缺口。香港特别行政区政府遂令财政储备的收益设立房屋储备金,在政府财政稳健时将政府财政储备的投资收益全部拨入房屋储备金,待房委会与政府就注资金额

---

① 参见〔德〕约翰·艾克豪夫:《德国住房政策》,毕宇珠、丁宇译,中国建筑工业出版社 2012 年版,第 70 页。
② 参见曾凡昌:《中国住宅权保障法律制度研究》,华中科技大学出版社 2016 年版,第 139 页。
③ 参见〔美〕爱德华·L.格莱泽、〔美〕约瑟夫·乔科:《美国联邦住房政策反思——如何增加住房供给和提高住房可支付性》,陈立中、陈一方译,中国建筑工业出版社 2012 年版,第 82 页。
④ 参见虞晓芬、傅剑、林国栋:《社会组织参与住房保障的模式创新与制度保障——英国住房协会的运作经验与借鉴》,载《城市发展研究》2017 年第 24 期,第 117—122 页。
⑤ 参见黄克:《国外经验对我国解决低收入群体住房保障的启示》,载《广西城镇建设》2015 年第 7 期,第 37—44 页;李幽兰:《法国保障性住房的运作方式》,载《学习月刊》2010 年第 27 期,第 46—47 页。
⑥ 参见王毅强:《香港住房保障政策的发展与启示》,载《市场经济与价格》2010 年第 5 期,第 28—34 页。

和时间达成共识时,划拨给房委会支持公营房屋建设。[①] 截至2019年,该储备金滚存至824亿港元,独立于财政储备之外,香港房屋委员会未来几年的预测结余会超过400亿港元,在可见将来无须动用储备金。为全面反映政府财政状况,房屋储备金将分四年回拨到财政储备中,同时在财政储备预留相同的数额作公营房屋发展之用,以表明政府对发展公营房屋的责任。[②]

二、出售、出租保障性房屋的收益

我国香港地区房委会以其管理的公屋和居屋为基础,将出租公屋的租金收入和出售居屋的房款收入作为其维持公屋运营和兴建新的公营房屋的资金来源。从房委会2018—2019年可持续发展报告看,房委会的主要收入来自公营房屋及商业楼宇的租金、出售资助房屋单位及资金投资,其中占收入较大比重的是租住房屋业务(7.63亿港元)、商业楼宇业务(16.8亿港元)、资助自置居所业务(29.3亿港元)和外汇基金保本项目投资(约12.656亿港元)。[③] 香港特别行政区政府划拨土地给房委会用于兴建保障性住房时,赋予房委会在公营住宅地块上兴建商业配套设施的权限,从而开拓房委会的资金来源。房委会除了在划拨地块兴建公屋和居屋,还可以在公屋居屋周边兴建面向市场出租的商业设施,如商业楼宇、零售设施和停车位等。例如截至2020年9月30日,房委会所营运的商业楼宇和其他非住宅物业(不包括学校)的室内楼面面积约1804000平方米,停车位约为31900个(详见下图)。[④]

[①] 参见香港政府新闻网:《基建与物流设施储备金配合增建公屋》,http://sc.news.gov.hk/TuniS/www.news.gov.hk/tc/categories/infrastructure/html/2014/12/20141218_122258.lin.shtml,最后访问日期:2017年8月2日。

[②] 香港房屋委员会:《二零一九至二零财政年度政府财政预算案》,https://www.budget.gov.hk/2019/sim/pdf/c_budget_speech_2019-20.pdf,第26页,最后访问日期:2021年8月2日。

[③] 参见香港房屋委员会:《完善房屋阶梯 提升居住素质》,https://www.housingauthority.gov.hk/mini-site/haar1819/common/pdf/AR_SC_Full.pdf?#page=94,最后访问日期:2021年1月3日。

[④] 参见香港房屋委员会:《2020/21机构计划》,https://www.housingauthority.gov.hk/mini-site/corporateplan2122/sc/common/pdf/Corporate_Plan_Full.pdf,最后访问日期:2021年9月1日。

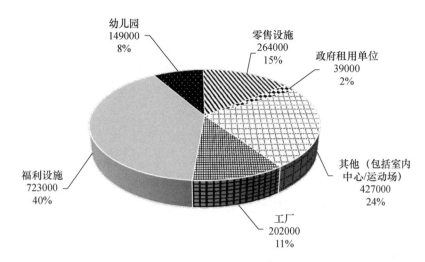

图 5-2　2020 年 9 月 30 日商业楼宇和非住宅物业
面积组合（平方米室内楼面面积）
（总面积：1804000 平方米）

三、信托投资基金的投资收益

为了获得可持续的资金来源，香港房委会以其下属的商业物业为基础资产，成立了领展房地产信托投资基金并在香港联交所上市。该基金的收入中 68.3% 为零售业务租金收入，25.4% 为停车场业务收入，6.3% 为其他收入，全部租金收入扣除管理费后的 90%—100% 的收益会派发给基金的权益投资者。① 截至 2016 年 3 月 31 日，该投资基金规模达到 566 亿港元。②

四、自筹资金

德国构建了组织完善的住房合作社体制。住房合作社作为非营利性组织，主要以行业成员组合为主，依靠社员入社资金，在政府的担保下，通

---

① 参见百度百科：《不动产投资信托基金》，https://baike.baidu.com/item/房地产信托投资基金/7601047？fr=aladdin，最后访问日期：2017 年 8 月 2 日。
② 参见香港房屋委员会：《经济工作成效》，http://www.housingauthority.gov.hk/minisite/hasr1516/sc/common/pdf/07-Economic_Performance.pdf，最后访问日期：2017 年 8 月 2 日。

过申请贷款、减免税收等优惠政策兴建集体住房，然后以优惠租金出租给社员居住。以德国公务员住房联盟为例，该联盟由股东大会、监事会、董事会等完善的组织机构维持其有效运转，公务员需要缴纳至少1300欧元的入社资金才能成为其会员。该住房联盟利用股金和国家银行提供的低息贷款建造住房，提供给参加联盟的公务员永久居住。同时配套建设的营业性商业用房的租金收益不用纳税，收益全部用于再投资和降低租金标准。该联盟建造的房屋的质量、环境优于社会住房，租金水平却维持在较低标准，与社会住房租金相当。①

第四节 保障范围

从公共资源有限性和保障制度宗旨出发，任何社会保障制度良好运转的关键之一都是确定合理的保障范围，即明确哪些人群获得住房保障以及应当以何种标准认定这些人群。在保障范围的确定上，域外一般将低收入住房困难群体和特殊人群作为保障对象。在准入条件上，域外一般综合考虑资产和收入，住房状况以及居住年限等标准。下面以德国、法国、美国、英国、和我国香港地区为例加以介绍。

德国社会住房的保障对象主要包括低收入人群、特殊人群和关键工作者。特殊人群主要包括老人、残疾人和怀孕妇女等，关键工作者是指主要从事公共服务的政府雇员、教师、警察等群体。② 这些受保障群体在当地住房管理部门审查合格后即取得入住社会住房的资格。此外，德国政府还注重对"风险群体"的住房保障，风险群体是指那些在资金上可负担房租但较难租住到房屋的社会边缘群体。德国地方政府根据区域风险群体的数量，与私人房主和企业达成住房分配权交易，即政府支付一定费用获得一定住房数目的分配权，并在一定程度上承担租户的违约责任。出售分配权的私人房主或企业，在重新出租房屋时先通知政府。如果政府数据库中有符合条件的人，政府行使分配权，否则房主可自行出租。政府

---

① 参见黄清：《德国低收入家庭及公务员住房保障政策情况和启示》，载《中国房地产金融》2010年第3期，第46—48页。

② 参见杨瑛：《借鉴德国经验——加快建设以公租房为主的住房保障体系》，载《城市发展研究》2014年第21期，第77—82页。

通过购买"住房分配权"并提供担保,保障"风险群体"可以公平地租到房屋。在准入条件上,德国政府一般要求申请家庭收入在国家规定的低收入线以下,没有自有产权住房,且在申请的城市工作或居住一定年限。经审核符合条件的家庭取得租房资格后,可以参与排队轮候住房。①

法国的社会住房主要被分配给低收入居民、多子女家庭及收入较少的低级别公务员,如部分地方政府将5%的社会住房提供给公务员。② 此外,有特别需要者可以得到优先的照顾,这些特殊情况包括:"市政建设而搬迁;工作调动的需要;收入突变而无法承担原租金的人;搬离危房或不宜继续居住的住房;属于被驱逐的无过错房客;残疾人或残疾人的家庭等。"③此外,为了切实保障居民的住房权,法国在2007年颁布《可抗辩住房权法案》(DALO),规定无房户、将被逐出现住房且无法重新安顿者、仅拥有临时住房者、居住在恶劣或危险环境中的人以及与未成年子女同住且住房面积不达标的人等五类住房困难户享有可抗辩住房权,即可向主管部门要求解决住房问题,如问题得不到解决,可向行政法院提起诉讼。④

美国住房保障政策主要面向低收入、极低收入家庭和特殊群体。低收入家庭为全国或当地城市收入中位线80%以下的家庭,极低收入家庭为收入中位线50%以下的家庭,而特殊群体包括62岁以上孤老、残障人士、无家可归者及退伍军人等。⑤ 美国政府在确定公共住房标准时主要考虑以下指标:(1)家庭年收入;(2)是否是家庭户、老年人或者残障人士;(3)是否具有美国公民或合法移民身份;(4)是否具有良好的租房记录。⑥

英国住房保障范围以低收入人群和某些特殊人群为主,也包括关键工作者和中等收入群体,受益范围较广。其住房救助政策侧重于残障人

---

① 参见梁云凤:《德国经验系列报告之七——德国的保障房制度及对我国的启示》,载《经济研究参考》2011年第61期,第66页。
② 参见陈俊侠:《法国:廉租房政策是最有效的手段》,载《中国地产市场》2006年第7期,第60—61页。
③ 潘丽霞:《法国可抗辩住房权法律保障研究》,湘潭大学2016年硕士学位论文,第20页。
④ 参见魏文彪:《法国通过"可抗辩居住权"法案》,载《中国审计报》2007年第1期,第31页。
⑤ 参见张富强:《完善中国住房保障法律制度的几点思考——以美国经验为借鉴》,载《华南师范大学学报(社会科学版)》2014年第6期,第121—128页。
⑥ 参见张跃松:《住房保障政策——转型期的探索、实践与评价研究》,中国建筑工业出版社2015年版,第138页。

士、老年人、年轻夫妇或收入相对较低的群体①,如存款低于1.6万英镑的低收入群体可以领取政府的租房补贴。② 英国政府的"帮助购房计划"面向年收入少于6万英镑、无其他住房的首次购房的居民。这些居民可申请房屋价值25%的净值贷款用于住房抵押贷款首付,贷款的前五年免收利息。③ 而"产权共享"项目的受益者必须是家庭年收入少于6万英镑的首次购房者、无法购房的原户主、住房协会或政府公房的租户,或者关键工作者(在公共部门提供重要服务的工作者,如社会工作者、警察、教师、消防队员等)。④

香港住房保障范围也以低收入人群(家庭)和某些特殊群体为主,受益群体较为广泛。房委会规定可以申请政府保障住房的一般标准主要包括年满18周岁、居于香港且拥有香港入境权、在香港没有其他物业、以及家庭成员过半数居于香港满7年。收入和资产限额的标准每年会进行调整修订,以确保符合当前的经济和社会状况。以2022年为例,三人家庭每月最高入息限额为24410港元,总资产净值限额为481000港元。香港房委会还针对年长者、残疾人士、房屋拆迁或灾害等受影响群体给予特殊的政策支持⑤,目的在于确保住房困难群体实现其住房需求。

第五节 分配和退出机制

一、分配机制

健全的保障性住房分配机制要求严格审查申请人的资格。以我国香

---

① 参见汪文雄、李进涛:《英国的住房政策实践及启示》,载《城市问题》2010年第3期,第87—92页。
② 参见王兆宇:《英国住房保障政策的历史、体系与借鉴》,载《城市发展研究》2012年第19期,第134—139页。
③ 参见郭敏、覃琪、秦义春:《英国住房金融政策演变、现状及启示》,载《区域金融研究》2013年第9期,第60—66页。
④ 参见陈杰、曾馨弘:《英国住房保障政策的体系、进展与反思》,载《中国房地产》2011年第8期,第53—65页。
⑤ 参见香港房屋委员会关于公屋申请时照顾特殊需要的说明,https://www.housingauthority.gov.hk/tc/public-housing/meeting-special-needs/index.html,最后访问日期:2022年4月29日。

港地区和美国为例,香港对申请人资格的核查分为两个阶段,一是申请登记时的审查,二是配屋时的审查,审查又分为一般审查和抽检。美国则在信息审核时充分利用其完善的个人收入和信用体系,以此判断申请人的收入是否符合地方政府根据本地实际收入水平所划定的标准。

在大部分国家和地区,保障性住房的数量不足以满足所有申请人(家庭)。因此,需要有一个相对公平的机制,确定先满足哪些申请人。域外的保障性住房分配机制一般存在按照顺序分配、抽签或摇号分配、按照积分分配等形式。许多国家或地区可能同时采取两种或两种以上的分配形式;不同的保障形式,其分配方法也可能不同。

香港地区的保障性住房分配包括公屋的分配和居屋的分配两种,二者在分配方式上存在较大差别。公屋采取轮候制,所有提交申请的人士在经过审核后按照申请类型登记在房委会公屋轮候册上,分配公屋时会严格按照登记编号先后顺序安排入住。而居屋则采取抽签制,申请人的先后顺序由公开抽签办法决定。①

新加坡公共住房的分配机制主要包括抽签制销售、直接选购、订单式建造等不同种类。其中,抽签方式是新加坡最主要的公共住房配售方式,采用计算机摇号的形式。直接选购制度出售的房源包括预购公共住房计划和抽签计划未售完的公共住房,该方式下申购者往往可以在较短时间内(3—4个月)获得住房。订单式建造,即"先售后造",是指将申请环节调整到公共住房开工建设之前,根据申请者的需求建造公共住房。此外,新加坡政府还在现有分配制度基础上设置了特殊的分配措施,如多代家庭组屋计划(Multi-Tier Family Scheme,简称 MTFS)、第三子优先配屋计划(Third Child Priority Scheme,简称 TCPS)和选组屋计划(Joint Selection Scheme,简称 JSS)。②

英国政府则采用"评分体系"划分优先等级,以将社会住房分配给最需要的人群。打分制依据申请者自身情况,对居住环境过于狭窄、在附近地区工作、因健康问题需要转移、无家可归等情况予以加分,分数越高,在

---

① 参见代懋、李若冲:《中国香港住房保障体系的综述及评估》,载《北京航空航天大学学报(社会科学版)》2016年第4期,第8—14页。
② 参见张跃松:《住房保障政策——转型期的探索、实践与评价研究》,中国建筑工业出版社2015年版,第139—141页。

等候名单的位置越靠前。对于没有紧急需求的普通人则依据申请时间的先后进行分配。①

法国也采取综合评分方法分配社会住房,法国低租金社会住房组织(HLM)对申请人的各项条件(年龄、收入、登记的时间、健康状况、人口多少)进行综合的分析和考虑,根据评分高低确定何时分配以及房屋的面积和地段等。②

美国公共住房代理机构(Public Housing Agencies,PHAs)采用摇号方式确定轮候顺序,并根据地方需要,设置优先人群。优先人群的类型包括:(1)居民,经 HUD 批准,PHAs 可以允许正在当地工作或已获得当地工作机会的申请人,以及目前居住当地的申请人优先申请公共住房;(2)工作家庭,即家庭成员有工作;(3)退伍军人;(4)无家可归者;(5)单身的高龄人士(62 岁以上)、残障人士、无家可归者、流离失所者;(6)残疾人。③

二、退出机制

从域外经验来看,保障性住房的退出问题主要集中在租赁型保障性住房的退出上,既包括保障对象在不符合准入标准后的退出,即"人的退出",也包括因政府将租赁型住房出售给保障对象,使得住房性质由公共性的租赁住房转变为私人所有的产权型住房,即"房的退出"。为实现住房资源的有效利用,域外国家或地区一般要求租户每隔一定的时间向住房保障管理部门申报相关的基本情况,以确定承租人是否仍符合保障条件。在"人的退出"上,一般又有两种做法:一是强制不符合条件的租户限期搬离公共住房;二是不要求租户强制退出,但会向租户按照市价收取租金。本部分以我国香港地区和德国、美国、法国等国和地区为例予以介绍。

---

① 参见张跃松:《住房保障政策——转型期的探索、实践与评价研究》,中国建筑工业出版社 2015 年版,第 141—142 页。

② 参见李幽兰:《法国保障性住房的运作方式》,载《学习月刊》2010 年第 27 期,第 46—47 页。

③ US Department of Housing and Urban Development, "Waiting List and Tenant Selection", https://www.hud.gov/sites/dfiles/PIH/documents/PHOG_Waiting_List_Chapter.pdf, pp. 7, 15-18.

1. 人的退出

香港房委会从 1996 年开始实行"公屋住户资助政策"和"维护公屋资源的合理分配政策",前者旨在减少对收入改善住户所提供的房屋补助,后者旨在确定收入改善者是否有资格继续租住公屋。房委会根据两年一度的申报情况定期家访核查租户的经济状况,确定租住者的收入和资产是否仍然满足申请标准,对收入改善者采取加收租金或强制退出的惩罚手段。当租户的收入达到公屋准入标准的 2 倍时,需缴纳 1.5 倍租金。① 收入超过轮候公屋收入标准的 3 倍的住户以及不申报资产的住户,必须搬出租住的公屋。在搬离之前的缓冲期内,房屋署允许这些住户以市场租金的水平在公屋继续租住 1 年。② 香港退出政策执行有力,仅 2015/16 年度,退出的家庭约有 2100 户。③

德国政府亦要求租户必须每年向政府住房局进行家庭收入申报,如果收入超过了规定的收入上限,政府一般不会强制要求租户搬离社会住房,而是向租户收取额外租金作为对占用社会房屋资源的补偿,由租户选择是否退出社会住房,此种弹性的退出机制旨在实现不同收入人群的"混居"和促进社会融合。④

法国规定租户每年必须提交家庭收入证明,租金随收入水平动态变化,当超过入住的最高收入线后,就会取消该租户租住资格,并将该房屋重新分配。⑤ 目前,法国规定租户的收入超出廉租屋分配标准的收入上限 150％时,租户必须在 18 个月内搬出廉租屋。⑥

美国政府施行经济驱逐政策,当租户收入超过租金 5 倍时便予以驱逐,不过当租户无法在私人市场获得合适住房时,地方管理机构可以不对

---

① 参见华佳:《香港公屋的租后管理》,载《上海房地》2012 年第 8 期,第 44—46 页。
② 参见刘祖云、吴开泽:《住房保障准入与退出的香港模式及其对内地的启示》,载《中南民族大学学报(人文社会科学版)》2014 年第 2 期,第 83—87 页。
③ 参见香港房屋委员会:《可持续社区共享生活智慧》报告摘要,http://www.housingauthority.gov.hk/mini-site/hasr1516/sc/common/pdf/01-Executive_Summary.pdf,最后访问日期:2017 年 8 月 22 日。
④ 参见杨瑛:《借鉴德国经验——加快建设以公租房为主的住房保障体系》,载《城市发展研究》2014 年第 21 期,第 77—82 页。
⑤ 参见李幽兰:《法国保障性住房的运作方式》,载《学习月刊》2010 年第 27 期,第 46—47 页。
⑥ 佚名:《为消除贫户聚集区 法国新法案强制市镇 HLM 达标》,http://www.cbfau.com/cbf-201526479.html,最后访问日期:2022 年 4 月 29 日。

收入超过上限的租户进行驱逐;此外,地方公共住房管理局还有权对拒绝或拖欠租金的租户执行驱逐政策。同时,为了维护租户的生活环境,政府还规定如果租户是犯罪团伙成员或贩毒者,当地管理机构亦有权对其驱逐。①

日本规定公营住房租户每年都必须向主管部门递交年收入报告。租户如果不递交当年的收入报告,下一年就将按照该公营住宅附近的同类住宅的房租计算房租;如果连续2年的收入都超过了地方政府对公营住宅入住者的收入标准,就必须限期搬出公营住房,以维护公营住宅对于低收入者保障和供给的目的。对逾期不搬者,将在参照附近同类住房房租的基础上,加收高额违约金,以达到使其尽快退出的目的。② 对于居住5年以上的租户,公营住宅负责机关可以对收入超过基准额的住户提出收回房屋的请求。③

2. 房的退出

香港房委会规定公屋租住者可以以优惠价格购买居屋。没有自有产权住房但需缴纳双倍租金或市场租金的住户,可享受绿表第二优先资格购买居屋。房委会实施的"租者置其屋"计划,让富户购买所承租的公屋。富户购买公屋,实现了租户和公屋的双重"退出",既满足了富户的购房需求,又减少了资助金额。在1988至2003年间,共有22978名租户成为自置居所的业主。④ 此外,香港特别行政区政府也对居屋购置者规定了相应的退出机制。购置者所购买的居屋在达到一定年限并缴纳地价差额后可上市交易,或者通过居屋第二市场将居屋转售给符合条件的申请者。设立于1997年的居屋第二市场,以增加居屋流转量的形式满足公屋住户和符合资格居民的购房需求,凡购入满两年或以上的居屋、私人参建居屋

---

① 曾辉、虞晓芬:《美国公共住房退出管理中的两难抉择及启示》,载《中国房地产(学术版)》2016年第27期,第72—80页。

② 参见熊国经、周敏建:《日本公营住宅的运作体系:以日本为研究对象》,载《城市问题》2012年第2期,第90—92页。

③ 参见凌维慈:《公法视野下的住房保障:以日本为研究对象》,上海三联书店2010年版,第54页。

④ 参见刘祖云、吴开泽:《住房保障准入与退出的香港模式及其对内地的启示》,载《中南民族大学学报(人文社会科学版)》2014年第2期,第83—87页。

或租者置其屋计划居屋,都可以在该第二市场出售。①

法国政府为鼓励社会住房的房客购置自己居住的房子,为租户提供了优惠的购置政策:一是房价明显低于市场价;二是过去所付的房租可以累积起来,在总房价中抵扣。但收效甚微,只有0.1%的租户购置了自己居住的房子。②

和法国一样,美国政府也曾经通过较大的折扣吸引租户购买公共租房,以实现"人"与"房"的共同退出。③

第六节 责任机制

住房保障的实施过程中,可能出现申请人虚报信息骗租骗购、不按规定使用公共住房资源、公职人员的寻租腐败等行为,对这些行为依法追究责任,是住房保障顺利公平实施的关键。域外国家和地区大多规定了住房保障责任机制。

在惩戒提供虚假信息骗租骗购方面,德国《租金补助法》规定正在申请或享受租金补助者有义务及时向租金补助管理机构报告家庭人口、收入和住址等涉及租金补助有关信息的变更情况,同时赋予租金补助管理部门对上述申报信息予以核实检查的权力。拒绝提供信息、刻意隐瞒人口减少、收入增加或住房支出下降等方面事实的租户,将被处以最高2000欧元的罚款。④ 在我国香港地区,为确保租户申报材料的真实性,核查租户的真实情况以确保住房保障政策实施中的公平性,《房屋条例》规定了缜密周全的违例事项及处罚规定,如第26条规定:"任何人(a)就任何与购买屋邨内土地有关的事项,或就任何与购买委员会获授权提名购

---

① 参见刘祖云、吴开泽:《住房保障准入与退出的香港模式及其对内地的启示》,载《中南民族大学学报(人文社会科学版)》2014年第2期,第83—87页。
② 参见李幽兰:《法国保障性住房的运作方式》,载《学习月刊》2010年第27期,第46—47页。
③ 参见曾辉、虞晓芬:《美国公共住房退出管理中的两难抉择及启示》,载《中国房地产》(学术版)2016年第27期,第72—80页。
④ 参见〔德〕约翰·艾克豪夫:《德国住房政策》,毕宇珠、丁宇译,中国建筑工业出版社2012年版,第64—75页。

买人的土地有关的事项;或(b)就该等事项向委员会提供任何资料时,向委员会作出任何陈述,而明知该项陈述在要项上是虚假或具误导性的,即属犯罪,一经定罪,可处罚款＄500,000及监禁1年。"新加坡要求任何人在买卖组屋时必须提供准确、翔实的资料。如果违反了政府组屋的规定,触犯条例的人可能会被控上法庭。对于弄虚作假骗购骗租者,当事人将面临高达5000新元的罚款或6个月的监禁,或者并罚。①

在维护公共住房居住环境和配套设施以及打击滥用公共住房方面,香港房委会于2006年出台屋村管理扣分制。该制度涵盖28项不当行为,四档扣分幅度。根据行为的严重程度,给予违规者相应的扣分,当所扣分数达到一定标准时,该住户会面临房屋署不同严重程度的处罚。如凡两年内被扣分达16分的公屋租户,租约将被终止,不能继续租住公屋。②

对拒不支付租金、拖欠租金的行为,英国法律规定出租方有权驱逐租户,被驱逐租户可以向法院申诉;对于违规转租行为,法院根据情节轻重,有权对租者收回房屋,并处以最高2年监禁和5万英镑的罚款。③ 德国政府则对房东的租金设定权也进行限制。如3年内房租涨幅不允许超过20%,如果房东将房租设定高于合理价格的20%,就构成违法;房租价格超过50%,如不及时改正,就构成犯罪。④

对工作人员徇私舞弊的行为,美国住房与城市发展部特设检察官办公室,专门负责预防和处理政策实施中的欺诈、虚假申报等行为。如果工作人员有受贿、操作竞标、挪用款项或者变更伪造销毁记录等行为,便可认定为欺诈,严重者将面临犯罪的指控。⑤

---

① 参见贾俐贞:《新加坡住房制度的五大特点》,载《中国党政干部论坛》2011年第11期,第57页。
② 参见华佳:《香港公屋的租后管理》,载《上海房地》2011年第8期,第44—46页。
③ 参见汪建强:《英国公共租赁住房建设的基本经验与启示》,载《现代经济探讨》2014年第10期,第88—92页。
④ 参见李讯:《德国住房租赁市场发展的主要经验及启示》,载《金融发展研究》2011年第10期,第46—49页。
⑤ 参见美国住房与城市发展部特设检察官办公室关于"common fraud scheme"的介绍,https://www.hudoig.gov/fraud/common-fraud-schemes,最后访问日期:2022年4月29日。

第七节 住房租赁制度

产权型住房和租赁型住房是居民实现住房需求的不同选择,两种方式相互补充缺一不可,共同构建起完整的住房市场。十九大报告提出,要坚持房子是用来住的、不是用来炒的定位,加快建立多主体供给、多渠道保障、租购并举的住房制度,让全体人民住有所居。建设住房租赁市场是满足我国居民现阶段住房需求和构建完善的住房市场的重要内容。在建设我国住房租赁市场的过程中,参考借鉴域外国家和地区的成熟制度是应有之义。本节将主要从租金调整、租约保护以及租房弱势群体的保护等角度对德国和美国的住房租赁制度加以介绍。

一、租金管制

租金管制是维护租户权益的一个重要举措。2015年修订的德国《民法典》第556—558条从租金模式、提高租金的事由、租金参考标准、激烈竞争之居住市场区域的租金上限等多方面作了明确的规定,这些规定被称为德国的"租金限闸"制度。在租金的设定上,出租人要在当地通常参考租金的基础上与承租人约定分级租金或指数租金等不同形式,当地通常参考租金一览表由乡镇市或出租人与承租人的利益代表人根据房屋的位置、交通状况、建筑年份、质量等情况共同制作或认定,租金一览表每两年根据市场的发展调整一次。对于房屋市场竞争激烈的区域,德国《民法典》第556条既明确了构成激烈竞争之居住市场区域的判断标准,又对租金上限作了精确规定,即该区域的出租人与承租人订立租赁合同时,租金不能超过当地通常参考租金的110%。此外,德国《民法典》第558条还明确规定了租金上涨的事由,并规定即使房租上涨后,承租人也可以从第三个月才开始缴纳提高后的租金。[1]

美国各地在20世纪70年代也纷纷制定调控居住性住宅租金的管理条例,以应对20世纪60年代和20世纪70年代早期通货膨胀压力和住

---

[1] 参见台湾大学法律学院、台大法学基金会编译:《德国民法典》,北京大学出版社2017年版。

房短缺所导致的租金上涨形势。① 各地的租金控制条例具体内容各不相同,但一般都规定以下五方面内容:(1) 基础租金(base rent),即将条例颁布前某一特定日期(如 6 个月前)每个单元收取的租金作为基础租金,以此为基础认定未来将实行租金控制而增加租金的行为归于无效。(2) 可以增租的情形。一般的条例允许两种增租的情形:所有单元的自动增租和个别单元的自由增租。其中,所有单元的自动增租是指所有住宅单位每年以一定的百分比(通常为联邦消费价格指数测定的通货膨胀率)提高租金;个别单元自由增租则是指租金控制委员会或者其他行政机构根据出租人的申请,在考量经营和维护成本增加、出租人的困难、合理收入回报的宪法权利等诸多因素的基础上,批准个别单元可以自由增租。此外,承租人也可以根据出租人的原因(如出租人降低服务质量)而申请租金控制委员会或者其他行政机构减租。(3) 不适用租金控制的情形。条例颁布后建造的住房、高价或"豪华"住房,以及所有人和租客同住的小型建筑物不适用租金控制。条例一般还规定待租解除控制(vacancy decontrol)规则,根据该规则,当承租人搬走时租金控制终止,出租人可以向新的承租人收取市场租金而不受原基础租金限制。待新承租人入住后,再适用租金控制,以新的租金标准作为计算未来增租数额的基础租金。(4) 驱逐控制。为防止出租人滥用待租解除控制规则规避租金控制管制,一般的条例只允许出租人出于善意理由驱逐承租人,如因为没有支付租金、承租人严重违法或者出租人自己打算居住在该单元等。(5) 限制转变建筑物性质或用途,以保护出租屋的数量。为防止出租人将建筑物改变为区分所有建筑物,再把各个单元出售,以规避租金管制的做法,一般的条例会对建筑物性质的转变加以限制。这种限制往往通过对转变率的限制,或者禁止在出售时赋予既有的承租人优惠待遇(如享有购买该单元的优先购买权)的方式实现。

---

① 在美国租金管制曾经被作为战时应急措施,战后至 20 世纪 50 年代早期,只有纽约市保留了租金控制规定。但是到 20 世纪 70 年代,美国许多州的城市都颁布了住宅租赁租金管制条例。参见〔美〕约翰·G. 斯普兰克林:《美国财产法精解》,钟书峰译,北京大学出版社 2009 年版,第 229—230 页。

关于租金管制是否为良策,在美国法上存在争议。① 出于租金管制可能有害的担忧,如今在美国,租金控制是例外情形而不是常态现象。绝大多数州通过的制定法都禁止地方政府制定租金控制条例。② 只有少数州已专门授权地方政府可以采取租金控制措施,即使在这些州,租金控制似乎正走向死亡。③

二、租约保护制度

在德国、美国等主要依赖租赁市场解决住房问题的国家,维持租赁市场的有效运行和保障处于弱势地位的承租人的合法权益是住房供应的重中之重。

德国政府注重运用法律保障租户的租房利益。首先,德国《民法典》对承租人给予了特殊保护,该法第543条、第569条和第573条列举了租赁关系终止的事由,包括继续承租房屋严重危害健康、房屋拟自用、可归责于承租人的解除事由等法定条件,房东不得因为出租给其他承租人收取更高租金而擅自解除或变更合同。④ 其次,德国《民法典》规定了"买卖不破租赁"制度保护承租人权益,该法第566条第1款规定:"出租之住房交付使用承租人后,由使用出租人让与第三人者,于其所有权存续中基于使用租赁关系所生之权利及义务,由受让人取代使用出租人而加入之。"⑤德国法律不仅对房东变更或解除租赁关系的原因加以限制,而且规定房东出卖房屋后,如果受让人在租赁关系终止时不能返还押金的,原

---

① 参见〔美〕约翰·G.斯普兰克林:《美国财产法精解》,钟书峰译,北京大学出版社2009年版,第232—234页。反对租金控制的主要观点根植于效益和自由:一方面,美国经济学家在理论上一般认为,租金控制会减少可供住房的数量和降低质量;另一方面,租金控制因其对所有权的直接限制而存在合宪性问题。支持租金控制的主要观点则主要建立在非功利主义的基础上,如保护贫穷的承租人、保护邻里和社区的稳定等。

② See Edward H. Rabin, "The Revolution in Landlord-Tenant Law: Causes and Consequences", *Cornell Law Review*, Vol. 69, Issue 3, 1984, p. 517.

③ 〔美〕约翰·G.斯普兰克林:《美国财产法精解》,钟书峰译,北京大学出版社2009年版,第230页。

④ 参见台湾大学法律学院、台大法学基金会编译:《德国民法典》,北京大学出版社2017年版。

⑤ 同上。

房东承担连带责任。① 德国法律对租赁关系中租户一方予以特殊保护的价值取向,对维持德国住房租赁市场稳定发挥了重要作用。

美国政府出于对社会弱势地位的租户的特别保护,联邦和各州立法对房东租赁终止权进行了必要的限制,如:公共住宅的租户非有正当理由不受驱逐;对于租户举报房东违反建筑条例或者参加租户协会的行为,房东不得出于报复而驱逐租户。禁止房东基于对租户的歧视而终止或拒绝更新租约等。②

三、住房公平制度

在租赁关系中,房东享有自由选择租户的决定权,处于一定的优势地位,导致部分"风险群体"(如社会边缘族群、他国移民等群体)相较于社会标准群体,即使在能够负担相同租金的情况下也较难从房东手中获得房屋。因此如何保护"风险群体"的合法权益,解决其租房困难便至关重要。

德国政府为了促进这些社会边缘群体和正常群体获得同等的租房待遇,制定了购买"住房分配权"政策。该政策规定,地方政府需根据其辖区内"风险群体"的数量,从私人房主或住房企业处购买出租房屋的"住房分配权"。政府在该出租房重新招租时拥有选择优先安置"风险群体"的权利:出售"住房分配权"的房东在重新出租房屋时必须通知政府相关部门,由该部门根据"风险群体"的需求行使此分配权,将房屋分配出租给"风险群体"。只有在政府不行使分配权时,房东才能自行出租。同时政府还对"风险群体"租赁房屋提供违约担保,以此降低房东承担的潜在租赁风险。这些措施有助于缓解房东对该群体的不公平对待。"住房分配权"政策修正市场失灵,极大地保障了"风险群体"的住房权利。③

美国制定了《住宅公平法》,其立法目的是实现美国宪法规定的住房

---

① 《德国民法典》第566条第1款规定"……使用租赁关系终了时,使用承租人不能自受让人取得担保者,使用出租人仍继续负返还之义务。"

② 参见包振宇:《美国住宅租赁法律制度研究——以承租人住房权保障为例》,载《美国研究》2010年第24期,第55—72页。关于美国住房租赁制度中保护承租人利益规定的更详细介绍,参见周珺:《美国住房租赁法的转型:从出租人优位到承租人优位》,中国法制出版社2011年版。

③ 参见〔英〕约翰·艾克豪夫:《德国住房政策》,毕宇珠、丁宇译,中国建筑工业出版社2012年版,第29页。

公平——"保证公民享有不受歧视的住宅权,以防止对公民基本住宅权利的非法侵害",并对残疾人的住宅权特别保护。该法具体规定了侵犯公民住宅权的救助制度,内容涵盖实施救助的机关(住房和城市发展部和联邦地区法院)、救助的程序(行政救助程序和司法救助程序)。① 1995 年出台的《老年人住宅法》和《公平住宅修正案》也致力于保障居民获得公平对待,规定在任何房地产交易中对由于家庭或残疾而予以歧视的行为都是违法行为。②

第八节　域外住房保障法律制度对我国的启示

一、健全住房保障法律制度

总体上看,我国住房保障工作还处于探索阶段,存在不少矛盾和问题。其中既有住房保障制度不够健全、政策不够完善的问题,也有管理不到位和操作不规范的问题,但最为突出的问题是住房保障立法进程缓慢。我国现行住房保障政策均是以部门规章、地方性法规和其他规范性文件的形式发布的,尚无法律和行政法规,不利于全面保障公民的住房权。由于住房保障政策层级较低,强制力较差,导致住房保障执行不力、落实不到位的情况频发。反观域外住房保障工作成效较好的国家或地区,均制定了较为完善的住房保障法律。如法国 1999 年《博松法》(La Loi Besson)明确将住房权规定为公民的基本权利,政府负有保障公民住房权的责任;2007 年《可抗辩住房权法案》(DALO)进一步明晰了住房权在受到侵害时的救济途径,该法案规定了行政调解和行政诉讼相结合的双重救济途径,为居民运用法律手段维护住房权提供了法律依据。③

又如,日本根据不同阶段居民的住宅状况确定了不同的住房保障政策,并先后制定了《住房金融公库法》《公营住宅法》《日本住宅公团法》《城市住房计划法》《居民生活基本法》等 40 余部旨在建立健全住房保障和规范住宅市场的法律法规。

---

① 参见上海市房产经济学会编:《国外(地区)住宅法规选编》,上海社会科学院出版社 2001 年版,第 252—257 页。
② 参见曾凡昌:《中国住宅权保障法律制度研究》,华中科技大学出版社 2016 年版,第 112 页。
③ 参见潘丽霞:《法国可抗辩住房权法律保障研究》,湘潭大学 2016 年硕士学位论文,第 17 页。

在条件成熟时,我国也应当制定高位阶的法律,为住房保障提供法律供给。具体而言:第一,应将公民的住房权明文规定为公民的基本权利,将住房保障工作纳入法治轨道,以此明确政府在住房保障工作中应当承担的责任。第二,"无救济则无权利",在规定公民的住房权后应适时根据社会发展状况和政府负担能力,制定关于公民住房权救济的法律,赋予公民住房权可诉性。第三,住房保障应回归狭义的住房保障概念(住房救助),明确不同的住房保障形式,侧重满足中低收入人群的基本居住要求,确保保障性住房真正发挥住房救助的角色定位。

二、健全住房保障管理体制,鼓励非营利组织参与管理

我国对住房保障的管理较为混乱,保障性住房建设管理中涉及的用地、建设、管理、入住审核等环节分别由不同的机构负责,没有统一的负责机构,不利于保障性住房的推进。对此,可以借鉴英国的管理体系,合理分配部门职能。在英国,中央层面有社区和地方政府部负责中央层面的住房保障政策,在地方层面有住房和社区局和非营利性机构地方住房协会负责具体执行,同时还设置了专门机构租户服务管理局负责对保障住房管理的外部监管。不同层级机构间分工明确,共同搭建起一套完善且高效的住房保障管理体制,这无疑对住房保障政策的制定和执行具有重要的保障作用。

我国政府既是住房保障政策的制定者,又是公共住房项目的投资者、建设者和管理者,过多的角色定位不利于政府发挥其政策引领的核心作用。可以借鉴英国、荷兰、新加坡和我国香港地区的经验,鼓励住房协会等非营利组织统筹各类保障性住房的建设和管理,政府则集中发挥其政策制定、资金支持和管理监督的角色。这既能缓解政府的多重压力,又能提高住房供给的质量和效率,有助于保障性住房的有效供给。

三、构建多元化的资金筹措渠道

首先,建立支持保障性住房建设的公共财政体系。如成立政府主导的担保机构或担保基金,以增加融资方的信誉;再如创新贷款贴息方式,财政补贴从"暗补"转向"明补",从"补砖头"转向"补人头",以此放大财政资金的杠杆作用。

其次,完善公积金贷款和商业银行贷款并行的保障住房金融体系,继

续探索住房储蓄银行制度。目前,我国的公积金制度带有强烈的政策性和强制性,用人单位必须为职工缴纳公积金,单位和个人没有选择不缴纳公积金的权利。同时,我国公积金制度并不能覆盖所有人群,其主要面向有固定职业和稳定收入的群体,在农村人口大量涌进城市工作生活的背景下,从事流动性较大职业的群体以及职业不固定的群体(如进城务工人员)的住房融资需求难以获得公积金制度的支持。除健全公积金制度外,我国可以通过建立健全住房储蓄银行制度,推动构建完善的住房金融体系。对此,德国独具特色的住房储蓄银行体系提供了经验。德国住房储蓄银行具有自愿加入、先存后贷、封闭运行、专款专用、利率固定的特点。住房储蓄银行模式还具有防范住房金融风险的功能,只有在居民达到一定比例的储蓄金额后(一般为50%)才能申请贷款支持,有效地降低了住房金融风险。

目前,中国建设银行与德国施威比豪尔住房储蓄银行股份公司合资组建的中德住房储蓄银行是该德国模式在中国的实践。[①] 不过,中德住房储蓄银行自身规模及市场占比较小,我国的住房金融体系仍然主要由住房公积金制度和商业贷款体系构成。我们可以加强研究德国模式和中德住房储蓄银行的实践,健全我国住房储蓄银行制度。

最后,广泛拓展保障住房融资渠道,实现向社会融资。保障性住房的兴建和运营通常占用大量的政府财政资金,到达一定阶段后可能成为政府财政的负担。实现住房保障资金筹措的可持续发展,需要降低其对政府财政的过度依赖。我国香港特别行政区政府早期也通过无偿划拨土地、划拨大量的财政资金支持等方式推动公营住房发展,但自20世纪80年代末房委会转变为财政自负盈亏的公共机构起,香港特区政府减少了直接的资金支持。不过为了帮助房委会可持续发展,香港特区政府允许房委会在公营住宅地块上规划配套一定的商业设施(商业楼宇、零售设施、停车位),并收取这些商业配套设施的租金。在此基础上,房委会还充分运用香港地区发达的金融市场,创造性地搭建筹措资金的金融平台,成立领汇房地产信托投资基金并在香港联交所上市,获得投资收益。房委会以商业楼宇等资产为基础设立房地产信托基金筹措资金的方式,为我国内地存在资

[①] 关于中德住房储蓄银行的介绍,参见中德住房储蓄银行官方:http://www.sgb.cn,最后访问日期:2018年8月14日。

金短缺的地方政府筹措建设资金提供经验。令人欣喜的,我国首单公共租赁住房类 REITs 已经在 2021 年成功发行,为通过房地产信托基金筹措住房保障资金作了尝试。①

四、加大租房补贴力度,构建住房租赁市场

在有限的政府预算约束下,政府应当加大租房补贴力度,帮助中低收入人群通过市场解决住房困难问题。在租房补贴上,域外的经验值得借鉴。例如,美国政府从住房的需求端出发,推行面向中低收入家庭的租房券项目。租房券项目通过向符合标准的租户给予房租货币补贴,既缓解了财政支出的压力,又充分利用了市场上的闲置住房资源,同时扩大了低收入群体的住房选择,有助于社会的均衡化发展。

又如,德国在《租金补助法》中确立了公民在特定条件下享有住房补贴的权利,以此保障低收入人群有能力负担租金支出。德国对享受租金补助的条件和租金补助的限额制定了科学、合理的标准,将财政资金有效地再分配给住房困难群体;此外,租金补助制度赋予租户更大的自主选择权,租户既可以选择租赁社会住房,亦可以在住房租赁市场中自由选择,充分利用社会的存量房屋,减轻政府在社会住房建设上的负担。

我国部分地方政府对特殊群体实施了租金补贴制度,中央政府也在大力推进公租房货币化制度,但相较于美国租房券和德国租金补助在住房保障政策中的占比,我国租金补贴制度仍有发展空间。结合我国住房市场的现状和大力发展住房租赁市场和租赁型保障性住房的政策导向,深入研究美国和德国的租金补贴政策的具体规定,对于完善我国的租金补贴制度,缓解地方政府建设保障住房的压力具有重要意义。

五、完善税收优惠政策,加大间接保障的力度

税收作为国民收入再分配的调节手段,影响着国民的财富状况,在住房保障中可以发挥重要作用。住房需求端的税收优惠政策,可以减少住房困难群体的支出,提高住房方面的可负担水平;住房供给端的税收优惠

---

① 参见《全国首单公共租赁住房类 REITs 成功发行》,https://baijiahao.baidu.com/s?id=1709029518325190833&wfr=spider&for=pc,最后访问日期:2021 年 8 月 30 日。

政策,可以降低社会力量在保障性住房开发建设中的税收负担,有利于鼓励和刺激社会资本参与到保障性住房的开发建设中。我国2018年修正的《个人所得税法》将住房贷款利息和住房租金等专项附加扣除,间接保障了居民的住房需求,值得肯定。

在住房供给端的税收减免政策上,美国的低收入家庭住房建设税收抵免制度(LIHTC)为我们提供了新的思路。不同于传统的税收减免政策,LIHTC运用市场化思维,将对开发商的税收减免转化为可以在市场上自由交易的税收抵免额,税收抵免额成为可以买卖或抵押的商品。开发商通过对税收抵免额的买卖和抵押,可以更灵活的从市场上取得再融资,撬动了更多资本投入到保障住房的开发建设中。目前我国的保障住房建设依然存在巨大的资金缺口,借鉴美国的税收抵免额制度,构建我国的税收抵免额交易市场,可以推动我国保障性住房建设。

六、建立个人征信和信息系统,实现信息审核科学化

我国保障性住房在管理中存在资格认定不科学、审核程序不严格等问题。因此,在加快住房保障立法的同时,完善与住房保障相配套的征信系统、住房保障信息系统等基础制度建设就变得十分重要。目前保障房的准入和退出资格审核都采用申请人申报机制,即由申请人对其是否符合资格进行"自证"。由于没有一个客观的确定的征信体系,住房保障管理单位在审核申请人收入、资产等信息时会面临信息核实成本高、信息真实性存疑等难题,导致一些不符合资格的人分得保障房。为了获取更真实的个人信息,一方面应从信息获取端着手,建立完善的个人信息和征信体系;另一方面应从申请信息的提供端着手,通过建立相应的惩戒机制,规范申报信息的真实性。具体而言:

第一,应建立完善的征信体系,加快征信立法,将个人征信状况作为重要的参考依据。征信体系涉及房产、收入、税收等多种信息,在建立征信系统的时候要加强各部门之间的沟通,有效推进相关信息共享,同时由于信用信息可能会涉及个人及家庭隐私,还要注意信息的保护和依法应用。此外,在大数据技术不断发展和成熟的背景下,政府可以充分利用大数据技术在信息整合和分析上的优势,搭建个人信息数据库,以期呈现更真实的个人征信状况。

第二,应加大对申请者提供虚假信息、骗租骗购等行为的惩罚力度,将这些违法行为纳入个人征信体系,通过打击提供虚假信息的行为来约束申请者,使其对申报信息的真实性负责。

第三,建立完善的保障房信息管理系统。住房保障涉及多个部门,住房保障信息内容丰富、数量庞大,有必要建立一个有效的信息管理系统,记录保障房建设、分配和管理等所有阶段的信息。在个人征信体系建立后,住房保障信息系统还应与个人征信体系紧密衔接,主动定期核查保障对象的收入、资产等信息,动态掌握保障对象状况,避免不符合标准的保障对象占用保障资源,实现保障性住房的公平利用。

七、运用系统性思维促进社区融合

住房保障过程中常常出现居住隔离问题,不利于社会融合。法国政府早期在保障性住房的建设上,为了管理的便利性和土地资源的最大利益分配,一般采取选址郊区、集中建设的模式,这种模式使得低收入家庭要承担更高的交通成本和时间成本,还要享受相比于城市中心水平更低的医疗、教育等公共服务,为此后的居住隔离所带来的社会问题埋下了隐患。[①] 为解决居住隔离问题,促进不同阶层间的流动和融合,法国政府既关注社会住宅的空间布局,规定了每个社区必须提供 20% 的社会福利住房,又注重与居民就业相关的社区整体规划,采取了社会住宅的物质改造和城市综合改造相结合的方式,取得了良好效果。

新加坡在促进社区融合上也有较成熟的经验。为避免城市贫民窟的问题,新加坡将公共住房当作实现多族群空间整合的工具,通过公共组屋建设的合理规划和选址,成功解决了贫民聚居的问题;通过建立一系列委员会与镇议会等措施,培育了人们的社区意识,增进了社区整合。[②] 此外,新加坡在住房服务供应与分配过程中也坚持亚洲价值观,例如强调家庭在住房分配上的优先权;在家庭日益核心化的趋势下,新加坡进而实

---

① 所谓居住隔离,是指都市居民由于种族、生活习惯、文化水准或经济差异,特征相类似的群体集聚于特定地区,而不相类似的群体彼此分开,由此产生不同群体之间的隔离,有的甚至彼此产生歧视或敌对。

② See Loo Lee Sim, Shi Ming Yu and Sun Sheng Han, "Public Housing and Ethnic Integration in Singapore", *Habitat International*, Vol. 27, No. 2, p. 293 (2003).

施了子女住房与老人住房之间的空间接近政策①,从而有利于维系照顾老人的家庭责任,并维持社会稳定。

目前,我国的保障房建设在采取郊区选址、集中建设之外,也采取了商品房配建保障房的政策,以避免居住隔离所带来的社会问题。但各地相继出现同一社区内商品房房主排斥公租房租户的居住隔离现象。② 我国政府应在推进空间融合的基础上,更加着重运用系统性思维解决低收入居民的就业、生活、子女教育等问题,以提高其收入和促进阶层流动,全面实现社会融合。具体而言:

第一,实施更灵活和人性化的退出机制。目前实践中的退出机制主要是"人的退出",即租赁保障性住房的保障对象在不符合申请条件后被强制搬离,该退出机制既缺乏对保证对象的人性关怀,也不利于不同收入群体间的相互融合。因此,应设置科学的退出机制,对不再符合申请条件的租户提供多元化的退出机制,租户既可以选择从保障性住房中搬离,也可以选择通过缴纳合理市场租金的方式继续在保障性住房中租住。收取市场租金而继续租住保障性住房的方式不仅无损于住房保障资源的合理利用,同时还为租户节省了二次搬家的成本,更重要的是可以促进保障性住房项目中不同收入群体间的自然融合,可以有效地避免居住隔离现象的发生。

第二,完善不同保障形式间的衔接机制,实现不同类型间的流动。随着住房保障建设管理制度的不断完善,各种保障房类型可以实现并轨运行——保障房在建设时不区分类型,在后期管理上实现分流。这一做法既能合理利用保障房资源,也促进了社区融合。

第三,在推进物理空间融合的基础上,政府应当更加着重运用系统性思维解决低收入居民的就业、生活、子女教育等问题,通过增加保障对象的收入,提高保障对象及其子女的教育和文化水平,实现中低收入群体向中高收入群体的流动,在真正意义上实现不同收入群体间的融合。

---

① See Kalyani Mehta, Mohd Maliki Osman and Alexander Lee E. Y., "Living Arrangements of the Elderly in Singapore: Cultural Norms in Transition", *Journal of Cross-Cultural Gerontology*, Vol. 10, Issue 1-2, 1995, p. 138.

② 参见《住房鄙视链:廉租房不配与商品房共享同一小区?》,http://www.sohu.com/a/166545762_815377,最后访问日期:2022年5月5日。

表 5-1 域外住房保障制度汇总表

区域类别		德国	法国	英国	美国	日本	荷兰	新加坡	中国香港地区
直接保障	实物保障	①租赁型和购置型住房。部分地方政府兴建廉租房供受政策优惠的房地产企业必须预留一定比例的住房用于出售或出租给低收入者和特殊群体。②住房合作社依靠社员集资建设的集体住房，租给社员居住。	租赁型社会住房。超过5万的城镇中社会住房占全部住房的比例不得低于20%，来源包括国营和私营企业出资兴建的社会福利房；与个人或社会民间基金会集资合作设的社会住房；由国家住房集体住房资订合约的机构以签其住房用作社会住宅。	①政府廉租公房和住房协会社会住房，由政府直接参与兴建，任房协会社会住房建设。财政补贴居民既可以租赁也可以购买上述房屋。②购房款资助项目(共享产权模式)，具体分为三个子项目。第一，购买25%—75%的产权，其余部分仍租。5年以上的承租户可以先购买25%的产权，其余部分可申请续购。第二，直接购房款。如果该权益发放出售，则购房者需要偿还权益款，并目贷款提供人和购房人共同分享房产升值利益。第三，房东愿意参与该项目的房客类型符合要求的，租户可以以30%的权益参与该项目的开发商为首次出售房价被定于市场价格。	租赁型和购置型住房。包括两类：公共住房，由联邦公营住房主体建造公营住宅。居住者有负担能力地方政府支持，地方政府支持，地方政府负责具体的建设和管理；私营低收入住房，由在政府补贴和低息贷款的支持下，私营开发商建造的面向低收入住房，租金低于市场价格。	①租赁型公营住宅。由地方行政主体建设公营住宅。居住者分为6个级别，收入越低，租金越低。②可租可售住宅。日本住宅公团立了实施我国的公有房企业(类似住宅出租或出售公有住宅公团组成的公团住宅)。	租赁型住房。荷兰的社会租房由非营利性的住房协会提供。	①租赁型政府公屋。②购置型居屋。中低收入家庭以远低于市场价的成本价购买自居屋，满足租有住房的需求。	租赁型和购置型出售居屋(组屋)。政府大力建设组屋出售以的组屋低收入者可以购买，中等收入者可以购买廉价房。
	租金补贴	租金补贴。贫困人士实际租金高于租金补助标准(一般为该州贫困人口收入的25%)时由联邦政府和州政府共同承租多出的部分，租金补助既可以用来申请社会住房，也可以用来申请市场房屋。	①个人住房补助，由家庭补助管理署提供。②巴黎地区还提供的巴黎市政府补、巴黎市政府补、巴黎家庭房补、巴黎单亲家庭房补、巴黎家庭能源补助、预付租金等住房补助。	租金补贴。低收入群体可以申请政府的租房补贴，按照80%的地方扣租房屋。租期长达5年，且对该房屋享有优先购买权。	租房券计划。政府向租户发放房租房券，租房券较为灵活，本月末完使用留待以后使用。		租金补贴：补贴数额取决于租房家庭收入和租房的水平，实行分级补贴。	租金资助计划。租户经济困难可以享受1/2或4或1/2的优惠，减租期一般为2年。	住房补贴：分为住房补贴、租房补贴。政府按照家庭收入情况来确定受住房补贴的级别。

第五章　域外住房保障法律制度　395

（续表）

区域\类别		德国	法国	英国	美国	日本	荷兰	新加坡	中国香港地区
税收优惠		①建房费用折旧。建房费用可以在最初使用住宅的8年内折旧40%。②建房贷款的税收减免。③免征地产税。对受保障群体免征10年地产税,并免除购房的地产转移税。	①住房储蓄存款利息收入免征所得税。②住房贷款利息可作为支出,从所得税税基中扣除。③私人出租住房的租金免征所得税。④降低出租住房的增值税,从20.6%降到5.5%。		①对建房企业的税收抵免优惠(LIHTC)。允许开发者将税收抵免额度用于抵免应纳税款,也允许开发者将税收抵免额度进行交易。②对居民的税收优惠。居民自建住宅,在5年内住房抵押贷款利息可以从每年的所得税中扣除当年住房抵押贷款剩余额项目。购房者应纳税款中可减去该年度的房地产税等。	①对建房企业的税收优惠。企业用于社宅建设利息和土地取得相关借用利息支出合计核算时算入损失。②对居民的税收优惠。居民自建住宅,在5年内可从每年的所得税中扣除当年住房贷款余额的1%,财产登记税、不动产所得税、城市建设税亦有减免优惠。			
间接保障	贷款支持	①面向开发商的贷款。非营利性建房企业最高可享50年无息贷款,偿还期最长达25年。②面向购房者的贷款。储户可以向储蓄银行申请零利率贷款。	①面向购房者的住房储蓄贷款,包括活期存款和定期存款账户的住房储蓄和定期存款的零利率补贴。②面向购房者的零利率贷款,主要面向月收入不超过2万法郎的家庭,贷款总额一般不超过购房总价的20%,贷款期限与家庭收入成反比,利息由政府补贴。政府成立住房贷款担保基金,旨在打消金融机构对贷款申请人偿债能力的担忧。	面向购房者的贷款。"帮助购房计划":符合条件的居民政府申请购房款可用于住房屋净值25%的部分住房抵押贷款首付,贷款前5年免收利息。	①面向开发商的贷款。公共住房只需承担1%的贷款利息,与实际利率间的差额由联邦政府补贴。②面向购房者的贷款。联邦政府成立了以联邦国民抵押贷款协会(房地美)和美国政府抵押贷款协会(吉利美)为代表的联邦政府支持企业,为购房者提供贷款支持。③政府为住房按揭贷款担保,鼓励联邦住宅银行体系为购房者提供首付低、利率低、偿还周期长的住房贷款。	①面向建房企业的贷款。日本政府通过低息贷款方式促进低价住宅的建造。②面向购房者的贷款。日本设立住宅金融公库,为中间阶层购买或自建住宅提供金融支持,融公库为购房者提供按揭贷款并由企业从事民间住宅贷款的利率。			面向购房者的贷款。"置业资助计划"。居民在购置居屋时,可获得金融机构的支持,银行及财务机构签订"按揭契据",按揭贷款购买者可获得贷款的放揭贷款购买者最高可提供100%的放款,且还款年限长达25年。
	住房保险、中央公积金							中央公积金制度。雇主和雇员必须以雇主利益的薪金为基数,按照规定的金额,按照缴纳的金额将一部分中央公积金缴入个人账户,个人月薪的一部分公积金个人账户,政府公积金局利用部分公积金建设公共住房屋。低收入者存款转售的余额公积金或贷款购买建屋发展局或建屋如果公积金发展局出售的建屋不足支付,可用将来的公积金来偿还。	

(续表)

区域类别	德国	法国	英国	美国	日本	荷兰	新加坡	中国香港地区
机构设置	①中央层面，德国联邦政府负责制定全国住房保障相关的法律和政策，并为地方住房建设提供财政资助。②地方层面，州政府制定本州的住房保障法律政策，地方政府具体负责地方保障政策的执行。③住房合作社中有住房需求的家庭共同参与住房的开发建设，可以联合享有住房的所有权，并在建成后享有房屋所有权，管理和维护。	①政府成立的HLM是地方政府社会住宅政策的主要执行者，下设公共住宅租金办公室及公共住宅开发和建设办公室。私营HLM则包括私营低租住宅公司、私营信用住宅合作社联合体。②全国住房信息中心是住房市场的中介服务体系，旨在联合公众免费提供有关住房方面的信息和服务。	①中央层面，社区与地方政府部是住房保障政策的制定机构，负责社区和住房发展等相关事务。②地方层面，社区与住区局负责复兴计划、保障房资、投资预算；租户服务管理局负责保障住房的监督、规范注册的非营利机构。③注册社会东作为受政府资助的非营利机构，承担建设运营保障性社会住房的职责。	①联邦政府层面，住房与城市发展部负责国家公共住宅政策的制定、资金支持以及公共住房项目规划、开发、管理等技术和专业指导。②地方政府层面，公共住房管理局负责政策的具体执行。	①内阁为中央决策协调机构，发布住宅建设规划框架。②国土交通省在中央层次组织实施对以及住房实务的相关业务机构。③地方实施机构包括地方公共团体、住宅公库，也包括民间营利组织和住宅金融公库，也包括居民同住宅公团和住宅金融公库，也包括民间营利组织和商业公司。	①中央政府在社会住房政策中制定政策的总体框架，协商制定相关宏观政策；对商制定相关宏观政策；行职责履行及住宅市场监管。②省级政府公布全省范围内的空间和住宅规划，并负责所属市级政策协调。③社会出租利体。该协会为非营利利性，为低收入群体提供廉租房。	建屋发展局是性质上是一个非营利性机构，但又隶属于国家发展部，对独立于政府机构业，负责征地、制定组屋发展规划及房屋设计同时还负责组屋施工建设工程，房屋出售和出租。	①香港房屋委员会负责制定及推行香港公营房屋计划的公共机构。②房屋署是房委会的执行机构，以及屋村的实施以及屋村的管理经营。③屋宇署一管理分区一体化的公营房屋管理处，屋村办事处，形成垂直一体化的公屋管理架构。④香港房屋协会是一个独立机构，负责策划和兴建一些特别类别的公营房屋。

第五章 域外住房保障法律制度 397

(续表)

区域\类别		德国	法国	英国	美国	日本	荷兰	新加坡	中国香港地区
资金来源		①政府财政支持。政府的资金支持包括：第一，租金补助的费用，由联邦政府和州政府的财政共同承担1/2；第二，政府对住房储蓄银行的部分资金支持。②金融机构资金支持。住房合作社员的人社资金、部分来自金融机构的低息贷款，后者由政府在住房合作社信贷融资方面予以反数励。③住房合作社自筹资金。	①政府财政支持。政府财政既支持中央政府直接拨款的房协提交补贴申请方案，也采取减免土地税、减免增值税等同接方式进行转移支付。此外，10人以上的公司可征收1%的人工资总额社会工住宅建设税。②信贷机构和建房互助会免费从计划资金中购置公共租屋和租屋时支付的房价，但此部分资金所占份额较小。	①政府财政资金。政府的资金由各住房协会提交补贴方案，根据方案竞争分配。②金融机构资金。英国财政部和英格兰银行从"为贷款市场注资计划"，参加计划的银行与建房互助会可以免费从计划资金中借入其实体经济贷款余额5%的4年期国库券。	①政府的财政补贴，每年由联邦政府、州政府、县政府分别拨款，其中联邦政府的拨款占比最高。②政府金融机构或者私人金融机构为私人家庭提供的贷款。③中低收入家庭从租赁和购置公共房屋时支付的租金和房价。	①建设公营住宅体系的资金来源于日本中央财政和地方该财政共同投付资金。政府主要支持地方政府建设公营住宅以及对公营住宅维修以及对公营住租差额的补贴（承担方标准账与市场租金水平间的差额）。根据《公营住宅法》，中央政府对公营住宅建修时的租赁费用提供公营住宅建设、新建费用的1/2，翻新住宅费用的1/3予以补助。②住宅金融公库是专门为私人企业和个人低息贷款的金融机构低息贷款的公营公司，资金主要来自政府注资，但其运资金并非来自政府的财政拨款，而是日本特殊（长期的）投融资体制，邮政储蓄、福利养老金、国民养老保险等归集的资金。	①中央住房担保基金（CFV），主要来自社会住房协会缴纳的会费。②社会住房担保基金（WSW），为资金储备和财务状况达标的社会住房协会提供融资担保。③中央和地方政府提供无息贷款。	①财政支持。政府以提供低息贷款的形式给予建屋发展局资金支持。②公积金支持。公积金制度成功地运用了人们的储蓄资金，为国家提供了和同达成共识的支持公营房屋建设。	①房屋储备金。政府财政稳健时将财政盈余收益全部拨投资给房委会与房委会与房委会与房委会注并成共识的支持公营房屋建设。②信托投资基金。房委会以其下属的商业物业为基础资产，成立了领展房地产投资信托基金，在香港交易所上市。③商业配套设施的租金。房委会在兴建出租和居屋时，可以在租屋周边地段同步建面向市场出租或出售的商业楼宇、零售设施，如商业楼字、停车位。④出租公屋和出售房屋的收益。

(续表)

类别	德国	法国	英国	美国	日本	荷兰	新加坡	中国香港地区
保障范围及准入条件	(1)保障范围：①低收入人群和家庭，一般要求申请家庭收入在全国规定的低收入线以下，且没有自产权住房，在申请地的城市工作或居住一定年限。②特殊人群，特别主要包括老人、残疾人和怀孕妇女等。③社会边缘群体，关键工作者是指主要从事公共服务的政府雇员、教师、警察等。(2)准入条件：暂无资料。	(1)保障范围：低收入居民、多子女家庭及收入较少的低级别公务员。所有低收入线以下特别需要的群体优先照顾；市政建设用自产权的城市房优先申请，撤正；工作调动的需要，收入突变而不宜继续居住的原租金过高，无法承担原租金的人群主要包括老人、残疾人或残疾人被驱逐的住房客；残疾人或怀孕妇女等家庭。(2)准入条件：暂无资料。	(1)保障范围：主要面向低收入人群和某些特殊人群，也包括关键工作者和中等收入人群体。(2)准入条件：主要依据收入、养老金、保险金、税收等各种账号记录，同时考虑成员的健康状况等多元化者进行综合评定，如"产权共享"项目的受益者必须是家庭年收入少于60000英镑的首次购房或首次购房的时代人多以进入到社会住房分配行列，综合的社会住房的配在的程序原则主要是遵循先来后到，但特殊需要来到时可以优先得到照顾，如社会服务工作者、教师、警察、消防队员等。	(1)保障范围：①低收入家庭为全国或当地城市收入中位线80%以下的家庭，极低收入家庭为收入中位线50%以下的家庭。②特殊群体包括62岁以上孤老、残障人士、无家可归者及退伍军人等。(2)准入条件：暂无资料。	(1)保障范围：2006年制定的基本法将"低额收入的养育孩子的家庭"作为"需要特别考虑需要保住宅的人"。(2)准入条件：①有同性关系亲属，且新潟市为例，以亲属关系可归、亲属且新潟市为例，其中须通过居民投票后以确定。②入住者年收入在20万日元以下，符合全员收入在月收入26.8万日元以下，家庭全员收入在月收入26.8万日元以下。(收入数额的确定以5年基准，具体金额每5年调整一次，特殊条件主要针对家庭成员中有老病残成员的照顾政策。③目前住房困难者。	(1)保障范围：低收入家庭，并针对有居留权的老年人、残疾人和无家难民，可归国者进行家庭设，年收入不超过33614欧元的为低收入家庭。(2)准入条件：暂无资料。	(1)保障范围：主要以家庭收入为依据，范围主要是所有低收入家庭。申请租住组屋的人帮需要持有新加坡工作许可证或相关签证。(2)准入条件：暂无资料。	(1)保障范围：低收入人群(家庭)和某些特殊群体(如年长者、残疾人士、房屋拆迁或受影响群体)。(2)准入条件：需满18周岁，居于香港目拥有香港入境权，在香港没有其他物业，经济方面的收入和资产限额以家庭成员半数居于香港满7年等条件。

(续表)

区域 类别	德国	法国	英国	美国	日本	荷兰	新加坡	中国香港地区
分配机制	轮候制：经审核符合条件的家庭领取的社会住房组织（HLM）对申请人的各项条件进行综合考虑，根据家庭人口多少进行登记的时间、健康状况，在附近地区工作，因健康问题需要转移，无家可归等情况对年龄及住房资格进行确认，并根据综合考虑分配好的位置以及房屋面积和地段等。	轮候评分制：依据评分状况打分，分配房屋。依据申请者自身情况、家庭环境过于狭窄、在附近地区工作、因健康问题需要转移、无家可归、家暴者、少数民族、流浪汉、退伍士兵等，对这些人群开放申请并设置优先组。	摇号轮候制：公共住房代理机构（PHA）通过摇号确定候选顺序。PHA也可以根据当地情况设置偏好，对居住环境过于狭窄、在附近地区工作、因健康问题、家暴者、少数民族、流浪汉、退伍士兵等对这些人群开放申请并设置优先组。	抽签制，对申请者通过评审后抽签决定。		①抽签制销售。②直接选购或出售的公共住房的公共售卖计划。③订单式建造。④特殊分配措施，如多代家庭组屋计划、第三子优先选屋计划、单身青年配屋计划。	①公屋采取轮候制，严格按照登记编号顺序安排入住。②居屋采取抽签出售决定。
退出机制	①申请人的退出。租赁住户每年向政府住房主管部门交纳家庭收入证明，如果收入超过了规定的最高收入限额，就会取消社会住房资格，并要求退出住房。而非强制要求住户搬出占用的社会住房。社会住房的补贴是由租户选择是否退出社会住房。②社会住房的廉租给一定人群，在20年不能改变房屋用途，只有期满后方可进入市场交易。	①申请人的退出。租房户每年必须向政府交纳家庭经济状况证明，收入会随着家庭的增减而增减，最多不过5倍的最高收入上限。②社会住房户在购置住房时，政府的购房折扣会根据住户的收入加以调整，住房协会应当在分配剩余住房内出售房屋。共有产权住户可以通过"产权共享"计划获得剩余住房的全部产权。	①公房的退出。公有住房户购买房屋即时获得折扣，出售房屋住房5年后享有购买权，购买折扣越大最高可达50%。②共有产权的退出。住户租房内出售房屋。共有产权住户可以通过"产权共享"计划获得剩余的全部产权。	①申请人的退出。美国政府实施经济激励政策，当租户收入超过即便享有租户收入5倍便予以驱逐。而且该住户获得不动产的收入无法在私人市场购买合适住房的。地方公共住房管理机构对超过公共住房规定的年限、拒绝搬迁、欠缴房租或实施公共住房违约行为的住户实行驱逐。②公房的退出。国也对住在共有住房内的低收入群体，政府曾经通过较大的折扣购买产权，此外，公有住房管理机关可以通过住户自负盈亏对居住超过的房屋加以收回。	申请人满年便必须收入。人住者每年必须交年收入申报，部门速度交年收入不通过。人住5年就终依照此下一年就格排计算中下一年就格排计算中住超过5年就要营住房租超过同类住宅不得转让，也如果连续2年在不营经宅居住不得转让，也超过2年地方政府对类住宅计算中营住宅居住不得转让，也超过公营住宅标准，就要必须被强搬出公营住宅，公营管理搬出者5年拒住房内。对不通知期限内拒住期限搬出者，加收高额租金，此外基础上和负责执行收入超过基准月居住提出收回房屋的请求。		①申请人的退出。新组屋户再购买屋必须的房，旧组屋必须退出。②房组屋在购买5年之内不得转让，也不能用于商业经营，需要在5年内出租，必须得到政府同意，政府有优先购买权。	①申请住户的退出。"公屋住户资助政策"和"维护公屋资源的合理分配政策"，当住户收入超过准标准1倍时，需缴纳1.5倍标准租金。当收入超过2.5倍以及不申报资产的住户，必须迁出公屋。其搬离的基金租金在公屋继续住1年。②公屋规定，没有自有产权可以市场售予绿表合资格以优惠价格购买公屋。③公屋需缴纳双倍租金还要其屋"计划收购资助居屋或者市场租住房屋，都可以在第二市场"转让。凡购买居屋或者置其他居屋计划居屋的业主，在参建居屋第二市场售出的申请者。

(续表)

区域 类别	德国	法国	英国	美国	日本	荷兰	新加坡	中国香港地区
责任机制	①租房者的责任。对于拒绝提供信息、刻意隐瞒或减少收入增加等方面支出下降等方面事实的租户，将被处以最高2000欧元的罚款。②房东的责任。3年内房租涨幅不允许超过20%，如果房东将房屋设定高于合理价的20%，就构成违法；如租金价格超过50%，如不及时改正，就构成犯罪。		租房者的责任。包括：第一，提高房租。对超标占用以及收入增加后仍占用公共住房的行为，根据超标卧室的数量租户应的提高房租。第二，驱逐或罚款。拖欠租金的租户，出租方有权驱逐租户，被驱逐租户可以向法院申诉，对于违规转租行为，法院根据情节轻重对租户有权收回房屋，并处以最高2年监禁和5万英镑的罚款。	①租房或购房申请人的责任。如果收入、房屋面积、变更政府文件等方面做了虚假填写和陈述，便可认定为欺诈行为。②政府工作人员的责任。工作人员如果有受贿、操作执行不利、挪用款项或变更招标、伪造销售记录等行为，便可认定为欺诈，严重者将面临犯罪的调整。③美国住房与城市发展部特设检察官办公室（HUD OIG），专门负责预防和处理政策实施中的欺诈、虚假申报等行为。	①租房者的责任。对于不符合条件或违反租赁相关规定的住户，日本政府采取按照市价收纳房租或要求租赁者强行搬离住房。②政府的责任。建设大臣监督住房保障的机构或组织，法律对有关官员的资格和职责都有明确的规定，建设大臣有权解任有违法行为或不称职的官员，并处以罚金。		申请人的责任。如果申请人在买房或组屋时提供的资料不真实或违反了政府条例规定，购房人可能会被签上法庭，对于弄虚作假购骗租屋者，当数达到一定标准面临被骗者，数到5000新元的罚款，或6个月的监禁，或两者兼施。	租房或购房申请人的责任。第一，屋村管理实行扣分制。该制度涵盖28项不当行为，4档扣分幅度。当被扣到一定数额时，该住户将被取消分配的公屋租户，相应将被终止。第二，刑事责任。任何人就任何有关与购买土地有关授权提名购买的土地的事项，明知而向委员会作出陈述、构成误导性陈述，构成犯罪，可处罚款50万港元及监禁1年。

结论与建议

肇始于国家安居工程和经济适用住房的住房保障制度,迄今已走过二十多个年头。在这二十多年里,我国"建成了世界上最大的住房保障体系",帮助2亿多困难群众实现安居,并建立了一套较为完整的住房保障政策和管理制度。更重要的是,我们对住房保障在我国住房供应体系中的地位的认识也不断深化——2021年中央经济工作会议重申"房子是用来住的、不是用来炒的"的正确定位,要求"推进保障性住房建设,支持商品房市场更好满足购房者的合理住房需求",重申了住房保障和住房市场在实现公民住房权上不可或缺的关系,即住房保障满足的是人民的基本住房需求,商品房则是满足人民的合理住房需求。这在某种程度上也印证了本书对住房保障的狭义理解。

多年来,我国住房保障遵循的是以问题为导向的"摸着石头过河"的实用主义方法论,呈现"实践先生先行,法规政令滞后,理论亦步亦趋"的样态,存在较强的制度路径依赖特征。现行住房保障制度由诸多层级较低的规范性文件组成,这些规范性文件有些已落后于时代,有些在内容上相互重叠或存在空白和遗漏。2013年中共第十八届中央委员会第三次全体会议通过《中共中央关于全面深化改革若干重大问题的决定》,提出"加强顶层设计和摸着石头过河相结合"和"健全符合国情的住房保障和供应体系",为我们重新思考住房保障的顶层设计提供了指导。虽然颁布住房保障条例或住房法并不能解决全部问题,但至少能将现行松散的住房保障制度凝聚在一起,矫正我国住房保障制度路径依赖的负效应,进一步推动我国住房保障事业的发展。

根据诺斯的路径依赖理论,一个社会制度的形成和变迁受历史的影响,有路径依赖的特征。路径依赖理论的核心内容可以简要概括如下:首先,制度具有自我实施或强化的机制。初始制度的选择是多种的而不是单一的,相应的制度变迁也并非一定按照初始设计演进,往往可能因为一个偶然的事件就改变了制度变迁的过程,而制度变迁的过程反过来会影响制度的选择和进一步变迁。其次,制度变迁既可能步入良性循环轨道并优化,产生制度的路径依赖的正效益;也可能沿着原来的错误路径直至被"锁定"在某种无效率的状态而导致制度停滞,产生路径依赖的负效应。最后,制度变迁的路径依赖并不意味着制度变迁是一个"命中注定"且不可避免的过程,也不意味着制度变迁在陷入路径闭锁后就无法改变,只不过摆脱路径闭锁往往要借助外部效应,引入外生变数。作者从路径依赖理论的角度研究了我国住房保障制度的兴起和发展,得出以下结论和建议:

第一,太阳底下无新事,现行住房保障领域的诸多制度在历史上都有迹可循。例如,在住房保障领域,重视制订计划和规划,遵循了我国传统。实践证明,这一"自上而下"的压力传导机制十分有效。又如,我国将限价商品房、共有产权住房、保障性租赁住房等不具有救助性质的政策性住房归为保障性住房,是为了适用已有的住房保障各项优惠政策,从而降低制度运行成本,实现吸引人才、平抑房价等多元政策目的,并在客观上改善了居民的居住条件。实际上,要求政府不依赖历史路径,既不切实际,也没有必要。

第二,在统一立法缺位的背景下推行大规模的住房保障,其间形成的各种模式,不管是好的还是坏的,都是将来立法的基础和出发点,从某种程度上他们都是住房保障制度变迁中可能依赖的路径。当前,我国住房保障体系在保障形式和具体制度的某些方面已经陷入了负效应乃至锁定状态,这将非常不利于我国住房保障工作的开展。

一方面,受传统文化、历史上的公房制度、住房制度改革以及域外制度的影响,我国的住房保障曾出现过效率低、偏离保障性和住房金融制度发育不良等问题。例如:(1)我国住房保障制度始于产权型保障性住房,而非租赁型保障性住房,这种"重产权,轻租赁"的态度受"居者有其屋""有恒产者有恒心"等传统社会文化以及当时的住房制度改革的影响。但在住房保障制度初期优先推出产权型保障性住房,是一种低效率的做法,因为当时低收入住房困难群体根本无力购置经济适用住房。(2)我国的经济适用住房没有封闭运行,只不过在销售价格、销售对象和建设标准上和商品住房有所差异,自始就存在商品性和保障性之间的内在矛盾。当经济适用住房偏重商品性乃至忽略保障性时,就扭曲了制度设计的初衷。(3)我国的住房公积金和住房储蓄银行等制度直接移植新加坡和德国经验,但由于不存在和域外相同的配套制度和实施环境,上述制度未能很好地本土化。

另一方面,我国在计划制订、管理体制、土地供应等政策和制度层面也存在路径依赖的负效应。具体而言:(1)自上而下的住房保障计划模式,即中央政府制订保障性住房建设计划,再层层分派给各级地方政府,在推动我国大规模建设保障性住房的同时,也导致保障性住房的供需不平衡,部分地方有大量保障性住房闲置,造成住房保障资源的浪费。(2)住房保障的综合管理体制,即由住建部牵头,财政部、自然资源部、发改委、人民银行等机构相应配合,严重依赖政府部门,没有吸收非营利组织等社会力量参与。(3)我国基本采用经营性开发模式建设保障性住房,但经营性开发并不十分契合具有公益性、社会性和救助性的保障性住房开发概念。(4)资金筹集上,利用地方融资平台公司为保障性住房建设提供资金是典型的路径依赖。这一方式存在巨大问题,如地方融资平台可能"以新还旧",掩盖原有债务风险;保障性住房(尤其是公共租赁住房)建设周期长、收益低,收益难以还本付息,进一步增加政府财政担保风险。

第三,我国住房保障中的部分路径依赖的负效应在很大程度上已通过路径创新得以纾解。具体体现在:(1)从"平均主义""居者有其屋""有恒产者有恒心"到"住有所居""租购并举",我国住房保障的重心从产权型保障性住房过渡到租赁型保障性住房,住房保障形式也从以实物配租配售为主过渡到货币补贴和实物保障并举;(2)从"中央下计划、省级总负责、市县抓落实"到"鼓励地方自主创新和进行试点",我国住房保障管理体制机制从强制转向灵活,保障计划制订和实施也从单一的自上而下到注重因地制宜的分类指导;(3)住房保障对象从城镇中低收入住房困难家庭延伸到新就业职工、稳定就业的外来务工人员、新市民、青年人等住房困难人群;(4)通过公廉并轨、引入保障性租赁住房实现租赁型保障性住房准入退的梯度衔接,探索保障性住房扣分制度,建立惩罚与激励机制,以及加快完善住房保障信息管理系统建设,缓解保障性住房退出难问题;(5)保障性住房财政资金从专款专用(一笔资金对应一种保障形式)到建立保障性安居工程专项资金,融资方式从单一的政府主导,到政府引导下的商业化运作方式。

第四,现行的政策法规及规范性文件尚不能完全解决我国住房保障在顶层设计和具体制度层面存在的许多问题,甚至可能出现新的路径依赖。诺思指出,摆脱路径闭锁往往要借助外部效应,引入外生变数。对于我国的住房保障而言,进行立法就是这样一个能够打破制度变迁的负外部性的外生变数。住房保障领域的法律供给问题宜采用阶段性立法方式予以解决,具体而言:为尽快填补住房保障领域高位阶立法的空白,短期内可以颁布住房保障条例。我国近年来已经多次对住房保障条例草稿征求意见,有较好的立法基础,先出台住房保障条例不仅切实可行,还可为将来进一步完善住房领域法律体系储备经验。但从长远来看,立法机关应在总结住房保障和住房制度建设相关经验的基础上研究制定一部科学的住房法,通过法律保护公民的住房权。基于"保障人民住有所居"的立法目的,住房法不仅应包括住房保障制度,同时还应对整个住房供应制度作出规定。

第五,未来住房保障条例或住房法立法中,应当重点关注以下几个方面的问题:(1)明确住房供应基本制度。通过法律明确住房供应"保障+市场"的双轨制格局,地方政府根据当地实际需要制订中长期规划,以稳定社会预期。(2)明确住房保障在整个住房供应体系中的地位,特别是保障性住房与商品住房的关系,坚持"房住不炒"的政策定位,加快构建"多主体供给、多渠道保障、租购并举的住房制度"。(3)明确政府在住房供应中的责任和义务,明确中央和地方政府在住房保障上的责权利关系。(4)设计更具可操作性的具体制度,解决准入和退出、保障性住房的物业管理和维修等方面存在的问题。

除运用路径依赖理论对我国的住房保障制度进行分析外,本书的创新之处还包括以下几个方面:

第一,现有研究住房保障的文献多从实践出发对住房保障制度的历史沿革和现行各种保障形式进行研究,较少关注住房保障的理论基础。

作者对学界争议的广义的住房保障、狭义的住房保障、住房救助及住房权等概念作了分析,最后得出住房保障制度旨在保障低收入住房困难群体的住房权,住房保障应当回归住房救助的功能定位,我们应当采用狭义住房保障概念等结论。这些理论研究为本书相关问题的讨论奠定了基础。

第二,他山之石,可以攻玉。比较法研究对我国住房保障制度的构建和完善具有重要的借鉴意义。但值得注意的是,本书中的比较法研究是以问题为核心的、功能主义的,作者选取了德国、美国、英国、荷兰等八个国家或地区,针对我国的问题对域外制度作了详细介绍。

第三,本书紧跟我国住房保障制度的最新进展,对国务院最新提出的保障性租赁住房,以及近年来各地制定的人才住房政策和共有产权住房政策等作了有意义的研究。

行文至此,作者的思考暂告一段落。作者本打算查找域外住房保障法律制度中保障资金的筹集、住房保障管理机制等方面的内容,并在此基础上提出完善我国住房保障制度的建议,但受制于语言的障碍和资料的缺乏,这一初衷显然没有完全实现。另外,在国有资产管理上,特别是租赁型保障性住房和共有产权政府持有份额如何管理上,本书也未能提出更加具体的方案。对于住房保障法律关系在公法和私法交汇处的诸多问题,例如骗购保障性住房的后续处理(政府强制回购骗购者的住房)的合同法理论依据、没有资格而借名购买保障性住房的行为效力及法律后果等问题,作者在第四章作了些许解释上的努力,但未能进行系统分析。在立法建议上,作者原来打算对住房保障条例和住房法的原则、框架及具体条文进行阐释和说明,但一方面已有许多学者作了有价值的研究,另一方面,作者没有仅凭一己之力构建宏大的住房法框架的自信,所以最终也放弃了。

图表索引

图 1-1　我国现行住房保障形式 ………………………………………… 037
图 1-2　我国现行住房保障形式再分类 ………………………………… 039
图 1-3　我国住房市场化改革和住房保障制度发展轴 ………………… 041
图 2-1　经济适用住房建设情况（1997—2006）……………………… 080
图 2-2　经济适用住房建设情况（2007—2011）……………………… 083
图 2-3　经济适用住房制度演变时间轴 ………………………………… 091
图 2-4　福利分房时代我国城市居民平均居住面积 …………………… 100
图 2-5　廉租住房制度演变时间轴 ……………………………………… 109
图 2-6　货币化安置率数据及预测（2014—2018）…………………… 137
图 3-1　我国现行产权型政策性住房关系图 …………………………… 158
图 3-2　我国产权型政策支持住房创新发展 …………………………… 172
图 3-3　我国现行产权型政策性住房体系 ……………………………… 186
图 3-4　PSL 支持棚户区改造资金流闭环 ……………………………… 228
图 3-5　2014—2018 货币化安置率数据及预测 ……………………… 242
图 4-1　住房保障纵向考察分析框架 …………………………………… 277
图 4-2　保障性住房开发贷款发放情况（2013—2017 年第二季度）
　　　　………………………………………………………………… 310
图 5-1　住房保障形式 …………………………………………………… 357
图 5-2　2020 年 9 月 30 日商业楼宇和非住宅物业面积组合（平方米室内
　　　　楼面面积）（总面积：1804000 平方米）……………………… 373

表 1-1　我国住房保障立法尝试 ………………………………………… 024

表 1-2	国家义务住房权行动分列表	029
表 1-3	社会救助与社会福利的区别	035
表 1-4	我国住房保障制度的再分类层次	038
表 1-5	我国住房保障制度政策功能演变	056
表 1-6	央地关系对我国住房保障形式的影响	064
表 1-7	央地关系对我国住房保障制度的影响	064
表 2-1	经济适用住房、限价商品房和普通商品房的比较	085
表 2-2	1998年前经济适用住房与安居工程住房项目比较	086
表 2-3	经济适用住房制度演变	092
表 2-4	廉租住房建设财政资金来源拓宽	102
表 2-5	中央和省级保障性安居工程专项资金分类	103
表 2-6	全国及北上广深四个城市廉租住房实物配租退出制度比较	105
表 2-7	廉租住房与公共租赁住房比较	108
表 2-8	廉租住房制度演变	110
表 2-9	部分城市限价商品房性质比较	126
表 2-10	2017年北京市东城区限价商品房申购条件及销售均价	128
表 2-11	沈阳等五市棚改后居住环境变化满意度调查	131
表 2-12	2008—2012农村危房改造范围及补助资金	147
表 3-1	上海市经济适用住房准入标准(单位:万元)	164
表 3-2	全国和北上广深经济适用住房上市交易规定	168
表 3-3	北上广深限价商品房供应对象	175
表 3-4	北上广深限价商品房产权监督制度比较	176
表 3-5	全国和淮安、上海、北京共有产权住房性质比较	178
表 3-6	淮安、上海、北京和广州共有产权住房准入条件	180
表 3-7	全国和淮安、上海、北京共有产权住房使用管理规则	183
表 3-8	广州市租赁型保障性住房具体退出程序	195
表 3-9	廉租住房和公共租赁住房法律责任比较	196
表 3-10	北京市租赁市场补贴标准	198
表 3-11	房地产行业土地和房产课税情况汇总表	231
表 3-12	棚户区改造计划和完成情况	238

表 3-13	部分城市人才落户基本门槛(截至 2020 年 11 月底)	258
表 3-14	各地安居政策统计表	263
表 3-15	上海市安居政策统计表	264
表 3-16	部分试点城市建设目标及进度	268
表 3-17	集租房开发建设模式(截至 2019 年 6 月)	270
表 3-18	集租房与公租房可能的衔接路径	274
表 4-1	房地产开发与保障性住房开发异同之处	290
表 4-2	不同类型保障性住房土地供应	294
表 4-3	北京市大兴区集体经营性建设用地利用情况表(截至 2022.4)	297
表 4-4	保障性住房开发建设模式	303
表 4-5	保障性住房资金筹措渠道	308
表 4-6	不同主体投资建设的公共租赁住房项目开发建设贷款政策	308
表 4-7	2007 年北京市经济适用住房家庭收入、住房、资产准入标准(适用城八区城市居民)	320
表 4-8	经营性国有资产与非经营性国有资产的区别	333
表 4-9	公共租赁住房资产主卡片	335
表 4-10	普通商品房和保障性住房物业管理比较	343
表 5-1	域外住房保障制度汇总表	394

参 考 文 献

一、中文类著作

[1] 安世锦:《城镇住房保障政策模式及实证研究》,首都师范大学出版社 2012 年版。(第四章*)

[2] 蔡荣生、吴崇宇:《我国城镇住房保障政策研究》,九州出版社 2012 年版。(第四章)

[3] 邓大松、刘昌平等:《中国社会保障改革与发展报告 2013》,北京大学出版社 2014 年版。(第一章)

[4] 邓宏乾等:《廉租住房租赁补贴政策实施效果研究——基于湖北省六市(县)6637 户廉租住户的调查》,中国社会科学出版社 2015 年版。(第二章)

[5] 邓小鹏、李启明、袁竞峰等:《保障性住房的社会化供给》,东南大学出版社 2014 年版。(第一章)

[6] 符启林等:《住房保障法律制度研究》,知识产权出版社 2012 年版。(第一、三、四、五章)

[7] 高波:《我国城市住房制度改革研究——变迁、绩效与创新》,经济科学出版社 2017 年版。(第一章)

[8] 郭小东:《社会保障:理论与实践》,广东经济出版社 2014 年版。(第一章)

[9] 胡川宁:《住房保障法律制度研究》,法律出版社 2016 年版。(第一章)

[10] 黄兴文、蒋立红:《住房体制市场化改革——成就、问题、展望》,中国财政经济出版社 2009 年版。(第二章)

[11] 建设部课题组:《住房、住房制度改革和房地产市场专题研究》,中国建筑工业出版社 2007 年版。(第一、二章)

---

* 此处标注为本书所在章节,后同。

［12］建设部住宅与房地产业司、建设部住房制度改革办公室编:《当前住房制度改革政策问答:〈国务院关于进一步深化城镇住房制度改革加快住房建设的通知〉政策问答》,中国物价出版社 1998 年版。(第二章)

［13］江泽林主编:《城镇住房保障理论与实践》,中国建筑工业出版社 2012 年版。(第四章)

［14］金俭等:《中国住房保障——制度与法律框架》,中国建筑工业出版社 2012 年版。(第一章)

［15］金俭:《中国住宅法研究》,法律出版社 2004 年版。(第一章)

［16］李峰:《住房公积金发展史》,中国建筑工业出版社 2016 年版。(第三章)

［17］李莉、张辉:《中国新型城镇化建设进程中棚户区改造理论与实践》,中国经济出版社 2014 年版。(第二、三章)

［18］李曙光:《经济法学》(第二版),中国政法大学出版社 2013 年版。(第四章)

［19］李松森、孙晓峰编著:《国有资产管理(第二版)》,东北财经大学出版社 2013 年版。(第四章)

［20］凌维慈:《公法视野下的住房保障:以日本为研究对象》,上海三联书店 2015 年版。(第一、五章)

［21］林闽钢、刘喜堂主编:《当代中国社会救助制度的完善与创新》,人民出版社 2012 年版。(第一章)

［22］刘剑文:《财税法学(第三版)》,高等教育出版社 2017 年版。(第三章)

［23］刘琳等:《我国城镇住房保障制度研究》,中国计划出版社 2011 年版。(第一章)

［24］刘露军:《土地招拍挂与竞买——土地竞买理论与案例详解》,清华大学出版社 2008 年版。(第四章)

［25］刘玉平:《国有资产管理(第三版)》,中国人民大学出版社 2016 年版。(第四章)

［26］吕俊华等编著:《中国现代城市住宅(1840—2000)》,清华大学出版社 2003 年版。(第二章)

［27］孟庆瑜等:《保障性住房政策法律问题研究》,法律出版社 2016 年版。(第一章)

［28］民政部政策研究中心编:《中国城乡困难家庭社会政策支持系统建设研究报告(2013)》,中国社会出版社 2015 年版。(第四章)

［29］瞿富强:《房地产开发与经营》,化学工业出版社 2006 年版。(第四章)

［30］佘宇等:《我国经济适用住房政策的效果评估与发展前景研究》,中国发展出版社 2012 年版。(第四章)

[31]谭术魁主编:《房地产开发与经营(第二版)》,复旦大学出版社2008年版。(第四章)

[32]陶丽琴:《住房金融民事法律新问题研究》,知识产权出版社2007年版。(第一章)

[33]王者洁:《房地产法诸问题与新展望》,知识产权出版社2016年版。(第二、三章)

[34]文林峰:《城镇住房保障》,中国发展出版社2007年版。(第一章)

[35]曾凡昌:《中国住宅权保障法律制度研究》,华中科技大学出版社2016年版。(第五章)

[36]张浩淼:《社会保障理论与实践》,对外经贸大学出版社2016年版。(第一章)

[37]张跃松:《住房保障政策——转型期的探索、实践与评价研究》,中国建筑工业出版社2015年版。(第四、五章)

[38]郑功成主编:《中国社会保障改革与发展战略》(救助与福利卷),人民出版社2011年版。(第一章)

[39]周爱国:《社会救助与社会福利》,南京大学出版社2017年版。(第一章)

[40]周江:《中国住房保障理论、实践和创新研究——供应体系·发展模式·融资支持》,中国经济出版社2018年版。(第一、四章)

[41]周珺:《美国住房租赁法的转型:从出租人优位到承租人优位》,中国法制出版社2011年版。(第五章)

[42]朱亚鹏:《住房制度改革政策创新与住房公平》,中山大学出版社2007年版。(第一章)

[43]住房和城乡建设部:《建设美好城乡 迈向住有所居——科学发展观指引下的住房城乡建设工作(2002—2012)》,人民出版社2012年版。(第一章)

[44]住房和城乡建设部:《全国住房公积金2017年年度报告》,中国建筑工业出版社2018年版。(第四章)

[45]邹永丽、伍军、褚中喜:《房地产法律法概论》,中国政法大学出版社2015年版。(第二章)

二、译著

[1]〔美〕爱德华·L.格莱泽、〔美〕约瑟夫·乔科:《美国联邦住房政策反思——如何增加住房供给和提高住房可支付性》,陈立中、陈一方译,中国建筑工业出版社2012年版。(第五章)

[2]〔美〕内斯特·M.戴维森、〔美〕罗宾·保罗·马洛伊:《美国经济适用房与公

私合营关系》，吴春岐等译，中国建筑工业出版社 2012 年版。(第五章)

[3]〔日〕平山洋介：《日本住宅政策的问题——展望"自有房产社会"的将来》，丁恒译，中国建筑工业出版社 2012 年版。(第五章)

[4]〔美〕约翰·G.斯普兰克林：《美国财产法精解》，钟书峰译，北京大学出版社 2009 年版。(第五章)

[5]〔德〕约翰·艾克豪夫：《德国住房政策》，毕宇珠、丁宇译，中国建筑工业出版社 2012 年版。(第五章)

三、中文类论文

[1] 包蕾萍：《上海居住保障与资源配置市场化研究》，载卢汉龙、周海旺主编：载《上海社会发展报告(2014)》，社会科学文献出版社 2014 年版。(第一章)

[2] 包振宇：《美国住宅租赁法律制度研究——以承租人住宅权保障为例》，载《美国研究》2010 年第 24 期。(第五章)

[3] 曹小琳、向小玉：《农村危房改造的影响因素分析及对策建议》，载《重庆大学学报(社会科学版)》2015 年第 5 期。(第二章)

[4] 陈本君：《解析宁波市的限价房政策》，载《中国房地产》2006 年第 11 期。(第二章)

[5] 陈杰、胡明志：《共有产权房：住房供给侧改革何以发力》，载《探索与争鸣》2017 年第 11 期。(第三章)

[6] 陈杰、曾馨弘：《英国住房保障政策的体系、进展与反思》，载《中国房地产》2011 年第 8 期。(第五章)

[7] 陈俊侠：《法国：社会住房政策是最有效的手段》，载《中国地产市场》2006 年第 7 期。(第五章)

[8] 陈淑云、彭银：《保障性住房物业管理模式重构与优化》，载《物业管理》2015 年第 24 期。(第四章)

[9] 代懋、李若冲：《中国香港住房保障体系的综述及评估》，载《北京航空航天大学学报(社会科学版)》2016 年第 4 期。(第五章)

[10] 邓宏乾、王昱博：《租赁型保障住房退出机制研究——基于进化博弈论的视角》，载《贵州社会科学》2015 年第 3 期。(第四章)

[11] 邓李侠：《保障性住房物业管理模式探讨》，载《长春教育学院学报》2013 年第 16 期。(第四章)

[12] 杜媛媛：《租赁型保障性住房退出机制建构——以衡水市保障房供应为例》，载《人民论坛》2014 年第 14 期。(第四章)

[13] 樊颖、杨赞、吴璟：《谁在为配建保障性住房项目"买单"？——基于北京市

微观数据的实证分析》，载《经济评论》2015 年第 2 期。(第四章)

［14］方永恒、张瑞：《保障房退出机制存在的问题及其解决途径》，载《城市问题》2013 年第 11 期。(第四章)

［15］冯长春：《中国经济适用住房政策评析与建议》，载《城市规划》1999 年第 8 期。(第一章)

［16］冯晶：《亚洲金融危机对我国房地产业发展的启示》，载《经济体制改革》1999 年第 2 期。(第一章)

［17］高珮义：《烟台市住房制度改革调查报告》，载《中国物价》1991 年第 2 期。(第一章)

［18］葛森磊：《经济适用住房制度执行中的缺陷分析及其对策》，载《东南大学学报(哲学社会科学版)》2009 年第 11 卷增刊。(第二章)

［19］郭林：《租赁型保障性住房后期运营管理的现状与破解之道——基于河北省的经验分析》，载《苏州大学学报》2014 年第 5 期。(第四章)

［20］郭敏、覃琪、秦义春：《英国住房金融政策演变、现状及启示》，载《区域金融研究》2013 年第 9 期。(第五章)

［21］郭伟明：《经济适用住房以租代退方式初探》，载《上海房地》2017 年第 6 期。(第二章)

［22］郭伟伟：《"居者有其屋"，独具特色的新加坡住房保障制度及启示》，载《当代世界与社会主义》2008 年第 6 期。(第五章)

［23］韩立达、李耘倩：《我国廉租房制度发展演变及对策研究》，载《城市发展研究》2009 年第 16 期。(第二章)

［24］侯淅珉：《国家安居工程的政策框架及其对房改的意义》，载《北京房地产》1995 年第 12 期。(第一章)

［25］胡琳琳：《美国住房税收政策及对我国的启示》，载《中国市场》2013 年第 32 期。(第五章)

［26］华佳：《香港公屋的租后管理》，载《上海房地》2011 年第 8 期。(第五章)

［27］黄克：《国外经验对我国解决低收入群体住房保障的启示》，载《广西城镇建设》2015 年第 7 期。(第五章)

［28］黄刻谦：《浅析棚户区改造货币化安置对房地产去库存的作用》，载《开发性金融研究》，2016 年第 4 期。(第二章)

［29］黄奇帆：《新冠肺炎疫情下，对经济发展和制造业复工的几点建议》，载《企业观察家》2020 年第 4 期。(第三章)

［30］黄清：《德国低收入家庭及公务员住房保障政策情况和启示》，载《中国房地产金融》2010 年第 3 期。(第五章)

[31] 黄修民:《日本公共住宅制度改革及发展趋势研究》,载《日本研究》2010 年第 1 期。(第五章)

[32]《积极行动主动协调加快经济适用住房建设——宋春华副部长在城镇住房建设及经济适用住房(安居工程)实施情况汇报会上的讲话要点》,载《中国房地产》1998 年第 10 期。(第二章)

[33] 贾俐贞:《新加坡住房制度的五大特点》,载《中国党政干部论坛》2011 年第 11 期。(第五章)

[34] 贾淑军:《保障性住房投融资机制与建设模式分析》,载《河北学刊》2012 年第 3 期。(第四章)

[35] 江苏省无锡市中级人民法院:《离婚案中公房居住权的处理》,载《人民司法》1994 年第 9 期。(第一章)

[36] 金俭:《论公民居住权的实现与政府责任》,载《西北大学学报(哲学社会科学版)》2011 年第 3 期。(第一章)

[37] 李东升、黄立超:《2021 年全国地方政府新增专项债券项目初步分析》,载《债券》2022 年第 4 期。(第三章)

[38] 李光、徐燕:《保障性住房"退出难"的破解之道》,载《上海房地》2012 年第 2 期。(第四章)

[39] 李俊杰、张建坤、刘娟:《保障性住房物业管理模式研究——以南京市为例》,载《现代城市研究》2012 年第 27 期。(第四章)

[40] 李克强:《大规模实施保障性安居工程逐步完善住房政策和供应体系》,载《求是》2011 年第 8 期。(第一、四章)

[41] 李龙、卫小强、关显阳、刘成:《论我国保障性住房政策——基于土地财政视角》,载《湖北经济学院学报(人文社会科学版)》2013 年第 10 期。(第四章)

[42] 李楠:《经济适用住房:社会保障性抑或商品性》,载《广西经济管理干部学院学报》2005 年第 1 期。(第二章)

[43] 李树斌:《棚户区改造中货币化安置的路径和意义》,载《城乡建设》2014 年第 11 期。(第二章)

[44] 李晓龙:《经济适用住房政策探析》,载《宁夏社会科学》2007 年第 6 期。(第二章)

[45] 李讯:《德国住房租赁市场发展的主要经验及启示》,载《金融发展研究》2011 年第 10 期。(第五章)

[46] 李幽兰:《法国保障性住房的运作方式》,载《学习月刊》2010 年第 27 期。(第五章)

[47] 李宇嘉:《楼市"新物种",保障性租赁住房深度解读》,载《住宅与房地产》

2021 年第 23 期。(第三章)

[48] 李宇嘉:《我国住房保障发展的政策选择:制度建设的实践与思考——来自深圳的案例分析》,载广东经济学会编:《市场经济与城市化发展:兼论经济特区 30 周年——广东经济学会 2010 年年会论文集》,广东经济学会 2010 年印发。(第一章)

[49] 梁建:《美国住房金融体系改革及证券化发展启示》,载《清华金融评论》2014 年第 11 期。(第五章)

[50] 梁云凤:《德国经验系列报告之七——德国的保障房制度及对我国的启示》,载《经济研究参考》2011 年第 61 期。(第五章)

[51] 林春英:《保障性住房税收优惠政策研究》,载《湖北科技学院学报》2015 年第 11 期。(第三章)

[52] 林雅琪:《社会政策目的之租税优惠——以社会保险、老年化、住房面向为例》,载刘剑文主编:《财税法学前沿问题研究:经济发展、社会公平与财税法治》,法律出版社 2013 年版。(第三章)

[53] 刘通:《加快转变城市棚户区改造模式》,载《宏观经济管理》2015 年第 2 期。(第二章)

[54] 刘寅、朱庄瑞:《新常态下我国房地产市场变化分析与调整思路》,载《现代管理科学》2016 年第 7 期。(第一章)

[55] 刘祖云、吴开泽:《住房保障准入与退出的香港模式及其对内地的启示》,载《中南民族大学学报(人文社会科学版)》2014 年第 2 期。(第五章)

[56] 楼建波、陈陶:《大陆棚户区改造的经验与反思》,载《财产法暨经济法》2019 年第 57 期,台湾法学基金会 2019 年 9 月出刊。(第二、三章)

[57] 楼建波:《中国大陆住房保障制度的路径依赖与路径创新——兼论住房保障立法的急迫性》,载《月旦财经法杂志》2011 年第 26 期。(引言)

[58] 马光红、胡晓龙、施建刚:《美国住房保障政策及实施策略研究》,载《建筑经济》2006 年第 9 期。(第五章)

[59] 马耀鹏:《诺斯路径依赖理论的基本要义探析》,载《科学·经济·社会》2009 年第 2 期。(引言)

[60] 毛小平、陆佳婕:《并轨后公共租赁住房退出管理困境与对策探讨》,载《湖南科技大学学报(社会科学版)》2017 年第 1 期。(第四章)

[61] 穆诗煜、成虎:《从供需角度分析美国住房保障》,《工程管理学报》2010 年第 24 期。(第五章)

[62] 宁夏回族自治区高级人民法院民庭:《离婚案件中对公房居住权、承租权的处理和存在的问题》,载《法律适用》1995 年第 10 期。(第一章)

[63] 农工党中央:《加快住房保障立法 完善住房制度》,载《城市住宅》2010 年第

4期。(第一章)

[64]潘晓军:《关于离婚案件住房的处理》,载《当代法学》1990年第2期。(第一章)

[65]彭正钧:《置业担保创新战略与可持续发展》,载《住宅产业》2012年第12期。(第三章)

[66]钱明星:《关于在我国物权法中设置居住权的几个问题》,载《中国法学》2001年第5期。(第一章)

[67]钱明星:《我国用益物权体系的研究》,载《北京大学学报(哲学社会科学版)》2002年第1期。(第一章)

[68]仇保兴:《住房和城乡建设部仇保兴副部长在2009年农村危房改造试点工作会上的讲话(二〇〇九年五月十三日)》,载《小城镇建设》2009年第8期。(第四章)

[69]尚教蔚:《辽宁棚户区改造:改变居住环境的综合整治与完善配套》,载《经济社会体制比较》2012年第5期。(第二、三章)

[70]邵挺、田莉、陶然:《中国城市二元土地制度与房地产调控长效机制:理论分析框架、政策效应评估与未来改革路径》,载吴敬琏主编:《比较》(2018年第6辑),中信出版社2018年版。

[71]申卫星:《从"居住有其屋"到"住有所居"——我国民法典分则创设居住权制度的立法构想》,载《现代法学》2018第2期。(第一章)

[72]申卫星:《经济适用房共有产权论——基本住房保障制度的物权法之维》,载《政治与法律》2013年第1期。(第三章)

[73]申卫星:《中国民法物权编创设居住权制度的立法构想》,载《北京航空航天大学学报》2018年第31期。(第一章)

[74]沈福俊:《论群租者居住权保护中的政府责任——以公共租赁房建设为视角》,载《上海财经大学学报》2011年第4期。(第一章)

[75]宋春华:《大力发展经济适用住房带动经济发展》,载《中国房地信息》1998年第10期。(第二章)

[76]宋骞:《共有产权:让廉租房"变味儿"》,载《中华建设》2011年第12期。(第一章)

[77]苏力:《为什么研究中国基层司法制度——〈送法下乡〉导论》,载《法商研究》2000年第3期。(引言)

[78]孙磊、林楠:《美国公共住房制度对我国廉租房建设的启示》,载《理论界》2009年第7期。(第五章)

[79]孙宪忠、常鹏翱:《论住宅权的制度保障》,载《南京大学法律评论》2001年第2期。(第一章)

[80] 谭羚雁、娄成武:《保障性住房政策过程的中央与地方政府关系——政策网络理论的分析与应用》,载《公共管理学报》2012年第9期。(第四章)

[81] 谭禹:《委托—代理视角的保障性住房政策地方执行阻滞分析》,载《城市发展研究》2014年第21期。(第四章)

[82] 唐家霖:《规范保障房资产管理初探》,载《商业会计》2014年第13期。(第四章)

[83] 汪建强:《英国公共租赁住房建设的基本经验与启示》,载《现代经济探讨》2014年第10期。(第五章)

[84] 汪文雄、李进涛:《英国的住房政策实践及启示》,载《城市问题》2010年第3期。(第五章)

[85] 王春丽:《我国城市中低收入群体居住权保障的法学透视——以重庆为视角的考察》,载《河北法学》2013年第3期。(第一章)

[86] 王德响、李珏、胡洋、殷宇嘉、郭祖军:《2016—2017年深圳市公共住房服务发展报告》,载张骁儒等主编:《深圳社会治理与发展报告(2017)》,社会科学文献出版社2017年版。(第一章)

[87] 王宏哲:《法律的系统解释及其司法适用——从法官就同一案由作出的三种裁判结果谈起》,载《法律适用》2005年第11期。(引言)

[88] 王坤、王泽森:《香港公共房屋制度的成功经验及其启示》,载《城市发展研究》2006第1期。(第五章)

[89] 王琨、郑荣跃:《廉租房"共有产权"模式研究》,载《建筑经济》2010年第3期。(第一、二章)

[90] 王洛忠、李帆、常慧慧:《我国保障性住房政策过程中政府协同行为研究》,载《中国行政管理》2014年第2期。(第四章)

[91] 王一、张尚武:《法国〈社会团结与城市更新法〉对中国保障性住房建设的启示》,载《国际城市规划》2015年第30期。(第五章)

[92] 王毅强:《香港住房保障政策的发展与启示》,载《市场经济与价格》2010年第5期。(第五章)

[93] 王兆宇:《英国住房保障政策的历史、体系与借鉴》,载《城市发展研究》2012年第19期。(第五章)

[94] 魏文彪:《法国通过"可抗辩居住权"法案》,载《中国审计报》2007年第1期。(第五章)

[95] 魏晓燕:《商业银行保障房贷款探析》,载《银行家》2011年第11期。(第三章)

[96] 温世扬:《从〈物权法〉到"物权编"——我国用益物权制度的完善》,载《法律

科学(西北政法大学学报)》2018年第6期。(第一章)

[97]吴宾、徐萌、张春军:《整体性治理视角下住房保障管理跨部门协同机制研究》,载《山东农业大学学报(社会科学版)》2017年第19期。(第四章)

[98]吴剑平、姚剑雄、陈德豪:《保障性住房物业管理财政补贴机制研究——以广州JS保障房小区为例》,载《中国房地产》2015年第27期。(第四章)

[99]习近平:《扎实推动共同富裕》,载《新长征(党建版)》2011年第11期。(第三章)

[100]习近平:《促进我国社会保障事业高质量发展、可持续发展》,载《中国人力资源社会保障》,2022年第5期。(第四章)

[101]向春玲:《165岁的德国住房保障制度》,载《城市住宅》2012年第3期。(第五章)

[102]肖叶:《公共租赁房税收政策效应分析——以重庆公租房项目为例》,载《吉林工商学院学报》2015年第6期。(第三章)

[103]肖伊宁、高珊:《我国保障性住房退出机制:问题及对策》,载《山东行政学院学报》2014年第8期。(第四章)

[104]谢家瑾:《抓紧抓好经济适用住房建设向党和人民交上一份满意的答卷——在年初召开的经济适用住房经验交流会议上的讲话(节选)》,载《城市开发》1999年第3期。(第二章)

[105]熊国经、周敏建:《日本公营住宅的运作体系》,载《城市问题》2012年第2期。(第五章)

[106]徐镭、朱宇方:《政策工具的制度属性——以德国住房投资模式为例》,载《经济社会体制比较》2013年第4期。(第五章)

[107]许德风:《住房租赁合同的社会控制》,载《中国社会科学》2009年第3期。(第五章)

[108]严荣:《上海限价商品房试点的思考》,载《上海房地》2011年第8期。(第二章)

[109]晏群:《经济适用住房事件频发的政策反思》,载《城市》2009年第9期。(第二章)

[110]杨瑛:《借鉴德国经验——加快建设以公租房为主的住房保障体系》,载《城市发展研究》2014年第21期。(第五章)

[111]叶锋、张泽伟、任峰:《保障房新探索:公租房廉租房如何并轨》,载《法制与经济(上旬)》2012年第9期。(第二、三章)

[112]叶科:《浅议我国经济适用住房的定位》,载《商场现代化》,2006年第10期。(第二章)

[113] 殷冬明:《国外廉租房制度透析——一端是火焰 一端是隐燃》,载《北京房地产》2005 年 10 期。(第二章)

[114] 虞晓芬、傅剑、林国栋:《社会组织参与住房保障的模式创新与制度保障——英国住房协会的运作经验与借鉴》,载《城市发展研究》2017 年第 24 期。(第五章)

[115] 郁鸿元:《推进经济适用住房建设的若干思考》,载《上海房地》2012 年第 6 期。(第二章)

[116] 袁业飞:《"贫富混居",为何"里外不是人"? 聚焦配建保障房带来的混居现象》,载《中华建设》2015 年第 11 期。(第四章)

[117] 岳朝阳:《中国限价房政策存在的问题与出路》,载《中国公共政策评论》(第 7 卷),上海人民出版社 2014 年版。(第二章)

[118] 曾辉、虞晓芬:《美国公共住房退出管理中的两难抉择及启示》,载《中国房地产(学术版)》2016 年第 27 期。(第五章)

[119] 张道航:《棚户区与棚户区改造问题研究》,载《理论建设》2010 年第 1 期。(第一、二章)

[120] 张富强:《完善中国住房保障法律制度的几点思考——以美国经验为借鉴》,载《华南师范大学学报(社会科学版)》2014 年第 6 期。(第五章)

[121] 张建华:《应重新定位经济适用住房建设》,载《中国房地产》2005 年第 12 期。(第二章)

[122] 张力:《宪法性居住权在我国的民法实现途径——面向土地的"公产"取向》,载《河北法学》2010 年第 6 期。(第一章)

[123] 张璐:《1998 年房改以来我国住房保障的发展历程与趋势展望》,载中国城市规划学会编:《新常态:传承与变革——2015 中国城市规划年会论文集(16 住房建设规划)》,中国建筑工业出版社 2015 年版。(第二章)

[124] 张其光:《法国、荷兰住房政策的考察》,载《中国房地产金融》2000 年第 5 期。(第五章)

[125] 张祥标:《建立廉租住房退出机制》,载《发展研究》2008 年第 4 期。(第四章)

[126] 张翔:《基本权利的双重性质》,载《法学研究》2005 年第 3 期。(第一章)

[127] 张永岳、崔裴:《将廉租房与公租房并轨,创新租赁型保障房管理模式》,载《科学发展》2013 年第 11 期。(第二章)

[128] 张运书:《日本住房保障制度的法理分析与借鉴》,载《现代经济探讨》2011 年第 6 期。(第五章)

[129] 赵海益、史玉峰:《我国个人公益性捐赠所得税优惠政策研究》,载《税务研

究》2017 年第 10 期。(第三章)

　　[130] 郑尚元:《居住权保障与住房保障立法之展开——兼谈〈住房保障法〉起草过程中的诸多疑难问题》,载《法治研究》2010 年第 4 期。(第一章)

　　[131] 郑思齐、符育明、任荣荣:《住房保障的财政成本承担:中央政府还是地方政府?》,载《公共行政评论》2009 年第 2 期。(第四章)

　　[132] 郑思齐、张英杰:《保障性住房的空间选址:理论基础、国际经验与中国现实》,载《现代城市研究》2010 年第 9 期。(第四章)

　　[133] 郑云峰:《德国住房保障:制度构成、特征及启示》,载《北华大学学报(社会科学版)》2016 年第 17 期。(第五章)

　　[134] 郑智峰:《落实廉租住房制度的三大"绊脚石"——对"九部委意见"中加快廉租住房建设意见的思考》,载《中国房地信息》2006 年第 11 期。(第二章)

　　[135] 中国房协秘书处:《经验·问题·建议——全国经济适用住房经验交流会纪要》,载《中国房地信息》1994 年第 4 期。(第二章)

　　[136] 中国银监会城镇化课题研究组:《金融支持保障性住房建设的问题与政策研究》,载《金融监管研究》2015 年第 1 期。(第三、四章)

　　[137] 钟庭军:《论限价房的定义、性质与判断标准》,载《建筑经济》2008 年第 11 期。(第二章)

　　[138] 周志忍、蒋敏娟:《中国政府跨部门协同机制探析——一个叙事与诊断框架》,载《公共行政评论》2013 年第 6 期。(第四章)

　　[139] 朱晓光:《关于经济适用住房的三种困惑》,载《中国房地信息》2003 年第 8 期。(第二章)

　　[140] 朱亚鹏:《中国住房保障发展报告》,载郑功成主编:《中国社会保障发展报告·2016》,人民出版社 2016 年版。(第一章)

　　[141] 朱亚鹏:《中国住房保障政策分析——社会政策视角》,载《公共行政评论》2008 年第 4 期。(第一章)

　　[142] 住房和城乡建设部住房保障司:《住房救助制度发展报告》,载王治坤主编:《中国社会救助制度发展报告(2013)》,中国社会出版社 2015 年版。(第一章)

　　[143] 宗和:《拷问杭州人才房政策》,载《人才资源开发》2011 年第 4 期。(第二章)

　　[144] 左令:《经济适用住房=安居工程?》,载《中外房地产导报》1998 年第 17 期。(第二章)

四、译文及外文类论文

　　[1] 〔德〕比约恩·埃格纳:《德国住房政策:延续与转变》,左婷译,郑春荣校,载

《德国研究》2011 年第 26 期。(第五章)

[2] Edward H. Rabin, "The Revolution in Landlord-Tenant Law: Causes and Consequences", *Cornell Law Review*, Vol. 69, Issue 3, 1984. (第五章)

[3] Kalyani Mehta, Mohd Maliki Osman and Alexander Lee E. Y., "Living Arrangements of the Elderly in Singapore: Cultural Norms in Transition", *Journal of Cross-Cultural Gerontology*, Vol. 10, Issue 1-2, 1995. (第五章)

[4] Loo Lee Sim, Shi Ming Yu and Sun Sheng Han, "Public Housing and Ethnic Integration in Singapore", *Habitat International*, Vol. 27, No. 2, 2003. (第五章)

[5] S. J. Liebowiz and Stephen E. Margolis, "Path Dependence, Lock-in, and History", *Journal of Law, Economics, & Organization*, Vol. 11, No. 1, 1995. (引言)

五、学位论文

[1] 陈怡:《我国保障性住房金融支持研究》,浙江大学 2011 年硕士学位论文。(第三、第四章)

[2] 杜文:《我国城镇住房保障制度研究》,四川大学 2006 年博士学位论文。(第一章)

[3] 范海燕:《经济适用住房制度中的法律问题研究》,华中科技大学 2006 年硕士学位论文。(第二章)

[4] 莫方正:《我国经济适用住房性质及保障对象的重新定位》,北京大学 2008 年硕士学位论文。(第二章)

[5] 潘丽霞:《法国可抗辩住房权法律保障研究》,湘潭大学 2016 年硕士学位论文。(第五章)

[6] 吴志宇:《住房置业担保法律制度研究》,西南政法大学 2009 年博士学位论文。(第三章)

[7] 杨华平:《基本住房权宪法保护》,中国政法大学 2011 年硕士学位论文。(第一章)

六、报刊和网络资料

[1] 巴曙松:《破解中国廉租房之困》,http://www.kankan.cn/superlibtary/FreeArticle.asp? AID=11844,最后访问日期:2022 年 4 月 30 日。(第二章)

[2] 黄沁思等:《从类 REITs 到公募 REITs:我国 REITs 发展的历史考察》,https://mp.weixin.qq.com/s/AC16WnBGAtjkokyc4Dj-Yw,最后访问日期:2021 年

8月29日。(第四章)

[3] 杜宇:《为了实现"住有所居"的庄严承诺——"十一五"期间我国大力推进保障性住房建设综述》,http://www.gov.cn/jrzg/2011-01/06/content_1779698.htm,最后访问日期:2018年6月4日。

[4] 郭晋晖:《民革中央建议修改宪法保障"公民基本住房权"》,http://www.iqilu.com/html/zt/china/2010lianghui/news/2010/0303/191595.htmlhttps://finance.qq.com/a/20100303/000377.htm,最后访问日期:2022年5月4日。(第一章)

[5]《国务院常务会议:名词解释——棚户区改造》,https://news.sohu.com/20081109/n260529152.shtml,最后访问日期:2022年4月30日。(第三章)

[6] 国务院发展研究中心《我国经济适用住房政策的效果评估与发展前景研究》课题组:《我国经济适用住房政策的外部环境与演进历程》,载《中国经济时报》2012年4月10日,第7版。(第二章)

[7]《〈城镇住房保障条例(征求意见稿)〉公开征求意见》,http://www.gov.cn/xinwen/2014-03/28/content_2648811.htm,最后访问日期:2022年7月4日。。(引言)

[8]《国新办就房地产和棚户区改造有关情况举行新闻发布会》,http://www.scio.gov.cn/XWFBH/xwbfbh/wqfbh/35861/36282/index.htm,最后访问日期:2022年4月30日。(第二、三章)

[9]《国新办举行"努力实现全体人民住有所居"新闻发布会》,http://www.scio.gov.cn/xwfbh/xwbfbh/wqfbh/44687/46680/index.htm,最后访问日期:2021年10月7日。(引言、第一、二、三、四章)

[10] 吴永高:《集体土地建设租赁住房政策解析》,https://house.focus.cn/zixun/1a764bffce71aaeb.html,最后访问日期:2022年5月4日。(第四章)

[11] 姜超、于博:《棚改货币化安置:地产销售的幕后功臣!》,https://finance.ifeng.com/a/20170505/15340845_0.shtml,最后访问日期:2022年4月30日。(第二、三章)

[12] 沧海桑田(金融监管研究院专栏作者):《87号文棚改之门关闭?政府购买棚改服务模式即将退出舞台》,https://mp.weixin.qq.com/s?biz=MzA3MjkyODI1Nw==&mid=2654075011&idx=1&sn=1031b2d428598f51d520f98fa2c3427d&scene=21#wechat_redirect,最后访问日期:2019年5月1日。(第二章)

[13] 靳毅、严米佳:《棚改货币化知多少》,http://opinion.jrj.com.cn/2017/12/27100523856362.shtml,最后访问日期:2018年6月30日。(第三章)

[14] 亢舒：《发展保障性租赁住房——缓解新市民青年人等群体住房困难》,《经济日报》2021年7月29日,第8版。(第三章)

[15]《李克强：把好公平分配保障性住房发展的生命线》,http://www.scio.gov.cn/37236/37262/Document/1599593/1599593.htm,最后访问日期：2022年5月5日。(第四章)

[16] 李坤民：《经济适用房：与其售不如租》,《中国经济导报》2005年6月25日,第B2版。(第二章)

[17] 李舒瑜：《"十三五"期间深圳市人才住房不少于30万套》,载《深圳特区报》2017年11月2日,第A04版。(第三章)

[18] 刘俏、张峥：《我们为什么反对"取消企业住房公积金制度"的政策建议?》,https://www.gsm.pku.edu.cn/finance/info/1008/2751.htm,最后访问日期：2021年10月7日。(第三章)

[19] 刘志峰：《保障公民居住权是政府公共服务的重要内容》,http://news.dichan.sina.com.cn/2012/03/28/462775.html,最后访问日期：2018年6月7日。(第一章)

[20] 楼建波、陈莹：《保障性住房建设可借鉴美国》,http://www.eeo.com.cn/2012/0406/224050.shtml,最后访问日期：2017年10月21日。(第五章)

[21] 楼建波：《公积金支持保障房合法但有风险》,载《经济参考报》2013年11月5日,第8版。(第三章)

[22] 美国住房与城市发展部特设检察官办公室关于"common fraud scheme"的介绍,https://www.hudoig.gov/fraud/common-fraud-schemes,最后访问日期：2022年4月29日。

[23] 申卫星：《住房保障法：保障什么? 怎样保障?》,载《光明日报》2010年7月8日,第9版。(第一章)

[24] 盛大林：《不能笼统说住房是"准公共产品"》,https://www.chinanews.com.cn/estate/estate-zcpl/news/2009/09-29/1892375.shtml,最后访问日期：2018年4月25日。(第三章)

[25] 舒圣祥：《"出售廉租房"应该叫停》,http://www.chinanews.cn/estate/estate-zcpl/news/2009/09-01/1844680.shtml,最后访问日期：2022年6月21日。(第一章)

[26] 宋兴国：《棚改项目贷款变奏：三四线楼市面临新拐点》,http://money.163.com/18/0630/07/DLHJS971002581PP.html,最后访问日期：2019年2月27日。(第二章)

[27] 田野：《限价房要牢记"上海教训"》,载《经济视点报》,2006年8月17日,第14版。(第二章)

[28] 汪汀:《公共租赁住房和廉租住房并轨七问——访住房城乡建设部政策研究中心副主任张锋》,载《中国建设报》2013年12月9日,第1版。(第二、三、四章)

[29] 王炜:《"两条腿"走路 解困"夹心层"》,载《人民日报》2008年2月25日,第9版。

[30] 王优玲:《努力实现让全体人民住有所居——我国住房保障成就综述》,http://www.gov.cn/xinwen/2019-08/13/content_5420986.htm,最后访问日期:2022年5月5日。(第四章)

[31] 王优玲等:《已有6城作出回应!住建部约谈12城释放什么房地产调控信号?》,http://www.gov.cn/xinwen/2018-05/17/content_5291690.htm,最后访问日期:2021年2月19日。(第三章)

[32] 佚名:《法国人福利:巴黎"房补"有哪些?》http://m.haiwainet.cn/middle/3541930/2016/0905/content_30292660_1.html#/,最后访问日期:2022年7月6日。

[33] 佚名:《廉租房政策为何叫好不叫座》,载《中国证券报》2002年8月26日,第14版。(第二章)

[34] 翟峰:《公租房廉租房并轨运营尚待政策和立法支撑》,载《中国建设报》2013年6月18日,第7版。(第二、三章)

[35] 子长:《"抢人大战"再思考》,载《南方日报》2019年2月27日,第A04版。(第三章)

七、其他文献

[1] 国务院新闻办公室《国家人权行动计划(2021—2025年)》。(第一章)

[2] 国务院新闻办公室《中国的社会保障状况和政策》白皮书(2004年9月)。(第一章)

[3] 联合国《经济、社会及文化权利国际公约》。(第一章)

[4] 联合国经济、社会和文化权利委员会《第3号一般性意见:关于缔约国义务的性质》。(第一章)

[5] 联合国经济、社会和文化权利委员会《第4号一般性意见:适足住房权》。(第一章)

[6] 联合国人类住区规划署《人权概况介绍第21号:适足住房权》(第一次修订版)。(第一章)

[7] 联合国人权事务高级专员办事处《国家人权机构手册:经济、社会、文化权利》。(第一章)

[8] 楼建波:《中国住房保障供应体系法律制度研究提要》,亚洲开发银行技术援助赠款支持(TA7313-PRC),住房和城乡建设部2012年印发。(第三、四章)

[9] 上海市房产经济学会编:《国外(地区)住宅法规选编》,上海社会科学出版社2001年版。(第五章)

后 记

从 2007—2008 年承接住建部住房保障司"国外公共住房政策比较研究"课题研究起算，不知不觉已经涉足住房保障领域十余年了，虽然算不上全心全意，但这些年一直关注住房保障。从 1998 年住房制度改革全面推开、2003 年房地产支柱产业地位的确立，到 2016 年底"房子是用来住的、不是用来炒的"的定位以及 2017 年以来"租售并举""租购并举"政策的提出，中国的住房保障制度从经济适用住房、廉租房、公租房、城市棚户区改造、农村危房改造，一步一步地发展到现在的"三房两改"。单从学术的角度看，在这个周期中思考住房保障问题也算恰逢其时了。呈现在大家面前的这本小书，正是笔者观察思考的一些体会。

除"国外公共住房政策比较研究"的课题外，笔者还有幸作为首席专家主持了亚洲开发银行对华第 7313 号技术援助"政策改革与能力建设支持（三）"中的"中国住房保障供应体系法律制度研究"课题，并承接了教育部人文社会科学研究一般项目"中国住房保障法律制度"研究。这些研究的成果，为本书的写作提供了积累。

我在房地产法领域的合作者和精神导师，已故的鲁道夫（Patrick Randolph）教授在房地产法律研究方面给了我很多指导。鲁道夫教授和我一起创办了北京大学房地产法研究中心，并合作发表了许多房地产法的英文专著和论文。他一直热心中美法律交流，2006 年被授予北京市长城友谊奖，2008 年被授予中华人民共和国国家友谊奖。

我指导的博士研究生叶依梦、崔梦溪、刘杰勇和王倩在繁重的学习压力下，帮助我校对文字，调整格式，叶依梦和王倩更是和我一起更新和订正了终稿的文字，在此一并致谢。

感谢北京大学法学院和北京大学出版社将这本小书纳入北大法学院精品法学图书出版计划。更要感谢法学院和北大出版社的宽容和耐心,使我得以将近年来立法和政策的发展,包括新颁布的《民法典》、新修订的《土地管理法》,以及最新加入住房保障序列的保障性租赁住房等,纳入相关章节。

世界上没有完美的作品。住房保障领域日新月异的发展曾使我疲于改稿。但即使如此,北京共有产权房供地的最新发展还是让我有了措手不及的无力感。伏案托兴,负重行远。这些遗憾和不足将成为作者进一步研究我国住房保障制度的动力。

楼建波

2021.12.26 于陈明楼